रचनाकार रेणु

रचनाकार रेणु

डॉ. पुष्पा जतकर

वाणी प्रकाशन

वाणी प्रकाशन का 'लोगो'
विख्यात चित्रकार मक़बूल फ़िदा हुसेन की
कूची से

ISBN : 978-81-7055-242-0

वाणी प्रकाशन
21-ए, दरियागंज, नयी दिल्ली-110002
द्वारा प्रकाशित

फोन : 0091#11#23273167, 23275710
फैक्स : 0091#11#23275710
ई-मेल : vaniprakashan@gmail.com
vani_prakashan@yahoo.com
वेबसाइट : www.vaniprakashan.com
प्रथम संस्करण : 1992
आवृत्ति : 2009

मूल्य : 275.00
आवरण : वाणी चित्रांकन
जय भारत प्रिंटिंग प्रेस, शाहदरा, दिल्ली-32
द्वारा मुद्रित

RACHNAKAR RENU
Criticism by : Pushpa Jatkar

अपनी बात

कथा-कहानी सुनने के प्रति रुचि किसे नहीं होती ? मुझमें यह बचपन से ही रही है। और फिर यही रुचि उत्तरोत्तर उचित परिवेश पाकर निरन्तर विकसित भी होती गयी। फ़लतः मेरा शोध-विषय भी कथा-साहित्य से जुड़ा रहा। यों बाल्यकाल से ही मेरा गहरा लगाव देहाती जीवन से रहा है। देहाती दुनिया, ग्रामीण जीवन, आंचलिक परिवेश आदि मुझे सदैव रुचिकर रहे हैं। यही कारण है कि, आंचलिक उपन्यासों के प्रति मेरी दिलचस्पी सहज और स्वाभाविक रही। फिर इधर मेरी मातृभाषा मराठी होने के कारण, मराठी के आंचलिक उपन्यासकार सर्वश्री ना० पेंडसे के कथा-साहित्य से मैं पहले ही परिचित थी। अतः हिन्दी के अद्भुत व अभूतपूर्व कथाशिल्पी, आंचलिक उपन्यासों के प्रवर्तक, सशक्त, सूक्ष्म व श्रेष्ठ रचनाकार फणीश्वरनाथ 'रेणु' के कथा-साहित्य के प्रति मेरा रुझान यदि अनायास ही हुआ तो इसमें आश्चर्य क्या ! एतदर्थ, इन्हीं सब कारणों से, हिन्दी और मराठी के उभय आंचलिक उपन्यासकार 'रेणु' और 'पेंडसे' के कथा-साहित्य का तुलनात्मक अध्ययन मेरे शोध प्रबंध का विषय रहा। इसी शोध प्रबंध की सामग्री पर आधारित है यह ग्रंथ 'रचनाकार रेणु'।

वस्तुतः रचनाकार रेणु के प्रति कुछ कहना अपने-आपमें एक चुनौती है। अपने अंचल-बिशेप के ये सफल कलाकार हैं, सशक्त हस्ताक्षर हैं। अपनी जमीन, अपनी धरती को रूपायित करने में इनका कोई सानी नहीं। अपने समग्र अंचल विशेष का अपूर्व सम्मोहन और फिर बहाँ के संपूर्ण जन-जीवन का सजीव ब संवेदनशील चित्रण इनकी अपनी तूलिका का कमाल है। रेणु अपने अंचल-बिशेष के कुशल चितेरे, बेजोड़ कलाकार व सफल रचनाकार हैं। इस ग्रंथ में उनके इसी रचनाकार स्वरूप व महत्व को उजागर करने का प्रयास किया गया है। एतदर्थ कहा जा सकता है कि रेणु के आंचलिक कथा-साहित्य में जो तामझाम जिस तेबर के साथ अंचल-विशेष की समग्र झाँकी को चित्रित करता है, उसका मूल्यांकन करने का प्रयास इस ग्रंथ में किया गया है।

अन्त में, मेरे इस प्रयास में जो कुछ भी अच्छाइयाँ हैं, वे सारी की सारी अपने गुरुजनों की हैं। मेरी तो मात्र खामियाँ ही हैं। यों अपने प्रति कुछ कहना या 'अपनी बात' करना, मेरे लिए सदैव संकोच का विषय रहा है। अत: सुधी पाठकगण मेरे अपने इस संकोच को मात्र विनम्रता ही मानेंगे। और अब आखिर में इतना कह दूँ कि, यदि इस पुस्तक के प्रकाशन में श्री अरुण माहेश्वरी, वाणी प्रकाशन, दिल्ली का सहयोग न मिला होता तो कदाचित मेरा यह प्रयास सफल रूप से जन-जन के हाथों तक पहुँचने से वंचित रह जाता। इसी प्रकार इस प्रयास में जिन लेखकों की कृतियों (सहायक ग्रंथ) का मैंने निःसंकोच सहयोग लिया है, उनके प्रति मैं सदैव आभारी हूँ और उन तमाम सहयोगियों के प्रति अनुगृहीत हूँ, जिनका समय-समय पर मुझे सदैव सक्रिय सहयोग मिलता रहा है।

शुभम् !

युगादि, चैत्र शुक्ल प्रतिपदा
17 अप्रैल, 1992 —पुष्पा जतकर
3-5-131, रामकोट,
हैदराबाद-1 (आं० प्र०)

क्रम

1
फणीश्वरनाथ रेणु : संक्षिप्त परिचय

फणीश्वरनाथ रेणु हिन्दी आलोचना को 'आंचलिक उपन्यास' विशेषण देने वाले, स्वातंत्र्योत्तर ग्रामीण जीवन तथा जार-बेजार रो रही भारतीयता के सफल कथाकार हैं। उनका कृतित्व और व्यक्तित्व अंचल-विशेष में व्यक्ति और समाज के अंतःसंबंधों का मूर्तिमान रूपाकार है। हर्बर्ट रीड के अनुसार प्रत्येक रचना के पीछे उसका रचनाकार या लेखक बैठा होता है।[1] यह कथन रेणु पर अक्षरशः लागू होता है। अपने सारे उपन्यासों एवं कहानियों में रेणु बार-बार झाँक उठते हैं। आंचलिक उपन्यासों में जिस प्रकार अंचल के जीवन का, वहाँ के लोगों के संघर्षों का चित्र होता है, ठीक वैसे ही रेणु का जीवन भी संघर्षमय रहा है। उनके सारे उपन्यासों तथा कहानियों में यह संघर्षमय जीवन साकार हो उठा है। उनके जीवन के अनुभवों को देखकर तथा उनके साहित्य को पढ़कर ऐसा लगता है कि रेणु का समूचा जीवन संघर्षों के बीच 'अँधेरे में जलती मशाल' के समान रहा है। इस संघर्ष का प्रारम्भ उनके जन्म से ही होता है। कहा जाता है कि उनको इस धरती पर जन्म लेने के लिए भी संघर्ष करना पड़ा।

जन्म तथा परिवार

फणीश्वरनाथ रेणु का जन्म 4 मार्च, 1921 को पूर्णिया जिले के 'ओराही हिंगना' गाँव के एक मध्यमवर्गीय किसान परिवार में हुआ[2]। रेणु के जन्म की कहानी, माँ के सपने की कहानी—उन्हीं की जुबानी—यदि हम देखें तो यह बात स्पष्ट हो जाती है। रेणु की माँ कहती हैं :

"सामने एक गुरुकुल था, जिसमें कुछ शिष्य अध्ययन कर रहे थे। मुझको देखते ही गुरु श्रद्धापूर्वक उठ खड़े हुए, बोले, 'आओ देवी ! तुम्हारा ही इन्तजार रहा था। इधर देखो, यह बालक तुम्हारा ही पुत्र है। मैंने इसे सम्पूर्ण शिक्षा दे दी है। मेरा काम पूरा हो गया। अब इसे तुम अपने साथ ले जाओ।'

'यह आप क्या कह रहे हैं महाराज ? मेरा तो कोई पुत्र नहीं। हाँ, एक पुत्री अवश्य है।'

'नहीं देवी ! तुम चौंको मत। मैं सच कहता हूँ। मेरे ऊपर विश्वास करो। यह तुम्हारा ही पुत्र है। इसे ले जाओ।'

'लेकिन यह कैसे हो सकता है ?'

'तुम्हें इस बालक को ले जाना पड़ेगा[3] अपने साथ। अब मैं पल भर के लिए भी इसे अपने आश्रम में नहीं रख सकता।'

स्वप्न भंग हुआ। और उसी रात हिन्दी साहित्य के अमर साहित्यकार फणीश्वरनाथ रेणु ने माँ के गर्भ में प्रवेश लिया। रेणु का जन्म भी नवें महीने के वजाय दसवें महीने में हुआ।

'औराही हिंगना', उत्तर-पूर्व सीमांत रेलवे मार्ग पर 'सिमराहा' स्टेशन के पास 'फारबिसगंज' से 10 कि० मी० दक्षिण में आम के वागों और हरे खेतों के मध्य आबाद है। मिथिला का यह छोर नेपाल और वंगाल को भली भाँति छूता है। पूर्वी नेपाल का विराटनगर तथा दार्जिलिंग यहाँ से बहुत दूर नहीं हैं। ऐसे घनघोर ग्रामांचल के बीच रेणु का जन्म हुआ इसीलिये, इनके जीवन पर बंगाल और मिथिला की संस्कृति का गहरा प्रभाव दिखायी देता है। इस गाँव में कुर्मी जाति के लोगों की अधिकता है, जो अच्छे खेतिहर हैं। अन्य जातियों में ग्वाला, दुसाध तथा ब्राह्मण हैं, जो न तो संख्या में अधिक हैं और न प्रभावशाली ही हैं।

'रेणु' का पूरा नाम 'फणीश्वरनाथ रेणु मंडल' है। इस 'रेणु' नाम की भी एक कथा है। उन्हीं के शब्दों में—"जब मैं पैदा हुआ था (औराही हिंगना, 4 मार्च, 1921) तो घरवालों पर कुछ कर्ज़ यानी ऋण हो गया। दादी (पितामही) बोली, अरे, यह तो 'रिणुआ' है। घर पर ऋण हो गया। बाद में उसी 'रिणुआ' से 'रिणु' और फिर 'रुणु' हो गया। बड़ा हुआ तो पिताजी के मित्र ने कहा, इसे 'रेणु' कहो 'रेणु' और मैं 'रेणु' हो गया।[4] 'रेणु' मिट्टी के कण को कहते हैं—मिट्टी का बहुत छोटा-सा नगण्य-सा कण। प्रत्येक कण में आकाश को छूने की शक्ति सन्निहित होती है तथा उसका अपनी धरती के प्रति भी कुछ दायित्व होता है, अपने अंचल के प्रति कुछ ऋण होता है। इसी दायित्वबोध को, ऋण को रेणु हमेशा महसूस करते रहे। उनका समस्त जीवन एवं साहित्य इसी का प्रमाण है। इस अर्थ में उन्होंने अपना 'रिनुआ' नाम सार्थक किया है।

धरती माँ से ऋणमुक्त होने का प्रयत्न जिस प्रकार 'रेणु' ने अपने साहित्य के द्वारा किया है, उसी प्रकार माँ के संस्कारों को सर्वथा स्मरण रखते हुए उससे

भी उऋण होने का निरन्तर प्रयत्न किया है। उनकी माँ अत्यन्त स्वाभिमानी थी। सरकार द्वारा प्राप्त धन, सम्मान तथा 'पद्‌मश्री' की उपाधि रेणु द्वारा लौटाने का कारण माँ के द्वारा दिये हुए इन्हीं संस्कारों का फल है। सरकार से यह कहना कि "मेरी गिरफ्तारी गलत ढंग से हुई है, सरकार को चाहिये कि वह अपनी गलती के लिए क्षमा माँगे और बाइज्ज़त रिहा करे"[5] यह निर्भीकता माँ से ही अमानत के रूप में उन्हें प्राप्त हुई थी। रेणु के विद्रोही एवं क्रान्तिकारी व्यक्तित्व को बनाने में उनके पिता का भी योगदान कम नहीं। रेणु के पिताजी श्री शीलानाथ कूर्म— क्षत्रिय वंश के सहृदय किसान थे। खेती के साथ-साथ राष्ट्रीय और सामाजिक कार्यों में भी उनको अधिक रुचि थी। रेणु के पिताजी स्वयं कभी जेल नहीं गए, किन्तु भूमिगत नेताओं और कार्यकर्ताओं को अपने यहाँ आतिथ्य देकर वे अपने आप को कृतकृत्य मानते थे।[6] शासन द्वारा वर्जित और निषिद्ध साहित्य (चाँद का फाँसी अंक, भारत में अंग्रेजी राज्य आदि) बाबू शीलानाथ जी के घर पर गुप्त रूप से रखवा दिया जाता था। इस वर्जित साहित्य को पढ़ने तथा आगे का कार्यक्रम बनाने के लिए कई बड़े-बड़े नेता, समाजवादी युवक, शीलानाथ जी के घर हमेशा आया करते थे, जिनसे रेणु का परिचय बचपन में ही हो चुका था। पिताजी ग्रामांचल के मध्यम-वर्गीय किसान परिवार होने के नाते, ज़मीन-जायदाद के मामले-मुकद्दमे में हमेशा लगे रहते थे।[7] इसीलिए बहुत कम उम्र में रेणु सभी भद्रजनों के नामों तथा कार्यों से अच्छी तरह से परिचित थे। जाने-अनजाने में जो क्रान्ति के बीज बचपन में रेणु के मन में बोए गए थे, वह कोइराला परिवार के संपर्क और काशी विश्वविद्यालय में अंकुरित एवं पल्लवित हुए हैं। रेणु के पिताजी के कारण ही संभव हो सका। अपने मन की, देश कार्य की, सुषुप्त इच्छा की पूर्ति वे अपने बेटे के द्वारा करना चाहते थे, और इसीलिए खेती की जिम्मेदारी बेटे पर न डालकर उन्होंने रेणु को शिक्षा के लिए नेपाल तथा बनारस भेजा। रेणु ने भी अपने पिता जी की इस इच्छा को अंत तक संजोया और उसका उपयोग राष्ट्रहित के लिए करते हुए अपने जीवन को सार्थक बनाया।

रेणु का समूचा जीवन निश्चय ही संघर्षमय रहा है, लेकिन उनके बचपन का काल आनन्दपूर्वक व्यतीत हुआ। मलेरिया के कारण बचपन में उनको अनेक कष्ट झेलने पड़े, लेकिन इसी कष्ट, पीड़ा के कारण उन्हें 'मैला आँचल' में डाक्टर की आवश्यकता तथा मलेरिया और कालाज़ार के अनुसंधान की प्रेरणा मिली। रेणु के पाँच बहनें और तीन भाई थे। एक बड़ी बहन के अतिरिक्त सभी भाई-बहन इनसे छोटे थे।[8] इस पारिवारिक स्थिति के कारण ही पिता जी की मृत्यु के पश्चात् उनके ऊपर परिवार का दायित्व पड़ा और वे अपने परिवार तथा समाज के प्रति अधिक जागरूक हो गये। 1939-40 में रेणु जब पहली बार

राजनीति में कूदे तो इनका पहला विवाह हो चुका था, लेकिन कुछ दिनों के वाद पत्नी को लकवा मार गया और फिर रेणु ने एक विधवा से, पद्माजी से, विवाह किया जो उनके गाँव की तथा घर की लक्ष्मी हैं। वे शहर रहते तो गाँव का सारा कारोबार पद्माजी ही देख लेती थीं और आज जबकि रेणु जी नही हैं उनका सारा बोझ वह अपने कन्धों पर ढो रही हैं। 'मैला आँचल' में कमली का जो चरित्र-चित्रण है वह वास्तव में 'पद्माजी' का ही है। 1942-43 में जब असाध्य बीमारी के कारण रेणु पटना अस्पताल में थे तो वहाँ उनकी भेंट (1944) लतिकाजी से हुई, जो वहाँ नर्स का काम कर रही थीं। रेणु तथा लतिकाजी का यह आपसी परिचय घनिष्ठ होकर 5 फरवरी, 1652 को विवाह-बन्धन में बँध गया। रेणु का पूरा विश्वास था कि 5-6 साल की असाध्य बीमारी से उनको जो नया जीवन मिला है वह केबल लतिकाजी के कारण। यह नया जीवन लतिकाजी का ही है। वस्तुतः पद्मा रेणुजी की लक्ष्मी है, तो लतिका सरस्वती। उनके जीवन में लक्ष्मी और सरस्वती का अद्‌भुत मेल है। पद्माजी की सहृदयता और लतिकाजी की बौद्धिकता की स्नेह-सरिता के बीच हैं रेणु। एक तरफ पद्माजी हैं (कमला) और दूसरी तरफ लतिकाजी (ममता)। इन्हीं दो छोरों को जोड़कर जो सेतु बनता है उसकी ही कथा-यात्रा रेणुजी ने अपने साहित्य में कही है। रेणु के दो पुत्र और तीन बेटियाँ हैं।

रेणु का व्यक्तित्व बचपन से ही एक मस्तमौला का व्यक्तित्व रहा है। घर की खेती होने के कारण किसी नौकरी की आवश्यकता नहीं थी उन्हें। और रेणु लेखक के पहले एक वड़े मानव थे, मानवता के पुजारी थे। इसीलिए किसी भी प्रकार का बन्धन उन्हें स्वीकार नहीं था, और शायद इसीलिए उन्होंने कहीं नौकरी नहीं की। एक वार उन्होंने 'आकाशवाणी' में थोड़े दिनों के लिए नौकरी की थी, लेकिन किसी भी प्रकार की स्वतंत्रता न होने के कारण उसे उन्होंने छोड़ दिया। सरकारी नौकरी के लिए जब दूसरे लोग मंत्रियों के तलवे चाटते थे, उसी समय रेणु ने, आसानी से प्राप्त सरकारी नौकरी त्याग दी थी। लतिकाजी से भी वे बार-वार कहा करते थे कि यह स्कूल की नौकरी छोड़ दो। अपने घर तथा राजनीति एवं साहित्य से ही अन्त तक वे जुड़े रहे। वैसे नौकरी के वजाय रेणु राजनीति को ही अधिक महत्त्व देते थे, क्योंकि नौकरी के लिए एक तो बहुत कुछ पढ़ना पड़ता था, और फिर नौकरी मिलेगी ही इसका कोई भरोसा नहीं था। इसका अर्थ यह नहीं कि राजनीति में हिस्सा लेकर कुर्सी प्राप्त करना रेणु को अधिक पसन्द था, बल्कि कार्यकर्ता बनकर, कुछ अधिकार हाथ में आने के पश्चात् वे जन-सेवा करना चाहते थे। बचपन से ही रेणु जन-सेवा के कायल रहे। जब कभी लोगों की सेवा करने का मौका मिलता

रेणु उसे छोड़ते नहीं थे। अतः नौकरी के फंदे में वह कभी नहीं पड़े।

शिक्षा तथा नौकरी

रेणु के बचपन के दिन औराही हिंगना में ही, अपने माता-पिता तथा दादी माँ की छत्रछाया में तथा प्रकृति की गोद में बीते। बचपन में मलेरिया ने इन्हें बहुत परेशान किया लेकिन दवाओं से और दादी माँ की दुआओं से ये हर साल के मलेरिया से बच गए। पिताजी के साथ रहकर राजनीति के थोड़े बहुत पाठ रेणु जी ने अपने इस बाल्यावस्था में ही याद कर लिये थे। वैसे रेणु के बचपन के कुछ साल विराटनगर (नेपाल) के कोइराला परिवार में बीते।[9] कोइराला परिवार के वे सदस्य थे, इसीलिए आपत्कालीन स्थिति में जब भूमिगत होने का सवाल सामने आया तो रेणु को सर्वप्रथम नेपाल की ही याद आयी। क्योंकि नेपाल उनके लिए 'सानो आमा' (छोटी माँ) का घर है।[10] कोइराला परिवार द्वारा स्थापित स्कूल में ही रेणु ने अपनी प्रारम्भिक शिक्षा प्राप्त की। पिता के द्वारा देशभक्ति के जो बीज अनजाने रेणु के मन में डाले गए थे, उनका अंकुरण एवं पल्लवन कोइराला परिवार के साथ रहकर ही संभव हो सका।

रेणु का हाईस्कूल तक का छात्र जीवन अररिया हाईस्कूल में बीता, जहाँ उनके जीवन पर अनेक घटनाओं का प्रभाव पड़ा; विशेष रूप से जतीन्द्रनाथ को फाँसी असहयोग आन्दोलन आदि का। उच्च शिक्षा के लिए वे काशी विश्वविद्यालय गये और वहाँ आ० नरेन्द्र देव, यूसुफ मेहर अली, राममनोहर लोहिया, जय प्रकाश नारायण तथा कृष्ण प्रसाद कोइराला, भगतसिंह, चन्द्रशेखर आज़ाद, राम प्रसाद विस्मिल जैसे प्रकट-अप्रकट व्यक्तियों से केवल परिचित ही नहीं, प्रभावित एवं प्रेरित भी हुए। ऐसे माहौल में रेणु ने बनारस से इण्टर पास किया। लेकिन अंग्रेज सरकार की दमन नीति उन्हें भाई नहीं। 'भारत छोड़ो' आन्दोलन के समर्थन में वे जेल गए, और उसी समय से शिक्षा तो छूट गयी, पर मुक्ति के लिए संघर्ष अन्त तक नहीं छूटा। राजनीति से अन्त तक जुड़े रहने का तथा शिक्षा को छोड़ देने का दूसरा भी एक कारण है, जिसे रेणु ने स्वयं स्वीकारा है। वे कहते हैं— "मैंने पढ़ाई जारी रखने के बदले राजनीति करने की सोची, क्योंकि राजनीति करने से तो सीधे मंत्री पद प्राप्त होने वाला था। फिर पढ़ाई-लिखाई करके छोटी-सी नौकरी भी मिलती कि नहीं, इसलिए भी राजनीति की ओर ही कदम बढ़ाया।"[11]

क्रान्तिकारी व्यक्तित्व

रेणु के क्रान्तिकारी तथा संघर्षमयी जीवन को देखकर लगता है कि रेणु का स्वभाव अत्यन्त क्रोधी तथा घमंडी रहा होगा। लेकिन वास्तव में वैसा

नहीं है। वे अत्यन्त सीधे-सादे सरल व्यक्ति थे। सामान्य लोगों के साथ सामान्य बन जाते थे तो असामान्यों के साथ असामान्य। रेणु का व्यक्तित्व बिल्कुल मस्तमौला का व्यक्तित्व था। रेणु का सांवला रंग, लम्बे बाल तथा ढीला-ढाला शरीर देखकर कोई भी यह अनुमान नहीं लगा सकता था कि यह व्यक्ति एक सैनिक है, जो जीवन भर संघर्ष करता रहा है।

उनकी ओर देखकर किसी भी व्यक्ति को यह पता नहीं चलेगा कि इस व्यक्ति ने राजनीति में सक्रिय हिस्सा लिया है, अथवा यह व्यक्ति असाध्य बीमारी के कारण जीवन और मौत के बीच संघर्ष कर चुका है; बल्कि रेणु को देखकर कोई भी यही कहेगा कि 'रेणु के नख-शिख में सामन्ती स्वरूप झलकता है—विशुद्ध बिहारी सामन्तशाही का प्रतिरूप है रेणु।' इसका कारण यह था कि रेणु अच्छे कपड़ों के, अच्छे खान-पान के पहले से ही शौकीन थे। रेणु हमेशा अच्छी चीज़ों के पुरस्कर्ता रहे। फूल, पत्ती, हवा, बादल, संगीत, खान-पान, पहनावा, लेखन यहाँ तक कि साज-शृंगार भी। जिस सलीके से वे कपड़े पहनते थे, पत्र-पत्रिकाएँ तथा पुस्तकें सहेज कर रखते थे, तथा अपने घने मुलायम बाल सहेजते थे, उससे लगता था अपना जवाब वे खुद हैं। अपने बालों पर रेणु को हमेशा गर्व रहा। वे कभी उसे कटवाते नहीं थे। कटवाने पर उनको बहुत दुख होता था। सन् 1968 में जब वे अस्पताल में बीमार थे उस समय उनका मुंडन किया गया था और उसी समय 'पद्मश्री' की उपाधि उनको मिली थी। अतः उस समय रेणु अपने को 'पद्मश्री' फणीश्वरनाथ रेणु कहलवाना पसन्द नहीं करते थे, क्योंकि इनका कहना था, "बाल कट जाने से श्रीहीन हो गया हूँ। सिंह अपने लच्छों के कारण ही जँचता है! चेहरा भर जाए फिर यह भारी-भरकम उपाधि ठीक लगेगी।"[12]

रेणु को पढ़ना पसन्द था और स्वाध्याय ही उनके ज्ञान का साधन था। साहित्यिक रचनाएँ ही पढ़ते थे। बंगला तथा नेपाली को अपनी मातृभाषा की अधिकतर भाँति जानते थे। सैद्धान्तिक साहित्य बहुत कम पढ़ते थे और पश्चिमी साहित्य तो कदाचित ही पढ़ते थे। लेकिन उनका साहित्य पश्चिम में आज भी लोकप्रिय है, वहाँ पर प्रेमचंद के बाद रेणु का ही नाम लिया जाता है। रेणु शुरू से ही घुमक्कड़ थे। उनकी घुमक्कड़ी केवल समय काटने के लिए नहीं, बल्कि ज्ञानार्जन के लिए थी, जिसका प्रमाण उनके उपन्यास हैं।

रेणु खाने-पीने के शौकीन थे। मकई उन्हें बहुत पसन्द थी। विशुद्ध छेने के रसगुल्ले, मूँग की दाल की खिचड़ी तथा उम्दा मछलियाँ उन्हें बहुत पसन्द थीं। गाँव में रहें तो नया चुड़वा तथा तरह-तरह के माम के शौकीन। शक्ति के उपासक होने के नाते उनको पीने की आदत थी, लेकिन घर में बंद होकर पीते थे। 1968 के बीमारी के बाद पीना डाक्टरों ने मना कर दिया और तब से कोको-

कोला और सिगार के आदी हो गए। कोकोकोला तो हमेशा उनके घर में ही रहता था। गाँव गए तो भी कोकोकोला की बोतलें बाल्टी में डालकर कुएँ में लटकाई जाती थीं। अन्तिम ऑपरेशन के समय भी कोकोकोला पीकर ही वे ऑपरेशन थिएटर गए।

रेणु की आवाज़ अच्छी थी और सभी लोकगीतों का उनको ज्ञान था। इसलिए बचपन से नुक्कड़ों पर सभा के पहले लोगों की भीड़ इकट्ठा करने के लिए रेणु लोकगीत गाया करते थे। रेणु मितभाषी थे। वे बहुत ही छोटे-छोटे वाक्यों में संन्यासियों के सदृश बोलते थे और फिर शरमा कर हँसने लगते थे। उनके व्यक्तित्व में एक राजसी 'गरिमा' थी, एक अभिजात भाव था और था उच्छल उन्मुक्तता। स्वभाव की इस उन्मुक्तता से ही रेणु ने अपने लोगों के बीच, एक निश्चित स्थान बना लिया था। प्रशंसा के वे कायल नहीं थे, इसीलिए 'मैला आँचल' के प्रकाशन के बाद ही वह अपने गाँव चले गए। वैचारिक भिन्नता होते हुए भी रेणु के मित्रों के लिए उनकी उपस्थिति एक वरदान के रूप में थी। काफ़ी हाउस में बैठकर गप्पें लड़ाना रेणु की दिनचर्या थी।

रेणु जैसे मितभाषी थे, वैसे ही वे स्पष्टवक्ता भी। 'मैला आँचल' के प्रकाशन के बाद बम्बई की एक गोष्ठी में एक महिला ने उनसे पूछा, "आखिर ऐसे लेखन से क्या लाभ जिसके शब्दों के अर्थ किसी शब्दकोश में ढूँढे भी नहीं मिलते हैं, या जिन्हें समझने के लिए पहले 'फुटनोट पर' ध्यान देना जरूरी हो।" इस पर रेणु जी का उत्तर था, "लेकिन मैं आपको ध्यान में रखकर लिखता भी कहाँ हूँ? और फिर कौन कहता है कि आप मेरी रचनाएँ बाँचे ही। बिना पढ़े भी तो उसे कूड़े के ढेर में फेंका जा सकता है।"[13]

रेणु को दिखावा जरा भी पसन्द नहीं था। जहाँ पर अपनी इच्छाएँ, अपनी आत्माएँ बेची जाती हैं, ऐसे बम्बई शहर से तथा वहाँ की फिल्म इंडस्ट्री से रेणु का बिलकुल लगाव नहीं था। व्यापारी लोगों के सदृश वे बम्बई जाते थे। पटना में भी बहुत थोड़े दिन रहते थे। जब जी चाहता वह अपने गाँव चले जाते और अपने साहित्य के लिए कच्चा माल ले आते।

रेणु अनीश्वरवादी नहीं थे। बचपन से ही दादी माँ के संस्कारों के कारण वे भगवान को तथा भगवान के रूप में 'बटबाबा' को मानते थे। उनका विश्वास था कि बचपन में मलेरिया के शिकंजे से केवल 'बटबाबा' ने ही उन्हें बचाया था। रामकृष्णा परमहंस उनके गुरु थे। उन पर उनका अटूट विश्वास था। वे चाहेंगे तभी रेणु जीवित रह सकते हैं अन्यथा नहीं, यह उनकी मान्यता थी। रेणु शक्ति के बहुत बड़े उपासक थे। पिताजी का तंत्रविद्या में गहरा विश्वास था। अतः रेणु पर भी उसका गहरा प्रभाव दिखायी देता है। गाँव में वे श्मशान घाट

जाकर वहाँ शक्ति की पूजा करते थे, गंडा बाँधते थे तथा उँगलियों में तांत्रिक अँगूठी पहना करते थे। उनके डायरी के पृष्ठों पर जहाँ-तहाँ शक्ति की उपासना के मंत्र तथा तंत्र पाए जाते हैं। उनके साहित्य में भी इसी कारण ये सारी बातें प्रचुर मात्रा में दिखायी देती हैं। शक्ति के उपासक के नाते मद्य-पान भी वे करते थे।

रेणु अत्यंत स्वाभिमानी व्यक्ति थे। स्वयं पर उनका पूरा विश्वास था और यदि स्वयं कुछ कर नहीं पाते, तो दूसरों ग लेना भी उन्हें पसन्द नहीं था, इसीलिए अपनी बीमारी की अवस्था में उन्होंने इस बात पर विशेष ध्यान दिया था कि उनकी बीमारी की खबर किसी को न हो। किसी प्रकार का चन्दा इकट्ठा न किया जाय, क्योंकि वे एक आम आदमी थे और आम आदमी के सदृश ही मरना चाहते थे। अपनी कहानी 'मारे गए गुलफ़ाम' पर बन रही फिल्म में उन्हें परिवर्तन मंजूर नहीं था, इसीलिए बेटियों की शादियों में हुआ 20 हज़ार का कर्जा सिर पर होते हुए भी रेणु ने कहानी का मानधन लौटा दिया; क्योंकि वे अपना ईमान नहीं बेचना चाहते थे।

इस प्रकार रेणु का व्यक्तित्व एकदम अदभुत एवं भव्य था। देखने में छायावादी कल्पना के पुरुष, लम्बा कद, निर्लोम आकृति, कन्धे तक लटकते हुए लम्बे घुंघराले बाल और आँखों पर ऐनक, तेजस्विता से भरा हुआ मुख-मंडल।[14] आकृति से वे अवश्य ही छायावाद के कल्पना पुरुष थे, किन्तु प्रकृति से वे तेजस्वी और लड़ाकू थे। उनका विद्रोह केवल साहित्य तक सीमित नहीं था बल्कि विद्रोही तो वे जीवन से थे और साहित्य पर उसी का प्रभाव परिलक्षित होता है।

रेणु बचपन से ही बड़े शरारती थे लेकिन उनकी शरारतें मूर्खतापूर्ण नहीं होती थीं, वरन् उनकी कुशाग्र बुद्धि की परिचायक होती थीं। रेणु जब अररिया हाई स्कूल में थे उस समय की एक-दो घटनाओं से यह बात स्पष्ट हो जाती है। सन 1931-32 की घटना है, जब रेणु ने फारबिसगंज के दारोगा को 'बुरबक' बनाया था। रेणु स्वयं कहते हैं कि एक दिन अचानक दारोगा साहब उनके घर तलाशी लेने आए, बोले, "आप लोगों के घर में 'चाँद' मासिक पत्रिका का फाँसी अंक, और 'हिन्दू पंच' का बलिदान अंक है, खाना तलाशी होगी।"[15] पूरे घर की तलाशी ली गई और उसी समय रेणु पिताजी के बिछावन पर तकिये के पास रखा हुआ लाल खद्दर से बाँधा हुआ बस्ता— जिसमें 'चाँद' का फाँसी अंक, 'हिन्दू पंच' का अंक तथा 'भारत में अंग्रेजी राज' पुस्तक थी—काँख में दबाकर 'स्कूल की घण्टी हो रही है' कहकर घर से बाहर चले गए। और इस प्रकार केवल 10-12 साल की आयु में रेणु ने दारोगाजी की आँखों में धूल झोंकी। रेणु जब कोइराला परिवार में रहते थे तब रानी माँ ने सुबह जल्दी उठने के लिए

पुरस्कार का लोभ दिया तो रेणु और उनके मित्र सारिणी प्रसाद एक बजे रात तक जागते रहे। एक बजे रेणु ने कैलेण्डर की तारीख बदल दी। माँ के पूछने पर उत्तर दिया कि अपनी हिन्दू संस्कृति के अनुसार बारह बजे के बाद दूसरा दिन शुरू हो जाता है।"[16] किशोर अवस्था से ही प्राप्त इस निर्भीकता ने रेणु को स्वतन्त्रता-सेनानी बनाने में सहायता दी तथा विराटनगर (नेपाल) के आदर्श विद्यालय में पढ़ते समय कोइराला परिवार में रहकर उन्हें स्वतंत्रता और निर्भीकता की जो शिक्षा मिली थी, उसके फलस्वरूप उनके भीतर एक कर्मठ सेनानी का व्यक्तित्व विकसित हुआ। रेणु के बचपन की एक और घटना ऐसी है जिसके कारण रेणु के क्रांतिकारी जीवन की शुरुआत होती है।

मनुष्य की किशोरावस्था गीली मिट्टी की सदृश होती है, उसे जैसा चाहे वैसे साँचे में ढाला जा सकता है। रेणुजी पर तो बचपन से ही अनेक क्रांतिकारियों का प्रभाव था। इसलिए जब रेणुजी के बचपन में सन 1931-32 में गांधीजी पकड़े गए और सारे बाजार तथा स्कूल बंद हो गए, उस समय रेणु अररिया के हाई स्कूल में चौथे दर्ज़े में थे। वे अपने दोस्तों के साथ पिकेटिंग करने लगे। यहाँ तक कि सहायक हेडमास्टर को भी रोका। परिणामतः सब विद्यार्थियों को आठ आने जुर्माने की सज़ा हुई और उन्हें सारे स्कूल के छात्रों के सामने दस-दस बेंत लगाए गए। इस वारदात से अपनी आयु के 10-12 साल में ही स्कूल के छात्रों के वे हीरो बन गए। महात्मा गांधी, जयप्रकाश नारायण, नेहरू तथा भारतमाता का जयजयकार करते हुए रेणु ने मास्टर के बेंतों को हँसते हुए अपने हाथों पर झेला और यहीं से रेणु के क्रान्तिकारी जीवन का श्रीगणेश हुआ जो निरन्तर विकसित होता गया। 1941 में गांधी जी द्वारा चलाये गये आंदोलन में रेणु ने सक्रिय भाग लिया। 1941 के अन्त में रेणु भूमिगत हो गए और 1942 के जून में मुजफ्फरपुर की 'किसान कान्फ्रेंस' में छुपकर भाग लेने आए तथा सही-सलामत वहाँ से भाग निकले।

1942 के आंदोलन के सिलसिले में रेणु लगभग 30 महीने तक जेल में रहे। यहाँ एक ओर वे समाजवाद का गहरा अध्ययन कर रहे थे तो दूसरी ओर उन्होंने एक हस्तलिखित पत्रिका भी शुरू की थी। कविता और कहानी लेखन साथ-साथ चल ही रहा था। ढाई वर्ष के बाद वे जेल से बाहर आए और जयप्रकाशजी की प्रेरणा से सोशलिस्ट पार्टी में शामिल हुए। बड़े जोश-खरोश के साथ उन्होंने पार्टी का क्षेत्रीय कार्य शुरू किया। पर धीरे-धीरे वे यह अनुभव करने लगे कि क्षेत्रीय राजनीति के लिए वे नहीं बने हैं, क्योंकि स्वातंत्र्योत्तर राजनीति में बुद्धिजीवियों के लिए कोई स्थान नहीं था।

रेणु ने इस काल में यह भी महसूस किया कि जितनी जन-सेवा जुलूस, प्रदर्शन या विधान सभा की सदस्यता के द्वारा की जा सकती है, उससे कहीं

अधिक जन-सेवा लेखनी के माध्यम से की जा सकती है। ऐसा महसूस करने के दो प्रमुख कारण थे। एक 1952 के प्रथम आम चुनाव में समाजवादी दल की अप्रत्याशित असफलता, जिससे रेणु के हृदय पर काफी गहरी चोट पहुँची, और दूसरा कारण यह कि जब वे जेल में थे तो वहीं, उनको टी० बी० हो गई। बीमारी की यह अन्तिम अवस्था थी। अतः घरवालों ने तथा जेलवालों ने उन्हें अस्पताल भेज दिया और यों रेणु ने 1951 से 1971 तक की सक्रिय राजनीति से संन्यास ही ले लिया।[17]

1951 से 1971 तक 20 साल के बीच रेणु को कांग्रेस सरकार की ओर से अनेक प्रलोभन दिए गए, लेकिन रेणु साधारण लेखक एवं एक सामान्य व्यक्ति नहीं थे जो प्रलोभनों के आगे झुक जाते। रेणु ने किसी भी कीमत पर प्रतिपक्षी की भूमिका नहीं छोड़ी, इसीलिए बिहार सरकार से मिल रही पेंशन के बारे में एक जगह रेणु ने कहा है, "यह पेंशन नहीं है, और न ही यह लेखक को कुंठित कर सकती है। मैं नहीं समझता कि यों पैसा लेखक को सृजन-विमुख कर सकता है। मैंने तो इसे ठीक इसी तरह स्वीकारा है जिस तरह सरकार के 'पुनेटिव्ह टैक्स' (सामूहिक जुर्माने) को जनता स्वीकारती है। कभी किसी अविचारी सरकार के विरोध में अथवा किसी जन विरोधी कदम के विरोध में जोर के धमाके के साथ इसे वापिस फेंका भी जा सकता है।"[18] और सचमुच रेणु ने बिहार छात्र आन्दोलन के बाद सरकार का एहसानमंद रहना स्वीकार नहीं किया। जनवरी 1968 में प्राप्त 'पद्मश्री' तथा बिहार राज्य से प्राप्त पेंशन को 'पापश्री' समझकर भरी सभा में सरकार को लौटा दिया।

जयप्रकाशजी की प्रेरणा से रेणु 1972 में निर्दलीय उम्मीदवार के रूप में चुनाव के मैदान में उतरे, लेकिन दुर्भाग्य से दलीय राजनीति के ऊहापोह के कारण आंचलिकता का यह पुरस्कर्ता अपने ही अंचल में पराजित हो गया। उस समय के अनुभवों को बताते हुए रेणु ने कहा है, "निर्वाचन में बैलट (ballot) पेपर तो देख नहीं सका, लेकिन बुलेट (bullet) का अनुभव ज़रूर किया।"

रेणु का सौभाग्य रहा कि उन्होंने न केवल भारत के स्वाधीनता-संग्राम में भाग लिया, बल्कि नेपाल के मुक्ति संग्राम के भी वे सेनानी रहे। राजाशाही को अपदस्थ करने के हेतु नेपाली कांग्रेस ने 1950 में जो सशक्त क्रान्ति छेड़ी थी, उसमें रेणु शामिल हुए और मुक्तिसेना की फौजी वर्दी पहन कर तथा बन्दूक लेकर विश्वेश्वरप्रसाद कोइराला के साथ युद्ध में कूद पड़े। केवल युद्ध में ही नहीं बल्कि क्रांति के समय नेपाली कांग्रेस के प्रचार, प्रकाशन तथा विराटनगर में स्थापित एक गैर-कानूनी आकाशवाणी के संगठन में रेणु ने महत्त्वपूर्ण भूमिका अदा की। इसका एक कारण तो यह था कि रेणु नेपाल को

अपनी मौसी का घर मानते थे और दूसरा महत्त्वपूर्ण कारण यह कि रेणु मूलतः मानवीय मुक्ति के प्रहरी थे। फिर वह मुक्ति भारत की जनता की हो या भारत के बाहर की जनता की। रेणुजी को तो बस शुरू से इन्कलाब का नशा था और 'सूरदास' के 'चढ़े न दूजो रंग' के अनुसार रेणु जीवन के अन्त तक इन्कलाबी रही। अन्त तक वे एक सत्याग्रही रहे, संपूर्ण क्रांति के उन्नायक एवं सांस्कृतिक क्रान्ति के अगुआ रहे। 1967 में बिहार में पड़े सूखे और अकाल तथा 1971 में आयी भयंकर बाढ़ ने रेणु का हृदय मथ डाला। उनके उपन्यास तथा नेपाल क्रांति पर लिखे गए रिपोर्ताज इसी बात के प्रमाण हैं।

1974 में जयप्रकाशजी से फिर से प्रेरणा पाकर संपूर्ण क्रान्ति का सेनानी बनने का फ़ैसला किया रेणु ने। बिहार आन्दोलन के दौरान वे बेहद सक्रिय रहे। इस बार उनके योगदान का और एक आयाम था—लोगों में सांस्कृतिक चेतना जागृत करना। उन्होंने लेखकों व कलाकारों का एक मंच बनाया, जो पटना शहर के नुक्कड़ों पर काव्य-पाठ तथा चित्र-प्रदर्शनी आयोजित करता था। इन काव्य-पाठों तथा नाटकों एवं चित्रों के द्वारा समाज में जागृति लाने का प्रयास किया जाता था। उस समय की नागार्जुन की निम्नलिखित दो पंक्तियाँ इसकी साक्षी हैं।

होंगे दक्षिण, होंगे वाम।
हमें तो केवल रोटी से काम॥[19]

इस प्रकार से अनेक काव्य-पाठों, भाषणों तथा नाटकों के द्वारा जनता में जागृति लाने का कार्य रेणु तथा उनके अन्य सहयोगियों ने किया।

1974 में जयप्रकाशजी ने एक बहुत बड़ा मौन जुलूस निकाला था, जिसमें सभी लोगों ने मुँह पर केसरिया रंग की पट्टियाँ बाँधी थीं। इस जुलूस में रेणु अपनी अस्वस्थता के बावजूद शामिल हुए थे। लेकिन उनकी सुर्ख़ आँखें यह बता रही थीं कि देश की तानाशाही के खिलाफ़ लड़ने का यह रास्ता नहीं है। 26 जून, 1975 को आपातकाल की घोषणा हुई। सारे नेताओं को बन्दी बनाया गया। रेणु भूमिगत हो गए। उनका कहीं पता नहीं चला। वे अपनी मौसी के घर नेपाल चले गए थे। आपातकाल के दौरान देश की ग़लत राजनीति ने रेणु की सहन-शक्ति को काफ़ी क्षति पहुँचायी; यहाँ तक कि उन्हें देश छोड़ना पड़ा। जब लिखने, बोलने, छापने की सारी आज़ादी समाप्त हो गई, तो उन्होंने सोचा भारत में जीकर क्या होगा? खाने और सोने के लिए भारतभूमि ही क्यों आवश्यक है? और वे नेपाल चले गए। लेकिन अपने देश के प्रेम, माँ की ममता ने उनको वहाँ ज्यादा दिन रहने नहीं दिया। और आखिरकार वे स्वदेश लौट आए।

मातृभूमि लौट आने के बाद कुछ दिन तो रेणु फरार रहे, फिर पटना में रहने लगे। आपातकाल में उन्होंने 'एक राँड और एक साँड' नामक उपन्यास लिखना शुरू किया था लेकिन उस समय की परिस्थिति के कारण उसे पूरा नहीं कर सकें। 1976 के अन्त में वे अपने गाँव में ही थे कि फिर से बीमार पड़े। अतः उनको पटना अस्पताल में भरती किया गया। वही अस्पताल, वही वार्ड, वही बेड और वही डॉक्टर। रेणु का यह विश्वास था कि 1972-73 में वह जिस जगह से अच्छे होकर बाहर आए से, अंततः उसी जगह से इस बार भी वे ठीक हो सकते हैं; क्योंकि पटना का यह अस्पताल गंगा के किनारे बना हुआ है और गंगा सर्वरोग-विनाशिनी है।[20] इसीलिए जयप्रकाशजी तथा अन्य लोगों के कहने के उपरान्त भी उन्होंने बम्बई जाना अस्वीकार कर दिया। वे अस्पताल में थे तभी लोकसभा चुनावों की घोषणा हुई। रेणु जी बहुत प्रसन्न हुए। 30 जनवरी, 1977 को अस्पताल से चुपचाप जयप्रकाशजी का भाषण सुनने वे गांधी मैदान चले गए। चुनाव के लिए कुछ कार्य भी उन्होंने किया। पोस्टर रँगवाए तथा लोकतंत्र-रक्षी साहित्य की रचना भी उन्होंने उस समय की। उनका यह विश्वास बढ़ता ही गया कि अब देश की राजनीति में अवश्य परिवर्तन होगा। जो लोग उनसे मिलने आते थे उनको वह सर्वेश्वरदयाल सक्सेना की ये पंक्तियाँ सुनाया करते थे :

चट्टानों पर अँगड़ाई ले रहा है—
काला तेंदुआ
चट्टानों का रंग बदल रहा है॥[21]

इस आशा-विश्वास के साथ वे 24 मार्च, 1977 को ऑपरेशन के लिए तैयार हुए। 20 मार्च को ऑपरेशन के पूर्व रेणु को यह ज्ञात हुआ कि कांग्रेस हार चुकी है। आज़ाद देश की बागडोर जनता पक्ष ने अपने हाथों में थाम ली है। अतः अब अपने देश का मैला आँचल साफ़-सुथरा हो जाएगा। भविष्य की यह सुखद आशा लिये 11 अप्रैल, 1977 को यह स्वातंत्र्य सेनानी इस संसार से चल बसा।

प्रभाव

रेणु ने अपने पूरे जीवन में अपने आप को सचमुच जनपथ की रेणु बना लिया था और हर क्षण वे अपने वक्षस्थल पर अपने अंचल के लोगों के पदचापों को महसूस करते रहे। इसका प्रमुख कारण कदाचित् यह रहा कि कृतियों पर लेखक के जीवन तथा उसके परिवेश का प्रभाव अवश्य रहता है, वह अपने जीवन से तथा परिवेश से ही प्रेरणा ग्रहण करता है। अतः साहित्यकार किसी स्थिति का दर्शक मात्र नहीं हो सकता। वह स्थितियों को जीता है, भोगता है,

प्रतिक्रिया करता है, इसीलिए साहित्यकार की रचना में उसके जीवन के कुछ न कुछ अंश तथा उस समय का परिवेश अवश्य साकार हो उठता है; जी उठता है। रेणु तो अपने अंचल से ऐसे जुड़े हुए थे कि पूर्णिया जिला और रेणु दोनों को अलग करना असंभव है। हर व्यक्ति पर प्रधानतः तीन ऋण माने जाते हैं—मातृऋण, पितृऋण और गुरुऋण। लेकिन इसके अलावा मनुष्य पर उसकी मातृभूमि का भी ऋण होता है; अपने जन्मस्थान का ऋण, अपने अंचल का ऋण। रेणु ऐसे लेखक थे जो हर क्षण अपने अंचल के ऋण को महसूस करते थे। उनका सम्पूर्ण जीवन एवं समस्त साहित्य इसी का प्रमाण है। इस अर्थ में उन्होंने अपना 'रिनुआ' नाम सार्थक किया है। रेणु कहा करते थे—"वही (माँ) चाहती है तो कुछ लिखना संभव होता है। जो कुछ लिखा उसी की इच्छा के कारण अन्यथा अपने चाहने पर जो कुछ लिखा तो भयंकर मानसिक शारीरिक संताप झेलने पड़े।"[22]

वस्तुतः रेणु अपने अंचल में किस प्रकार से डूबे हुए थे, इसका प्रमाण उनका साहित्य है। रेणु के साहित्य में उनका यह अंचल रह-रहकर मुखर हो उठता है। लगता है 'पूर्णिया' का पर्याय ही रेणु है। फणीश्वरनाथ रेणु तो पूर्णिया जिले के फणीश्वरनाथ मंडल के व्यक्तित्व का एक हिस्सा था, जो साहित्य लिखता था। साहित्य के द्वारा वे अपने अंचल की 'गरीवी' और 'जहालत' के दो कीटाणुओं को दूर करना चाहते थे और इसीलिए हमेशा के लिए वे वहीं अपने अंचल में ही रहना चाहते थे, अपने सिमराहा स्टेशन के स्टेशन-मास्टर बनकर। उनकी यह मान्यता थी कि लेखक को अपने "बसेरे से दूर नहीं जाना चाहिए। उस अंचल के सर्वांग से उसे परिचित होना चाहिए, क्योंकि लेखक जो लिखता है वह अपना दुःख-दर्द बटाने के लिए लिखता है। अपने आप को खोजने के लिए लिखता है और अपने आप को हम अपनी भूमि में ही खोज सकते हैं।"[23]

रेणु का पूर्णिया जिला एक ओर नेपाल से जुड़ा है तो दूसरी ओर पूर्वी बंगाल (आज के बंगला देश) से। अतः पूर्णिया के सांस्कृतिक एवं साहित्यिक जीवन पर बंगाली भाषा का प्रभाव होना स्वाभाविक ही है। रेणु की तो प्रारम्भिक शिक्षा-दीक्षा बंगाली शिक्षकों के निर्देशन में और बंगाली छात्रों के साथ हुई। लेकिन उस समय पूरे पूर्णिया जिले में स्टेशन-मास्टर से लेकर स्कूल-मास्टर, वकील, मुख्तार, हाकिम, डॉक्टर, वैद्य, सभी बंगाली थे। पढ़ने वाले लड़कों से पूछा जाता था—बंगला रामायण, महाभारत पढ़ सकते हो? रेणु जी के पिता के परम मित्र बंगाल के प्रसिद्ध कथाकार सतीनाथ भादुड़ी अपने सामाजिक, राजनीतिक कार्यों के लिए उस समय की युवा पीढ़ी के आराध्य थे। रेणु भी इसके अपवाद नहीं थे। भादुड़ी के साथ बंकिमचन्द्र, शरत्चन्द्र तथा

ताराशंकर बन्द्योपाध्याय से भी रेणु बहुत अधिक प्रभावित थे। भादुड़ी के व्यक्तित्व और कृतित्व का रेणु के मन पर बचपन से ही इतना अधिक प्रभाव पड़ा था कि 'मैला आँचल' प्रकाशित होते ही उन पर अनुकरण का ही नहीं, भादुड़ीजी के 'ढोदाई चरितमानस' के अपहरण का भी आरोप लगाया गया था। यह निश्चित है कि दोनों रचनाओं की पृष्ठभूमि एक ही है—पूर्णिया जिला, लेकिन दोनों की भाषा एवं विचार अलग-अलग हैं। 1942-43 के आन्दोलन में रेणु और भादुड़ीजी भागलपुर जेल में एक साथ बन्दी थे। रेणु एक अच्छे किस्सागो तो थे ही। एक बार काव्य-पाठ के प्रोग्राम में रेणु ने 'आगाखां के राजमहल में' नाम की एक कविता सुनायी, जिसमें चित्रित विचारों से बुजुर्ग लोग बिगड़ गए लेकिन भादुड़ी महाशय ने निराश रेणु को प्रोत्साहित करते हुए कहा, "बाप रे ! इतनी लम्बी कविता, और सो भी मुक्त छन्द में !...... तुम गद्य क्यों नहीं लिखते ? अरे कहानी लिखो, कहानी। तुम्हारी बातें, गप्पें कितनी जमती हैं। तुम अगर लिखो तो तुम्हारी कहानियाँ खूब जमेंगी।"[24] और उसी समय से भादुड़ी जी को रेणु ने अपना साहित्यिक गुरु स्वीकार कर लिया तथा अंतिम समय तक उसका पालन भी किया। भागलपुर जेल में दो-ढाई साल दोनों ने साहित्य-चर्चा में ही बिता दिए। भादुड़ी जी का बंगला भाषा का उपन्यास 'जागरी' वहीं काल कोठरी में ही तैयार हो रहा था और 'मैला आँचल' की भावभूमि भी इसी कालकोठरी में तैयार हो रही थी, जो दस साल बाद पुस्तक के रूप में प्रकाशित हुई। सतीनाथ भादुड़ी के साथ तो रेणु ने अपने जीवन का कुछ समय बिताया ही, लेकिन रवीन्द्र साहित्य के भी रेणु बचपन से ही प्रशंसक रहे। बंकिमचन्द्र तथा शरत्चन्द्र के भी रेणु प्रेमी थे, उनका सारा साहित्य उन्हें कंठस्थ था। कहा जाता है कि रेणु का प्रयत्न शरत्-चन्द्र बनने का था। इसीलिए आदर्श के रूप में उन्होंने शरत् को ही स्वीकारा था। लेकिन रेणु का स्वभाव शरत्चन्द्र के सदृश खुला तथा बुराइयों को स्वी-कार करने वाला नहीं था। फिर भी रेणु के साहित्य पर रवीन्द्र, बंकिम, शरत् तथा ताराशंकर बंद्योपाध्याय आदि की शैली का प्रभाव अवश्य दिखायी देता है।

पिता शीलानाथ कूर्म के कारण रेणु पर जाने-अनजाने क्रान्तिकारी व्यक्तियों का प्रभाव बचपन से ही दिखायी देता है, क्योंकि उस समय के प्रमुख क्रान्तिकारी शीलानाथ जी के घर आया करते थे, वहाँ कार्य का स्वरूप निश्चित होता था। रेणु इन सब बातों को केवल देखते ही नहीं थे अपितु आत्मसात भी करते थे। इसी समय से रेणु की दिलचस्पी राजनीति की ओर होने लगी। काशी विश्वविद्यालय में तो राममनोहर लोहिया, आ० नरेन्द्रदेव आदि लोगों से परिचय तथा कोइराला परिवार के साथ रहने से यह दिलचस्पी एक चाहत में बदल गयी। इसी कारण इन सारे बड़े-बड़े क्रान्तिकारी व्यक्तियों के

सान्निध्य में ही रेणु का व्यक्तित्व एक निर्भीक सेनानी का, एक निडर क्रान्तिकारी का बन सका।

रेणु के परिवार के लोग 'भगवान' में आस्था रखने वाले थे। पिताजी शक्ति-उपासक तो थे ही। दादी माँ भगवान के साथ-साथ अपने गाँव के पुराने बरगद के पेड़ को भी भगवान के सदृश मानने वाली थीं। संक्षेप में यदि रेणु के ही शब्दों में कहें तो, "मैं कुसंस्कारों में पला अंधविश्वासी हूँ। जन्मान्ध विश्वासी ? इसके अलावा क्या हो सकता था मैं ? दादी या मैं ही क्यों, सारा गाँव बरगद को भगवान मानता था, मलेरिया से गाँव को बचाने के लिए उससे मनौतियाँ माँगी जाती थीं।"[25] रेणु पर भी इसका बहुत असर हुआ है। बचपन में तो रात में जब नींद नहीं आती थी तो वे उस बरगद के पेड़ से ही बातचीत किया करते थे और अपना तन-मन हल्का कर लेते थे। बड़े होने के बाद भी वे कभी इस बटबाबा को भुला नहीं पाये। वे कहते हैं—"आज भी, सुख-दुःख के झकोलों पर जब कभी दिशाहारा-सा होने लगता हूँ, अपने गाँव का आकाश अजनबी लगने लगता है, जब कभी अथवा किसी अव्यक्त व्यथा से मन भारी हो जाता है, आँखें मूँदकर गरदन झुका लेता हूँ, मन के आईने में एक तस्वीर स्पष्ट हो जाती है—एक विशाल महीरुह के नीचे खेलता हुआ एक शिशु नन्हा सा ! जटाजूट बाबाजी हँसकर अलख जगाता हुआ—चिमटा खनकाता है। स्पष्ट सुनता हूँ कोई मेरा नाम लेकर प्यार से पुकारता हैं, पुकारता है···"[26] और इसी बाबा से प्रभावित होकर रेणु ने अपनी पहली कहानी लिखी—"बटबाबा', जो कलकत्ता के साप्ताहिक 'विश्वमित्र' में प्रकाशित हुई थी।

रेणु अररिया हाई स्कूल में थे तो वहाँ पर 'रामकृष्ण मिशन' के सेवाधर्मी संन्यासियों से रेणु की भेंट हुई। इन लोगों से रेणु काफ़ी प्रभावित रहे। यहाँ तक कि रेणु का यह विश्वास हो गया था कि जब 1952-53 में वे बहुत बीमार हुए, यक्ष्मा की अन्तिम अवस्था में थे, और ऐसे समय में घरवालों तथा जेलवालों ने आशा छोड़ दी थी और उन्हें मरने के लिए पटना मेडिकल कॉलेज में भेज दिया था, तब रामकृष्ण परमहंस ने ही सपने में उनको दर्शन दिया था और कहा था कि "तुमने सोने की कलम (पार्कर-51) से मेरा नाम कितनी बार लिखा है ?" मैं यह सोचता हूँ कि यह कौन है, उसी समय वह गाँव की धूल मेरे मुँह पर फेंक कर कहते हैं—"दूर साला, तोमार किच्छुई हॉयनि। तुमी भालो"[27] और गायब हो जाते हैं।[28] शायद इसीलिए उस समय रेणु बच गए थे। अतः अस्पताल से बाहर आने के बाद रेणु ने परमहंस को अपने गुरु के रूप में स्वीकार कर लिया था। 1977 की बीमारी में रेणु को ऐसा विश्वास था कि अभी गुरु का दर्शन होगा और वे कहेंगे—"साला अनेक होयेछे लेखा-पड़ा। एखन तोमार माथाय किच्छुई नाई। एबार चौल।"[29] और इसीलिए अपने गुरु

की आज्ञा का पालन करने के लिए रेणु सब मायामोह को छोड़कर एकदम तटस्थ होकर मौत का इन्तज़ार करने लगे। परमहंस की शिक्षा के अनुसार रेणु ने भी अपने आप को आजीवन समाज सेवा में डुबो दिया। अपने अंचल की, अपने अंचल के लोगों की वे आजीवन सेवा करते रहे।

इस प्रकार रेणु अपने माता-पिता, गुरु तथा अंचल से प्रभावित होकर, उनसे कुछ ग्रहण करते हुए, उनकी अर्थात् माँ; पिता, गुरु तथा अंचल की सेवा अन्त तक अपने साहित्य के द्वारा करते रहे। उनके साहित्य में वे सभी बातें हैं जो उन्होंने अपने परिवार से तथा अंचल से वसीयत के रूप में प्राप्त की थीं। इस प्रकार रेणु अपनी साहित्य-सर्जना में अपने अंचल से जिस प्रकार जुड़े रहे उसी प्रकार वह अपने परिवार से भी जुड़े रहे हैं। किसी भी लेखक का साहित्यिक जीवन लेखन पर हावी हो या न हो, पर पारिवारिक विषमताओं से उसके लेखन को कच्चा माल अवश्य मिलता है। रेणु ने भी अपने लेखन का पूरा कच्चा माल अपने परिवार से ही लिया था। माँ की ममता, पिता का क्रान्तिधर्मी स्वभाव, संयुक्त परिवार व्यवस्था आदि का सुन्दर समन्वय रेणु के उपन्यासों में दिखायी देता है।

व्यवस्था

फणीश्वरनाथ रेणु की साहित्य-सर्जना का प्रारम्भ कविता से ही हुआ। बचपन में कुछ तुकबंदियाँ वे अवश्य करते थे, लेकिन श्री भादुड़ीजी से परिचित होने के बाद वे गद्य लिखने लगे। बाद में गद्य में प्रसिद्धि प्राप्त होने के बाद कभी-कभी पद्य भी लिखते थे, लेकिन वह होता था गद्य के सदृश ही। उन्हें कभी भी यह स्वीकार करते हुए संकोच नहीं हुआ कि वे अच्छे कवि नहीं हैं।

1945 में 'विश्वमित्र' पत्रिका में 'बटबाबा' नाम से रेणु की प्रथम कहानी प्रकाशित हुई और फिर असंख्य रिपोर्ताज रेणु ने लिखे, जो तत्कालीन दैनिक पत्रों में प्रकाशित हुए, लेकिन इस लेखन से रेणु को अधिक ख्याति प्राप्त नहीं हो सकी। साहित्य की प्रेरणा तो उन्हें 1952-53 की लम्बी बीमारी के दौरान मौत से जब प्रत्यक्ष भेंट हुई और उस समय जब बाबा परमहंस का आशीष मिला तब से मिली। और फिर अस्पताल से बाहर आते ही 1952 में 'मैला आँचल' का प्रकाशन हुआ, और उसके बाद रेणु लिखते ही रहे। रेणु की प्रमुख साहित्यिक रचनाएँ इस प्रकार हैं :

1. **मैला आँचल** : 1954 में प्रकाशित यह रचना हिन्दी साहित्य जगत् में एक धूमकेतु के सदृश आयी और अपने रचना-कौशल से पूरे हिन्दी-साहित्य पर छा गयी। इसमें बिहार के पूर्णिया जिले के पूर्वी अंचल के एक गाँव 'मेरीगंज' का चित्रण है। मेरीगंज अंचल के जनजीवन का सभी दृष्टिकोणों से

कोणों से चित्रण इस उपन्यास में किया गया है। इसकी भाषा वहाँ की बोली से लदी हुई है तथा शैली चित्रात्मक है।

2. परती परिकथा—1957 में प्रकाशित यह उपन्यास मैला आँचल की अगली कड़ी है, जिसमें परानपुर अंचल की वंध्यभूमि की कहानी चित्रित है। 'परती-परिकथा' सामन्तवादी युग से निकलकर लोकतंत्र के युग में आगे बढ़ने का प्रयत्न करनेवाले जन-जीवन का दस्तावेज़ है। आज़ादी के बाद गाँवों में बनती बिगड़ती व्यवस्था के बीच के समय में जो कशमकश चल रही है उसका सजीव चित्रण 'परती परिकथा' में किया गया है। इस उपन्यास में रेणु ने समस्त भारत के मूल स्वरूप की खोज करने का प्रयत्न किया है और उसके साथ ही साथ सामाजिक सन्दर्भों में उत्पन्न हुए नानाविध उलझे हुए सूत्रों को समग्रता में पकड़ने का प्रयास भी किया है।

3. दीर्घतपा—आंचलिक उपन्यास होते हुए भी यह एक व्यापक धरातल पर लिखा गया उपन्यास है। सन् 1963 में इसका प्रकाशन हुआ। इस उपन्यास में लेखक ने अपने पूर्व प्रकाशित दोनों उपन्यासों 'मैला आँचल' और 'परती परिकथा' के ग्रामीण जीवन की पटभूमि से भिन्न शहरी जीवन की भूमि चुनी है। शहरी पात्रों के साथ-साथ ग्रामीण पात्र भी आए हैं। लेखक ने व्यापक जीवन का चित्रण करने के लिए बाँकीपुर के शहरी जीवन का बड़ा ही सटीक चित्रण प्रस्तुत किया है। इस उपन्यास में प्रमुखतया नारी-चित्रण को अधिक महत्व दिया गया है। नारी स्वयं एक छलना है और वह हमेशा पुरुष द्वारा छली जाती रही है। पुरुष द्वारा छली हुई नारी केवल असहाय ही नहीं बनी रह जाती, सामाजिक कुरूपता को ही प्रश्रय नहीं देती, बल्कि इसके ऊपर उठकर वह बेला गुप्त की तरह एक स्वस्था जीवन-दृष्टि का निर्माण भी करती है। वह समाज के कल्याण के लिए सारे विष को हजम करके आत्म-त्याग का अमृत दे जाती है। ऐसी ही नारी की कहानी है 'दीर्घतपा'।

4. जुलूस—1965 में प्रकाशित यह उपन्यास पूर्वी पाकिस्तान (बंगला देश) से आए उन शरणार्थियों की कथा है जो देश-विभाजन के परिणामस्वरूप विस्थापित पूर्णिया जिले के गोड़ियार गाँव में बसे हुए हैं। शरणार्थियों की समस्याएँ, पास-पड़ोस के गाँवों से उनका सम्बन्ध तथा उनके जीवन के विभिन्न पक्षों को इस उपन्यास में उभारा गया है।

5. कितने चौराहे—रेणु का यह पाँचवाँ उपन्यास 1966 में प्रकाशित हुआ। यह एक मर्मस्पर्शी गीतिकाव्य के सदृश है। यह विशेषतः किशोर पाठकों को सामने रखकर लिखा गया है। इतिहास में एक ऐसा कालखण्ड था जब कि छोटे-छोटे किशोर भी आज़ादी के तराने गाते, सिर पर कफन बाँधकर निकल पड़े थे। 'देश और देश' ही जिनका गन्तव्य था। ऐसे युवकों को सम्बोधित कर

लेखक ने अपने इस उपन्यास से यह संदेश दिया है कि स्वधर्म का कार्य करने के लिए अग्रसर होते समय प्रलोभनों के चौराहों पर न मुड़ते हुए आगे बढ़ना चाहिए।

6. पल्टू बाबू रोड— यह उपन्यास पटना की 'ज्योत्स्ना' पत्रिका में पहले-पहल धारावाहिक रूप में प्रकाशित हुआ था और 1979 में वह पुस्तक रूप में प्रकाशित हुआ। यह उपन्यास पूर्णिया जिले के बैरगाछी कस्बे की पृष्ठभूमि पर आधारित है, जिसकी कथा-धुरी अमलेन्दु राय का 'फूलबागान' है। इसी फूलबागान के एक परिवार का चित्रण इस उपन्यास में हुआ है।

इन छः उपन्यासों के अलावा रेणु के तीन कहानी-संग्रह भी प्रकाशित हुए वे हैं :

(1) ठुमरी (1956)
(2) आदिम रात्रि की महक (1967)
(3) अगिनखोर (1977)

इन संग्रहों में कुल मिलाकर चौंतीस कहानियाँ हैं। उपन्यासों के समान यहाँ भी लोक संस्कृति तथा समाज-विघटन के चित्रण हैं। इन कहानियों में प्रमुख हैं—'अगिनखोर', 'रेखाएँ वृत्तचक्र', 'सिरपंचमी', 'मारे गए गुलफाम', (जिस पर 'तीसरी कसम' नामक फिल्म बनी है और उसे पुरस्कार भी प्राप्त हुआ है।) 'लालपान की बेगम', 'आत्मसाक्षी' आदि। इन संकलनों के अलावा 'राघवेन्द्र यादव' ने रेणु की श्रेष्ठ कहानियों का एक संकलन भी प्रकाशित किया है। रेणु के मृत्यूपरान्त 1985 में उनकी कहानियों का और एक संग्रह प्रकाशित हुआ है, जिसका शीर्षक है 'एक श्रावणी दोपहरी की धूप' (1985)

उपन्यास तथा कहानियों के अलावा रेणु ने, नेपाल-प्रवास के अपने 'संस्मरण' भी लिखे हैं। ये संस्मरण 'नेपाली क्रान्तिकथा' के नाम से 1967 में प्रकाशित हुए। रेणु के मृत्यु के पश्चात् 'ऋणजल-धनजल' नामक पुस्तक प्रकाशित हुई, जिसमें एक ऐसे प्रदेश का चित्रण है, जो एक ओर तो बाढ़ के उपद्रव से त्रस्त है, और जहाँ हाहाकार मची हुई है, दूसरी ओर सूखे और अकाल के अकांड-तांडव से सब लोग भूखों मर रहे हैं। पानी के अभाव में जीवन-धारण भी कठिन हो रहा है। अकाल तथा बाढ़ का आँखों देखा हाल रेणु ने रिपोर्ताज शैली में अत्यन्त सजीवता से उतारा है। रिपोर्ताज के साथ उनके द्वारा कुछ 'रेखाचित्र' भी लिखे गए हैं, जिनका संग्रह अभी-अभी 'वन तुलसी की गंध' नाम से (1985) प्रकाशित हुआ है। इस संग्रह में ऐसे व्यक्तियों के रेखाचित्र हैं, जिनके जीवन से रेणु ने प्रेरणा ली थी।

उपरोक्त प्रकाशित साहित्य के अतिरिक्त पत्र-पत्रिकाओं में उनके अनेक

लेख, रिपोर्ताज और टिप्पणियाँ छपी थीं। विश्वेश्वर प्रसाद कोइराला की नेपाली में लिखी कुछ कहानियों तथा नरेन्द्रदाई (उपन्यास) का अनुवाद भी रेणु ने ही पूरा किया था, किन्तु अभी तक वह अप्रकाशित ही है।

संदर्भ :

1. राज रैना, 'कहानीकार फणीश्वरनाथ रेणु', पृ० 40
2. पूर्ण देव, 'रेणु का आंचलिक कथा साहित्य', पृ० 3
3. 'सारिका', अप्रैल 1979
4. 'धर्मयुग' (23 मार्च, 1975) में प्रकाशित रेणु से साक्षात्कार
5. रॉबिन शॉ पुष्प, 'सोने की कलम वाला हीरामन', पृ० 22
6. नागार्जुन 'रेणु संस्मरण एवं श्रद्धांजलि', पृ० 19
7. रेणु,, 'बन-तुलसी की गंध', पृ० 114
8. इंदु प्रकाश पांडेय, 'हिंदी के आंचलिक उपन्यासों में जीवनसत्य', पृ० 282
9. फणीश्वरनाथ रेणु, 'मेरा बचपन' (रेणु : संस्मरण एवं श्रद्धांजलि), पृ० 186
10. रेणु, 'बन तुलसी की गंध', भारत यायावर के संपादकीय से, पृ० 1
11. 'रविवार' (28 अगस्त से 2 सितंबर 1977), पृ० 8
12. कमलेश्वर, 'मेरा हमदम मेरा दोस्त', पृ० 14
13. रॉबिन शॉ पुष्प; उपरोक्त, पृ० 79
14. डॉ० विजेन्द्रनारायाण सिंह : 'फणीश्वरनाथ रेणु : एक प्रेरक व्यक्तित्व' (रेणु : संस्मरण एवं श्रद्धांजलि), पृ० 63
15. रेणु, 'बन तुलसी की गंध' (भादुड़ीजी), पृ० 17
16. रेणु, 'मेरा बचपन', पृ० 186
17. शैलेन्द्रनाथ श्रीवास्तव, 'रेणु और बिहार आंदोलन' (रेणु : संस्मरण एवं श्रद्धांजलि), पृ० 94
18. मदन मोहन उपेंद्र, 'परती के परिकथाकार रेणु' (रेणु : संस्मरण एवं श्रद्धांजलि), पृ० 82
19. शैलेन्द्रनाथ श्रीवास्तव; उपरोक्त, पृ० 99
20. रेणु, 'रेखाएँ वृत्तचक्र', पृ० 35
21. सर्वेश्वरदयाल सक्सेना, 'जीवन स्मृतियों के कुछ अधूरे शिलालेख' (रेणु : संस्मरण एवं श्रद्धांजलि), पृ० 170

22. भूपेन्द्र अबोध, 'कौन भुलाएगा इसे' (रेणु : संस्मरण एवं श्रद्धांजलि), पृ० 131
23. अशोक ओझा, 'रेणु : आत्मकथा' (रेणु : संस्मरण एवं श्रद्धांर्जाज), पृ० 213.
24. रेणु 'बन तुलसी की गंध' (भादुड़ीजी), पृ० 113
25. नागार्जुन, उपरोक्त, पृ० 18
26. रेणु, 'बन तुलसी की गंध', पृ० 142
27. वही, पृ० 149
28. रॉबिन शॉ पुष्प, वही, पृ० 45
29. वही, पृ० 45
30. नागार्जुन; उपरोक्त, पृ० 57

2

रेणु और युगीन परिवेश

साहित्यकार के रचनात्मक स्तर को ठीक-ठीक परखने के लिए यह जरूरी है कि उस परिवेश की निष्ठापूर्वक परख की जाए जिसमें रहकर सृजनकर्ता ने रचना की है। रचना इसीलिए तो होती है कि, उसके पार्श्व की सर्जक स्थितियाँ और रचयिता की सर्जन-क्षमताएँ एकरूप होकर एक अर्थ-विशेष को उजागर करती हैं; क्योंकि युग और साहित्य का संबंध 'गिरा-अर्थजलबीचि के समान होता है। साहित्यिक समाज से असम्पृक्त होते हुए भी अभिन्न होता है। वह युग को अपने से अलग नहीं कर सकता, क्योंकि साहित्य को उपजीव्य सामग्री युग ही प्रदान करता है, और साहित्यकार उस युगबोध को संप्रेषित कर एक शाश्वत रसात्मक सृष्टि की रचना करता है। मानव सचेतन, ज्ञानवान और संवेदनशील होने के कारण अपने परिवेश से प्रभावित होकर अपनी अनुभूति को साहित्य के रूप में अभिव्यक्त करता है। साहित्यकार मानवी परिवेशगत मूल्यों के उद्घाटन का प्रयत्न करता है।[1] समाज के विभिन्न क्षेत्रों और परिस्थितियों में साहित्यकार के चेतन मन पर पड़े संस्कार ही अचेतन मन में संगृहीत होते रते हैं और उपयुक्त समय पाकर अभिव्यक्त होते हैं। समष्टिगत चेतना की उपज होने के कारण साहित्य और समाज का संबंध बहुत ही घनिष्ठ होता है। साहित्य समाज से, समाज के लिए सामग्री ग्रहण करता है। साहित्य का साधन एवं साध्य समाज ही है। अतः साहित्य और समाज को जोड़नेवाली महत्वपूर्ण कड़ी है युग-चेतना।

'चेतना प्राणिमात्र में रहने वाला वह तत्व है जो उन्हें निर्जीव, जड़ पदार्थों से अलगाता है, और उन्हें चेतना-सम्पन बनाकर जीवन्त सिद्ध करता है। चेतना स्वयं को और अपने आस-पास के वातावरण को समझने तथा उसका मूल्यांकन करने की शक्ति का नाम है।[2] वैसे देखा जाए तो चेतना शब्द बड़ा ही व्यापक है। इसे, बोध या 'चैत्य' के समानार्थक रूप में भी ग्रहण किया जा सकता है। 'चेतन' मानस की प्रमुख विशेषता है चेतना, अर्थात् वस्तुओं, विषयों एवं व्यवहारों का ज्ञान।[3] अतः समाज का सर्वांगीण ज्ञान ही चेतना है, जिसमें युग

अपने सम्पूर्ण वैभव को लेकर समाया होता है। वास्तव में 'युग' से तात्पर्य है सुदीर्घ कालावधि जैसे सतयुग, त्रेतायुग, द्वापरयुग तथा कलियुग। पर यहाँ युग का अर्थ मर्यादित रूप में केवल काल के सन्दर्भ में लिया गया है। युग शब्द काल-सापेक्ष है, जैसे भारतेंदु युग, द्विवेदी युग, शुक्ल युग, प्रेमचंद युग आदि। अतः इतिहास के अध्ययन से यह स्पष्ट हो जाता है कि युग-विशेष की अपनी एक मौलिक चेतना हुआ करती है, जो युगानुसार अपना रूप बदलती रहती है, तथा तत्कालीन साहित्य में उस चेतना का प्रतिबिम्ब स्पष्ट झलकता दिखाई देता है। तत्कालीन युग की परिस्थितियाँ एवं जनता की चित्तवृत्तियों का स्पष्ट रूप हमें इस युग के साहित्य में दिखायी देता है। लेकिन एक बात ध्यान देने की है कि साहित्य में व्यक्ति की निजी चेतना महत्वपूर्ण होती है अर्थात् साहित्यकार की अपनी विशेष ऐसी निजी चेतना जब तक साहित्य में नहीं होती, तब तक उस साहित्य में युग-चेतना का कोई महत्व नहीं होता, क्योंकि व्यक्ति-व्यक्ति से ही समाज बनता है। अतः युग का महत्व भी व्यक्ति पर ही निर्भर होता है। समाज, संस्कृति, राजनीति, धर्म, दर्शन, अध्यात्म, नैतिकता तथा विज्ञान आदि का स्वरूप जिस युग में जैसा रहता है, उसे ठीक उसी रूप में ग्रहण कर अभिव्यक्त करना कृती रचनाकार के साहित्य की युग-चेतना कही जाएगी। दूसरे शब्दों में युग-भावनाओं की अभिव्यंजना ही साहित्य में युग-चेतता की संज्ञा पाती है।[4]

यही युग-चेतना अपने सम्पूर्ण युग-वैभव के साथ साहित्य की सामग्री बनती है और साहित्यकार को प्रेरणा देती है, जिसके द्वारा साहित्यकार अपने समाज को साहित्य में इस प्रकार उतारता है कि वह जीवन की अनुकृति लगती है, जीवन का प्रतिबिंब लगता है। मनुष्य-जीवन में आनंद और विषाद दोनों पहलू होते हैं। अपने परिवेश से, अंचल से अलग होकर वह जीवित रह ही नहीं सकता। अतः जब कोई लहर देश में उठती है, तो साहित्यकार के लिए उससे अविचलित रहना असंभव हो जाता है। उसकी विशाल आत्मा अपने देश-बन्धुओं के प्रति स्नेह से भर उठती है, उनके कष्टों से दुखी होती है और इस तीव्र विकलता में वह रो उठता है। पर उसके रुदन में व्यापकता होती है। वह स्वदेश का होकर भी सार्वजनिक होता है।[5] अतः साहित्य इस प्रकार विश्वात्मा है और इस विश्वात्मा में राष्ट्रीयता निवास करती है। इसी आत्मा की प्रतिध्वनि है साहित्य।[6]

साहित्य की सभी विधाओं में कमोबेश यह विश्वात्मा अवश्य दिखायी देती है, किन्तु उपन्यास साहित्य में इसकी प्रतिध्वनि अत्यन्त स्पष्ट रूप से पहचानी जा सकती है। उपन्यास मानव जीवन का महाकाव्य है। वह मानव जीवन की धरोहर ही नहीं, अपितु उसमें जीवन के जीते-जागते चित्र विविध रूपों में देखने

को मिलते हैं । कुशल कलाकार के उपन्यास में युग का सर्वांगीण रूप चित्रित होता है और उसका विश्लेषण कर हम युग का परिचय प्राप्त कर सकते हैं । 'साहित्यिक क्षेत्र में उपन्यास ही एक ऐसा उपकरण है कि जिसके द्वारा सामूहिक मानव-जीवन अपनी समस्त भावनाओं एवं चिन्ताओं के साथ सम्पूर्ण रूप में अभिव्यक्त हो सकता है । मानव जीवन के विविध चित्रों को चित्रित करने का जितना अधिक अवकाश उपन्यास में मिलता है, उतना अन्य साहित्यिक विधाओं में नहीं ।'[7]

उपन्यास की नींव यथार्थ की ठोस धरती पर होती है, कल्पना का उसमें केवल सहयोग होता है । मानव जीवन के विविध अनुभवों का चित्रण इसमें होता है । मनुष्य के अनुभवों की कोई सीमा नहीं, मर्यादा नहीं, वह विज्ञान से परिचित है, साहित्य, संगीत एवं कला में उसकी रुचि है तो पशु-पक्षियों का ज्ञान भी वह रखता है । अतः प्रकृति के सजीव तथा निर्जीव, जड़ तथा चेतन सभी रूपों का उसे ज्ञान होता है, सभी का उसे अनुभव है और इन्हीं अनुभवों के आधार पर ही उपन्यास की रचना करता है । अतः उपन्यास यथार्थ की प्रतिछाया होता है । वह इस सृष्टि का यथार्थ चित्र है, जिसमें कलाकार अपने सामाजिक रूप-विधान, अपने वर्ग—सभी का व्यापक अर्थों में चित्रण करता है ।[8] आज के जीवन की उथल-पुथल एवं भावगत अंतर्द्वन्द्व की अभिव्यक्ति का सर्वोत्तम साधन उपन्यास है ।

20वीं शताब्दी के पूर्व भारतीय समाज में इतनी उथल-पुथल नहीं थी जितनी विदेशी आक्रमणों एवं परतंत्रता से भारतीय समाज में 20वीं शताब्दी में उत्पन्न हुई । सामाजिक, राजनीतिक, आर्थिक और सांस्कृतिक जीवन में औद्योगिकि क्रांति एवं वैज्ञानिक खोजों के कारण आमूलचूल परिवर्तन तो हुआ ही, लेकिन उसके साथ ही एक वहुत बड़ी बात यह हुई कि हमारे साहित्यकारों का ध्यान अंचल की ओर, देहातों की ओर आकर्षित हुआ, जिसमें भारत का सच्चा जीवन देखने को मिलता है ।

स्वातंत्र्योत्तर काल में ग्रामीण समाज में क्रांतिकारी परिवर्तन होने लगे । ग्रामीण जनता के दृष्टिकोण में भी काफी परिर्वतन आया । एक ओर वैज्ञानिक औजार देहातों में आये (बिजली, ट्रेक्टर आदि), तो दूसरी ओर देहात अपनी रूढ़ि, परंपरा, अंधविश्वास के बंधनों से छुटकारा पाने के लिए कसमसाने लगे । अर्थात् एक ओर नए के प्रति आकर्षण तो दूसरी ओर प्राचीनता के प्रति मोह । ऐसें देहातों, अंचलों, ग्रामीण क्षेत्रों की समस्याओं को संपूर्णता से उजागर करने तथा समग्रता से चित्रित करने का प्रयास उपन्यासों में किया गया जो आंचलिक उपन्यासों के नाम से स्वीकृत हुए । इन आंचलिक उपन्यासों में ग्रामीण जीवन के वास्तविक स्वरूप के साथ ही साथ गतिशील समाज के चित्रण को भी साकार

किया गया है । अतः किसी विशिष्ट भूभाग के भौगोलिक चित्र को निखारते हुए, वहाँ के लोगों का रहन-सहन, आचार-विचार, रीति-रिवाज, रूढ़ियाँ-त्यौहार, धर्म-संबंधी उनकी कल्पनाएँ तथा देश के प्रति उनके विचार आदि का सम्पूर्ण चित्र इन उपन्यासों में किया जाने लगा ।

इन आंचलिक उपन्यासों में अंचल विशेष के वास्तविक जीवन को साकार स्वरूप मिला । रेणु ने 'मैला आँचल' उपन्यास में मेरीगंज के अंचल को चित्रित करते हुए पूर्णिया जिले का वस्तुगत चित्र प्रस्तुत किया है । इसी प्रकार उनके अन्य उपन्यासों में अंचल-विशेष को साकार करने का प्रयास किया गया है । इसके साथ ही साथ उनमें सारे राष्ट्र का चित्र भी स्वयमेव सुस्पष्ट हो जाता है ।

हिंदी भाषा में बहुत सारे लेखकों ने आंचलिक उपन्यास लिखे, लेकिन इनमें प्रमुख हैं फणीश्वरनाथ रेणु । रेणु के उपन्यासों का लक्ष्य अपने अंचल को तथा वहाँ के व्यक्तियों को उजागर करना था, और उस अंचल के परिवेश को स्पष्ट करते हुए वहाँ की समस्त समस्याओं को, लोक-जागरण तथा युग-चेतना को स्पष्ट करना था । उनके उपन्यासों के अध्ययन से यह बात स्पष्ट हो जाती है कि एक ही अंचल के, एक ही गाँव के चित्रण से लेखक अपनी रचना में किस प्रकार से सार्वभौमिकता ला सकता है । साहित्य में, विशेषतः उपन्यासों में, युग-चेतना का कितना बड़ा योगदान होता है । युग-चेतना का विश्लेषण करने के लिए हमें रेणु के उपन्यासों के परिवेश को देखना होगा ।

रेणु के उपन्यासों में परिवेश की अपनी विशेषता है, अहम भूमिका है । यों हर उपन्यास में किसी न किसी प्रकार से परिवेश का प्रयोग परिलक्षित होता ही है, चाहे वह कथानक के संयोजन में हो या फिर पात्र अथवा जीवन के चित्रण में । वस्तुतः उपन्यास में जहाँ पात्र, कथानक या जीवन का चित्रण होगा वहीं परिवेश का चित्रण भी स्वाभाविक ही है, क्योंकि पात्र या जीवन संपूर्णता परिवेश की ही उपज है । इसीलिए तो पात्रों के सामाजिक, राजनीतिक, धार्मिक, नैतिक, आर्थिक, सांस्कृतिक जीवन पर उसकी छाप जरूर रहती है । यहाँ तक कि यही परिवेश पात्रों के मानसिक ऊहापोह या अंतर्द्वन्द्व को भी प्रत्यक्षतः या अप्रत्यक्षतः प्रभावित करता है । और यह स्वाभाविक भी है, क्योंकि पात्र जिन मनःस्थितियों में रहता है, जीता है उन्हें परिवेश मात्र सुस्पष्ट ही नहीं करता, अपितु उसकी चेतना को दिशा भी प्रदान करता है ।

रेणु के उपन्यासों में 1924 से 1977 तक की राजनीतिक, सामाजिक, धार्मिक, आर्थिक परिस्थितियों की प्रतिच्छाया तथा उस युग के निष्पक्ष चित्र हम देख सकते हैं । रेणु का जन्म 1921 में हुआ । इनके साहित्यिक जीवन का प्रारम्भ कहानी के माध्यम से हुआ, लेकिन रेणु अपने प्रथम उपन्यास द्वारा

ही प्रसिद्धि के उच्च शिखर पर पहुँचे। रेणु का प्रथम उपन्यास है 'मैला आँचल', जो 1954 में प्रकाशित हुआ और जिसके द्वारा ऐसे उपन्यासों की परम्परा शुरू हुई जिनका अपने देश के साथ गहरा लगाव दिखाई पड़ता है और जो उपेक्षित गाँव की आवाज को मुखर करता है। अतः इनके अंचल का विश्लेषण करने से पहले उनके युग को, जिसमें उन्होंने अपने अनुभवों को जाना है, परखा है, तथा उसे अभिव्यक्ति दी है, जान लेना आवश्यक होगा।

राजनीतिक परिवेश

रेणु के उपन्यासों में मुख्यतः देश की स्वतंत्रता के पूर्व तथा स्वातंत्र्योत्तर राजनीतिक परिवेश का अंकन है। इनके उपन्यासों में स्वतन्त्रता के पूर्व पराधीन भारत की दयनीय स्थिति और स्वतंत्रता के लिए किए गए संघर्ष की घटनाओं का निरूपण तथा तज्जनित जनमानस की राष्ट्रीय चेतना व क्रियाकलापों का चित्रण हुआ है। इसका प्रमुख कारण यह है कि रेणु ने जिस काल में जन्म लिया, शिक्षा प्राप्त की तथा अपने साहित्य का श्रीगणेश किया वह काल स्वतन्त्रता-आन्दोलन का काल था। सारा देश ही आजादी के लिए कार्यरत था। ऐसे समय पर रचनाकार कैसे चुपचाप बैठ सकते हैं। वे तो अपने समाज से ही सब कुछ ग्रहण करते हैं, इसीलिए रेणु भी अपने युग से प्रभावित हुए बगैर नहीं रह सके।

रेणु के युग का प्रारम्भ और स्वाधीनता के प्रति राष्ट्रीय-राजनीतिक चेतना का विकास बंग-भंग के समय से ही परिलक्षित होता है और लोकमान्य तिलक द्वारा की गई उद्घोषणा 'स्वतंत्रता हमारा जन्मसिद्ध अधिकार है' से उनका जनमानस में बीजारोपण भी हो ही जाता है, फिर भी इसकी राष्ट्रव्यापी लहर महात्मा गांधी के नेतृत्व में होनेवाले अहिंसात्मक असहयोग के आन्दोलन की आँधी से ही परिपुष्ट होती है। इसी बीच क्रान्तिकारियों का संघर्ष, 'वंदेमातरम्' के उदघोष को लेकर बंग-भंग तथा जलियाँवाला बाग की सामूहिक हत्या के शासकीय अत्याचार के विरोधस्वरूप आग उगलने लग जाता है। उसके बाद किसान-मजदूर आन्दोलन, पूर्ण स्वतंत्रता की माँग, डाँडी मार्च (नमक सत्याग्रह), नागरिक अवज्ञा आन्दोलन, विदेशी बायकाट, शराबवन्दी, सत्याग्रह, अनशन और 'जेल भरो' की गूंज, सन् 1942 के 'भारत छोड़ो' का आह्वान अथवा 'करो या मरो' की बापू द्वारा की गई घोषणा, समस्त देश को आजादी के संग्राम में झोंक देती है। खद्दर, चरखा और तिरंगा राष्ट्रीय स्वतंत्रता के प्रतीक हो जाते हैं। और इन सबका परिणाम यह होता है कि सारे देश में स्वतंत्रता के प्रति व्यापक राष्ट्रीय-राजनीतिक चेतना की लहर उमड़ पड़ती है। इसी समय जयप्रकाश नारायण का 1942 के आन्दोलन में योगदान तथा सुभाषचन्द्र बोस की

'आजाद हिंद फौज' और 'इन्कलाब जिंदाबाद' की घोषणा देश के कोने-कोने में स्वराज्य व स्वतंत्रता की माँग को अनिवार्य बना देती हैं। द्वितीय विश्वयुद्ध के कारण ब्रिटेन के लिए भी तदयुगीन अन्तर्राष्ट्रीय तथा राष्ट्रीय स्थिति भारत को आज़ादी देने के लिए विवश कर देती है। फलतः कभी न अस्त होनेवाला ब्रिटिश साम्राज्य देश से बिदा होता है। पर जाते-जाते वह 'फूट डालो और राज करो' की अपनी नीति के कारण विभाजित या खंडित आज़ादी और सत्ता के हस्तांतरण की औपचारिक व्यवस्था ही देश को दे जाता है। फिर भी, 15 अगस्त, 1947 की अर्धरात्रि में देश आज़ाद होता है।

देश की यह आज़ादी विभाजन के परिणामस्वरूप नरसंहार और मानवता पर बलात्कार के रूप में आई और उसने बापू की अमर ज्योति को ही नष्ट कर दिया। बापू की हत्या हुई। देश भर में अँधेरा छा गया। शरणार्थी समस्या मुँह बायें खड़ी थी। इतने में पाक ने कश्मीर पर अपनी गंदी नजर उठायी। युद्ध अवश्यंभावी हुआ। पाक की कुदृष्टि को करारी चपत लगी। इस समय लौह-पुरुष पटेल द्वारा अनेक राज्यों का विलीनीकरण बड़ी कुशलता के साथ सुसंपन्न हुआ। हैदराबाद के निज़ाम को भी ठीक किया गया। विस्थापितों की समस्या से जूझकर उसका निदान भी निकाला गया। पंचशील और गुटनिरपेक्ष के रूप में देश की अंतर्राष्ट्रीय नीति निर्धारित की गई—'जिओ और जीने दो' के आदर्श को लेकर। देश के नागरिकों की स्वतंत्रता व समान अधिकारों की सुरक्षा के लिए प्रभुसत्ता की सर्वोच्चता के साथ संविधान की स्वीकृति हुई। लोकतंत्र स्थापित हुआ। चुनाव हुए। देश के गाँव-गाँव में फैली निर्धनता, अज्ञान और नाना प्रकार के रोगों से त्रस्त जन-स्थिति को सुधारने, शोषण से मुक्त करने के लिए योजनाएँ बनीं, पंचवार्षिक योजनाएँ। बहुमुखी विकास की आधारशिला रखी गयी। गाँव-गाँव में कृषि, बिजली, सिंचाई, शिक्षा, परिवहन, स्वास्थ्य एवं भूमि-वितरण योजनाएँ शुरू हुईं। खेतों की हदबंदी की गयी। गाँवों में स्वावलंबन के लिए कुटीर उद्योग पर बल दिया गया। राष्ट्र की आत्मनिर्भरता के लिए 'हरित क्रांति' तथा औद्योगिक विकास-क्रम को अपनाया गया। खाद और वैज्ञानिक खेती के लिए जोर दिया गया। गैर-बराबरी को समाप्त करके समाजवादी व्यवस्था को स्वीकार किया गया।

इस प्रकार यह देखा जाता है कि स्वतंत्रता के पूर्व भारतीय जनता में परतंत्रता का विरोध, पूँजीवाद व सामन्तवाद की निन्दा, साम्प्रदायिक मनोवृत्ति के प्रति कटाक्ष तथा स्वतंत्रता की छटपटाहट व्याप्त थी। राष्ट्र की स्वतंत्रता के इस संघर्ष-काल में व्यक्ति व समाज में त्याग, तप, सेवा, सत्य व अहिंसा आदि का महत्व था, मान है, और सत्याग्रह विदेशी बायकाट, शराबबंदी तथा स्वदेश व स्वराज्य के प्रति श्रद्धा थी। चारित्रिक मूल्यों की कद्र थी। देश की राज-

नीति के प्रति आदर था, नेतृत्व के प्रति निष्ठा थी और था देशभक्ति का गौरव व स्वाभिमान। स्वातंत्र्योत्तर भारत की जनता में विभाजन की विभीषिका, बापू की हत्या, राजनीतिक सिद्धान्तों, नीतियों एवं रीतियों का ढुलमुलपन तथा नेताओं व पार्टीबाज़ी की बाजीगरी आदि का स्पष्ट प्रभाव दिखायी देता है। दरअसल अब सत्ता की राजनीति का बोलबाला होने लगा। पदलोलुपता पनपने लगी। मूलगत निष्ठा नष्ट हुई। आदर्श, सचाई, ईमानदारी एवं नैतिकता आदि का क्रमशः लोप हुआ। 'अहं' व 'स्वार्थ' उभरने लगे। नेताशाही छत्र और चँवर को प्राप्त करके पूँजी को पूजने लगी। अवसरवादिता सिर चढ़कर बोलने लगी। अफ़सरशाही व नौकरशाही का वर्चस्व हुआ। लालफीताशाही खूब चल पड़ी। घूसखोरी बढ़ने लगी। अराजकता मुँह वाये फैलने लगी। पंचवार्षिक योजनाएँ बनीं। 'पब्लिक सेक्टर' का माल प्राइवेट सेक्टर में पहुँचने लगा। जमींदारी का उन्मूलन तो हुआ, लेकिन ज़मींदार ही नेता बन बैठे। अभिनेता भी नेता बने। व्यापारी, बड़े किसान, सम्पन्न लोग तथा अपराधी मनोवृत्ति वाले मुखिया सभी नेता बनने लगे, राजनीति में अग्रणी बनने लगे और पीछे छूट गए देश की आज़ादी के लिए कुर्बानी, त्याग व कष्ट सहन करने वाले ईमानदार देशसेवक, तपस्वी, मनस्वी, प्रबुद्ध जन तथा निष्ठा, चरित्र और आदर्श के साथ रहने वाले लोग। लोकतंत्र ऐसे में चल पड़ा। चुनाव होने लगे। काले धन का प्रयोग होने लगा। पैसों के बल पर मत प्राप्त किये जाने लगे। जातिवाद की अंधी दौड़ भी इसमें शामिल हुई। जाति के आधार पर जन-प्रतिनिधि चुने जाने लगे। मंत्री के लिए भी जाति की महत्ता आँकी जाने लगी। भाई-भतीजावाद, पक्षपात तथा सिफारिशों का दौर शुरू हुआ। योग्यता व क्षमता नौ-दो ग्यारह हुई। चापलूसी शुरू हुई। चाटुकारों का जमाव होने लगा। नेताशाही, शौकरशाही, अफसरशाही और धंधेबाज़ बनियाशाही की मिलीभगत से शासन व सचिवालय चलने लगे। त्याग, तप, निष्ठा व ईमानदारी का स्थान भोगवृत्ति व अनैतिकता ने ले लिया। भूदान भी एक दिखावा बनकर रह गया। शिक्षा के साथ प्रयोग एक मज़ाक हो गया। विधि-विधान और कानून आदि पर कोहरा छाने लगा। पैसे का प्रताप सर्वत्र दिखाई देने लगा। आचरण में सत्यता, सरलता, सात्विकता, सदाचार एवं सद्भाव व सेवा की प्रवृत्ति समाप्त हुई। दुराचार, दुष्टता, भ्रष्टता, अहंभाव व स्वार्थ सर्वोपरि हुए। निजी सम्पत्ति की वृद्धि ही अभीष्ट हुई। येनकेन प्रकारेण पद और पैसा अर्जित करना ही लक्ष्य बना। देश की वाणी के साथ छलावा हुआ। मानसिक पराधीनता की महिमा होने लगी। अंग्रेज सरकार गये तो मन्त्री बन बैठे। दलबदल का दलदल बढ़ने लगा। जातीयता का राक्षस दिन-प्रतिदिन बढ़ता ही गया। राजनीति कलुषित हुई, घृणित हुई, और जनता नष्ट, परवश हो गयी। ऐसी स्थिति में जन-मानस कुंठित हुआ, निराश हुआ।

संत्रास और घुटन उसे घेरे रही। राजनीति व राजनीति के प्रति ग्लानि घर करने लगी। अनास्था जागी। आक्रोश पनपने लगा। आपत्काल की घोषणा हुई। जोर-जुल्म होने लगा। लोकतन्त्र का गला घुटने लगा। जनक्रान्ति उभरने लगी। जयप्रकाश के नेतृत्त में सारा देश जाग उठा। राज-सिंहासन हिलने लगा। सम्पूर्ण क्रांति का आह्वान हुआ। जनजागृति व लोकतंत्र की अनिवार्यता उजागर हुई। 'सिंहासन खाली करो कि अनता आती है' की प्रतिध्वनि देश में सर्वत्र गूँजने लगी। देश ने करवट ली। शासक धराशायी हुए। लोकतंत्र की पुनः प्रतिष्ठा हुई। और 1977 में जनता पार्टी ने देश के राज्य की बागडोर अपने हाथों में थाम ली।

रेणु के उपन्यासों में राजनीतिक परिवेश

रेणु के उपन्यास-साहित्य में स्वतंता-प्राप्ति के पूर्व और स्वातन्त्र्योत्तर भारत के इसी विशाल परिवेश को अभिव्यक्ति मिली है। इस काल के ऐसे अनेक मतवादों एवं घटनाओं का निरूपण ही नहीं अपितु तदयुगीन समाज में राजनीति को लेकर सारी की सारी हलचल का भी सफल आकलन रेणु के उपन्यासों में हुआ है। उनकी रचनाओं में ढोंगी राजनीतिज्ञों की पोल बड़ी कुशलता से खोली गई है। यद्यपि रेणु का रचनाकाल सन् 1954 से प्रारंभ होता है परन्तु उन्होंने सन् 1924 से सन् 1977 तक के युग को अपने उपन्यासों की पृष्ठभूमि बनाया है। 'मैला आँचल', 'परती परिकथा', 'कितने चौराहे', 'जुलूस', 'दीर्घतपा' तथा 'पल्टु बाबू रोड' आदि उपन्यासों में स्वतंत्रता-पूर्व तथा पश्चात् के भारत की सजीव झाँकी चित्रित है। दीर्घ काल की विदेशी सत्ता से भारत को हिन्दुस्तान और पाकिस्तान के रूप में मिला बँटवारा, सांप्रदायिक दंगे, मारकाट, लूटमार, हृदयद्रावक बीभत्स एवं रोंगटे खड़े कर देने वाली घटनाओं के बीच स्वतंत्रता का प्राप्त होना, राष्ट्रपिता की नृशंस हत्या और फिर स्वतंत्रता-संग्राम के वीरों अर्थात् भारत के नेताओं की निष्ठा, आत्म-बलिदान एवं तपस्या आदि का एकाएक तिरोभाव हो जाना और उसके साथ ही देश का भविष्य अंधकारमय हो जाना— इन सब घटनाओं की 'फोटो स्टेट कॉपी' हैं रेणू के उपन्यास। उनके उपन्यासों में राजनीति पृष्ठभूमि के रूप में उभरी है। वह कथावस्तु को भौतिक आधार प्रदान करती है। वह उपन्यासों में संवेदना बनकर आती है, किसी पक्ष का प्रचार या माध्यम बनकर नहीं।

रेणु ने जागरण काल में अनेक समस्याओं से जूझ रहे किसानों एवं सम्पूर्ण गाँवों को देखा था। इनकी जिन्दगी में जो अभावों के ढेर हैं, यातनाओं के संकट हैं उनकी अनुभूति की और संवेदनाओं के स्तर पर उन्हें अभिव्यक्ति दी। यथार्थ में रेणु द्वारा चर्चित इन अंचलों की जनता स्वतंत्रता-आन्दोलन का भुक्त-भोगी

नहीं थी। रेणु स्वयं कहते हैं, "यद्यपि 1948 के जन-आंदोलन के समय इस गाँव में न तो फौजियों का कोई उत्पात हुआ था और न आंदोलन की लहर ही इस गाँव तक पहुँच पायी थी, किन्तु जिले भर की घटनाओं की खबर अफवाओं के रूप में यहाँ तक जरूर पहुँची थी। मोगल स्टेशन पर गोरा सिपाही एक मोदी लड़की को उठाकर ले गए। इसी को लेकर सिख और गोरे सिपाहियों में लड़ाई हो गयी। गोली चलाई गई।"[10] इस प्रकार 'मैला आँचल' का मेरीगंज गाँव राजनीति में सक्रिय न होते हुए भी राजनीतिक चेतना-संपन्न गाँव है। जितना राजनीति का प्रचार वहाँ है, उतनी ही वहाँ की समस्याएँ भी दृष्टिगत होती हैं। स्वतंत्रता के पश्चात् देश में राजनीति का रूप कुछ व्यापक एवं जटिल दिखाई देने लगा, जिसके समाज पर अनुकूल तथा प्रतिकूल दोनों प्रकार के परिणाम दिखायी देते हैं। स्वतंत्रता के बाद देश की बागडोर स्वतंत्रता संग्राम में भाग लेने वाले नेताओं तथा बड़े-बड़े पूँजीपतियों के हाथ में आ गई, जिनकी दृष्टि केवल सत्ता तथा कुर्सी पर केंद्रित थी। अतः ये लोग स्वतंत्रता-प्राप्ति के अपने वायदों को भूल गए। इस प्रकार जनता इन चोलाधारी तथा स्वार्थपरक नेताओं के बीच पिसने लगी। जनता को इनके चंगुल से छुड़ाने के लिए तथा अपने अधिकार कायम रखने के लिए ज़मींदार तथा जागीरदार राजनीति की तरफ झुके। पहले ज़मींदार के रूप में ये जनता को पीसते रहे अब राजनीति में आम नेता के रूप में जनता का खून चूसने लगे। इस प्रकार ग्रामीण जनता की स्थिति स्वतंत्रता के बाद और अधिक जटिल हो गई।

रेणु के सभी उपन्यासों में इसी दिशाहीनता, स्वार्थपरता का चित्रण बड़े ही विस्तार के साथ किया गया है। लेखक ने देश की सभी प्रमुख विचार-धाराओं और उनके दलों का चित्रण बड़े ही विस्तार के साथ किया है। भारत की स्वतंत्रता-प्राप्ति के आस-पास भारत के गाँवों में, विशेष रूप से मेरीगंज में, राजनीतिक दल कैसे अपना प्रचार और प्रसार करते हैं और उसके फलस्वरूप लोगों में किस प्रकार की राजनीतिक चेतना का विकास होता है, इसका प्रभावशाली चित्रण 'मैला आँचल' में हुआ है। सर्वप्रथम कांग्रेस दल के प्रभाव को देखा जाए। बालदेव सुराजी है, जयहिन्द बोलता है। उपन्यास के आरम्भ में बालदेव यादव-टोली के लोगों की दृष्टि में कोई अपराधी है। इसीलिए जब डिस्ट्रिक्ट बोर्ड के अधिकारी मलेरिया सेंटर के लिए भूमि की पैमाइश करने के लिए आते हैं तो यादव लोग बालदेव को रस्सी से बाँधकर साहब लोगों के सामने ले आते हैं। भाग्य की विडम्बना है कि बाद में उसी बालदेव को कपड़े के कोटा-परमिट की पर्ची देने का अधिकार मिल जाता है, तो वही गाँव वाले उसके आगे-पीछे घूमने लगते हैं। देहात के कांग्रेसी कार्यकर्ताओं की सामाजिक स्थिति में स्वराज्य के पश्चात् एकदम सुधार हुआ है, यह ऐतिहासिक सत्य है। बालदेव तब अपने

प्रभाव का उपयोग करता हुआ आस-पास के गाँवों में भी कांग्रेस के चवन्निया मेंवर बनाता है। इस प्रकार कांग्रेस के प्रभाव से ही बालदेव गाँव के लोगों का नेता बनता है।[11]

'मैला आँचल' में किसान गांधी बाबा और जवाहरलाल को पूजते हैं। पुलिस आतंक से काँपते हैं फिर भी आज़ादी के सपने देखते हैं। कांग्रेस ने एलान किया कि ज़मींदारी प्रथा मिट गई, किसान ज़मीन ले सकता है, लेकिन ज़मींदार पहले से भी सशक्त हो गए हैं। पूरे गाँव की ज़मीन ही उसने अपने अधिकार में ले रखी है। ज़मींदारों के साथ किसानों का यह संघर्ष स्वतंत्रता के बाद हर गाँव की समस्या रही। मेरीगंज में यह संघर्ष राजनीतिक पार्टियों के माध्यम से मुखर हो उठा। जातीयता का बढ़ता जहर किस तरह सारे राजनीतिक दलों को अन्दर से तोड़ रहा है, इसका भी चित्रण उपन्यास में है। बावनदास दुखी होकर कहता है कि अब हर कांग्रेसी को अपनी-अपनी टोपी पर लिखवा देना चाहिए— राजपूत कांग्रेसी, भूमिहार कायस्थ कांग्रेसी। गाँव में इस बात की चर्चा जोर पकड़ती है कि कालीचरन ने चमार के हाथ का पानी पिया है। संथालों के साथ जब गाँव के भूमिपति विश्वनाथप्रसाद का संघर्ष होता है तो पूरा गाँव विश्वनाथप्रसाद का साथ देता है। डॉ० प्रशान्त के सम्बन्ध कम्युनिस्ट पार्टी के लोगों से बढ़ रहे हैं। सन्थालों को उकसाने के आरोप में डॉक्टर को भी जेल की हवा खानी पड़ती है। कांग्रेसी कार्यकर्ता बावनदास ग्रामजीवन में आयी जातिवाद की भावना का मूल उत्स ऊपर से आयी राजनीति को मानता है। उसकी बात बड़ी प्रामाणिक और अनुभवजन्य है। वह बालदेव से ठीक ही तो कहता है, सब "चौपट हो गया...यह बेमारी ऊपर से आयी है। यह पटनियाँ रोग है। अब तो और धूमधाम से फैलेगा। भूमिहार, रजपूत, कैथ, जादव, हरिजन सब लड़ रहे हैं...अगले चुनाव में तिगुना मेले चुने जायेंगे। किस का आदमी ज्यादे चुना जाए इसी की लड़ाई है। यदि राजपूत पार्टी के लोग ज्यादा आए तो सबसे बड़ा मन्त्री भी राजपूत होगा। परसों बात हो रही थी आस्रम में। छोटन बाबू बतिया रहे थे, गांधी जी का भसम लेकर ससांक जी आवेंगे। छोटन बाबू बोले, जिला का कोट भसम जिला सभापति को ही लाना चाहिए। ससांक जी क्यों ला रहे हैं? इसमें बहुत बड़ा रहस्य... हा हा हा हा।"[12]

देश की राजनीतिक व्यवस्था के रग-रग में जातिवाद किस प्रकार समा गया है, इसका द्योतक उपर्युक्त कथन है। हमारे राजनीतिक समाज का यही प्रामाणिक यथार्थ है। कथनी एक, तो करनी दूसरी। महात्मा गांधी के अनुयायी कहलाते हैं, किन्तु उनके विचारों के विरुद्ध काम करते हैं। लोग कांग्रेसी सत्ता पाते ही कितने बदल गये हैं और किस तरह अपने स्वार्थों के साधन में लगे हुए हैं, इसका दर्द गांधी के आदर्शों पर चलनेवाले वीना के शब्दों में स्पष्ट होता

है । वह कहता है कि सबके सब कांग्रेसी मिलमालिकों और बड़े-बड़े पूँजीपतियों के हाथ बिक गये हैं । सभी लोग गाँव छोड़कर पटना जाना चाहते हैं, आखिर गाँव के लोगों के दुःख-दर्द को कौन समझेगा । वह गांधीजी को पत्र लिखने की सोच रहा है । देश में जब आज़ादी का जश्न मनाया जा रहा है, यही बीना भारत-पाकिस्तान सीमा पर स्मगलरों की गाड़ी के नीचे दबाकर मार डाला जाता है । राजनीति में जितना सक्रिय और वफ़ादारी से भाग 'बावनदास' ने लिया उतनी ही बेवफ़ाई राजनीति ने उनसे की । जन-आन्दोलन में, स्वतन्त्रता प्राप्त कराने में अपना सब कुछ त्याग देने के कारण जनता को चाहिए था कि बावनदास को बहुत बड़ा नेता बनाये, लेकिन बावनदास (जो ईमानदार और विद्रोही व्यक्ति था) सन् 47 से पूर्व की निश्छल और त्यागपूर्ण राजनीति को छली, भोगी और सत्तालोलुप राजनीति में परिणत होते देख सह न सका । उसका विरोध करने के लिए आगे बढ़ा और अपने प्राणों से हाथ धो बैठा । राजनीति मनुष्य को क्या से क्या बना देती है— मनुष्य और मनुष्य के स्वाभाविक और प्राकृतिक संबंध बिगड़ जाते हैं और धूर्तता सरलता पर हावी हो जाती है, ईमानदार व्यक्ति परास्त हो जाता है और बेईमानी की जीत होती है । बावन-दास 'मैला आँचल' उपन्यास के सबसे ईमानदार चरित्रों, कांग्रेसियों में से है और स्वतंत्रता-प्राप्ति के बाद हुए व्यभिचार को देखते हुए उससे रहा नहीं जाता । वह बालदेव को सूचित करता है— "सब आदमी अब पटना में ही रहेंगे । मेले (प्रान्तीय) लोग तो हमेशा वहीं रहते हैं ।·· सुराज मिल गया, अब क्या है ।"

समाज में बावनदास जैसे प्रामाणिक कुछ लोग होते हैं, तो कुछ लोग नेता-गीरी का शौक रखनेवाले तथा झूठी प्रशंसा के पीछे दीवाने होनेवाले भी होते हैं । 'परती परिकथा' का 'लुत्तो' जनता का लीडर है । वह समझता है कि लैण्ड सर्वे का दरवाजा उसके लिए सदा खुला है । रात को बारा बजे भी यदि वह तनाजा देना चाहे तो सर्वे आफिसर को लेना पड़ेगा ।[13] इसी लीडरी के गर्व में जितना जिस परती को तोड़ चुका था—उस पर अपना अधिकार जताने के लिए गाँव के कुछ लोगों को एकत्र कर लुत्तो नारे लगवाता है मिर्वेशियों को जितन के कलमी आम के वाग में ले जाने के लिए षड्यंत्र करता है । परमादेव नामक देवता पर पुरानपुर के गाँव वालों की बड़ी श्रद्धा थी । लुत्तो इस श्रद्धा का जितन के विरुद्ध संगठन करने में लाभ उठाता है । परमा बाबा के नाम से वह गाँव के निरसू को कृत्रिम देवता बनाता है और निरसू लुत्तो के आदेशानुसार कहता है, "परती तोड़कर मेरी आझानी को जिसने बर्बाद किया है । मेरी छाती पर जिसने हल चलाया है, उससे बदला लो ।"[14] और कुछ बस नहीं चला तो लुत्तो गाँव की कुछ स्त्रियों द्वारा जितन की प्रेमिका ताजमनी को ही बदनाम करवाने का

प्रयत्न करता है ।[15] अतः बावनदास जैसे सच्चे ईमानदार कार्यकर्ताओं की बजाय 'इतना-सा झूठ बोलने में क्या लगता है ।'[16] कहने वाले लुत्तो जैसे कार्यकर्ता ही समाज में अधिक दिखायी देते हैं। और ऐसे कार्यकर्ताओं के हाथ में ही समाज की बागडोर है ।

भारत की राजीतिक जिन्दगी में केवल कांग्रेस दल में भ्रष्टाचार है ऐसी बात नहीं। अन्य दल भी इसमें सक्रिय हैं । फिर वह जनसंघ हो या कम्युनिस्ट हो, या सोशलिस्ट । सभी दलों के निर्णय जाति पर निर्भर होते हैं । प्रगतिशील और प्रतिक्रियावादी दोनों विचारकों में इस बात पर साम्य है । 'मैला आँचल' में मेरीगंज गाँव के उत्सा ही नेता कालीचरण से गाँव की जाति-विषयक जानकारी प्राप्त कर पूर्णिया जिले के सोशलिस्ट नेता वासुदेव गंगाप्रसाद सिंह यादव को पार्टी के प्रचार हेतु इसलिए भेजते हैं, कि मेरीगंज में सबसे ज्यादा यादवों की आबादी है । वहाँ आपका जाना ही ठीक होगा। वहाँ आर्गनाइज़ करने में कोई दिक्कत नहीं होगी । वहीं, बस बालदेव है ।[17] यह एक प्रकार से राजनीतिक विडम्बना ही है । जहाँ ऑर्गेनाइजर की जाति-बिरादरी के हिसाब लगाये जाते हैं वहाँ देश का कल्याण कैसे हो सकता है ? और इसीलिए जनता 15 अगस्त, 1947 को प्राप्त आज़ादी को सच्ची आज़ादी नहीं मान पाती । इसी कारण मेरीगंज के स्वराज्योत्सव के जुलूस में औराही हिंगना का एक समाजवादी नारा लगता है--"यह आज़ादी झूठी है ।"[18] यह समाजवादी व्यक्ति और कोई नहीं स्वयं लेखक है ।

स्वातन्त्र्योत्तर भारतीय राजनीति की सबसे बड़ी कुशलता यह रही कि देश की अपेक्षा यहाँ दलों को अधिक महत्त्व दिया गया । देश में अनेक दल बन गए और वे समाजवाद का नारा देकर भी जातिवाद, संप्रदायवाद पर आधारित रहे । जनता के सामाजिक और आर्थिक विघटन में यही दल सबसे बड़े कारण हैं। ये सभी दल जनता से चन्दा तथा वोट माँगते हैं और अपना उल्लू सीधा कर लेते हैं । इसीलिए लक्ष्मी कोठारिन भी बालदेव से व्यंग्य में कहती है, "गाँव में तो नया सेन्टर खुल रहा है—मलेरिया सेन्टर, काली टोपी सेन्टर, लाल झण्डा सेन्टर और अब यह चरखा सेन्टर ।"[19] प्रत्येक राजनीतिक दल की शाखा परानपुर में है, किन्तु परानपुर में रहने वाली जातियों के तेरह टोलों की जातीयता के कारण सभी राजनीतिक दलों की दशा तीन तेरह की हो गई है । स्वाधीनता सेनानी बालदेव आज़ादी के बाद वह बालदेव नहीं रहता । अब उसकी प्रतिबद्धता में भी अन्तर आया है। वह गांधीजी की हत्या सुनकर बेहोश हो गया था, किन्तु उसकी समझ बहुत सीमित है । आज उसे भी लक्ष्मी कोठारिन के पास आने से कुछ अलग प्रकार की ही गन्ध आती है, तो कहीं गांधी के पत्रों से लाभ उठाकर वह नेता बनने के सपने देखता है ।

मेरीगंज राजनीतिक दलीय प्रतिबद्धता से अवगत है। अपने-अपने स्वार्थ के हेतु गाँव के लोग विभिन्न घटकों से विशिष्ट आशा करते हैं। वे उनके नारों को स्वर देते हैं। सोशलिस्ट पार्टी की गतिविधियों का कुछ विस्तारपूर्वक वर्णन रेणु के उपन्यासों में हुआ है। युगों से पीड़ित एवं शोषित असहाय जनता का नेता कालीचरन है, लो सोशलिस्ट पार्टी का नेता है। बालदेव का शिष्य कालीचरण, सुन्दर और वासुदेव सोशलिस्ट पार्टी के नेता हैं तथा बालदेव के मत से इनको 'मुर्गी का अण्डा खिलाकर कॉमरेड बनाया गया है।'[20] सोशलिस्ट पार्टी का मेंबर बन जाने के बाद 'सोशलिस्ट काट' कुर्ता पहनने और बीड़ी के स्थान पर सिगरेट पीने में ही सुन्दर को समाजवाद दिखता है। उसे लगता है कि नशा होने पर 'किरात गीत' खूब जमता है। वह शोभा डाकू से कहता है. "कॉमरेड, अब मूँछ कटाना होगा। पार्टी का मेम्बर होने से मूँछ नहीं रखना होगा।"[21]

बाद में तो सुन्दर और वासुदेव डकैती के मामले में गिरफ्तार ही हो जाते हैं। नेता कालीचरण उपेक्षित तथा शोषित जनता के सामने सभाओं का आयोजन कर उनके मन में 'इन्कलाब' के स्वर फूँकता है। वह कहता है—"यह जो लाल झण्डा है, आपका झण्डा है, जनता का झण्डा है, अवान का झण्डा है, इन्कलाब का झण्डा है। इसकी लाली उगते हुए आफताब की लाली है, यह खुद आफताब है। इसकी लाली, इसका लाल रंग क्या है? रंग नहीं यह गरीबों, महरूमों, मजलूमों, मजदूरों के खून में रँगा हुआ झण्डा है। जमीनों पर किसानों का कब्जा होगा। चारों ओर लाल धुआँ मँडरा रहा है। उठो किसानो, किसानो के सच्चे सपूतो, धरती के सच्चे मालिको, उठो। क्रान्ति की मशाल लेकर आगे बढ़ो।"[22] कालीचरण के इस गरमागरम वक्तव्य से क्या लाभ जबकि उसके साथी अपनी पार्टी को, तथा अपने को प्रगतिशील शक्तियों का पुंज कहते नहीं अघाते। कृत्रिमता का तथा जातीयता का सहारा लेकर अपने दल को आगे बढ़ाना चाहते हैं, समाज में 'द्वन्द्वात्मक भौतिकवाद' लाना चाहते हैं, लेकिन उसमें भी इनके स्वार्थ की गन्ध महकती रहती है।"

'परती परिकथा' में भी समाजवादी दल के जन्म नक्षत्र में ही दलबन्दी लिखी हुई है। इस दल के स्थानीय प्रमुख हैं—रामनिहोरादास और जयदेवसिंह। दोनों का आपस में कभी जमता नहीं। रामनिहोरादास के पास दल की पुरानी रसीद वही है, जिसके आधार पर वह चन्दा वसूल कर हज़म कर जाता है। और इसका भेद तब खुलता है जब सिरचन बढ़ई जयदेवसिंह पार्टी इंचार्ज की रिपोर्ट करते हुए कहता है—"बावन रुपये का पलंग है, बाबू साहब। पलँग बनवाकर ले गए रामनिहोरा बाबू। एक महीना दौड़ाने के बाद दाम के नाम पर एक डिबूलकट रसीद काटकर दिहिन है। रसीद लेकर हम क्या करें।"[23] समाजवादी

दल का स्थानीय सचिव मकबूल है, जिसने अपने ब्राह्मणत्व को झटक कर पटक देने के लिए अपना असली नाम (पीतांबर झा) त्याग दिया है तथा दाढ़ी बढ़ा ली है। लेकिन दाढ़ी बढ़ाने से या नाम को त्याग देने से काम नहीं चलता, क्योंकि उसके अनुयायी मुसलमान गाड़ीवान प्रार्थना मन्दिर को 'अफ़ीम की दुकान' समझने वाले मकबूल का साथ छोड़ देते हैं। इसका कारण यह है कि मकबूल गरीबों का नेता कहे जाने योग्य नहीं है क्योंकि वह भी अपने तीनों भाइयों का गरीबों का गला घोंटने में तथा नौकरों को बुरी तरह पीटने में प्रत्यक्ष नहीं तो अप्रत्यक्ष रूप से सहायक रहता है। 'पल्टू बाबू रोड' में घण्टा और छवि जैसे नई पीढ़ी के युवक-युवती समाजवादी पार्टी के नेता बनकर अपनी ही कांग्रेसी बहन का विरोध करते हैं। इन दोनों में एक अद्भुत आक्रोश है जिसको अपने ही परिवार की विसंगतियाँ और अधिक उकसाती हैं।

'पल्टू बाबू रोड' उपन्यास तो एक ही परिवार में कई-कई पार्टियों के लोग किस प्रकार से टकरा रहे हैं, या कह सकते हैं परिवार के विभिन्न लोग, विभिन्न दलों की शक्तियों से जुड़कर परिवार को और भी शक्ति-सम्पन्न किस प्रकार करते हैं इसका साक्षात् दस्तावेज़ है। परिवार को श्री-सम्पन्न बनाने में पल्टू बाबू सक्रिय हैं। गोधन लाल सोशलिस्ट लीडर बन गया तो क्या, कठ-पुतली के सदृश सारे दलों के धागे तो पल्टू बाबू की उँगलियों में ही हैं। उनकी प्रत्येक उँगली में एक सूत्र बँधा हुआ है जो प्रत्येक दल का सूचक है, इसीलिए वे घण्टा से कहते हैं, "सोशलिस्ट पार्टी का मेंबर बन था। एक बूँद खून ही लगेग न। और क्या ?"[24]

'जुलूस' में एम० एल० ए० छोटन बाबू झूठ बोलने को अपने नियति बताते हैं। मैं क्या कहूँ ? एक अनार सौ बीमार। अकेला एम० एल० ए० सारे इलाके के अभावों की पूर्ति कैसे करवा सकता है ? और चूँकि चुनाव में बार-बार जीतना है, इसलिए किसी को निराश भी नहीं करता है।···एक झूठ को सरे झूठ से, दूसरे को तीसरे से, तीसरे को चौथे से ढँकते-ढँकते मूल झूठ की जड़ मजबूत हो जाती हैं।"[25] और जो व्यक्ति झूठ का सहारा नहीं ले पाता, अपने दल के सिद्धान्तों में अटूट आस्था रखता है उसको अपनी जान से हाथ धोना पड़ता है। समाजवादी रंग में रँगा हुआ राजनीतिक कार्यकर्ता कालीचरण स्वराज्य-प्राप्ति के बाद छत से पकड़े जाने पर निर्दोषिता के बावजूद डाकू घोषित किया जाता है। अपने दल पर तथा नेताओं पर अटूट विश्वास होने के कारण व जेल से भाग कर अपने दल के बन्धुओं तथा पार्टी के बड़े-बड़े नेताओं के पास आता है। उसको लगता है कि ये लोग कुछ धीरज बँधायेंगे, पार्टी के लिए किए गए उसके निर्दोष और ईमानदार कार्य के कारण उसकी पीठ थपथपायेंगे, और उसे चोर-डकैत कहने वाले कांग्रेसी शासकों से उसकी

रक्षा करेंगे। लेकिन जेल से भागता हुआ गोली खाकर वह लुकता-छिपता पार्टी ऑफिस पहुँचता है[26] तो उसका स्वागत डकैत, बदमाश आदि शब्दों से होता है। कालीचरण की घिग्घी बँध जाती हैं। कांग्रेस के बावनदास के सदृश ही समाजवादी कालीचरण भी राजनीति के दाँवपेच में पड़कर छल और कपट का शिकार बनता है।

कांग्रेस और सोशलिस्ट पार्टियों के अतिरिक्त मेरीगंज में 'राष्ट्रीय स्वयं-सेवक संघ' के काली टोपी के संयोजक भी लाठी-भाला चलाने की शिक्षा दे रहे हैं। हरगौरी सिंह उच्च वर्ग के लोगों के हितों की सुरक्षा हेतु जनसंघ को आवश्यक मानता है, धर्म और संस्कृति उसका नारा है, और इसीलिए 'बौद्धिक क्लास' लेना उसने शुरू किया है, जिन्हें वासुदेव 'बुद्धू किलास' कहता है।

इन पार्टियों के अलावा और एक पार्टी है, 'प्रजा-पार्टी' जो केवल ऐसे ज़मींदारों के द्वारा बनायी गई है, जो जमींदारी-उन्मूलन के पश्चात् अपनी प्रभुता गँवाने को तैयार नहीं हैं। वास्तव में यह प्रजा पार्टी नहीं 'राजा पार्टी' है। श्यामगढ़ राज्य के राजा कामरूप नारायण ने अपने नौकरों को लेकर इस पार्टी का शिलान्यास किया है। जमींदारी युग में जो भावना भूमि तथा सम्पत्ति पर अधिकार करने से जुड़ी थी वही प्रजातन्त्र में तन्त्र की निचली इकाई पर स्वार्थान्ध अधिकार-भावना में चल गयी और उसके उद्देश्य, शिक्षा, दीक्षा, शून्य ग्रामांचल के दलदल में फँसकर व्यर्थ हो गये। इससे ग्रामीण समाज के भीतर अनेक भयानक दोष आ गए और पंचायतों में उलझते ही घुन लगने लगा। रेणु ने बड़ी कुशलता से राजनीतिक अवसरवादी चेहरों को बेनकाब किया है।

आज ग्रामीण जीवन के सामन्त टूटकर भी व्यवहार में टूटना नहीं चाहते और सदियों से गरीब किसानों, मज़दूरों का शोषण करने वाले ये जमींदार आज नये राज्य से माँग करते हैं 'रेंट फ्री लैण्ड' यानी वगैर किसी खजाने के जमीन। दे सकी है, आज तक कोई पार्टी ऐसा क्रान्तिकारी नारा।"[27] अतः जमींदारी-उन्मूलन से तथा नयी जन-जागृति के कारण आहत हुए इन जमीं-दारों का यह रूप और भी भयानक था। यह रूप समाज-सेवक का था किन्तु प्रवृत्ति शोषण की थी। राजनीति से जीवन-मूल्यों का मानो कोई सम्बन्ध ही नहीं रहा है। स्वार्थसिद्धि और प्रवंचना ही उसकी आत्मा में रस-बस गए हैं। इसी यथार्थ का साक्षात्कार करते हुए जितेन्द्र कहता है, "मुझे ऐसा भी लगता है कि जानबूझ कर ही आपको अन्धकार में रखा जाता है। क्योंकि आपकी दिलचस्पी से उन्हें खतरा है। इन कामों से आपका लगाव होते ही नौकरशाही की मनमानी नहीं चलेगी। एक कप चाय पीने के लिए तीन गैलन तेल जला-कर वे शहर नहीं जा सकेंगे।"[28]

अतः उपयुक्त विवेचन से यह स्पष्ट है कि रेणु की रचनाओं में जिस राजनीति का उल्लेख हुआ है वह सन् 1947 के बाद की है, और यह राजनीति सन् '47 से पूर्व की राजनीति से अधिक भ्रष्ट है। 'मैला आँचल', 'परती परिकथा', 'जुलूस', 'दीर्घतपा', 'कितने चौराहे' तथा 'पल्टू बाबू रोड'--इन सब उपन्यासों में उनके चरित्र राजनीतिक हथौड़े की चोट से घायल मिलते हैं, लेकिन उनमें बौखलाहट नहीं, क्योंकि यह हथौड़ा अपना है, स्वतन्त्र भारत का है। और विदेशी चोट का जवाब आजादी के नारे से देते थे ये लोग लेकिन अपने लोगों द्वारा ही लगाई गई मार्मिक चोट का जवाब कैसे दें ? 'मैला आँचल' वास्तव में उन सरल ग्रामीणों की कथा है जो स्वतन्त्रता-पूर्व तथा बाद की राजनीतिक धोखाधड़ी के शिकार हैं। पूरी तरह से वे छले जाते हैं, और वे जानते हैं कि वे छले जा रहे हैं, लेकिन अनपढ़, गँवार होने के कारण आसानी से उनका मोहभंग नहीं हो सकता और यदि किसी का मोह टूट भी जाए तो वह बदला लेने के बजाय अपनी ईमानदारी के कारण आत्महत्या करता है। बावनदास को बड़ा अविश्वास हो गया है। गांधीजी को छोड़कर किसी पर विश्वास नहीं। इसीलिए कांग्रेस पक्ष के लिए वह कहता है, "देस को भसम कर देंगे ये लोग।" तो सोशलिस्ट पार्टी के लिए कहता है कि "उस पार्टी में भी जितने बड़े लोग हैं, मन्तरी, बनने के लिए मार कर रहे हैं। सब मेले-मन्तरी होना चाहते हैं बालदेव। देस का काम, गरीबों का काम चाहे मजूरों का काम, जो भी करते हैं, एक ही लोभ से।"[29]

रेणु के सभी उपन्यासों में पुरुष पात्रों के साथ-साथ आजादी के लिए तथा देशसेवा के लिए नारी पात्र भी अग्रसर हैं। पुरुषों के साथ स्त्रियाँ तथा छोटे-छोटे बच्चे भी देश-कार्य में लगे हुए हैं। लेकिन राजनीति में फैले भ्रष्टाचार के कारण स्त्रियों को देशकार्य करते हुए कटु अनुभव ही प्राप्त होते हैं। इन कटु अनुभवों का चित्रण रेणु ने अपने उपन्यासों में किया है। दूध की धोई बेला तथा इरावती को देश की सेवा करने का आनन्द तो प्राप्त नहीं हो सका बल्कि उससे दुःख ही हुआ। 'दीर्घतपा' की बेला इस बात से व्यथित है कि उसकी कायरता के कारण बाँके ने उस पर जो कलंक लगाया है, उसे वह धो नहीं सकती। जिसके सहारे बेला पूरे विश्वास के साथ अपना घर तथा माँ-बाप को छोड़ देती है, वही उसे संसार में कहीं का नहीं रखता है।

'परती परिकथा' की इरावती भी इसी बात की शिकार है। दस महीने में ही वह तीन राजनीतिक पार्टियों से अपना रिश्ता जोड़ती तथा तोड़ती है। कहीं भी चैन नहीं। किसी पर विश्वास नहीं। जिसे भैया कहा गया वही उसकी इज्जत लूटने के लिए तैयार है। इरावती ने ऐसे बहुत प्रसंग देखे हैं। हजारों औरतों पर बलात्कार होते देखा है—दिन दहाड़े सड़कों पर, इसीलिए प्यार

करने की ताकत अब उसमें नहीं है। वह अपने नेता भैया से कहती है, "मेरे प्यार को लकवा मार गया है । दिन-रात मैं इसी चेष्टा में रहती हूँ, मेरा प्यार फिर पनपे। किन्तु कहाँ जन्म लेता है मेरे उजाड़ मन में कुछ ।"[30] और अन्त में वह कहती है, "मैं कल्पना भी नहीं कर सकती कि इन्सान कत्ल और बलात्कार करने के सिवा और कुछ कर भी सकता है।"[31] लेकिन जनता के सामने ये सारी बातें कहाँ आती हैं । उसे तो केवल प्राचीन काल से चली आ रही मान्यता कि 'स्त्री ही सभी विनाशों की जन्मदात्री है' यही मालूम है । इरावती जब बिहार आती है तो वहाँ की जनता समझती है, "हरेक पार्टी के लीडर को डिमोरॅलाईज करने के लिए सरकार ने इस कुटनी को बिहार भेजा है। तपस्या भंग करती फिरती है, तपस्वियों की। सी० आई० डी० है । मीठी छुरी है।"[32] इस प्रकार राजनीतिक नेता कितने गिर गए थे, तथा देश की सेवा के बजाय उनका उद्देश्य केवल चैन करना था इसका चित्रण रेणु ने अत्यन्त सफलता से अपने उपन्यासों में किया है।

'कितने चौराहे' उपन्यास में सन् 1942 में महात्मा गांधी की करो या मरो' की पुकार को सुनकर 'भारत छोड़ो' आन्दोलन में कूद पड़ने वाले किशोरों की कहानी है । अररिया कोर्ट की सरकारी ट्रेजरी पर झण्डा फहराने के प्रयत्न में इन किशोरों में से पाँच की जानें चली जाती हैं, लेकिन अन्त में ये झण्डा फहराने में सफल होते हैं । हिन्दू-मुस्लिम दंगे में भी एक औरत की जान बचाते समय एक विद्यार्थी नवयुवक छुरे की मार से शहीद हो जाता है । इस प्रकार उस समय की परिस्थितियों से नवयुवक भी किस प्रकार प्रभावित थे एवं प्रान्तीयता, साम्प्रदायिकता आदि से निरपेक्ष रहकर देश का काम करने की भावना किशोरों के मन में किस प्रकार से पनप रही थी इसका यथार्थ वर्णन रेणु ने अपने 'कितने चौराहे' उपन्यास में किया है ।

इस प्रकार रेणु के उपन्यासों का अंचल विभिन्न पार्टियों का रंगस्थल-सा बन गया है जो एक 'मिनी भारत' की पहचान उभारता है, जिसमें कहीं लोग पैसे के आकर्षण से आकृष्ट हो रहे हैं, कहीं जातीयता उन्हें अपनी ओर मोड़ रही है, तो कहीं वर्ग-संघर्ष के नारे राजनीतिक आधार प्रदान कर रहे हैं।[33]

पंचायत राज की स्थापना स्वातन्त्र्योत्तर राजनीति की प्रमुख देन है लेकिन राजनीति के हाथों में आकर इस पंचायत राज के द्वारा न जाने कितने अमानवीय कृत्य किये गए हैं, इसका भी बहुत ही सुन्दर लेखा-जोखा रेणु ने अपने उपन्यासों में दिया है । रेणु का उपन्यास 'जुलूस' उन पारस्परिक वैमनस्यों, अनास्थाओं तथा नैतिकता-अनैतिकता की जीवन्त कथा है । इस उपन्यास की पृष्ठभूमि ही ग्राम पंचायत है । इस उपन्यास में जगह-जगह तालेवर गोढ़ी और रामचन्द्र चौधरी के मध्य तनाव दिखाई देता है । गाँव के मुखिया पहले

रामचन्द्र चौधरी थे, लेकिन बेटे के व्यवहार के कारण धीरे-धीरे सारी सम्पत्ति जाती रही, और उसके साथ ही साथ मुखियागिरी भी। तालेवर गोढ़ी ने इस अवसर का लाभ उठाया, वैसे गाँव में वही सबसे रईस थे। अतः मुखिया वे ही वने। रामचन्द्र चौधरी अपने पराजित होने के कारण बहुत लज्जित है, तथा अपने आपसी वैमनस्य के कारण निरन्तर तालेवर गोढ़ी को अपमानित करने में प्रयत्नशील है। शारदा वर्मन इस कथन से कि "अभी-अभी चौधरी और चौधरी का बेटा मुझे रास्ते में मिला। पूछा कि तुम्हारे गाँव में कोई शादी हो रही है? मैंने कहा, नहीं। शादी नहीं भोजन है। तालेवर बाबू ने गाँव भर के लोगों को भोजन दिया है। तो रामचन्द्र चौधरी बोला कि पहले भोजन दिया है बाद में शादी भी करेगा।"[34] यह बात और अधिक स्पष्ट हो जाती है। रेणु का 'मैला आँचल' पंचायत राज की स्थापना और प्रतिष्ठा को स्पष्ट करता हुआ ग्रामीण जीवन के परिवर्तित सन्दर्भों को उजागर करता है।

गाँवों के किसानों के भीतर एक नयी जागृति आ रही है। वे अपने अधिकारों के लिए सजग हो उठे हैं। 'मैला आँचल' में सैनिक जी के भाषण में किसानों का अपने अधिकारों के प्रति सजगता तथा पूँजीपतियों और जमींदारों के प्रति आक्रोश व्यक्त होता है। सैनिक जी अपने भाषण में कहते हैं, "जिस तरह सूरज का डूबना एक महान सच है, पूँजीवाद का नाश होना भी उतना ही सच है। मिलों की चिमनियाँ आग उगलेंगी और उन पर मजदूरों का कब्जा होगा। जमीनों पर किसानों का कब्जा होगा।"[35] अपने अधिकारों के प्रति जनता अब जागृत है। बंगालियों की कालोनी में स्कूल के लिए ब्लाक की ओर से एक मुसलमान हेडमास्टर भेजा गया। पवित्रा की लापरवाही से ही ऐसा हुआ है। गोपाल पाईन ने एकदम छाती ठोक कर ऐलान किया, "आमी हांगर स्ट्राईक कोर्बो।"[36] और उनके स्कूल में अपना डेरा जमा दिया। मुख्याध्यापक को लौट जाना पड़ा। सरकार के नये-नये विधानों से जनता परिचित है। एक स्थल पर तालेवर कारे मंडल से कहते हैं—"जानते हो नया सरकारी कानून? बिना लायसेंस के नाचपार्टी तैयार किया कि गए पाँच साल हवा खाने—मालूम है आजकल कोई काम बिना सरकारी लायसेंस के होता है?"[37]

रेणु के साहित्य की विशेषता यह कि उनकी साहित्यिक प्रतिभा किसी राजनीतिक मतवाद से प्रभावित नहीं है। इसका प्रमुख कारण रेणु का मानवतावादी दृष्टिकोण है। रेणु जन-सामान्य की पीड़ा को सुनने वाले कथाकार हैं। वास्तविक जीवन में भी रेणु ने 'नेपाल मुक्ति आन्दोलन' में तथा जयप्रकाश नारायण की 'सम्पूर्ण क्रान्ति' में सक्रिय भाग लिया। शासन की आपातकालीन ज्यादतियों को देखकर उन्होंने सरकार द्वारा दी गई सम्मानित उपाधि 'पद्मश्री' लौटा दी। जन-आन्दोलन में सक्रिय हिस्सा लेने के कारण उनको सरकार द्वारा

गिरफ्तार भी किया गया। लेकिन इन सभी यन्त्रणाओं के बावजूद न तो रेणु राजनीति से अलग हो सके और न जनता से। जन-स्वतन्त्र की लड़ाई वे अन्त तक लड़ते रहे। और इसी कारण तथा अपनी व्यंग्य सामर्थ्य के कारण वे किसी एक पार्टी का पक्ष लेते दिखायी नहीं देते।

कांग्रेस के बालदेव, बावनदास, मुरली, मनोहर मेहता, सोशलिस्ट पार्टी का कालीचरन, गोधन, जितेन्द्र कम्युनिस्ट वासुदेव और राष्ट्रीय सेवक संघ का गाँव का प्रतिनिधि हरगौरी अपनी-अपनी विचारधाराओं के गाँव में प्रतिनिधि पात्र हैं। इनके माध्यम से लेखक ने देश की तत्कालीन राजनीतिक स्थिति की तस्वीर खींची है। प्रगतिशील विचारधारा के प्रवर्तक होने के नाते वे जन-सामान्य की प्रगति व उत्थान के लिए अन्त तक कार्यरत रहे। 'परती परिकथा' के जितेन्द्र की तरह सोचते रहे, "गाँव समाज में, मनुष्य के साथ मनुष्य का व्यक्तिगत सम्पर्क घनिष्ठ था। किन्तु अब नहीं रहा। एक आदमी के लिए उसके गाँव का दूसरा आदमी अज्ञात कुलशील छोड़कर और कुछ नहीं। मनुष्य के साथ मनुष्य के प्राण का योगसूत्र नहीं···।"[38] मनुष्य का मनुष्य से नाता जोड़ने के लिए वे 'मैला आँचल' के डॉ० प्रशान्त की तरह गाँववालों की सेवा में ही जीवन-यापन करना चाहते हैं। गाँवों में रहकर प्यार की खेती करना चाहते हैं। मनुष्य के मुरझाये होंठों पर मुस्कराहट लौटाना चाहते हैं। इसीलिए उन्होंने समाज में फैली हुई भ्रष्ट राजनीति का विरोध किया है।

सामाजिक परिवेश

पूर्व प्रेमचन्द युग हिन्दी उपन्यास के विकास का आरम्भिक युग था। ऐतिहासिक दृष्टिकोण से यह समय एक युगान्तर था। समाज के सभी वर्गों में धार्मिक अन्धविश्वासों, पाखण्डों और शोषण के विरुद्ध एक प्रकार के विद्रोह की भावना ने जन्म लिया था। शिक्षा के प्रचार के फलस्वरूप समाज का ढाँचा बदलने लगा। हिन्दू धर्म में निम्न और अछूत वर्गों की अपमानजनक एवं दयनीय स्थिति को देखकर ईसाइयों ने इन लोगों को अपने धर्म में लेने का कार्य शुरू किया, जिससे सामाजिक व्यवस्था काफ़ी प्रभावित हुई। संयुक्त परिवार का महत्त्व कम होने लगा तथा एकत्र परिवार का उद्भव हुआ। अनेक सामाजिक कुरीतियों को दूर करने के लिग सुधारवादी संस्थाओं ने आन्दोलन किए। स्त्री-शिक्षा के प्रचार एवं प्रसार के कारण नारी जाति में भी नवजागरण आया। बाल-विवाह, वृद्ध-विवाह तथा अनमेल विवाह के विरुद्ध आवाज उठाई गई। पर्दा-प्रथा समाप्त होने लगी तथा स्त्रीमुक्ति आन्दोलन शुरू हुआ। राजा राममोहन राय, दयानन्द सरस्वती तथा रामकृष्ण परमहंस आदि के नेतृत्व में कई सुधारवादी आन्दोलन हुए। 'ब्रह्म समाज' तथा 'आर्य समाज' ने इन आन्दो-

लनों में महत्त्वपूर्ण भूमिका निभाई।

20वीं शताब्दी के प्रारम्भ में इन आन्दोलनों ने उग्र रूप धारण किया। विशेषतः 1920 से लेकर स्वतन्त्रता-प्राप्ति तक, जिसे हम हिन्दी में 'प्रेमचन्द युग' तथा 'प्रेमचन्दोत्तर युग' के नाम से जानते हैं, सामाजिक दृष्टि से परिवर्तन का युग है। इस युग में समाज-सुधार के लिए कई आन्दोलन हुए क्योंकि समाज अनेक वर्गों में विभाजित था। सम्पूर्ण समाज शिक्षित-अशिक्षित, उच्च-मध्य-निम्न, शोषक-शोषित, श्रमिक और पूँजीपति आदि वर्गों में विभक्त था। इनमें केवल मध्यवर्ग ही अधिक शिक्षित, जागरूक तथा चेतना-सम्पन्न था। इसके साथ ही साथ यही वर्ग अंग्रेजी शासन तथा अपने भारतीय विचारों की चक्की के दो पाटों के बीच कुचला जा रहा था। एक ओर अंग्रेजी शासन का आकर्षण तो दूसरी ओर भारतीयता का अभिमान। इसीलिए ऐतिहासिक दृष्टिकोण से यह युग विशेष रूप से महत्त्वपूर्ण युग है। विभिन्न सामाजिक कुरीतियों और परम्परा से मान्य अन्धविश्वासों के विरोध में जन-जागरण हो रहा था। विधवा विवाह का समर्थन तथा सती-प्रथा की समाप्ति ये दो मुख्य बातें इस युग की विशेषता हैं। इसके साथ ही नारी जागरण पर विशेष ध्यान दिया गया। मध्य-वर्ग की नारी अपनी स्वतन्त्रता और समानता के लिए संघर्ष कर रही थी। 1917 में कलकत्ता कांग्रेस के द्वारा नारी को शिक्षा तथा सरकार से सम्बद्ध निर्वाचित संस्थाओं में मत देने का तथा उम्मीदवार के रूप में खड़े होने का अधिकार दिया गया। इस युग की नारी परम्पराओं से विद्रोह कर रही थी, और अपने परिवार वालों की इच्छा के विरुद्ध अपनी स्वतन्त्रता और देश की स्वाधीनता के लिए संघर्ष कर रही थी। इस नारी जागरण के आन्दोलन में गांधीजी के नेतृत्व से और अधिक तीव्रता आयी, उसका महत्त्व और अधिक बढ़ गया। आर्य समाज ने भी अछूतोद्धार, नारी-कल्याण, बाल-विवाह तथा अन्य सामाजिक उत्थान की दृष्टि से महत्त्वपूर्ण कार्य किया। संक्षेप में हिन्दी में प्रेमचन्द युग सामाजिक परिवर्तन का युग था और उस समय समाज के विभिन्न वर्गों में नवीन चेतना का जागरण हो रहा था।

प्रेमचन्द के बाद का युग भी सामाजिक परिवर्तन एवं विकास की दृष्टि से अधिक महत्त्व रखता है। सुधारवादी आन्दोलनों के कारण तथा शिक्षा के प्रचार के फलस्वरूप हिन्दू समाज में काफी परिवर्तन दिखाई देते हैं। अब तक समाज में वर्णव्यवस्था प्रचलित थी, लेकिन यहाँ तक आते-आते उस व्यवस्था के स्वरूप में उदारता आ गई। प्राचीन रूढ़िवादिता का विरोध होने लगा तथा लोग नवीनता की ओर आकर्षित होने लगे। अन्तर्जातीय विवाह तथा खानपान को स्वीकार किया गया। विदेश-यात्रा करने वालों का बहिष्कार समाप्त हुआ तथा अछूतों के प्रति भी उदार दृष्टिकोण अपनाया गया। 'आर्य समाज' तथा गांधी

गोखले तथा उनके अन्य साथियों द्वारा अछूतोद्धार का आन्दोलन चलाया गया। नारी-जागरण के कारण समाज में परिवर्तन आया। स्त्री भी पुरुषों के साथ स्वतन्त्रता-आन्दोलन में हिस्सा लेने लगी। शिक्षा प्राप्त करने लगी। अतः सुशिक्षित लोगों की संख्या बढ़ने लगी। विधवा विवाह को प्रोत्साहन मिला एवं समाज के पिछड़े वर्गों में नवीन चेतना जागृत हुई और वे जमींदारों, सामन्तों और महाजनों के चंगुल से मुक्ति के लिए प्रयत्न करने लगे। द्वितीय महायुद्ध के काल में पूँजीवादी वर्ग विशेष महत्त्व रखता था। यही वर्ग शक्तिशाली भी था, स्वदेशी आन्दोलनों के कारण भी इस वर्ग की शक्ति बढ़ती ही गई थी। गरीबों का शोषण करना यह अपना जन्म-सिद्ध अधिकार समझते थे। इस युग के समाज-सुधारकों ने समाज-विकास के लिए एक ही वर्ग की कल्पना की। सभी वर्गों के शोषण-विहीन समाज की कल्पना की, जिसमें समाज एक कुटुम्ब बने, जहाँ कोई ऊँच या नीच, शोषक या शोषित न हो। 'वसुधैवकुटुम्बकम्' की कल्पना पनपने लगी। गांधीजी की विचारधारा ने इसे और अधिक मजबूत किया।

15 अगस्त, 1947 को स्वाधीनता मिली और आज़ादी के साथ-साथ ही हमारी आशाएँ भी बढ़ती गईं, क्योंकि एक स्वतन्त्र देश के रूप में विश्व-मंच पर भारत के अभ्युदय के पश्चात् विकास की अनेक दिशाएँ स्पष्ट हुईं। स्वतन्त्रता के पश्चात् भारतीय नागरिक अपने स्वतन्त्र रूप में अन्तर्राष्ट्रीय सहयोग के आवाहक बने तथा पाश्चात्य उपलब्धियों के आकर्षण से उनसे प्रभावित भी हुए। समाज में अछूत समझे जाने वाले लोगों के लिए सरकारी और गैरसरकारी स्तरों पर कार्य होने लगा। यातायात के साधनों के विकास के कारण जातिभेद तथा खान-पान में शिथिलता आ गई। सार्वजनिक उद्योगों, व्यवसायों तथा कारखानों के विकास के कारण सभी लोग एकसाथ काम करने लगे। होटल तथा जलपान-गृह खुले। इसका परिणाम यह हुआ कि लोगों का व्यवहार स्वच्छन्द हुआ, उनमें खान-पान, जाति-पाँति का बन्धन नहीं रहा। शिक्षा के कारण नारी भी पुरुषों के कन्धे से कन्धा मिलाकर कार्य करने लगी। घर-गृहस्थी के अलावा उसने भी सभी क्षेत्रों में पुरुषों के साथ कार्य करना शुरू किया। नौकरी के कारण कभी-कभी पति-पत्नी को अलग-अलग रहना पड़ा, जिसका परिणाम यह हुआ कि समाज में उन्मुक्त यौन सम्बन्ध बढ़ने लगे। इसका दूसरा कारण पाश्चात्य अनुकरण भी था। समाज के निम्न और मध्यवर्ग में जागृति हुई जिसके कारण सामाजिक क्रान्ति और परिवर्तनों की गति अधिक तीव्र रही। समाजवादी भारत के निर्माण के कारण जमींदारी प्रथा समाप्त की गयी, जिसके परिणाम-स्वरूप निम्न वर्ग के कृषकों और श्रमिकों को आर्थिक शोषण से अपेक्षाकृत मुक्ति मिली। विज्ञान के प्रगतिशील दृष्टिकोण को अपनाया गया जिसके कारण विकास-पथ पर भारत अग्रसर होता गया।

बीसवीं शताब्दी के सातवें शतक तक आते-आते सामाजिक व्यवस्था का परम्परागत और रूढ़ रूप ढीला हो गया। शिक्षा में प्रगति, यातायात की सुविधा तथा अखिल भारतीय सेवाओं के कारण व्यक्ति जीविका अर्जित करने के लिए एक गाँव से दूसरे गाँव, एक शहर से दूसरे शहर एवं एक देश से दूसरे देश आने-जाने लगा। इससे वर्णभेद, जात-पाँत, छुआछूत, खानपान आदि के बंधन शिथिल हो गये। पैतृक और वंशगत व्यवस्था के अनुसार पूर्वनिर्धारित व्यवसाय में रहना भी अब सम्भव नहीं रहा। एक ही परिवार के लोग सुविधा के कारण तथा व्यक्तित्व-विकास की स्वतन्त्रता के कारण अलग-अलग व्यवसाय करने लगे। परिवार में अब किसी एक व्यक्ति या मुखिया का अधिकार नहीं रहा। संयुक्त परिवार का परम्परागत स्वरूप अब बहुत कम दिखाई देने लगा। आर्य समाज, भारत सेवा समाज, भारतीय दलित जाति संघ आदि संस्थाएँ विगत युगों के सदृश ही इस युग में भी अशिक्षा-निवारण, अस्पृश्यता-उन्मूलन, स्त्री-शिक्षा आदि के रूप में समाज सुधार का कार्य करते रहे। उद्योग-व्यवसाय, शिक्षा, चिकित्सा, वकालत, प्रशासन तथा राजनीति आदि में नारी सक्रिय हिस्सा लेने लगी। शैक्षिक क्षेत्रों में जहाँ उन्नति हो रही थी वहीं अनुशासन-हीनता भी बढ़ती गई। शिक्षण संस्थानों में सामान्य कार्य-प्रणाली का निर्वाह भी असम्भव हो गया। सांस्कृतिक क्षेत्रों में एक ओर परम्परागत भारतीय संस्कृति की रक्षा करने का प्रयत्न किया जा रहा था, तो दूसरी ओर पश्चिमी सभ्यता एवं संस्कृति के प्रभाव को रोकना मुश्किल हो गया। धर्म के क्षेत्र में जहाँ एक ओर वैचारिक संकीर्णता, पाखण्ड, अनाचार और शोषण का बोल-वाला रहा, वहाँ दूसरी ओर अन्धविश्वासी जनता की धर्मभीरुता से लाभ उठा कर विभिन्न स्वार्थी तत्वों ने हिंसा और वैमनस्य भड़काया।

संक्षेप में वर्तमान युग में सभी क्षेत्रों की प्रगति जहाँ उच्च स्तर को पहुँच रही थी, वहाँ प्रत्येक क्षेत्र में भ्रष्टाचार की अपरिमित वृद्धि भी हो रही थी।

रेणु के उपन्यासों में सामाजिक परिवेश

रेणु के आंचलिक उपन्यासों में अंचल-विशेष की समग्र विशेषताओं, ग्राम जीवन के बदलते परिवेश, भंगिमा, अकुलाहट, आक्रोश, आपाधापी की अव्यवस्था, असन्तोष, सामाजिक सम्पूर्णता, व्यापक यथार्थ, विराट वास्तविकता, संक्रमण की वस्तुस्थिति, सामाजिक जर्जरता व व्यर्थता तथा सामाजिक परिवेश के द्वारा सार्थक जीवन-सन्दर्भों के अन्वेषण का सचेत प्रयास हुआ है, और समाज की सांस्कृतिक मर्यादा का अन्वेषण भी। व्यक्ति और जीवन-मूल्य की वस्तुस्थिति को यही सामाजिक परिवेश उजागर भी करता है। यों मानवीय अनुभूतियों, संवेदनाओं और सम्भावनाओं का यह यथार्थ धरातल भी रहा है और गतिशील

परिप्रेक्ष्य भी। यह सामाजिक चेतना का दर्पण भी है। अतः रेणु के आंचलिक उपन्यासों में सामाजिक परिवेश की सार्थकता, पूर्णता व महत्ता सुस्पष्ट है।

तद्युगीन समाज में भारत के गाँवों की दशा बड़ी शोचनीय व दयनीय थी। एक ओर वे विदेशी शासन के शोषण से त्रस्त थे तो दूसरी ओर जड़ता, रूढ़िवादिता, अन्धविश्वास, अशिक्षा, अज्ञान, नाना प्रकार के रोग एवं आर्थिक विषमता व दरिद्रता से ग्रस्त थे। इस प्रकार परतंत्रता के समय देश के गाँव शोपित व पतित ही रहे। यों सामन्ती शोषण, धर्म के नाम पर शोषण और आर्थिक आधार पर भी शोषण कुछ कम नहीं रहा है। इस पर फिर सामाजिक विषमता विभिन्न वर्गों में बँटा हुआ समाज, जातिगत विद्वेष, ऊँच-नीच की दरारें तथा पपरस्पर लड़ाई-झगड़े, गृहकलह, घृणा, ग्लानि, पुश्तैनी वैर और कोर्ट-कचहरी व मुकदमेबाज़ी आदि भी खूब होती रही। ऐसे में जाति बहुत बड़ी चीज़ रही है। बिना उसके वहाँ पानी तक नहीं मिल सकता था।[39] अतः स्पृश्यास्पृश्य व असमानता की इकाई गहराती गयी। ग्रामीण जीवन कसमसाता और समाज चरमराता रहा।

स्वतन्त्रता के पश्चात् स्वाधीनता-संघर्ष के कारण, नवीन सामाजिक चेतना के फलस्नरूप गाँव ने करवट ली और समाज बदलने लगा। परिवर्तन अवश्यंभावी हुआ। यहाँ तक कि परिवर्तन की गति भी तीव्र हुई।[40] गांधी के द्वारा अस्पृश्यता-उन्मूलन, अछूतोद्धार, समान अधिकार आदि के लिए आन्दोलन क्या हुए, परिवर्तन की तो आँधी ही चल पड़ी।

इस प्रकार जाति-प्रथा का शिकंजा, सामाजिक व्यवहार में, खान-पान में, छुआछूत में शिथिल जरूर हुआ, पर चुनाव और वोट की राजनीति में इसकी पकड़ मज़बूत हुई। दफ्तरों के सिफारिशी कार्यों में, नौकरियों में परस्पर सहयोग (आदान-प्रदान) में इसकी महत्ता प्रबल हुई। सत्ता की राजनीति में इसका वर्चस्व बढ़ा और जातिवाद ने जोर पकड़ा। अब राजनीतिक पार्टियाँ भी जातिवाद की सहायता से संगठन करना जायज़ समझने लगीं।[41] और बड़े-बड़े लोग अपनी-अपनी जाति की पार्टी में रहने लगे।[42] समाज में जाति-द्वेष, वैर व उपद्रव पनपने लगे।[43] पंचायतों में जाति के दाँव-नेच तथा चुनाव में जातिवाद के पैंतरे चलने लगे। इधर आरक्षण की सुविधा ने भी जातिवाद को नया मोड़ दिया। अनेक जातियाँ अपने आपको पिछड़े वर्ग की सूची में दर्ज करवाने को लालायित रहने लगीं।[44] अतः कहा जाने लगा कि अब लोगों को चाहिए कि अपनी-अपनी टोपी पर लिखवा लें — भूमिहार, राजपूत, कायस्थ, यादव, हरिजन।[45] समाज में क्षुद्र स्वार्थी भाव और संकीर्ण मनोवृत्ति पनपने लगी और लोगबाग जातिगत सुविधाओं का जायज़-नाजायज़ लाभ उठाने लगे — उसी के आधार पर पद या अधिकार चाहने या पाने भी लगे। इधर यह सुविधा न मिलने पर अन्य जाति

के लोगों में रश्क उभरने लगा। यथा सुराज के वाद पढ़ने की फ़ीस नहीं लगती क्या? ब्राह्मण, क्षत्रीय लोगों को कुछ नहीं मिलता। अहीर, धोबी, चमार, हरिजन को पढ़ने को सरकार पैसे देती है।[46] अतः समाज में जाति को लेकर, पदों के लिए या फिर किसी अन्य लाभ के लिए उठा-पटक होने लगी। जातिगत द्वेष गहराने लगा। स्वार्थ उभरने लगा। अलगाव बढ़ने लगा। आजादी के बाद जातीय व्यवस्था कानून से जरूर खण्डित हुई पर सामाजिक दायित्व से नहीं।[47] अतः समाज में वर्गभेद कायम रहा। परस्पर श्रेष्ठता या ऊँच-नीच की गैर-बराबरी बनी रही। समाज जातियों में बँटा रहा। जाति-प्रथा के व्यावहारिक परिवर्तन के बावजूद, जातिगत अनेकता व विभिन्नता बरकरार रही।

आज़ादी के बाद शिक्षा के क्षेत्र में भी परिवर्तन आया। शिक्षा प्रणाली बार-बार बदली गयी। पर पराधीन भारत की वही बाबूगीरी प्रदान करने वाली अंग्रेजी शिक्षा की प्रवृत्ति जारी रही। अंग्रेज गए, पर अंग्रेजियत नहीं गई। देश आज़ाद हुआ पर देश की मानसिक दासता और मज़बूत हुई। नौकरियों के लिए कतारें बढ़ने लगीं। भविष्य अन्धकारमय लगने लगा। आक्रोश उभरने लगा। चारों ओर निराशा छाने लगी। कॉलेज के और शहरी लड़के शरारत पर उतर आये। बदमाशी और बदतमीज़ी बढ़ने लगी। किसी लड़की के पास जाकर साइकिल की घण्टी बजाना[48] या महिला कॉलेज के प्रोग्राम में भद्दी आवाजें कसना, ईंट-पत्थर फेंकना, शीशे तोड़ना[49] आदि अनेक वारदातें होने लगीं।

इन्हीं दिनों स्त्री शिक्षा का भी विस्तार हुआ। पर्दाप्रथा व बाल विवाह जैसी सामाजिक प्रथायें टूटीं। नारी को नयी जिन्दगी मिली, नया परिवर्तन आया। पर यह परिवर्तन भी मनचलों के लिए मनबहलाव व मनोरंजन ही रहा। नारी जीवन की समस्यायें और गहराईं, विवशता, घुटन, निराशा और जोर-जबर से उसका पिंड नही छूटा। समाज के सोच में भी कोई खास परिवर्तन नहीं आया। सभ्य समझे जाने वाले समाज में भी लड़कियाँ बला समझी जाती थीं।[50] आये दिन जोर-जबरदस्ती, बलात्कार और फिर हत्या या आत्महत्या की घटनायें होतीं। समाज में चारित्रिक पतन, मूल्यहीनता और मर्यादाहीनता की स्थिति रही। यहाँ तक कि समाज में अपने-पराये के बोध या पहचान का भी लोप हुआ। यथा, इस दुनिया में यों पिता-पुत्र, भाई-बहन और स्वामी-स्त्री जैसा कोई सम्बन्ध नहीं रहा।[51] कोई किसी का हाल न पूछे ऐसा जमाना है।[52] सब अपना ही रोना रोते हैं। दूसरों को कौन पूछता है।[53]

ऐसे में कालाबाजारी फैलने लगी, कालाधन बढ़ने लगा। समाज में धन ही सर्वेसर्वा हुआ। पैसा ही प्रमुख हुआ। जायज़-नाजायज़ सभी कार्य किए जाने लगे, रिश्ते-नाते भी इसी के आधार पर जुड़ने लगे। समाज में धन की आकांक्षा प्रबल हुई। मौज-मस्ती, विलासिता और भोगवृत्ति घर करने लगी। जगह-जगह

शराब की दुकानें खुलने लगीं। सुरा-सुन्दरी और मांसाहार की वृत्ति वढ़ने लगी। दगाबाजी, चालाकी, धोखाधड़ी का राज्य छा गया।[54] लोगबाग घाघ हो गये।[55] कानून बनने के पहले ही कानून बेकार करने के तरीके गढ़ लिए गये। सुई के छेद से हाथी निकाल लेने की बुद्धि ही आज सही बुद्धि है।[56] छः महीने में गाँव का लड़का पक्की गवाही देना सीख गया है।[57] महँगाई वढ़ने लगी तो रोज़ी-रोटी का सवाल उभरा तथा समाज के अस्तित्व पर ही प्रश्न-चिह्न अंकित हुआ। यह समाज कब तक रह सकेगा?[58] यहाँ का आदमी जीकर करेगा क्या ऐसी जिन्दगी?[59] आदि प्रश्न उभरे, अतः विवशता ने मुँह फैलाया। पशु से सीधे हैं ये इन्सान, पशु से भी ज्यादा खूँखार हैं ये। पेट ही इनकी बड़ी कमज़ोरी है। सामाजिक न्याय-विधान ने इन्हें अपने सैकड़ों बाजुओं से जकड़-कर ऐसा लाचार कर रखा है कि ये चूँ तक नहीं कर सकते। फिर भी ये लोग जीना चाहते हैं।[60] विवश, लाचार लोगों का जीवन और उनका ही समाज। यहाँ दलित वर्ग को तो हर तरीके से मर्दित करके रखा गया है।[61] और यह सब कुछ जो हुआ वह जायज़ हुआ, सब कुछ माफ इस युग में।[62] नैतिकता नौ-दो ग्यारह हुई। सामाजिक दुराग्रह फैला। समाज का चरित्र कुरूप हुआ। समाज का दृष्टिकोण बदला। लोगों का स्वाभिमान नष्ट हुआ और उसके साथ ही साथ जीवन के मूल्य भी नहीं रहे। समाज में छल-कपट और भ्रष्टता उभरी, धर्मसंकट गहराया, पर्व तथा त्यौहार धीरे-धीरे मिटने लगे। लोगों की आस्था, संकल्प और जिजीविषा पर प्रहार हुए। एक-दूसरे के प्रति आस्था, सहानुभूति एवं सद्भावना नष्ट हुई। क्षुद्र स्वार्थ, संकीर्ण मनोवृत्ति तथा अवसरवादिता जीवन के दर्शन बने। संस्कृति और नैतिकता का ह्रास हुआ।[63] धार्मिकता पेट भरने तक ही सिमट कर रह गयी यथा—'साधुसंगति, भक्तिभाव न जाने कोई, पेट भरन सो काम।'[64] अतः पेट और पेट के लिए 'भेष' धर्मस्वरूप वना। 'मन मैलो तन सूधरो उल्टी जग की रीत।'[65] तथा 'ऊपर बाबाजी और अन्दर दगाबाजी'[65] चल पड़ी। महन्त लोग दासियों के काम पर रखेलिनें रखने लगे। पवित्र मठ तथा 'वीमेन्स हॉस्टेल' जैसे स्थल भ्रष्ट होने लगे। साधु, जटाधारी, छल-कपट करने लगे। साधु, संन्यासियों के साथ-साथ नेता लोग भी मांस-मदिरा और मदिराक्षी में डूबे हुए हैं। जनता के नाम तो नेता लोग इन तीनों को प्राप्त किये बगैर करते ही नहीं। इसीलिए 'दीर्घतपा' में बागे कहता है, 'देहाती माल चाहिए।'[67] तो 'जुलूस' में तालेवर गोढ़ी को रोज नई-नई भैरवी की तन्त्र-साधना के लिए आवश्यकता महसूस होती है।[68] फिर ऐसे कार्य के लिए जाति-पाँति पूछे नहीं कोई। इसीलिए होली के पर्व के मौके पर लोग कहते थे, 'भुरुकवा वभना, चुम्मा लेवे में जात नहि रे जाए।'[79] चारों ओर आचार-विचार, साधु-स्वभाव, नियम-धरम और मति-गति सब काफूर हुई।

इन सभी कारणों से गाँव टूट रहे हैं, गाँव में परिवार टूट रहे हैं, व्यक्ति टूट रहा है···रोज-रोज काँच के बर्तनों की तरह···नहीं-नहीं, निर्माण भी तो हो रहा है। नया गाँव, नया परिवार, नये लोग। गाँव का निर्माण हो रहा है। टूटे हुए खँडहरों को साफ करके नींवें डाली जा रही हैं। शिलान्यास हो रहा है। खूब धूमधाम से नई इमारतें बन रही हैं।···नई ईंटों के साथ काम की ईंटें मिलाकर दीवार बना रहा है राज मिस्त्री।[70] परिवर्तन हो रहा है। अतः गाँवों में अस्पताल खुले, पुस्तकालय खुले, रेडियो मिले। पर अस्पताल बन्द पड़े हैं, पुस्तकालय हड़प लिये गये और रेडियो दबा दिया गया।[71] गाँव बदल गया है।[72] यह बदलाव गाँव में लड़ाई-झगड़े तथा कलह में भी दिखाई देता है। भूमिहार, राजपूत, कैथ, जाधव, हरिजन सब लड़ रहे हैं, और नेतागण बेईमान ब्लैक मार्केट वालों को साथ लेकर घूम रहे हैं।[73] लगता है ये लोग देश को भस्म करेंगे। भस्मासुर। सब पार्टी समान।[74] गाँव में सर्वत्र विवशताएँ। भयार्त शिशु की तरह सारा गाँव काँप रहा है।[75] पार्टी वाले गाँव के सामान्य लोगों को अपने दल का सिपाही बनाकर आपस में लड़ाते हैं और देश के नाम पर अपना हित साधन करते हैं। यह गिरगिटी का जमाना है। रंग बदलते देर नहीं।[76] परिवर्तन आ रहा है। यह बात नहीं कि पहले कोई परिवर्तन नहीं हुआ समाज में। परिवर्तन होते रहे हैं। बात है परिवर्तन की गति की। आज अभाव, अभियोग और व्यर्थता के विलास से सामाजिक वायुमण्डल व्याप्त हो गया है।···परिवर्तन की गति में भी परिवर्तन हुआ। ऐसी तीव्र गति कभी नहीं रही।···बन्दा बैलगाड़ी पर, जमाना जेट जहाज़ पर···बैलगाड़ी और जेट प्लेन की गति।[77] गाँव घूमने लगा है।[78] पर मन की परती ज्यों की त्यों पड़ी हुई है। वीरान होती जा रही है। लगता है मन को छू लेने वाला मन्त्र ही हम लोग भूल गए हैं।[79]

गाँव तथा अंचल को, पूर्ण ईमानदारी के साथ, उसकी सभी अच्छाइयों तथा बुराइयों के साथ, वहाँ के सभी सामाजिक पक्षों की रेणु ने अपने उपन्यासों में अत्यन्त कलात्मक ढंग से अभिव्यक्ति दी है।

आर्थिक परिवेश

प्रत्येक युग का सामाजिक, राजनीतिक तथा सांस्कृतिक जीवन अर्थप्रक्रिया से प्रभावित एवं संचालित होता रहा है। आधुनिक चेतना का मूलभूत आधार अर्थ-परक एवं दिशाएँ व्यक्तिपरक रही हैं। विभिन्न सामाजिक संघर्षों, राजनीतिक समस्याओं एवं क्रांतियों का मूल कारण प्रत्यक्ष या अप्रत्यक्ष रूप से अर्थ ही होता है। अधिक स्पष्ट रूप से कहें तो सामाजिक परिप्रेक्ष्य में विभिन्न वर्णों के स्थान पर वर्गों का उदय, नारी में स्वावलंबन की भावना एवं राजनीतिक क्षेत्र में

पूँजीवाद के स्थान पर समाजवादी चेतना के उदित होने से व्यक्ति-चेतना का विकास होता रहा है।

बीसवीं शताब्दी में प्रथम और द्वितीय विश्वयुद्ध के काल में देश की आर्थिक व्यवस्था संतोषजनक नहीं थी। औद्योगिक विकास के कारण कृषि-कार्य बाधित हुआ था। जमींदारों के लगान और साहूकारों के कर्जों से दबे हुए किसान के लिए सरकारी करों का वहन करना मुश्किल पड़ रहा था। उद्योगों के बढ़ने के साथ मज़दूरों की समस्याएँ भी बढ़ने लगी थीं। अतः देश की आर्थिक व्यवस्था में सुधार लाने के लिए सरकार की ओर से अनेक योजनाएँ बनायी गयीं।

महात्मा गांधी ने पूँजीवाद के अभिशाप से छुटकारा पाने के लिए ग्रामोद्योगों पर अधिक जोर दिया। उनके अनुसार औद्योगिक क्रांति के कारण बेरोज़गारी बढ़ेगी तथा पूँजीवादी शोषण की वृद्धि होगी। इसी कारण उन्होंने स्वदेशी आन्दोलन और विदेशी बहिष्कार के फलस्वरूप देश में एक प्रकार की आत्मनिर्भरता की भावना जागृत की। व्यापक स्तर पर मशीनी उद्योगों का विरोध हुआ, हस्तकला और खादी का विकास हुआ। गांधी जी का विश्वास था कि चरखा एक नैतिक अस्त्र है। इस नैतिक अस्त्र के उपयोग से ही मशीनी औद्योगिक व्यवस्था के कारण जो आर्थिक शक्ति पूँजीपतियों के हाथ में केन्द्रित हो चुकी है, और जिससे देश की जनता का शोषण हो रहा है, उसे दूर कर सकते हैं।

स्वाधीनता से पूर्व हमारे देश में विदेशी शासकों के द्वारा बहुत आर्थिक शोषण हुआ। अंग्रेजों की नीति के कारण गाँवों की आर्थिक दशा दिन-प्रतिदिन बिगड़ती जा रही थी। किसानों का दिन-प्रतिदिन पतन होता जा रहा था तथा गाँवों में महाजनों की संख्या बढ़ती ही जा रही थी। गाँवों में अनेक उद्योग धंधे समाप्त होने लगे तथा किसानों का शोषण बढ़ने लगा। बंगाल में पड़े अकाल से यह बात अधिक स्पष्ट हो जाती है। 1936 के बाद भारत के औद्योगिक विकास की ओर अधिक ध्यान दिया गया किन्तु यह विशाल भारत देश के लिए बहुत ही छोटी-सी बात थी। द्वितीय विश्वयुद्ध के बाद भारत में कुछ कारखाने दूसरे देशों की सहायता से शुरू हुए लेकिन इसका परिणाम यह हुआ कि, जो पूँजीपति लोग थे वे और धनवान बन गए और जो मज़दूर थे उनकी मजदूरी में कुछ भी बढ़ोतरी नहीं आ सकी।

भारत को स्वाधीनता प्राप्त हुई। स्वाधीनता का प्रमुख अर्थ होता है देश को सभी दृष्टि से विशेष रूप से आर्थिक दृष्टि से संपन्न बनाना, क्योंकि अर्थ ही समाज-व्यवस्था का केन्द्र है। व्यक्ति, राष्ट्र और समाज का अर्थ ही प्रमुख आधार है। लेकिन व्यक्ति तब तक कोई संतुलित अर्थव्यवस्था नहीं बना

सकता जब तक राष्ट्र या समाज में अर्थव्यवस्था सन्तुलित न हो । और इसीलिए जब आज़ादी प्राप्त हुई तब देश के आम लोगों को भोजन, कपड़ा, मकान जैसी दैनिक आवश्यकताओं की पूर्ति करने के लिए सरकार ने अनेक पंचवर्षीय योजनाएँ चलायीं । कृषि-प्रधान देश होने के कारण कृषि-विकास के लिए अनेक योजनाएँ बनायी गयीं, जैसे—सामुदायिक विकास योजना, भूमि सुधार योजना, सिंचाई सम्बन्धी योजना आदि गाँवों की बेकारी और गरीबी दूर करने के लिए जमींदारी-उन्मूलन तथा चकबन्दी योजना लागू की गई, अच्छे बीज और खाद तथा वैज्ञानिक साधनों का प्रयोग करने के लिए किसानों को प्रोत्साहित किया गया । शिक्षा के प्रचार एवं प्रमार के फलस्वरूप किसानों एवं मज़दूरों में अपने अधिकारों की रक्षा के लिए जागरूकता आयी । उन्होंने अपने स्वतन्त्र संगठन बनाए और अपने हितों के लिए आन्दोलन किए । किन्तु इन सुविधाओं का तथा किसान-मज़दूर संगठनों का सही उपायोग नहीं हो सका । स्वार्थी राजनीतिज्ञों, भ्रष्ट अफसरों तथा समाज के सम्पन्न लोगों ने मिलजुल कर सरकार के द्वारा दी जाने वाली सुख-सुविधाओं का रस स्वयं पी लिया और अभावग्रस्त जनता जहाँ की तहाँ रह गई ।

इस प्रकार आर्थिक क्षेत्रों में समानता तथा विकास के चतुर्मुखी प्रयोग असफल हुए । देश की आवादी बढ़ती गई, कर्ज़ बढ़ता गया, और उसके साथ-साथ पूँजीपतियों की पूँजी भी शरद के चन्द्रमा जैसी दिन-प्रतिदिन बढ़ती ही गई और गरीव बेचारी जनता भगवान के सहारे सिर धुनती बैठी रही। सन् 1965 तथा 1971 में हुए पाकिस्तानी आक्रमणों कारण तो देश की आर्थिक स्थिति और अधिक असन्तुलित हो गई। जनसाधारण पर महँगाई का वोझ बढ़ा। खाद्य समस्या भी अत्यन्त जटिल रूप में देश के सामने विद्यमान है । इस प्रकार बदलती आर्थिक स्थितियों ने हमारे सामाजिक सम्बन्धों, मूल्यों, और सोच-विचार को भी बहुत दूर तक भले-बुरे रूप में प्रभावित किया है। रेणु ने इन आर्थिक स्थितियों और समाज पर पड़े उनके गहरे प्रभावों को वहुत गहराई से पहचाना है और अपने उपन्यासों में उसे रूपायित किया है।

रेणु के उपन्यासों में आर्थिक परिवेश

रेणु का 'मैला आँचल' स्वतंत्रता-प्राप्ति के आस-पास का उपन्यास है । 'मैला आँचल' में तथा रेणु के अन्य उपन्यासों में वहाँ के अंचल की समग्र गति-विधियों का सजीव चित्रण हुआ है । उस अंचल में होने वाले परिवर्तनों का चित्रण राजनीतिक एवं सामाजिक उथल-पुथल के परिप्रेक्ष्य में हुआ है । गरीवी, बीमारी, शोषण व अज्ञान के चक्र में फँसे यहाँ के गरीब किसान आम की गुठलियों पर जिन्दा रहते हैं । सात माह के बच्चे भी बहुधा साग पर

जीते हैं, तो पराधीनता के युग में नील युग की घटनाओं तथा निलहे साहबों के कोड़ों की यादें[80] तो आज भी कंपनी दे जाती हैं। पूर्णिया जिले के कई गाँव और कस्बे आज भी निलहे साहबों का नाम ढो रहे हैं।[81] सन् 1916 की भुखमरी, फसलों की बरबादी, बाढ़ से पीड़ित तथा प्लेग व इन्फ्लुएंजा से त्रस्त लोगों की हालत और जमींदारों द्वारा निरन्तर होने वाले शोषण तो आए दिन की बातें हैं। इस पर फिर प्रथम विश्वयुद्ध की विभीषिका और फिर खेती के पुराने औजार, टूटे-फूटे झोंपड़े और घाट-बाट की असुविधा[82] तथा सोने के अनाज से भरी हुई धरती के गुप्त भंडार का उद्घाटन करने वालों पर धरती माता का कोप[83] आदि सब आर्थिक विषमताओं के जीते-जागते उदाहरण हैं। अतः गरीब और बेज़मीन लोगों की हालत खेत-खम्हार के बैलों जैसी होती गयी हैं।[84] ज़मीन के मालिकों ने धरती पर इनका किसी प्रकार का हक जमने नहीं दिया। जिस ज़मीन पर इनके झोंपड़े हैं, वह भी इनकी नहीं।[85]

इस स्थिति से छुटकारा पाने के लिए आज़ादी के आन्दोलन के साथ-साथ किसान-आन्दोलन हुए और मज़दूरों द्वारा संघर्ष भी। किसान संगठित हुए। मज़दूर एकजुट हुए और पूँजीवाद को नष्ट करने की धारणा बनने लगी। 'किसान-राज' तथा 'मजदूर-राज' की भावना को उभारा गया, जनता को उसके लिए जागृत किया गया।[86] 'जो जोतेगा वह बोयेगा और जो बोयेगा वह काटेगा', 'कमानेवाला खाएगा, इसके चलते जो कुछ हो'[87] की घोषणाएँ होने लगीं। इसी बीच जनता के सामने 'रूसी क्रान्ति' का आदर्श आया। समाजवादी दृष्टिकोण को बल मिला। प्रगतिवादी विचारधारा पनपी। इस प्रकार गरीब और अमीर में अर्थ के आधार पर यह दरार बढ़ती ही गई, और इसी दरार ने आगे चलकर दीवार का रूप ले लिया। यह दीवार गिरेगी, इसे गिरने दो। यह समाज कब तक टिका रह सकेगा।[88] तद्युगीन आर्थिक विषमता ने समाज के अस्तित्व को ही झकझोर दिया।

इसी विस्फोटक स्थिति में स्वाधीनता-आन्दोलन के रचनात्मक कार्य भी शुरू हुए। गांधीजी की प्रेरणा से अनेक लघु उद्योग गाँवों में स्थापित हो गए। इसी का परिणाम है मेरीगंज में भी चर्खा सेंटर खुल गया। कांग्रेस की यह आर्थिक नीति थी, जिससे गरीबों को कुछ राहत मिले। शिवनाथ चौधरी गाँववालों को इसका महत्व समझाते हुए कहते हैं—चर्खा सेन्टर खुल गया है। अब गाँव में गरीबी नहीं रहेगी। घटना से दो मास्टर आए हैं—चर्खा मास्टर और करघा मास्टर। एक मास्टरनी भी आयी है—औरतों को चरखा सिखाने के लिए। औरतों से कहती है—चरखा हमार भतार-पूत, चरखा हमार नाती, चरखा के बदौलत मोरा दुआर झुले हाथी। चरखा, करघा, खद्दर और विदेशी कपड़ा बॉयकाट[89] आज़ादी के प्रतीक बने। विदेशी कपड़ा नष्ट करने के लिए पिकेटिंग

होने लगी। ग्रामों के विकास के लिए बनायी गयी ऐसी अनेक योजनाओं का चित्रण रेणु के 'परती परिकथा' उपन्यास में विद्यमान है। सरकार व जनता दोनों विकास कार्यों में सक्रिय रूप से गतिशील हैं। कोसी बाँध की योजना इसका जीता-जागता प्रमाण है। 'कोसी बह रही है, लहरें नाच रही हैं। अर्धनग्न जनता का विशाल दल। पर्वत तोड़ हइयो, हम कोसी को साधेंगे। बच्चे मर गये हाय रे। बीवी मर गई हाय रे। उजड़ी दुनिया हाय रे। हम मजबूर हो गए। घर से दूर हो गए। वर्ष महीना एक कर। खून पसीना एक कर। बिखरी ताकत जोड़कर। पर्वत-पत्थर तोड़कर। इस डायन को साधेंगे उजड़ों को बसाना है...।'[90] इस प्रकार गा-गाकर अपने कठिन परिश्रम को भुलाकर अपने आर्थिक अभावों और विसंगतियों को भुलाने का प्रयास परानपुर के लोग करते हैं। सरकार कई लाख रुपये खर्च कर इस विकास-कार्य में ग्रामों की आर्थिक स्थिति सुधारने में जुटी हुई है। कई वर्षों से पुरानी पड़ी परती भी टूटती है, लेकिन शिक्षा के अभाव से ग्रस्त ग्रामीणों के मानस की परती टूट नहीं पा रही है। देश आज़ाद हुआ। आज़ादी की अर्धरात्रि से ही विस्थापितों की समस्या ने सारे देश को झकझोर दिया। भारत-पाकिस्तान विभाजन से विस्थापितों की समस्या बढ़ती गई। शरणार्थी लोगों, जिनको गोड़ियर गाँव के पास बसाया गया था, के पास न तो भूमि थी, न घास-फूस तथा बाँस की झोंपड़ियाँ थीं और न भैंसें न गायें।[91] वे खेती और मज़दूरी करके ही अपना उदर भर रहे थे।

इस प्रकार देश की आर्थिक दशा दिन-प्रतिदिन बदतर होती चली गई। जनता को कहना पड़ा कि 'यह आज़ादी झूठी है, देश की जनता भूखी है।'[92] इसका प्रमुख कारण यह था कि स्वतंत्रता के तुरन्त बाद गाँव के नेताओं व नियोजकों में भ्रष्टाचार का बड़ी तीव्रता से आविर्भाव हुआ। कहा जाने लगा कि जिस दिन धनी, जमींदार, सेठ और मिल वालों को लोग राह चलते ही कोढ़ी और पागल समझने लगेंगे, उसी दिन असल सुराज हो जाएगा।[93]

देश को आज़ादी मिली लेकिन राजनीतिक स्वतन्त्रता के साथ आर्थिक परतन्त्रता देश का भवितव्य बन गयी। अराजकता, अनुशासनहीनता का बोल-बाला हुआ तथा विकास कार्यों के प्रति उत्तरदायित्व का बोध ही नष्ट हो गया। नौकरशाही हावी हुई। लाइसेन्स, परमिट व कोटा-प्रणाली चल पड़ी। कपड़ा, तेल और चीनी की पुर्जियाँ बँटने लगीं।[93] काला बाजार पनपने लगा।[94] हरेक लीडर के साथ एक मारवाड़ी घूमने लगा।[95] काला बाज़ार के अँधेरे में नयी दुनिया की सृष्टि हुई, जहाँ सूरज नहीं उगता, चाँद नहीं चमकता और न सितारे जगमगाते हैं। कल एक गरीब ने विटामिन 'सी' की सुई आठ रुपये में खरीदी। पाँच आने का छोटा-सा एम्प्युल।[96] यों महँगाई बढ़ने लगी, फलने-

फूलने लगी। मिलावट का बोल-बाला हुआ। नौकरशाही की पौबारह हुई। रिश्वत और घूस चल पड़ी। कीमतें आसमान छूने लगीं। जनता की क्रय-शक्ति घटी। समाज में अर्थ को लेकर गैरबराबरी की खाई और गहरायी। अतः समाजवादी व्यवस्था की घोषणा हुई। पंचायत राज आया। ग्रामीण कलह भी गहराया। ग्रामोद्योग, कुटीर-उद्योग व विकास-योजनाएँ आयीं। फलतः सिर्फ निहित स्वार्थी तत्त्व पनपने लगे। जमींदारी का उन्मूलन हुआ। फर्ज़ी नामों का चलना हुआ, कोर्ट, कचहरी हुई और दावों तथा मुकद्दमों की बाढ़ आयी। बड़े किसान और बड़े हुए, पर बेज़मीन लोगों को ज़मीन नसीब नहीं हो सकी। अतः भूदान शुरू हुआ। बंजर, ऊसर और परती ज़मीन दान में दी जाने की घोषणाएँ होने लगीं। पर भूदान में देकर वापिस लेने की पेशकश भी हुई।[97] योजनाओं के सीमेंट और लोहा आदि की चोरबाज़ारी होने लगी। काला धन बढ़ने लगा। गरीब गरीब ही रहा और अमीर और अमीर बन गए। यहाँ तक कि गाँव के लोगों को गाँव का माल भी नसीब नहीं होने लगा। यथा गाँव के दलाल दिन-दहाड़े गरीब जनता पर जुल्म ढाने लगे।[98] गांव के घी-दूध का अक्षय कोष शहरों में पहुँचने लगा। अतः गाँव के बूढ़े, बच्चे, नौजवान दूध-घी के लिए तरसने लगे और उसके बदले चाय का विकास गाँवों में चल पड़ा।[99] गाँव का वैभव इस प्रकार से दिन ब दिन घटता ही गया, गाँव विपन्न होते गए।

इस प्रकार समाजवादी व्यवस्था के बावजूद आर्थिक समानता की खाई और बढ़ी तथा गहरायी। पूँजीवादी तन्त्र और मज़बूत हुआ। सत्ता और स्वार्थ की राजनीति ने, पदलोलुपता और अवसरवादिता ने रातोरात धनी बनने की आकांक्षा को जगाया। धन की लालसा बढ़ी। ग्रामीण चरित्र पर कुठाराघात हुआ। अतः गाँवों में तनाव उभरा, आक्रोश जागा और जागृति आयी। लोकमंच की स्थापना हुई।[100] अलग-अलग पक्षों की कमेटियाँ बनीं, ताकि नौकरशाही एक कप चाय के लिए तीन गैलेन पेट्रोल नष्ट न कर सके। सीमेंट की चोर-बाज़ारी न कर सके। एक दिन में होनेवाले काम में तीन महीने न लगें। नदियों पर बिना पुल बनाए ही कागज़ पर पुल बनाकर बाद में बाढ़ में पुल के बह जाने की रिपोर्ट न दे सकें। "सरकारी लालफीता और घूसखोरी नहीं चलेगी।"[101]

लगता है निरन्तर जनता की जागरूकता ही देश के आर्थिक परिवेश को संवार पायेगी। जनता की जागरूकता पर रेणु द्वारा बल दिया गया है। इस-लिए मेरीगंज तहसीलदार विश्वनाथ प्रसाद नये मालिक नीलोत्पल के नाम पर यह घोषणा कर देते हैं कि···"लोगों से कह दो—हरेक परिवार को पाँच बीघा के दर से मैं ज़मीन लौटा दूँगा।" उनकी घोषणा के अनुसार उन्होंने उसी दिन सौ बीघा ज़मीन लौटा भी दी। उनका यह कार्य समस्या को हल करने की दृष्टि

से अत्यन्त नगण्य होते हुए भी समस्या को हल करने के लिए प्रेरित अवश्य करता है।

धार्मिक परिवेश

किसी युग को जानने के लिए उस युग की सामाजिक, राजनीतिक, आर्थिक परिस्थितियों के साथ-साथ धार्मिक परिस्थितियों को जानना भी अत्यन्त आवश्यक है, क्योंकि युग की धार्मिक चेतना में भी परिवर्तन होता रहता है। भारत देश में तो आरम्भ से ही व्यक्ति, समाज तथा राज्य की अपेक्षा धर्म को अधिक महत्त्व दिया जाता रहा है, यही कारण है कि आज भी भारत में अनेक धर्मों के लोग सुख-शान्ति से रहते दिखायी देते हैं।

प्रारम्भ से ही मनुष्य का लक्ष्य इस जीवन की उपेक्षा करके मोक्ष प्राप्त करता रहा, क्योंकि पुर्नजन्म पर मनुष्य का पूरा विश्वास था। धर्म को मनुष्य के जीवन में सबसे ऊँचा स्थान प्राप्त था। धर्म के विरुद्ध कुछ भी कार्य करना या सोचना सम्भव न था, इसीलिए मनुष्य का समाज और राज्य के प्रति भी कुछ उत्तरदायित्व है, इसे स्वीकार नहीं करता था। धर्म के नियम इतने कठोर थे कि उसमें कुछ परिवर्तन लाने वाले को विद्रोही समझा जाता था। 19वीं शताब्दी के उत्तरार्ध तक भारतीय समाज धार्मिक अन्धविश्वासों, कुरीतियों, साम्प्रदायिक विषमताओं तथा जड़ मान्यताओं से त्रस्त हो उठा था। इसीलिए साधारण जनता इसमें कुछ परिवर्तन चाहने लगी। इसी समय ईसाई धर्म-प्रचारकों ने धर्म-प्रचार का कार्य आरम्भ करने के लिए भारत की प्राचीन रूढ़ियों एवं कुरीतियों पर प्रहार किया। परिणामस्वरूप धर्म की कठोरता से क्षुब्ध व्यक्ति ईसाई धर्म स्वीकार करने लगे। एक प्रकार से वे भारतीय धर्म और संस्कृति से घृणा करने लगे। अतः भारतीय चिन्तकों ने महसूस किया कि भारतीय धर्म की रक्षा के लिए धार्मिक कठोरता एवं गली-सड़ी रूढ़ियों का परिहार आवश्यक है। फलस्वरूप अनेक धार्मिक आन्दोलनों एवं धार्मिक संस्थाओं का उदय हुआ।

ब्रह्मसमाज, आर्यसमाज, राधाकृष्ण मिशन आदि द्वारा ही समाज में वस्तुतः क्रान्तिकारी परिवर्तन आये। राधाकृष्ण परमहंस ने अध्यात्म का आश्रय लेकर हिन्दू-मुस्लिम में एकता स्थापित की। स्वामी दयानन्द ने वैदिक संस्कृति का प्रचार किया तथा भारत की रूढ़िवादिता को समाप्त करने का प्रयास किया। देश के महान् विचारकों, विशेष रूप से रवीन्द्रनाथ ठाकुर, महात्मा गांधी, स्वामी विवेकानन्द तथा योगी अरविन्द आदि ने भारत के सांस्कृतिक गौरव के उस रूप पर बल दिया जो नैतिक मूल्यों की गरिमा से मंडित था। धीरे-धीरे श्रमिक दृष्टिकोण में भी उदारता आती गयी और सह-अस्तित्व, बंधुत्व आदि

गुणों का विकास हुआ। फिर भी समाज में एक ओर प्राचीन भारतीय धर्म के कट्टर अनुयायी भी थे तो दूसरी ओर आधुनिक धर्म-भावना को लेकर चलनेवाले लोग भी थे। इन दो विचारों के लोगों में सामंजस्य प्रस्थापित करने का कार्य इन महान विद्वानों ने तथा विचारकों ने किया।

आधुनिक काल में समाज में प्रगतिशील तत्त्व उभरे तथा धर्म के क्षेत्र में भी विज्ञान और बौद्धिकता का प्रभाव बढ़ा जिसके फलस्वरूप पौराणिक आस्थाओं और विश्वासों को नया दृष्टिकोण मिला और परिणाम यह हुआ कि राम और कृष्ण को पौराणिक पुरुष के स्थान पर ऐतिहासिक पुरुष समझा जाने लगा। जादू-टोना, अन्धविश्वास, पाखण्ड, रूढ़िवादिता और शोषण से मुक्ति के हेतु भी जन-चेतना के जागरण का आह्वान किया जा रहा था। विभिन्न दैवी अभिशापों से त्राण दिलाने वाली शक्ति अब ईश्वर को न मानकर उसके स्थान पर मनुष्य को माना जाने लगा। विज्ञान, उद्योग और अन्तर्राष्ट्रीय बंधुत्व की भावनाओं के विकास के साथ भी मानवतावादी संस्कृति के विकास की सम्भावनाओं ने जन्म लिया। मनुष्य यह मानकर चलने लगा कि वही इस सृष्टि का नियन्ता है। इसके अतिरिक्त राजनीति में भी समाजवादी तत्त्व उभरे, जिसके परिणामस्वरूप धर्म की रूढ़ि-भावना फिर से परिवर्तित हुई। 'भाग्यवाद' का स्थान 'कर्मवाद' ने और संस्कृति के क्षेत्र में अध्यात्मवाद' का स्थान 'भौतिकवाद' ने लिया, जिसका पर्याप्त प्रभाव युग-चेतना पर पड़ा और इस परिवर्तित युग-चेतना की निरन्तर अभिव्यक्ति समसामयिक लेखकों द्वारा हुई है।

आज का लेखक धीरे-धीरे तर्क और बुद्धि के सहारे जीवन की जड़ताओं एवं विषमताओं का विश्लेषण करने में अधिक रुचि लेता है। धर्म के ऊपर मानव को प्रतिष्ठित किया गया है। आज व्यक्ति का सबसे बड़ा धर्म मानव-कल्याण ही है। यह सब बातें वस्तुतः सत्य हैं, फिर भी आज भी कहीं-कहीं धर्म के नाम पर लड़ाई-झगड़े, दंगे-फसाद होते ही रहते हैं। इसके पीछे मुख्यतः मनुष्य की अपनी स्वार्थी प्रवृत्ति ही है, क्योंकि आधुनिक युग में धर्म के आधार पर मनुष्य को छोटा या बड़ा नहीं समझा जाता। फणीश्वरनाथ रेणु मानवतावादी लेखक हैं। अतः इनके उपन्यासों में सामाजिक, राजनीतिक, आर्थिक युग-चेतनाओं का जिस प्रकार सजीव चित्रण हुआ है, ठीक वैसे ही उस समय की परिवर्तित धर्म-भावनाओं का भी सफल अंकन हुआ।

रेणु के 'मैला आँचल' उपन्यास में 'मेरीगंज' के धार्मिक विश्वासों एवं अन्ध-विश्वासों का काफी विस्तृत चित्रण किया गया है। गाँव के 'जोतखी' जी (ज्योतिषी) गाँव के लोगों के लिए किसी देवता से कम नहीं। गाँव में उनका इतना सम्मान है कि उनकी बात पर पूर्ण विश्वास करके किसी व्यक्ति की हत्या तक कर दी जाती है। स्वयं जोतखी जी रूढ़िवादी हैं, नवीनता के एकदम

विरोधी। जोतखी जी की अठारह वर्षीया नववधू कनचोरावाली के पेट में खाने के बाद रोज दर्द हो जाता है। पिछले साल से इस साल बढ़ गया है, पर जोतखी जी अंग्रेजी दवाई स्पर्श करना तक पाप समझते हैं। उन्हें डर है, डागडर तो पेट पीटेगा, जीभ देखेगा, आँख की पपनियाँ उल्टकर देखेगा, आदि। मेरीगंज गाँव में हैजा फैलने पर डाक्टर पानी को शुद्ध करके, इंजेक्शन लगाना चाहता है, जिससे हजारों लोगों के प्राण बच सकें, पर गाँववाले उसका प्रबल विरोध करते हैं। डाक्टर ने मलेरिया और काला ज़ार से सम्बन्धित संशोधन के लिए बन्दरों पर प्रयोग किए, जिसके कारण कुछ बन्दर मर गए। डॉक्टर के गिरफ्तार हो जाने के बाद खलासी जी ने लोगों को यह विश्वास दिलाया कि गाँव को बनरभुत्ता लग गया है। डाक्टर बीमारी को दूर करने के बजाय उसे और बढ़ाते हैं तथा दवाओं में गाय का खून मिलाकर अपना धर्म भ्रष्ट करते हैं, इस प्रकार की नासमझी भी लोगों में दिखायी देती है। गाँव-गाँव में भूत-प्रेत के अस्तित्व में दृढ़ विश्वास फैला हुआ है, ग्रामीण लोग मार्टिन की कोठी का कोई उपयोग नहीं करते क्योंकि वहाँ 'बगुले की तरह उजली प्रेतनी' रहती है।[102]

'परती परिकथा' में भी एक ब्रह्मपिशाच का वर्णन आया है। इसी ब्रह्मपिशाच का भय दिखाकर जयमंगल गाँव वालों को जितेन्द्र के विरुद्ध भड़काता है।[103] गाँव के जीवन में मन्दिरों तथा मठों का भी महत्वपूर्ण स्थान है। गाँव की धार्मिक गतिविधियों का प्रमुख केन्द्र यही मन्दिर और मठ होते हैं। मेरीगंज गाँव में मठ है, मठ पर अधिकार जमाने के लिए सेवादास ने मुकद्दमेबाजी भी की और उसमें जीते भी। अपने वकील साहब को आश्वासन दिया कि दासिन लक्ष्मी हमारी बेटी की तरह होगी। "लेकिन लक्ष्मी दासी के साथ सेवादास ने अनैतिक सम्बन्ध जोड़ लिए, इसीलिए मठ का पुराना नौकर कहता है—"ऊपर बाबाजी अन्दर दगाबाजी!" सेवादास की मृत्यु के बाद गद्दी पर नये महन्त को बिठाने की बात चलती है। रामदास को चद्दर देने के लिए आया हुआ लहरसिंह दास का मन मठ की सम्पत्ति तथा सुन्दरी दासी को देखकर डावाँडोल हो जाता है। वह मठाधिपति एवं दासी का दास बनना चाहता है, लेकिन उसकी नहीं चलती और रामदास को महन्त बनाया जाता है। रामदास भी लक्ष्मी को कब्जे में करना चाहता है, लेकिन वह असफल रहता है। वासना में वह इतना अन्धा हो जाता है कि निम्नजाति की रमपियरिया को अपनी दासिन बना लेता है। समाज उसे स्वीकार करता है, क्योंकि रामदास पूरे गाँव को भात खिलाता है। जनता को भोजन से, पेट से काम, फिर वह कार्य धार्मिक हो या अधार्मिक। और महन्त को भी भात देने में कौन-सी कठिनाई है? मठ की नौ सौ बीघे की काश्तकारी है। इस प्रकार जहाँ भगवान की पूजा होती है, वहीं पर वासना का खुला व्यापार होता है, रखैलें पाली जाती हैं, तथा मादक पदार्थों का सेवन भ

किया जाता है।

रेणु के उपन्यासों में अन्धविश्वासों का भी काफ़ी चित्रण हुआ है। यात्रा पर जाते समय टोकना नहीं चाहिए, प्रातःकाल उठते ही छींकना नहीं चाहिए, कचहरी में जाने के बाद वहाँ की मिट्टी माथे को लगानी चाहिए, ताकि मुकद्दमा जीत जाए आदि ऐसे अनेक अन्धविश्वास हैं जिनका रेणु ने अपने उपन्यासों में जहाँ-तहाँ उल्लेख किया है।

लोगों में प्रायः यह मान्यता है कि देव या देवी किसी भी व्यक्ति के सिर आ सकती है, और फिर उसके मुँह से निकले हुए शब्द उस देव या देवी के माने जाते हैं, जो उस व्यक्ति पर सवार है।[103] परमादेव नामक देवता पर परानपुर गाँववालों की बड़ी श्रद्धा है। इसीलिए निरसू भगत जब कृत्रिम देवता बनकर यह कहता है कि "परती तोड़कर मेरी आसनी को जिसने बर्बाद किया है, मेरी छाती पर जिसने हल चलाया है, उससे बदला लो"[104] तो परानपुर-वासी सारे लोग जितेन्द्र को मारने के लिए और गाँव के बाहर निकाल देने के लिए तैयार हो जाते हैं। गाँव में प्रायः लोग टोने-टोटके में भी बहुत विश्वास करते हैं। पारवती की माँ को टोनाई समझा जाता है। बच्चे मरते हैं बीमार होकर किन्तु ग्रामीणों का सन्देह होता है पारवती की माँ पर। यहाँ तक कि वे लोग ईश्वर को भी टोने-टोटके के पक्ष में मानते हैं। जोतखी हत्या कर फाँसी के डर से बीमार पड़ जाता है, उसे लकवा मार जाता है, गाँववाले समझते हैं ईश्वर की ओर से 'टटका इन्साफ' हुआ है।[105] 'जुलूस' उपन्यास में दीपा की माँ दूसरे गाँव से दवाइयाँ, ताबीज मँगाती है जिसके कारण पुत्र-प्राप्ति की इच्छा पूरी होती है। तालेवर गोढ़ी तांत्रिकी पवित्रता को प्राप्त करने के लिए मन्त्रों की सहायता लेता है।

रेणु के उपन्यासों में चित्रित धार्मिक परिवेश का अध्ययन करने से यह बात स्पष्ट हो जाती है कि रेणु ने अपने अंचल के धार्मिक परिवेश को अत्यन्त सजीवता तथा सहजता से व्यक्त किया है। रेणु के उपन्यासों में चित्रित अधिकांश पात्र निम्न वर्ग के हैं इसीलिए, जादू-टोना, अन्धविश्वास, भूत-प्रेत आदि का चित्रण अधिक हुआ है।

सांस्कृतिक परिवेश

किसी भी समाज का सांस्कृतिक विकास शताब्दियों के सामूहिक प्रयत्नों के परिणामस्वरूप होता है। संस्कृति और समाज का आपस में अन्योन्याश्रित सम्बन्ध है। मानव का प्रत्येक कार्य संस्कृति का अंग होता है, फिर भी किसी एक कार्य को लेकर संस्कृति की व्याख्या नहीं की जा सकती। संस्कृति हमारे सम्पूर्ण जीवन में, जीवन के कार्यों में घुली-मिली रहती है, जिसकी रचना और विकास

में सदियों के अनुभव कार्य करते हैं। अतः "जाति या राष्ट्र की ये सब बातें जो उसके (मनुष्य) मन, रुचि, आचार-विचार, कला-कौशल एवं सभ्यता के क्षेत्र में बौद्धिक विकास की सूचक रहती हैं, संस्कृति के अंतर्गत आती हैं।"[106]

आदिकाल से आज तक के हमारे रहन-सहन, पर्व-उत्सव, शादी-ब्याह तथा श्राद्ध आदि सामाजिक रीति-रिवाज निबाहने का ढंग, गहने-कपड़े, बर्तन व अन्य वस्तुएँ बनाने के ढंग तथा मकान, मन्दिर बनाने के तरीके, पूजा व धर्म पालन के ढंग, पर संस्कृति की अमिट छाप होती है। जो संस्कृति केवल देना जानती हो, लेना नहीं जानती वह बहुत जल्दी ही लुप्त हो जाती है। इसीलिए संस्कृति की रक्षा के लिए अनेक प्रयत्न किये जाते रहे हैं। भारतीय संस्कृति का पहले बहुत मान-सम्मान था, अब भी है; लेकिन जब से पाश्चात्य संस्कृति का यहाँ पदार्पण हुआ तो भारतीय और पाश्चात्य संस्कृति में टकराहट होने लगी तथा दोनों का सामंजस्य करने के प्रयत्न भी यहाँ के विद्वानों ने किये। इसीलिए यहाँ पर एक नयी संस्कृति का निर्माण हुआ, जिसमें एक ओर प्राचीन भारतीय संस्कृति के विशिष्ट सूत्रों का संयोजन किया गया, तो दूसरी ओर पाश्चात्य संस्कृति के प्रमुख तत्त्वों का भी समावेश किया गया। काफी अरसे से पाश्चात्य शिक्षा, सभ्यता और संस्कृति का व्यापक प्रभाव स्वतन्त्रता-पूर्व भारतीय संस्कृति पर पड़ रहा था। ब्रिटिश सरकार ने जिस प्रकार की शिक्षा का प्रचार किया था, वह पाश्चात्य संस्कृति का प्रसार करनेवाली थी। इसके विपरीत गांधीवादी विचारधारा के फलस्वरूप संस्कृति में नैतिक मूल्यों की प्रधानता रही। पाश्चात्य संस्कृति के भौतिकवादी प्रभाव को रोकने के लिए गांधी जी ने नीतिपरक संस्कृति का प्रसारण किया। सत्य और अहिंसा के तत्त्वों को गौरव देते हुए उन्होंने एक ऐसी संस्कृति का निरूपण किया, जो आस्तिक दृष्टिकोण से युक्त थी। इसमें ईश्वर की सत्ता को स्वीकार किया गया और मनुष्य को ईश्वर का अंश माना गया। यह अंश आत्मा के रूप में सभी मनुष्यों में समान रूप से विद्यमान रहता है। इसके अनुसार जाति-पाँति, ऊँच-नीच और छुआछूत का कोई बन्धन न मानकर मानव मात्र को समान मानना चाहिए।

महात्मा गांधी, रवीन्द्रनाथ ठाकुर, स्वामी विवेकानन्द तथा योगी अरविन्द आदि ने भारत के सांस्कृतिक गौरव के उस रूप पर बल दिया, जो नैतिक मूल्यों की गरिमा को लेकर चलने वाला था। इस पर धर्म का भी प्रभाव था। लेकिन इन महान् विद्वानों के विचारों के बावजूद समाज में उस समय उच्च, मध्य और निम्न वर्ग तथा शोषक और शोषित वर्ग थे ही। एक ओर साधन-सम्पन्न व्यक्ति थे, तो दूसरी ओर विशुद्ध साधन-हीन व्यक्ति भी थे। एक ओर विज्ञान पर विश्वास रखने वाले लोग थे, तो दूसरी ओर अन्धविश्वासी लोगों की संख्या कुछ कम न थी। एक ओर उच्च शिक्षा प्राप्त करने वाले कुछ लोग

थे, तो दूसरी ओर ऐसे भी कुछ लोग थे जिनको अक्षर-ज्ञान भी न था। अतः इस वैमनस्य को दूर करने के लिए ही भारतीय संस्कृति ने विभिन्न विचारधाराओं का रूप लिया। एक ओर वह प्राचीन आध्यात्मिक पुर्नजागरण पर बल देती है, तो दूसरी ओर वह भारतीय दर्शन से प्रभावित है, जिसमें व्यक्ति ही सम्पूर्ण चिन्तन का केन्द्रविन्दु रहा है। योगी अरविन्द की अतिमानस कल्पना से भी वह प्रभावित है। रवीन्द्रनाथ ठाकुर के प्राकृतिक रहस्यवाद में समाज की अपेक्षा व्यक्ति को प्रधानता दी गयी। इन विचारधाराओं ने भौतिकवाद की तुलना में अध्यात्मवाद को प्रधानता दी। इस प्रकार भारतीय संस्कृति बुद्धि-तत्त्व के साथ ही साथ अन्तःकरण की शक्ति को अधिक महत्व देने लगी। स्वामी दयानन्द सरस्वती, राजा राममोहन राय आदि महान विचारकों ने सांस्कृतिक समन्वय की दिशा में उल्लेखनीय कार्य किये, भारतीय और पाश्चात्य संस्कृतियों का मौलिक अन्तर स्पष्ट किया तथा हिन्दू, मुस्लिम, ईसाई संस्कृतियों का समन्वय करते हुए मानवतावादी संस्कृति का बीजारोपण किया।

स्वतन्त्रता-प्राप्ति के बाद से आज तक का काल वैज्ञानिक काल है। अतः आज का मानस बुद्धि एवं तर्कप्रधान है। इसीलिए सती-प्रथा, विधवा-विवाह, बाल-विवाह तथा बाल-हत्या जैसी कुप्रथाओं को नष्ट करने का प्रयत्न किया गया। भारतीय संस्कृति के अनुसार जाति-भेद आदि को नष्ट करने का प्रयास भी जारी रहा। 'वसुधैव कुटुम्बकम्' की कल्पना जोर पकड़ती गई। भौतिकवादी दार्शनिकों का कथन है कि व्यक्ति समाज की देन है। अतः समाज को स्वतन्त्र होना ही चाहिए।

उस समय समाज में दो प्रमुख विचारधाराएँ दिखायी देती थीं। एक भौतिकवादी की, जिसका नेतृत्व मार्क्स ने किया और दूसरी मनोवैज्ञानिक, जिसका नेतृत्व फ्रायड ने किया। मनोविज्ञान का सम्बन्ध मनुष्य के मस्तिष्क से है। पूर्व काल में भारतीय चिन्तक, धर्म, अर्थ, काम, मोक्ष को संस्कृति के मापदण्ड मानते थे, किन्तु इस आध्यात्मिकता का स्थान धीरे-धीरे भौतिकवाद ने ले लिया। इसके साथ ही भारतीय संविधान में देश को एक धर्मनिरपेक्ष गणराज्य घोषित किया गया तथा राजनीतिक अधिकार के लिए धर्म के भेदभाव को मिटा दिया गया। इसका परिणाम यह हुआ कि अध्यात्म और नीतिपरक संस्कृति के स्थान पर भौतिकवादी संस्कृति पनपने लगी। वैज्ञानिक उन्नति के फलस्वरूप नास्तिकतावादी दृष्टिकोण विकसित हुआ और सृष्टि का निर्माता ईश्वर न रहकर मनुष्य बन गया।

इस प्रकार स्वतन्त्रता-प्राप्ति के पश्चात् हमारे देश की संस्कृति में अनेकानेक परिवर्तन हुए हैं और आज भी निरन्तर परिवर्तन की प्रक्रिया से देश गुजर रहा

है। इन परिवर्तनों का मनुष्य के आपसी सम्बन्धों पर विशेष प्रभाव पड़ा है, अनुकूल तथा प्रतिकूल दोनों ही। गाँव और शहर दोनों के विघटन, परिवार की एकता का विखण्डन इन्हीं परिवर्तनों के फल हैं। पाश्चात्य सभ्यता के प्रभाव से मनुष्य उत्तरोत्तर भौतिकता की तरफ झुकता जा रहा है, साथ ही मनुष्य अपने में संकुचित होता चला जा रहा है, जिसके कारण समाज में संत्रास, घुटन आदि विकृतियाँ जन्म ले रही हैं।

समाज का मुख्य अंग है परिवार और परिवार में भी दांपत्य सम्बन्ध अधिक महत्त्वपूर्ण होता है, क्योंकि इसी से अन्य सम्बन्ध बनते हैं। पश्चिमी सभ्यता और नयी शिक्षा-प्रणाली के कारण स्वतन्त्रता के बाद इन सम्बन्धों में भी बड़ी तीव्रता के साथ बदलाव आया। पहले गाँवों में पति-पत्नी के बीच आम तौर पर तनाव तभी आते थे जब उनके बीच किसी तीसरे व्यक्ति यानी प्रेमी या प्रेमिका का हस्तक्षेप होता था। पहले पत्नी अपने पति को देवता के रूप में स्वीकार करती थी तथा उनके बीच आत्मीयता का भाव ही दृष्टिगत होता था। लेकिन आधुनिक जीवन की भौतिकवादी रुझानों और तनावों के फलस्वरूप, आध्यात्मिकता के बन्धन शिथिल होने से समाज में, विशेष रूप से पति-पत्नी सम्बन्धों में तनाव बढ़ता जा रहा है। कभी तो यह तनाव तलाक का रूप धारण कर लेता है। यह प्रवृत्ति खास तौर पर शहरों में ही देखने को मिलती है। गाँवों में यह प्रवृत्ति नाम मात्र को है। रेणु के उपन्यासों में पति-पत्नी का संघर्ष कहीं चित्रित नहीं हुआ है, क्योंकि पति-पत्नी के सम्बन्धों में विघटन का रूप अभी ग्रामीण परिवेश से अछूता ही है। पति-पत्नी के पश्चात् माता-पिता और सन्तान का सम्बन्ध परिवार में महत्त्वपूर्ण होता है। एक दूसरे के लिए बड़े से बड़ा बलिदान देने के लिए भी ये तैयार रहते हैं। लेकिन आधुनिक शिक्षा-प्रणाली, आधुनिकता की अन्धभक्ति तथा महँगाई ने इन सम्बन्धों को काफी विघटित किया है। ग्रामीण परिवेश में भी यह परिवर्तन व्यापक रूप से दिखाई देता है। कहीं जमीन के पीछे बाप-बेटे एक-दूसरे के दुश्मन बन जाते हैं, तो कहीं आधुनिक शिक्षा-प्रणाली के वशीभूत होकर सन्तान अपने माँ-बाप को छोड़कर अपने प्रेमी का साथ देती है। रेणु के 'परती परिकथा' में ऐसे उदाहरण दिखाई देते हैं। मलारी एक ऐसी ही स्त्री-पात्र है, जो अपने माता-पिता को अपने प्रेम में अवरोध समझकर अपने प्रेमी के साथ गाँव भाग जाती है। एक दूसरी जगह पर देखते हैं कि घर के लोग एक-दूसरे को नष्ट करने पर तुले हैं। लड़के ने अर्जी दी है— विधवा माँ, परिवार को नेस्तनाबूद करने पर तुली हुई है। पारिवारिक सम्पत्ति को बर्बाद कर रही है··· बाप ने प्रार्थना की है···वह सम्मिलित परिवार का कर्ता होकर अभी भी जीवित है। सम्मिलित परिवार की आमदनी के पैसे से उसके लड़के ने ज़मीन खरीदी है, सब अपने नाम से। एक धुर ज़मीन नहीं देना चाहता उसका बेटा।[107]

अन्य पारिवारिक सम्बन्धों का निर्वाह भी रेणु के उपन्यासों में कहीं-कहीं हुआ है। भाई-भाई, सास-ससुर-बहू तथा बहन-भाई, देवरानी-जिठानी आदि के सम्बन्धों का चित्रण हुआ है। 'परती परिकथा' में सुवंशलाल तथा उसकी भाभियों के बीच हुई छेड़खानी देखने लायक है, तो बूढ़े होने पर भी इस रिश्ते में किस प्रकार से मार्मिकता आ जाती है, इसका उदाहरण 'जुलूस' में पहलवान तथा भाभी के संवादों से स्पष्ट होता है। शिक्षा के कारण तथा समाज-परिवर्तन के कारण आज ससुर का उतना आदर घर में नहीं होता जितना पहले होता था। पहले कहाँ तो बहुएँ ससुर के सामने पर्दा करती थीं और आज पर्दे की तो बात ही दूर रही, ससुर का अस्तित्व ही स्वीकार नहीं करतीं। उसे पलटकर जवाब भी देती हैं। ससुर अगर उन्नीस होगा तो वह इक्कीस रहेगी। रेणुकृत 'जुलूस' उपन्यास में पहलवान और उसकी पतोहू के वार्तालाप उपर्युक्त तथ्य को उजागर करते हैं।

किसी भी अंचल के सांस्कृतिक जीवन को अभिव्यक्त करने के लिए वहाँ के लोगों का पारिवारिक जीवन जिस प्रकार से सहायक होता है वैसे ही वहाँ की प्रचलित लोककथाएँ, त्यौहर तथा लोक-विश्वास आदि भी। रेणु के उपन्यास तो लोककथाओं से भरे पड़े हैं। सारंगा-सदावृज और बिज्जेभान की कथाएँ यहाँ विशेष महत्त्व रखती हैं। ये कथाएँ शताब्दियों से स्थानीय जीवन की मौज-मस्ती को मुखरित करती आ रही हैं। इन कथाओं को गा-गाकर प्रस्तुत किया जाता है। इन कथाओं के साथ-साथ रेणु ने अन्य कई ऐसी कथाओं का प्रयोग अपने उपन्यासों में किया है जिनसे वहाँ के जीवन की मान्यताओं एवं विश्वासों पर प्रकाश पड़ता है। जैसे तड़वन्ना की चर्चा में नवाबी ज़माने का संकेत।[108] मार्टिन मेरी की कथा,[109] मेरीगंज की कथा,[110] पारवती की माँ के डाइन होने की कथा[111] तथा महन्त रामदास द्वारा महन्त सेवादास की मृत्यु के अवसर पर कही गई कथा[112] आदि।

लोककथाओं के साथ-साथ यहाँ के प्रमुख त्यौहारों का चित्रण भी रेणु ने बहुत ही कुशलता से किया है। होली यहाँ का प्रमुख त्यौहार है, जिस दिन मेरीगंज के सारे लोग जाति-पाँति और ऊँच-नीच के सारे भेद-भाव भुलाकर अबीर गुलाल के रंगों के साथ एकमेव हो जाते हैं, और बड़ी मस्ती तथा उमंग के साथ होली खेलते हैं। जिस दिन सत्तू खाने का रिवाज है उसे 'सतुआनी' का पर्व, सामूहिक रूप से मछलियों का शिकार खेलने को 'सिखा' पर्व आदि कहकर अनेक पर्वों का बड़ी गहराई के साथ रेणु ने चित्रण किया है। उस पर्व के समय गाए जाने वाले गीतों तथा संगीत का भी वर्णन रेणु ने किया है। गीत-संगीत-नृत्य के बिना उत्सव कैसे? अतः उत्सव-पर्वों, गीत-गानों, नृत्य-नाट्यों एवं संगीत के सामूहिक प्रयोगों के माध्यम से रेणु ने मेरीगंज के सांस्कृतिक परि-

वेश को चित्रवत् साकार किया है।

रेणु के उपन्यासों में लोककथाओं, उत्सवों, पर्वों के साथ लोक-विश्वासों को भी प्रस्तुत किया गया है। ग्रामीण जनता इस प्रकार के लोक-विश्वासों पर ही जीवित रहती है। इनमें प्रमुख हैं 'मैला आँचल' में कमला मैया की कथा, चेथरियापीर और बिसहरी देवी के किस्से-कहानियाँ। 'परती परिकथा' में दुलारीदाय, सुन्नरिनेका, प्रवंचकों की कथा आदि। इनमें सुन्नरिनेका की कहानी काफी लम्बी है। इन कहानियों के अतिरिक्त कोहबर राँड़ी, टिटहरी आदि से सम्बन्धित लोक-विश्वासों को भी वर्णित किया गया है। श्याम संकीर्तन, श्यामा-चकेवा पर्व का उत्सव तथा कालीपूजा तो अद्भुत माधुरी से सराबोर हैं।

किसी अंचल के सांस्कृतिक जीवन को साकार करने में उस अंचल की भाषा का प्रयोग होना अत्यन्त महत्वपूर्ण है। रेणु तो अपने अंचल के कण-कण में जिए हैं। अतः उनके उपन्यासों के पात्रों की भाषा भी उस अंचल की ही भाषा है जिस अंचल में वे जीते थे। 'मैला आँचल' के प्रकाशित होने के बाद उसकी भाषा को लेकर काफी आरोप किए गए, लेकिन किसी व्यक्ति को जैसे हम उसकी बोलचाल से पहचान सकते हैं, ठीक वैसे ही किसी अंचल के पात्रों की भाषा से ही हम उस अंचल की विशेषता से परिचित हो सकते हैं। रेणु ने अपने सभी उपन्यासों में किसी खास प्रादेशिक बोली का प्रयोग नहीं किया है, अपितु उनके प्रायः सभी पात्र सामान्य हिन्दी ही बोलते हैं। अन्तर केवल इतना ही है कि कुछ शब्द विशेष प्रकार से उच्चरित होते हैं। बंगला, मैथिली, पहाड़ी, खड़ी बोली, उर्दू तथा अंग्रेजी सभी भाषाओं के प्रयोग रेणु के उपन्यासों में हुए हैं। कहावतें, मुहावरे, अलंकार आदि के प्रयोगों से तथा कहीं-कहीं व्यंग्य के पुट से रेणु ने अपने-अपने अंचल के सांस्कृतिक परिवेश को उजागर किया है। डॉ० गणेशन के शब्दों में : "निस्सन्देह इस खिचड़ी भाषा से ग्रामीण वातावरण और ग्रामीण पात्रों के बाह्य स्वरूप का यथार्थ रूप प्रकट होता है। इसमें भी सन्देह नहीं कि इस भाषा के शब्दार्थ से भी परे कुछ व्यंजित होता है, क्योंकि ये शब्द केवल किन्हीं भावों को प्रकट नहीं करते, बोलने वालों के सांस्कृतिक और सामाजिक स्तर को भी व्यंजित करते हैं।[113]

अतः अपने युग से प्रभावित होकर ही रेणु ने अपने अंचल के राजनीतिक, सामाजिक, आर्थिक, धार्मिक तथा सांस्कृतिक परिवेश को साकार किया है, जिससे केवल पूर्णिया ही नहीं बल्कि सारा बिहार या यों कहें कि सारा ग्रामीण-भारत आँखों के सामने मँडराने लगता है।

भौगोलिक परिवेश

भौगोलिक परिवेश का किसी अंचल को अंचल विशेष बनाने में महत्वपूर्ण हाथ

होता है, क्योंकि वही उसे विशिष्टता प्रदान करता है तथा सामान्य सामाजिक जीवन से भिन्न करता है । भौगोलिक परिवेश से तात्पर्य उन प्राकृतिक परिस्थितियों से होता है जिनमें कोई समाज निवास करता है । ये परिस्थितियाँ समाज के जीवन पर गंभीर प्रभाव डालती हैं क्योंकि अपने जीवन की आवश्यकताओं की पूर्ति के लिए मनुष्य प्रकृति पर ही आश्रित होता है। यही कारण है कि विभिन्न भौगोलिक परिवेश में रहनेवाले मनुष्यों के क्रियाकलापों एवं जीवन-पद्धति में पर्याप्त अंतर दिखाई देता है ।

विभिन्न भौगोलिक परिवेश में रहने वाले लोगों के आचार-विचार, रहन-सहन, संस्कृति और रीति-रिवाज आदि में भी भिन्नता पायी जाती है और इसी भिन्नता का एक समाज को दूसरे समाज से अलग करने में प्रमुख योगदान होता है । अरस्तू ने कहा है कि मनुष्य की आदिम आवश्यकताओं की पूर्ति के लिए ही समाज का जन्म हुआ है ।[114] अतः मनुष्य की इन आदिम इच्छाओं की पूर्ति, समाज अपने भौगोलिक परिवेश पर निर्भर रहकर ही पूरी कर सकता है ।

मानव जीवन का चित्रण होने[115] के नाते उपन्यास में भौगोलिक परिवेश का होना अत्यन्त आवश्यक है । यह माना जाता है कि औपन्यासिक कथावस्तु, उपन्यास रूपी शरीर की हड्डियों का ढाँचा है तो चरित्र उसका प्राणतत्त्व है । इसी प्रकार यह भी कहा जा सकता है कि उपन्यास का परिवेश वह स्वाभाविक गठन है (नर्वस सिस्टम), जिसकी स्वतंत्रता के कारण उपन्यास में समुचित रूप से प्राणतत्व का संचार होता रहता है । वस्तुतः इसी परिवेश में ही उपन्यास के चरित्र क्रियाशील दिखायी देते हैं । यही परिवेश उनके क्रियाशील जीवन की क्रीड़ाभूमि होती है जिसे देश-काल तथा वातावरण भी कहा जा सकता है ।

जिस मानव जीवन की कथा उपन्यास का लक्ष्य होता है वह निश्चित ही किसी न किसी अंचल में निवास करने वाला होता है, फिर वह अंचल प्रगतिशील हो या पिछड़ा हुआ । यह अंचल किसी न किसी देश का एक अंश होता है । यहाँ देश का अर्थ है स्थान ।[116] यह स्थान एक भौगोलिक तथा सामाजिक इकाई होता है । भौगोलिक इसलिए कि उसकी भूमि पर स्थिति होती है और सामाजिक इसलिए कि उस समाज की अपनी विशेषताएँ होती हैं, जो भौगोलिक परिस्थितियों द्वारा निर्मित एवं नियंत्रित होती हैं । वातावरण भौतिक विशेषताओं से उत्पन्न एक अभौतिक वस्तु होती है जो अनुभूति द्वारा ही जानी जा सकती है ।[117] सामाजिक उपन्यास में सामाजिक पृष्ठभूमि का, ऐतिहासिक उपन्यास में ऐतिहासिक पृष्ठभूमि का जिस प्रकार महत्व होता है, उसी प्रकार आंचलिक उपन्यासों में आंचलिक पृष्ठभूमि का महत्व रहता है । आंचलिक उपन्यास में ऐतिहासिक एवं सामाजिक घटनाएँ काल विशेष के संदर्भ में

कही जाकर अधिक यथार्थपरक एवं प्रभावशाली बन पड़ती हैं। वातावरण की कुशल अवतारणा, आंचलिकता की प्रथम आवश्यकता है।[118] अतः उस प्रदेश के आंचलिक जीवन को साकार करना ही आंचलिक उपन्यासकार का लक्ष्य होता है। मनोवैज्ञानिक उपन्यासकार जैसे मनोविज्ञान के तत्त्वों की, ऐतिहासिक उपन्यासकार इतिहास की, तथा सामाजिक उपन्यासकार समाज की मान्यताओं को अनदेखा नहीं कर सकता, ठीक उसी प्रकार आंचलिक उपन्यासकार, भौगोलिक परिवेश को तिरस्कृत नहीं कर सकता। भौगोलिक परिवेश ही उस वातावरण का निर्माण करता है, जिसमें आंचलिक उपन्यासकार उस भूमि पर रहने वाले पात्रों के साथ-साथ उस प्रदेश को भी जीवित पात्र का रूप देते हैं, जो उस अंचल की जन-संस्कृति का परिचय कराते हैं।[119] हिन्दी में 'रेणु' ने अपने उपन्यासों द्वारा बिहार प्रदेश को सजीव रूप दिया है, उसे सजाया है, संवारा है।

रेणु के 'मैला आँचल' उपन्यास का कथा-क्षेत्र बिहार के पूर्णिया जिले का मेरीगंज गाँव है। रेणु ने इस क्षेत्र के भौगोलिक परिवेश को प्रारम्भ में ही इस प्रकार चित्रित किया है : 'बूढ़ी कोसी के किनारे बहुत दूर तक ताड़ और खजूर के पेड़ों से भरा हुआ जंगल···ताड़वन्ना के बाद ही एक बड़ा मैदान··· लाखों एकड़ ज़मीन, बंध्या धरती का विशाल अंचल, इसमें दूब भी नहीं पनपती है। बीच-बीच में बालूचर और कहीं-कहीं बेर की झाड़ियाँ···कोस भर मैदान पार करने के बाद पूरब की ओर का जंगल दिखायी पड़ता है। वही है मेरीगंज कोठी।'[120]

'रेणु' के उपन्यास का अंचल है—'मैला आँचल'। माँ वसुन्धरा का आँचल। यों धरती माता अभी स्वर्णांचला है। श्यामल धूल मैला-सा अंचल।[121] अंचल विशेष (विशाल मैदान)···भारत माता ग्रामवासिनी शस्यश्यामला है। खेतों में फैला है—बंध्या धरती। यही है वह मशहूर मैदान, नेपाल से शुरू होकर गंगा के किनारे तक वीरान धूमिल अंचल, मैला आँचल (गाँव मेरीगंज) जिला पूर्णिया।[122]

पूर्णिया भारत के बिहार प्रान्त का जिला है। शहर पूरेनिया/यही है शहर पूरेनिया।·· पक्की सड़क, हवा गाड़ी, घोड़ा गाड़ी और पक्के मकान। गाँव के बच्चे आज भी बुझौवल बुझाते समय सहर पुरेनिया का नाम लेते हैं।[123] इस जिले में ऐसे कई कस्बे हैं जो आज भी अपने नामों पर नील साहबों का बोझ ढो रहे हैं। वीरान जंगलों और मैदानों में नील के खँडहर, राही-बटोहियों को आज भी नील-युग की भूली हुई कहानियाँ याद दिलाते हैं।[124] इन्हीं खँडहरों में घने जंगल के बीच, ईंट-पत्थरों के ढेर में जंगली जड़ी-बूटी खोजी जाती है। ऐसा ही एक गाँव है मेरीगंज। स्टेशन रोहतट—रोहतट से पूर्णिया बारह कोस दूर है।[125] और इसी रोहतट स्टेशन से सात कोस पूरब, कोसी नदी को पार

करके जाना पड़ता है मेरीगंज। स्टेशन से गाँव को रास्ते, कोसी के किनारे-किनारे बहुत दूर तक ताड़ और खजूर के पेड़ों से भरा हुआ जंगल है। इसके बाद ही एक बड़ा मैदान है, जो नेपाल की तराई से शुरू होकर गंगाजी के किनारे खत्म हुआ है। लाखों एकड़ ज़मीन, वन्ध्या धरती का विशाल अंचल।

यों मेरीगंज एक बड़ा गाँव है। बारह वरण के लोग रहते हैं इसमें। गाँव के पूरब में एक धारा है, जिसे लोग कमला नदी कहते हैं। बरसात में यह नदी भर जाती है। बाकी मौसम में बड़े-बड़े गड्ढों में पानी जमा रहता है। जिनमें मछलियाँ और कमल के फूल दिखाई देते हैं।[126] गाँव की मुख्य पैदावार धान, घाट, पाट व सेमारी है। रब्बी की फसल भी कभी-कभी अच्छी होती है।[127]

मेरीगंज, जिला पूर्णिया का पूर्वी आँचल है, जहाँ मलेरिया और कालाज़ार हर साल मृत्यु की बाढ़ ले आते हैं और इसी के निकट है 'सिमरहा' का वह हिस्सा, जहाँ हर साल कोसी का ताण्डव होता है।[128] यही है धूसर, वीरान, अंतहीन प्रांतर। पतिता भूमि, परती जमीन, बंध्या धरती, धरती नहीं धरती की लाश, जिस पर कफ़न की तरह फैली हुई है बालूचरों की पंक्तियाँ। उत्तर नेपाल से शुरू होकर दक्षिण गंगा तट तक, पूर्णिया जिले के नक्शे को दो अहम् भागों में विभक्त करता हुआ फैला है यह विशाल भूभाग।[129] लाखों एकड़ ज़मीन, जिस पर सिर्फ बरसात में क्षणिक आशा की तरह धूल हरी हो जाती है। कछुआ पीठा ज़मीन। इसी प्रांतर में छोटी-मोटी, दुबली-पतली नदियाँ हैं। हिमालय से उतरी कोसी नदी यहीं है। कोसी अर्थात् हिमालय से निकलनेवाली तीन धाराएँ। अरुण, तिपुर और सुनकोसी, जो वराह क्षेत्र के पास आकर आपस में मिल जाती है। त्रिवेणी के बाद सप्त कोसी, फिर कोसी।[130]

कोसी का नैहर पश्चिम तिरहुत राज। ससुराल पूरब।[131] अर्थात कोसी हिमालय से उतर कर तिरहुत होते हुए पूरब की ओर, पूर्णिया की ओर से प्रवाहित होती है। किन्तु यहाँ धरती कहाँ? अब तो धरती की लाश है? परानपुर।[132]

परानपुर दुलारीदाय के पूरबी पहाड़ पर बसा हुआ गाँव है। इस गाँव के पश्चिम-उत्तर कोण में पाव कोस दूर है वदरिया घाट।[133]

यह गाँव पूर्णिया जिले के अंतर्गत हवेली परगने के रानीगंज थाने में है। गाँव की आबादी लगभग आठ हजार है। इस गाँव में विभिन्न जातियों के तेरह टोले हैं। नव निर्माण के बीच टूटते हुए गाँवों का प्रतिनिधित्व यह गाँव करता है। यह गाँव पहले से समृद्ध रहा है। इसलिए इसके सम्बन्ध में वह कथन प्रचलित हो गया है—'आभरन देखे पाट, पेट भरन देवे धान, परानपुर के बेफिकरा सोवें चादर तान।'[134] परानपुर उन्नत तथा समृद्ध गाँव तो है ही लेकिन बदनाम भी है। लोग यहाँ के दस वर्ष के बच्चे से बातें करते समय

अपना पाकेट एक बार टटोल कर देख लेते हैं। फारबिसगंज का दुकानदार इस गाँव के ग्राहकों को देख अपनी फैली हुई चीजें समेटने लगता है। हाकिम-हुक्काम भी बातचीत करते बड़े सचेत रहते हैं, क्योंकि यहाँ एक ही वर्ष तीन-तीन विभागों के अधिकारियों की आँखों से धूल झोंकी गई है, यहाँ के लोग रेल में टिकट लेकर यात्रा नहीं करते। अगर कोई चेकर कभी अटकता है, तो रोड़े और पत्थरों से भाड़ा चुकाते हैं।[135] ऐसे परानपुर गाँव की समग्रता का, मुख्यतः उसकी भूमि की समस्या का चित्रण रेणु ने इस उपन्यास में किया है। यह परानपुर पूर्णिया जिला के नक्शे के उत्तर कोण में नेपाल की सीमा पर है। उक्त कछुआ पीठा भूमि परानपुर गाँव के पूरब-उत्तर में है—धूसर वीरान, अंतहीन प्रांतर। पतिताभूमि, बालूचरों की शृंखला। यहीं रेलवे की एक लाइन अर्ध-वृत्ताकार होकर चली गई है।[136] परानपुर स्टेशन।

परानपुर बहुत पुराना गाँव है। 1700 साल में मि० बुकानन ने अपनी 'पूर्णिया रिपोर्ट' में लिखा है—पुरातन ग्राम परानपुर। इस इलाके के लोग परानपुर को सारे अंचल का प्राण कहते हैं। अक्षरशः यह कथन सत्य है। गाँव के पश्चिम बहती हुई दुलारी दाय की धारा। तीन और विशाल प्रांतर। तृण तस शून्य लाखों एकड़ बादामी रंग की धरती। दुलारीदाय उनकी पश्चिम रेखा है, जहाँ हरियाली शुरू होकर पश्चिम की ओर गहरी होती चली गई है। अपने दोनों हाथों से दोनों कछारों की धरती पर सुख-समृद्धि बाँटती हुई दुलारीदाय, बंध्या धरती की संवेदना में बहती हुई अश्रुधारा जैसे। दरअसल, यही एक ऐसी धारा है जो नेपाल की तराई में कोसी से निकली थी।[137] इसी को 'डाइवर्ट' करने, रानीगंज व फारसगंज की नयी परती जमीन की सिंचाई योजना कोसी-योजना बनायी गई। फलतः पाँच-सात सौ गाँवों के किसानों का पुनर्वास, एक करोड़ की बचत और सदैव बाढ़ से पीड़ित लगभग दो सौ गाँवों का बचाव।[138]

अतः पूर्णिया ज़िले का यही अंचल विशेष है, धूलि-धूसरित धूमिल, मट-मैला, मैला आँचल, तथा बंध्या धरती, परती जमीन और वीरान अंतहीन प्रांतर। 'मैला आँचल', 'परती परिकथा' उपन्यासों के बाद रेणु ने अपने अगले उपन्यास में शहरी अंचल को भी अपनाया है। जैसे रेणु के 'दीर्घतपा' उपन्यास का अंचल शहरी है और प्रमुख घटनास्थल है 'बाँकीपुर'। उपन्यास का केवल एक प्रसंग राजगीर के सरकारी 'रेस्ट हाउस' में घटित हुआ है। यह प्रसंग श्रीमती आनंद और बागे के स्वैर सम्बन्ध का है। इस समय रेस्ट हाउस से बिपुला पहाड़ी की सिलहुट-छवि दीख पड़ती है और एक पहाड़ी चिड़िया अचानक कहीं पर कचपचा उठती है। उपन्यास के शेष प्रसंग सबके सब बाँकीपुर से सम्बन्धित हैं। बाँकीपुर में भी केन्द्रीय घटनास्थल है 'खगड़ा मंज़िल', जिसमें बेला का क्वार्टर, होस्टल, मेटरनिटी सेन्टर, शिल्पकेन्द्र और मिल्क सेन्टर हैं।

लेकिन इन सबसे अधिक सक्रिय विभाग है 'दाईकित्ता'। यह खगड़ा मंजिल का वह भाग है, जहाँ लिटरेट दाइयाँ ट्रेनिंग-काल में रह रही हैं। इनकी संख्या दस है। मूलतः 'दाईकित्ता', खगड़ा मंजिल के पिछवाड़े का भाग है, जहाँ नौकरों के रहने के लिए चार दड़बे बना दिए गए हैं। इस प्रकार 'दीर्घतपा' उपन्यास में लेखक ने अपने पूर्व प्रकाशित दोनों उपन्यास 'मैला आंचल' और 'परती परिकथा' के ग्रामीण जीवन की पृष्ठभूमि से भिन्न शहरी जीवन की भूमि को चुना है। उसका सजीव चित्रण इस उपन्यास में किया है।

रेणु पूर्णिया जिले के 'औराही हिंगना' गाँव के निवासी हैं। अतः उस अंचल की इंच-इंच भर धरती की व्यथा-कथा से वे व्यक्तिगत रूप से परिचित हैं। आसपास के सारे गाँव, सारे बाग-तड़ाग, ताल-तलैया, नदी-नाले, जंगल व पहाड़ सबसे परिचित हैं। अतः उनकी कथा 'दीर्घतपा' शहरी अंचल के बाद उन सारे परिदृश्यों से गुजरती हुई पुनः अपने इसी अंचल पर केन्द्रित हो जाती है। 'जुलूस', 'कितने चौराहे', 'पलटू बाबू रोड' आदि उपन्यासों में इसी पूर्णिया अंचल को रेणु ने फिर से अपनी सशक्त लेखनी द्वारा सजीव किया है।

'जुलूस' उपन्यास की कथा, पूर्वी पाकिस्तान (अब बंगला देश) से आए शरणार्थियों के पुनर्वास के लिए बनाए गए नबीनगर से आरम्भ होकर अपनी संवेदनशीलता द्वारा पूरे अंचल के माहौल पर छा जाती है। अधिकांश कथा नवीनगर से सम्बद्ध है। नबीनगर गोढ़ियर गाँव की एक वस्ती हैं। इस नबीनगर की भी एक कहानी है। शरणार्थीनगर का उद्घाटन राज्य के उपमंत्री मुहम्मद इस्माईल नबी ने किया और उन्हीं के नाम पर उसका नाम पड़ा 'नबीनगर', परंतु आसपास के लोग उसे पाकिस्तानी टोला ही कहते हैं।[139] 'नवीनगर' कॉलोनी के सैकड़े पचहत्तर निवासी एक ही ज़िला (मैमनसिंघ) और गाँव (जुमापुर) के रहनेवाले हैं। पवित्रा को छोड़कर सभी जाति के लोग हैं। सतगोप, काँदू नमःशूद्र, कौर कैवर्त। ···योगेशदास वारिसाल से आया है और शारदा बर्मन और माखन दोनों त्रिपुरा जिले के निवासी थे – बेतिया कैम्प में जुमापुर वालों के दल में आ मिले इनके परिवार।[140]

नबीनगर गाँव में भी मुख्यतः पवित्रा का घर और सामूहिक देवस्थान ठाकुरतला प्रमुख है। इनके अतिरिक्त संध्या और बिरटू के घर तथा गोल पार्क भी कहीं-कहीं घटना-स्थल के रूप में आए हैं। गोलपार्क से ही पवित्रा ने परवाहा गाँव की ओर देखा था और उसे अलिमुद्दीपुर का भ्रम हो गया था।[141] पवित्रा की स्मृतियों में मैमनसिंघ जिले के जुमापुर गाँव को स्थान मिला है और गौण रूप से कटिहार, बेतिया आदि कैम्पों का भी उल्लेख हुआ है।

'नबीनगर' के वाद 'गोढ़ियर' गाँव का परिचय देते हुए रेणु कहते हैं, "गोढ़ियर गाँव में पन्द्रह घर मैथिल, चार परिवार राजपूतों के—यह है 'गोढ़ि-

यर' गाँव का बाबू टोला। बीस घर ग्वाले, आठ धानुक, तेरह घर गोडी—गोडियार गाँव का असल नाम इसी गोढ़ी टोला से हुआ जहाँ गोढ़ी (मछली मारने वाली जाति) लोग रहते हैं—गोढ़िहार। गोढ़िहार से गोड़ियार।"[142] इस गाँव का मुख्य घटनास्थल है तालेवर गोढ़ी का घर। इसके अलावा सरस्वती तथा पहलवान रणवीर सिंह के घरों का वर्णन हैं। नवीनगर और गोडियार के अतिरिक्त जिले का केन्द्र पूर्णिया शहर है, जहाँ जिला कालोनी कमिटी की बैठक होती है। इस प्रकार 'जुलूस' उपन्यास में रेणु ने फिर से एक बार अपना अंचल-प्रेम व्यक्त किया है।

'जुलूस' के सदृश ही 'कितने चौराहे' उपन्यास का घटना-स्थल पूर्णिया जिला ही है। पूर्णिया जिले का अररिया कोर्ट मुख्य रूप से चित्रित हुआ है। यह कस्बा मनमोहन के गाँव से चार स्टेशन दूर है। मनमोहन के गाँव का नाम नहीं दिया गया है, किन्तु उपन्यास का पहला परिच्छेद गाँव से ही सम्बन्धित है।

मनमोहन की छुट्टियों से सम्बन्धित प्रसंगों में ही गाँव का उल्लेख हुआ है। उपन्यास का मुख्य घटना-स्थल अररिया कोर्ट का हाईस्कूल है, जहाँ मनमोहन पढ़ता है और जहाँ हड़ताल करने पर उसे बेंतों की सजा दी जाती है।[143] मन-मोहन अपने मुँहबोले मोहरिल मामा के घर रहता है, जहाँ मच्छरों, खटमलों के अलावा छछून्दरों और चमगादड़ों का भी बड़ा भारी अड्डा है।[144] मनमोहन बाद में आश्रम (स्टुडेण्ट्स होम) में रहने लगता है, जहाँ भाईचारे की सीख के साथ तितलियाँ और गुलाब बनाना सीखता है।[145] यहीं से वह मुढ़िया के लिए कालीबाजार जाता रहा है, जहाँ नीलिमा का घर है।[146] इसी कस्बे की परमान नदी का भी उल्लेख आया है, जहाँ शाम के समय किशोरों की टोली जमती थी। हड़ताल के दिन तो किशोरों ने अपना सारा दिन परमान नदी के तट पर किलोलें करते हुए बिताया था।[147]

रेणु का अंतिम उपन्यास 'पल्टू बाबू रोड' पूर्णिया जिले के बैलगाड़ी कस्बे की पृष्ठभूमि पर आधारित रचना है, जिसकी कथा-धुरी अमलेन्दु राय का फूलबागान है। फूलबागान अमलेन्दु राय (लट्टू बाबू) की कोठी का नाम है। इस राय परिवार का परिचय देते हुए रेणु कहते हैं, "राय-परिवार बैरगाछी के बुनियादी परिवारों में है, क्योंकि जब ब्रिटिश राज में जिले के सबडिविजनल शहर के रूप में बैरगाछी बसायी गयी, तो लट्टू बाबू के पिता कमल बाबू ओवरसियर पनार नदी के घाट के पास ही अपने पूरे परिवार के साथ बस गए।[148] इसी बैरगाछी कस्बे का जीवन 'पल्टू बाबू रोड' में चित्रित हुआ है।[149]

उपरोक्त विवेचन से यह स्पष्ट है कि रेणु ने अपने उपन्यासों में राजनीतिक, सामाजिक, आर्थिक, धार्मिक परिवेश के साथ-साथ भौगोलिक परिवेश को भी अत्यंत सजीवता से साकार किया है। रेणु के उपन्यासों की यह विशेषता है कि

कहीं पर भी यह भौगोलिक परिवेश का चित्रण 'भूगोल' का वर्णन मात्र नहीं है, वह उस अंचल-विशेष के लोक-जीवन का एक अविभाज्य अंग है। कहीं पर भी ऐसा महसूस नहीं होता कि लेखक अपने अंचल की सीमारेखाओं का वर्णन कर रहा है, बल्कि वह कथा के साथ ऐसा जुड़कर आ जाता है कि पाठक उसे एक व्यक्ति ही समझने लगते हैं।

अंचल विशेष के जन-जीवन को साकार करने के लिए वहाँ का भूगोल ही केवल आवश्यक नहीं है, बल्कि वहाँ की प्रकृति से परिचय होना भी अत्यंत आवश्यक है, क्योंकि मनुष्य के जीवन को बनाने-बिगाड़ने में प्रकृति का बहुत बड़ा हाथ होता है। इसलिए 'रेणु' के उपन्यासों के अंचल को जानने के लिए वहाँ की प्रकृति से परिचित होना अत्यंत आवश्यक ही नहीं महत्त्वपूर्ण भी है।

प्राकृतिक परिवेश

प्रकृति और मानव का संबंध उतना ही पुराना है, जितना कि सृष्टि के उद्भव और विकास का इतिहास। प्रकृति के उद्भूत क्रिया-कलापों से उसकी हृदयस्थ भावनाओं में भय, विस्मय, प्रेम आदि का स्फुरण हुआ, तथा उसी की नियमितता को देखकर मानव के मस्तिष्क में ज्ञान-विज्ञान का विकास हुआ है। दार्शनिक दृष्टि से भी प्रकृति और मानव का संबंध चिरंतन है। सतरूपी प्रकृति, चित् रूपी जीव का आनंदरूपी परम तत्व तीनों को मिलाकर ही 'सच्चिदानंद' परम सत्ता का स्वरूप संवरित होता है। शारीरिक, मानसिक और आध्यात्मिक तीनों दृष्टियों से प्रकृति मानव का पोषण करती हुई इसे जीवन में आगे बढ़ाती है। मानव और प्रकृति के इस अटूट संबंध की अभिव्यक्ति धर्म, दर्शन, साहित्य और कला में चिरकाल से होती आई है। साहित्य मानव जीवन का प्रतिबिंब है, अतः उस प्रतिबिंब में मानव की सहचरी प्रकृति का प्रतिबिंब होना स्वाभाविक ही है।

उपन्यास मानव जीवन का चित्रण होता है अतः सभी उपन्यासों में प्रकृति-चित्रण होता ही है। लेकिन प्रकृति का यथार्थ रूप विशेष रूप से आंचलिक उपन्यासों में, उनसे भी देहाती अंचल से संबंधित उपन्यासों में, स्पष्टतः दिखायी देता है। इसका तात्पर्य यह नहीं कि शहरी अंचलों से संबंधित उपन्यासों में प्रकृति-चित्रण होता ही नहीं। उन उपन्यासों में यह चित्रण होता तो अवश्य है लेकिन कुछ आरोपित-सा लगता है। इसका प्रमुख कारण देहातों से शहरों का अधिक प्रगतिशील होना है। वहाँ कल-कारखाने अधिक होते हैं तथा शिक्षा का प्रचार भी अधिक होता है। अतः इन सभी कारणों से शहर प्रकृति के सान्निध्य से धीरे-धीरे दूर हटते जा रहे हैं। देहातों की स्थिति बिलकुल इससे विपरीत है। गाँव का अंचल वैसे भी प्रकृति के अधिक निकट होता है। अंचल के चारों

ओर दृष्टि डालने पर कहीं हरितिमायुक्त लहलहाती फसलें होती हैं, तो कहीं धूमिलतायुक्त पर्वत अपने प्रभाव से आश्चर्यचकित कर देते हैं। वहाँ के हरे-भरे कृषि क्षेत्र ऐसे लगते हैं मानो धरित्री ने अपना नीला आँचल फैला रखा हो। मैदान विशाल हरियाली लिए होते हैं, तथा नदियाँ अपने कल-कल स्वर से निरन्तर चलते रहने का आदेश देती रहती हैं। फिर यहाँ कल-कारखाने कम होते हैं, और शिक्षा का प्रचार अधिक नहीं होता। इसी कारण शायद आज भी देहात के लोग प्रकृति के सान्निध्य में ही उठते-बैठते और सोते-जागते हैं, उसे देवता मानते हैं और उसकी पूजा करते हैं, उसके कोप से डरते हैं तथा उसकी खूबियों से पूर्णतः प्रभावित भी होते हैं। अतः यह कहा जा सकता है कि अंचल विशेष के लोक-जीवन की प्रकृति सहचरी होती है। एतदर्थ आंचलिक उपन्यासों में भौगोलिक परिवेश के साथ-साथ ही प्राकृतिक परिवेश का भी अधिक महत्व होता है।

प्राकृतिक परिवेश प्रकृति के नाना उपादानों की सहायता से उपन्यास में मुखर हो उठते हैं। जैसे प्रातःकाल, संध्या, रात्रि, ऋतु, खेत, खलिहान आदि। प्रकृति के यही तत्त्व परिवेश का निर्माण करते हैं। इन्हीं तत्त्वों में से अपनी कथाभूमि के उपयुक्त तत्त्व चुनकर तथा उनको प्रभावशाली ढंग से समाविष्ट करके आंचलिक उपन्यासकार अपनी कथा कहता है; बड़ी कुशलता से विभिन्न प्रकृति रूपों के चित्र उपस्थित कर विशिष्ट वातावरण की सृष्टि करता है जो कथा को उसका अपना प्रभावशाली परिवेश प्रदान करता है। अत: आंचलिक उपन्यासकार अपनी कृति में जिस परिवेश व वातावरण का चित्रण करता है उसे प्रभावपूर्ण एवं संवेदनशील बनाने का उसका प्रयत्न होता ही है, और वातावरण को संवेदनशील बनाने के लिए प्राकृतिक पार्श्वभूमि का चित्रण इन उपन्यासों में आवश्यक हो जाता है। यही कारण है कि लेखक प्रकृति को अपनी औपन्यासिक कृति में अत्यंत आत्मीय भाव से चित्रित करता है। आंचलिक उपन्यासों में प्रकृति-चित्रण की अनिवार्यता को स्पष्ट करते हुए कहा गया है कि आंचलिक उपन्यास का अंचल प्रकृति-सौंदर्य से लिपटा हुआ होता है। प्रकृति-चित्रण की वांछनीयता अंचल का तकाज़ा है। उपन्यासकार अपनी लेखनी से प्रकृति के सुरमई दृश्य अंकित करता है।[150] लेकिन यह दृश्य अंकित करते हुए उपन्यासकार को इस बात को विशेष रूप से ध्यान में रखना होता है कि उसकी रचनाओं में प्रकृति को एक विशिष्ट व्यक्तित्व प्राप्त हो। क्योंकि एकाध विशिष्ट अंचल का आत्मा, जैसे वहाँ के पात्रों के चरित्र-चित्रण से स्पष्ट होता है, ठीक वैसे ही वह, वहाँ के प्रकृति-चित्रण से भी स्पष्ट होता है, एवं उस भूप्रदेश को जीवित रूप प्रदान करता है।[151] अतः आंचलिक उपन्यासों में प्रकृति-चित्रण केवल दिखावे के लिए या शौक के लिए चित्रित नहीं किया जाता। वह उस उपन्यास का एक

अविभाज्य घटक बनकर उपन्यास में आता है।

उपरोक्त विवेचन से यह स्पष्ट होता है कि आंचलिक उपन्यासों में भौगोलिक परिवेश के साथ-साथ प्राकृतिक परिवेश का चित्रण आवश्यक ही नहीं अपितु अनिवार्य भी है। क्योंकि केवल अंचल का भूगोल चित्रित करना आंचलिक उपन्यास का लक्ष्य नहीं होता। इसीलिए रेणु के उपन्यासों में प्राकृतिक परिवेश के उपकरण बहुत विस्तार से आये हैं तथा वे मात्र पृष्ठभूमि के रूप में नहीं हैं, वे स्वयं जीवन्त व्यक्तित्व लिए हुए हैं। प्रकृति-चित्रण की दृष्टि से ही यदि रेणु के उपन्यासों को देखा जाए तो इनमें सुन्दरता तो सुस्पष्ट है ही, प्रकृति को एक जीवित पात्र के रूप में भी चित्रित किया गया है, उस अंचल विशेष की, पात्रों की सूक्ष्म से सूक्ष्म मानवीय अनुभूति, संभावना व गहनता आदि को अपनी कुशल लेखनी से लेखक रूपायित करते चलते हैं। रेणु के उपन्यासों में प्रकृति का अलग अस्तित्व नहीं है; वह उस अंचल विशेष के पात्रों में, वातावरण में इतनी घुल-मिल गयी है कि उसे अलग करना असंभव है। इसका प्रमुख कारण लेखक का अपना दृष्टिकोण है, अपने अंचल का प्रेम है।

रेणु के आंचलिक उपन्यासों में प्राकृतिक परिवेश को अत्यधिक महत्व मिला है, वह भी सोद्देश्य तथा सकारण। रेणु के सभी उपन्यासों का उद्देश्य व्यक्ति की कथा कहना नहीं, ग्राम या अंचल की कथा कहना है। अंचल का जीवन इतिहास उसके प्राकृतिक और मानवीय परिवेश के समतुल्य संयोग से ही बनता है। कोई भी मानवीय कथा उसके प्राकृतिक परिवेश से यदि अलग करके लिखी जाती है तो वह एकांगी होती है, अधूरी होती है, यही कारण है कि रेणु के उपन्यासों में अंचल विशेष की कथा कहने के लिए रेणु ने अंचल-प्रकृति को मानव कथा या समाज-कथा की पृष्ठभूमि के रूप में पारंपरिक उपन्यासों के अनुसार प्रयोग नहीं किया है वरन् यहाँ प्रकृति और मानव अभिन्न रूप में साथ-साथ उपस्थित हैं। अंचल-जीवन में प्रकृति सजावट और शोभा की वस्तु के रूप में नहीं देखी जाती, वह मानव-सहचरी के रूप में देखी जाती है और उसके साथ अंचल-जीवन की आजीविका तथा अन्य कई तरह की समस्याओं का गहरा सम्बन्ध होता है। रेणु के उपन्यासों की यह बड़ी विशेषता है कि उनके उपन्यासों में प्रकृति और मानव का तादात्म्य, अपने आदर्श रूप में उपस्थित है। इसीलिए रेणु के उपन्यासों में जो प्रकृति-चित्रण हुआ है वह मात्र पृष्ठ-भूमि के रूप में या कथा को सजाने, संवारने के रूप में नहीं है, बल्कि वह जैसे स्वयं व्यक्तित्व बन गया है और मानवीय संवेदना की कथा निर्मित करते चलता है।

'मैला आँचल' में यादवों के लाठियाँ लेकर राजपूत टोली की ओर भागने पर खूँटे में वँधे हुए बैलों के कान खड़े हो जाते हैं।[152] और गाँव के बाहर चरने

वाली बकरियाँ मिमियाती हुई गाँव की ओर भागी चली आती हैं। इसी प्रकार डॉ० प्रशान्त के आगमन पर मठ के महन्त भंडारे की घोषणा करते हैं, घोषणा के समय तुरही की आवाज सुनते ही गाँव के कुत्ते दल बाँधकर भौंकना शुरू कर देते हैं और नवजात पिल्ले तो भौंकते-भौंकते परेशान ही हैं।[153] कालीचरण की खोज में पुलिस के मेरीगंज में आने पर माघ में ठिठुरते हुए सन्नाटे में कालीचरण की माँ की दर्दभरी आवाज गाँव के कोने-कोने में फैल जाती है।[154] हीरू द्वारा पार्वती की माँ को मार डालने के प्रसंग में कुत्तों के शोर के कारण पता ही नहीं चलता कि हुआ क्या है।[155] उक्त कथनों से यह स्पष्ट है कि रेणु ने कितनी सफलता एवं स्वाभाविकता से वातावरण निर्मित किया है और उसके द्वारा अपने अंचल विशेष के जन-जीवन को साकार किया है।

रेणु के उपन्यासों में ग्रामीण परिवेश के बड़े जटिल एवं यथार्थवादी चित्र प्रस्तुत हुए हैं। गाँव के गाँव वहाँ चित्रों में साकार हो उठते हैं। 'मैला आँचल' उपन्यास के 'मेरीगंज' गाँव का चित्रण ऐसा ही है। रौतहट स्टेशन से सात कोस पूरब, बूढ़ी कोशी को पार करके जाना होता है। बूढ़ी कोशी के किनारे-किनारे बहुत दूर तक ताड़ और खजूर के पेड़ों से भरा हुआ जंगल है।[156] गाँव के इस स्थिति-चित्र में वहाँ की भौगोलिक स्थिति की समग्रता एवं संपूर्णता तो स्पष्ट है ही, लेकिन उसके साथ ही साथ प्राकृतिक परिवेश को भी रेणु ने अत्यंत कुशलता से यहाँ उजागर किया है। 'परती परिकथा' उपन्यास में ग्राम-जीवन के टूटते सामाजिक एवं सांस्कृतिक जीवन तथा उसके अन्तर्गत चल रहे निर्माण कार्य के संश्लिष्ट चित्र प्रस्तुत हुए हैं जिससे ग्राम जीवन में आ रहे संस्थानिक परिवर्तनों का ब्योरा मिलता है, इन परिवर्तनों को चित्रित करते हुए रेणु ने वहाँ की प्रकृति का सहारा लिया है। "सैकड़ों वर्षों से पड़ी हुई धरती। ट्रेक्टर का फाल धरती उधेड़ रहा है—भट-भट। दूब की जड़ों के झब्बे, वनलहसुन के उजले-उजले बल्ब लहसुन की तरह ··वनलहुसन, लिली जाति का एक जंगली पौधा, जिसके फूलने का मौसम है अभी।···अब दूर तक दृष्टि नहीं जाती है धरती पर। धीरे-धीरे चर्तुदिक एक पर्दा छा जाता है। गाँव घर की वर्षा और परती की वर्षा में अन्तर है। धरती और आकाश का सीधा संबंध।[157] इन पंक्तियों में रेणु ने परती धरती, धरती के पेट से निकले हुए तत्व, परिवेश की हरियाली और उसमें हुई वर्षा आदि विभिन्न तत्वों को एक जगह समाहित कर परिवर्तन प्रक्रिया का बहुत ही सुंदर चित्र प्रस्तुत किया है। प्रकृति के बदलते रूपों के चित्रण के साथ-साथ परिवर्तित परिवेश का चित्रण भी रेणु ने बहुत ही कुशलता से किया है। अपने सीधे-सादे सरल शब्दों में उस परिवेश को साकार किया है। जैसे "अगहन का महीना है। सुबह का समय है। खलिहान में धान की दवनी हो रही है। जाड़े की रात बड़ी होती है इसलिए सभी प्राणी सूरज उगने

के दो घड़ी पहले ही जग जाते हैं। अलाव के पास सकरकंद पकाने के लिए बच्चे आ रहे हैं—एक-एक कर। चारों और कुहासा छाया हुआ है। लोग कुछ बोलते हैं तो मुँह से भाप निकलती है, मानो हर आदमी बीड़ी या हुक्का पी रहा हो।[158] जाड़े के दिनों का एक देहात का कितना सजीव वर्णन रेणु द्वारा यहाँ हुआ है। शहर के भीड़ भरे परिवेश को भी कितनी सहजता एवं सजीवता से रेणु ने चित्रित किया है।

"एक सवारी···एक सवारी।
टमटम होना बाबूजी ?
पों पों ! ठन ठन ! टडरंग !
ऐ भैया बच के !"

अररिया कोर्ट स्टेशन पर पहुँचकर टमटम और बग्घी वालों की चीख पुकार और छीना-झपटी देख-सुनकर मनमोहन थोड़ा डरा ![159]

"रेणु के मूलतः कवि-प्रकृति के होने के नाते उनके प्रकृति वर्णनों में अक्सर उनके भीतर छिपा कवि बाहर आ जाता है। प्रकृति के एक से एक काव्यात्मक चित्र रेणु के उपन्यासों में मिल जाते हैं। इन चित्रों के वर्णनों की खूबी यह है कि वे हमारी आँखों के सामने वर्ण्य वस्तु का बिंब खड़ा कर देते हैं। जैसे 'मैला आँचल' लेकिन धरती माता अभी स्वर्णाचल है। गेहूँ की सुनहरी बालियों से भरे हुए खेतों में पुरवैया हवा लहरें पैदा करती है। सारे गांव के लोग खेतों में हैं। मानो सोने की नदी में कमर भर सुनहले पानी में सारे गाँव के लोग क्रीड़ा कर रहे हैं।[160] प्रातःकाल के समय का सुंदर चित्रण करते हुए रेणु कहते हैं : "हिमालय की चोटी को उषा की प्रथम किरण ने छूकर स्वर्णिम कर दिया। आम के बागों में कोयल, कायली दहियल और बुलबुल ने सम्मिलित सुर में मंगल गीत गाए। खेतों में गीत की कड़ियाँ पुरवैया के सहारे उड़ती आती है और डॉक्टर के दिल में हलचल मचा जाती हैं।[161] जेठ के महीने का यह वर्णन "वैशाख-जेठ की भरी दोपहरी में सारी परती काँपती रहती हैं, सफेद बालचरों की पंक्तियाँ मानो आकाश में उड़ने को पाँखें तोलती रहती हैं !"[162] इसी तरह कड़ी धूप के जमीन पर हुए प्रभाव का चित्र भी साकार हुआ है।[163] लेकिन यही स्थिति जमीन की हमेशा नहीं रहती। उसमें परिवर्तन आता है, मनुष्यों द्वारा उसके लिए प्रयत्न होते हैं। पानी नहीं बरसता है, लोग परेशान हैं। पानी न बरसने का परिणाम है भयानक अकाल। उसकी आशंका से ही लोग काँप जाते हैं। पानी बरसाने के लिए तमना टोला, पासवान टोला, धानुक कुर्मी टोला तथा कोयली टोला की औरतें इंद्र महाराज को रिझाने के लिए जाट-जाटिन खेलती हैं। और फिर जोर से बारिश होती है। झूमकर बरस रहे हैं बादल। हिमालय

से उतरे हुए बादलों की पहली विशाल परती मिली है। जित्तन बाबू देखते हैं—असंख्य नर्तकियाँ, झीनी-झीनी जलछाँही चुनरियों में मोती बाँधकर नाच रही हैं। मोती झर रहे हैं झर-झर, झहर-झहर।[164] और जब इस प्रकार वर्षा होने लगती है तो लोगों में खुशी की लहर दौड़ आती है, खुशी के अनेक संदर्भ फूट पड़ते हैं, खेती के भी और प्रेम के भी। बादलों के गरजने और बिजली के चमकने से मंगला को बड़ा डर लगता है। बचपन से ही वह बादल, बिजली और आँधी से डरती है। और वहाँ की बरसा तो···। फिर, बिजली चमकी।···कौन···।[165] मंगला का संस्कारबद्ध सहज भय आज प्रीतिमूलक भय में बदल गया है। वह बादल से आज भी डर रही है। वर्षा से उत्पन्न सोनाई यादव की तान इस प्रसंग में प्रीति के अनेक स्पंदनों की ओर संकेत करती है।

सावन हे सखी, सबर सुहावन"
"रिमझिम बरसत मेघ है।"[166]

ऐसे समय पर अपने प्रिय की याद आना स्वाभाविक ही है, माहौल ही वैसा है। इसीलिए कमली को डॉक्टर की याद आ रही है।[167] वह उसके लिए चिंतित हो उठती है तो दूसरी ओर वे लोग भी परेशान है वर्षा होने से जिनके पास 'बीहन' नहीं है। निम्नवर्गीय लोगों में धान के बीहन की चिंता व्याप्त हो जाती है।[168] इस प्रकार वर्षा का तथा उस समय मनुष्य के स्वभाव का लेखक ने बहुत ही सजीव, जीवंत चित्रण किया है।

इसके साथ ही साथ प्रकृति-दत्त अन्य समस्याओं का भी रेणु के उपन्यासों में खुलकर चित्रण हुआ है। उन समस्याओं का हल तो लेखक ने अपने पात्रों द्वारा बताया ही है। लेकिन उन समस्याओं का वर्णन भी इतनी सजीवता से किया गया है, कि आँखों के सामने एक चित्र जीवंत रूप में साकार हो उठता है। 'जुलूस' उपन्यास में आँधी-तूफान का वर्णन है—दस मिनट तक ताण्डव नृत्य चलता रहा। इसके बाद ओले—एक-एक सेर, डेढ़-दो सेर वजन के ओले और हरएक मिनट के बाद बिजली गिरती। कड़कड़ चर्र-र्र-र्र-गुड़ाव गुड़म।··· रातभर वर्षा हुई। सुबह को लोगों ने देखा—चारों ओर सिर्फ पानी गोड़ियर गाँव के सैकड़े पचहत्तर झोंपड़ें उड़े गये हैं। दस आदमी की मृत्यु हुई है। दस नहीं, पन्द्रह[169] गोड़ियर गाँव का आँधी-तूफान के बाद का चित्र साकार करता हैं। चारों ओर हाहाकार मचा हुआ है और न पाट का कोई पौधा साबुत है। चारों ओर का दृश्य देखकर लगता है कि किसी ने धान और पाट के पौधों को पत्थर से पीस दिया है—हल्दी-मिर्च की तरह। और लहलहाती शस्यश्यामला, स्वर्णाचल वाली धरती केवल लाश बनकर रह गई है। शस्यश्यामला धरती की लाश।[170] सभी लोगों की आशाओं पर कमर-भर पानी। यह है अधिक वर्षा

का परिणाम तो 'कितने चौराहे' का अंचल भूकम्प से ग्रसित है। भूकम्प का वर्णन भी रेणु ने कितनी मार्मिकता से किया है—"बचो-बचो, भागो-भागो। धरती डोलती है। भूकम्प। भूमि कंप! 1···2···3·· 4···15 जनवरी। मुंगेर, मुजफ्फरनगर, दरभंगा में हजारों लाशें पड़ी हुई है। मलबे के नीचे हजारों जानें दम तोड़ रही हैं। रेलगाड़ियों का आना-जाना बंद है। धरती फोड़कर पानी की धाराएँ निकली हैं। असमय में ही चारों ओर बाढ़···। आकाश में गिद्धों के दल मँडराते हैं। कुत्ते और सियार धरती पर लड़ते हैं। महाश्मशान सारे उत्तर बिहार में त्राहि-त्राहि मची हुई है।[171] कितनी बारीकी से भूकम्प के कारण मची हुई भाग-दौड़ का वर्णन यहाँ रेणु ने किया है।

रेणु के उपन्यासों में कहीं-कहीं प्रकृति के बहुत ही संक्षिप्त लेकिन बहुत ही सुन्दर चित्रण मिलते हैं। ऐसे समय पर कवि की इन्द्रधनुषी कल्पना शब्दों में रंग भर कर प्रकृति के विविध रूप उकेरने में लग जाती है···'अमलतास के पीले फूल नववधू की पीली ओढ़नी की याद दिला रहे थे। योजन गंधा शाम की हवा में पागलपन बिखेर रही थी। शिरीष के फूलों की पंखुरियाँ आशीष की तरह झड़ रही थीं। चैत की गोधूलि में अपनी सारी तेज़ी खोकर सूरज ने श्यामसलोनी संध्या के अंचल में अपना मुँह छिपा लिया था।···गाय-बैलों के साथ घर लौटते हुए चरवाहे सावित्री नाच का गीत गा रहे थे—

> "ओह सखी चलू, फुलवारी देखै हे
> देखियो सुन्दर रूप, नाना रसना फूल अनूप।"[172]

संध्या के इस वर्णन के साथ-साथ प्रातःकाल का यह वर्णन देखिए—"भुरुकवा तारा जगमग कर रहा है। कमला नदी के गड्ढे में उसकी छाया झिलमिला रही है। लगता है, नीलकमल खिला है।"[173]

हम इस प्रकार देखते हैं कि रेणु के आंचलिक उपन्यासों में प्राकृतिक और सामाजिक परिवेश के उपकरण बहुत विस्तार से आए हैं और वे मात्र पृष्ठभूमि के रूप में नहीं हैं। वे स्वयं जैसे जीवन्त व्यक्तित्व बन गए हैं, तथा मानवीय संवेदना की कथा निर्मित करते चलते हैं।[174] इसलिए रेणु ने प्रकृति को प्रायः मानवीकृत किया है, और इस मानवीकरण की प्रक्रिया में कुछ पुराकथाओं का प्रयोग भी किया गया है। जैसे 'परती परिकथा' में पण्डुकी 'उठ जित्तु, उठ जित्तु' पुकारती है।[175] यहाँ लेखक एक ओर तो उस जित्तू का सम्बन्ध उपन्यास के एक प्रमुख पात्र जितेन्द्र से जोड़ लेता है, दूसरी ओर उस पण्डुकी के साथ एक पूर्व जन्म की कथा जोड़ लेता है और उपन्यास के अन्य पात्रों की संवेदना इसके साथ अपने आप ही जुड़ जाती है। इसी प्रकार 'कोसी' नदी को भी मानवीकृत करके उसके पूर्व जन्म की एक कथा उसके साथ जोड़ दी जाती है।[176] सेबल-

बनी के उजड़ने और फिर उसके आबाद होने को मानवीकृत कर रेणु ने गाँव के उजड़ने और बसने को स्पष्ट किया है।[177]

इस क्षेत्र में प्रकृति एक खास प्रकार की नमी भर देती है, जिससे यहाँ मलेरिया फैलता है, और सामाजिक विषमता के साथ ही साथ इसका भी प्रकोप यहाँ के जीवन को अभाव से भर देता है। 'मैला आँचल' में डाक्टर मलेरिया पर ही शोध करने आया हुआ है। प्रकृति-प्रदत्त मलेरिया इस उपन्यास की प्रमुख समस्या है और इस समस्या की जड़ें यहाँ की गरीबी और जहालत में धँसी हुई हैं, जो कभी नष्ट होने वाली नहीं। इसीलिए तो डाक्टर प्रशान्त को लगता है कि इन लोगों को जिलाकर भी क्या फायदा। इनको जीवित रखने का मतलब है तिल-तिल कर, घुल-घुलकर मरने के लिए ही जीवित रखना।[178] इस प्रकार रेणु के आंचलिक उपन्यासों में प्रकृति के सभी रूपों का चित्रण अंचल विशेष के जन-जीवन के साथ काफी लगाव को लिए हुए है। लोग-बाग, नदी-नालों, ताल-तलैयों और वन-उपवन को लेकर अपने दैनंदिन जीवन की गति-विधियों से सहज ही संबंध जोड़ते नजर आते हैं। पूरे अंचल विशेष की चतुर्मुख यात्रा कर प्रकृति के अनेक उपादानों को यहाँ-वहाँ से चुनकर लेखक ने अंचल की समग्रता को अत्यंत सहजता से एवं सजीवता से चित्रित किया है। केवल मात्र प्रकृति-चित्रण की ओर विशेष ध्यान न देकर भी रेणु ने अपने अंचल विशेष की प्रकृति को जो अभिव्यक्ति दी है वह निश्चय ही सराहनीय है, प्रशंसनीय है।

आंचलिक उपन्यासकार अपनी कृति में जिस परिवेश और वातावरण का चित्रण करता है उसे प्रभावपूर्ण एवं संवेदनशील बनाने का प्रयास भी वह करता है। इसीलिए कहा गया है कि वातावरण को संवेदनशील बनाने के लिए ही प्राकृतिक पार्श्वभूमि का चित्रण अनावश्यक है।[179] अंचल को जीवित रूप देने के लिए लेखक प्रकृति को अपनी औपन्यासिकि कृति में अत्यंत आत्मीय भाव से चित्रित करता है इसीलिए उसका अंचल प्रकृति-सौन्दर्य से लिपटा हुआ होता है। उपन्यासकार अपनी कोमल कल्पना की लेखनी से प्रकृति के सुरम्य दृश्य अंकित करता है। अंचल की प्रकृति नाना भावों के साथ एकाकार हो जाती है।

संदर्भ

1. डॉ० देवराज उपाध्याय, 'साहित्य चिंतन', पृ० 68
2. डॉ० रामप्रसाद त्रिपाठी, 'हिन्दी विश्वकोश', पृ० 282
3. डॉ० धीरेन्द्र वर्मा, 'हिन्दी शब्दकोश', पृ० 289

4. डॉ० पन्ना द्विवेदी, 'दिनकर के काव्य में युगीन चेतना', पृ० 3
5. मुंशी प्रेमचन्द, 'साहित्य का उद्देश्य', पृ० 24-25
6. डॉ० रामविलास शर्मा, 'प्रेमचन्द और उनका युग', पृ० 135
7. डॉ० त्रिभुवन सिंह, 'हिन्दी उपन्यास और यथार्थवाद', पृ० 1
8-9. डॉ० सुरेश सिन्हा, 'हिन्दी उपन्यास', पृ० 34-50
10 से 12. रेणु, 'मैला आँचल', पृ० 19; 19; 260
13 से 16. रेणु, 'परती परिकथा', पृ० 64; 122; 156; 122
17 से 22. रेणु, 'मैला आँचल', पृ० 81; 202; 105; 196 145; 93
23. रेणु, 'परती परिकथा', पृ० 71
24. रेणु, 'पल्टू बाबू रोड', पृ० 82
25. रेणु, 'जुलूस', पृ० 117
26. रेणु, 'मैला आँचल', पृ० 21
27-28रेणु, 'परती परिकथा', पृ० 467-468; 442
29. रेणु, 'मैला आँचल', पृ० 261
30 से 32. रेणु, 'परती परिकथा', पृ० 201; 201; 200
33. ज्ञानचन्द गुप्ता, 'आंचलिक उपन्यास—संवेदना एवं शिल्प', 35
34. रेणु, 'जुलूस', पृ० 106
35 रेणु, 'मैला आँचल', पृ० 30; 93
36-37. रेणु, 'जुलूस', पृ० 158; 158
38. रेणु, 'परती परिकथा', पृ० 8
39. रेणु, 'मैला आँचल', पृ० 45
40-41. रेणु, 'परती परिकथा', पृ० 277; 1
42. से 46. रेणु, 'मैला आंचल', पृ० 272
47. ओम प्रकाश अवस्थी, 'नई कविता रचना प्रक्रिया', पृ० 8
48 से 53. रेणु, 'मैला आँचल', पृ० 127; 139; 127; 139; 278; 78
54-55. रेणु, 'परती परिकथा', पृ० 34; 35
56. रेणु, 'मैला आंचल', पृ० 135
57. रेणु, 'परती परिकथा', पृ० 23
58 से 60. रेणु, 'मैला आँचल', पृ० 159; 190; 190
61-62. रेणु, 'परती परिकथा', पृ० 206; 187
63. सुरेश सिन्हा, 'हिन्दी उपन्यास', पृ० 125
64 से 66. रेणु, 'मैला आँचल', पृ० 28; 197; 28
67. रेणु, 'दीर्घतपा'
68. रेणु, 'जुलूस'

69. रेणु, 'मैला आँचल', पृ० 156
70. से 72. रेणु, 'परती परिकथा', पृ० 17; 71. 19; 23
73 से 75. रेणु, 'मैला आँचल', पृ० 260; 260; 261
76 से 79. रेणु, 'परती परिकथा', पृ० 98; 277-78; 297; 323
78. वही, पृ० 297
80-81. रेणु, 'मैला आँचल', पृ० 92; 92
82. रेणु, 'परती परिकथा', पृ० 14
83 से 92. रेणु, 'मैला आँचल', पृ० 92; 92-94; 91; 159; 116; 528
93. रेणु, 'जुलूस', पृ० 23
94. रेणु, 'मैला आँचल', पृ० 202
95 से 99. रेणु, 'मैला आँचल', पृ० 247; 68; 68; 155; 131
100-101. रेणु, 'परती परिकथा', पृ० 23; 67
102. डा० प्रेमचंदनारायण सिन्हा, 'आधुनिक कहानी साहित्य में समसामयिक जीवन की अभिव्यक्ति', पृ० 87
103 से 106. रेणु, 'परती परिकथा', पृ० 321; 96-97; 79-81; 122
107. रेणु, 'मैला आँचल', पृ० 300
108. 'नालन्दा विशाल शब्द सागर', पृ० 1388
109. रेणु, 'परती परिकथा', पृ० 440
110 से 112. रेणु, 'मैला आँचल', पृ० 12-13; 87; 41
113. डा० गणेशन, 'हिन्दी उपन्यास का अध्ययन', पृ० 418
114. संकलन
115. 'प्रेमचंद : 'कुछ विचार', पृ०
116-117. आदर्श सक्सेना, 'आंचलिक उपन्यास और उनकी शिल्पविधि', पृ० 203
118. डॉ० म० पा० कुलकर्णी, 'मराठी प्रादेशिक कादंबरी तंत्र आणि स्वरूप', पृ० 198
119. डॉ० आदर्श सक्सेना, 'हिन्दी के आंचलिक उपन्यास और उनकी शिल्प-विधि', पृ० 206
120 से 128. रेणु, 'मैला आँचल', पृ० 14; 126; 276; 79; 92; 13; 14; 15; 47
129 से 137. रेणु, 'परती परिकथा', पृ० 7; 204; 9; 13; 13; 331; 184; 13; 15
138-139. रेणु, 'परती परिकथा', पृ० 314; 314
140 से 143. रेणु, 'जुलूस', पृ० 1; 53; 60; 11

144 से 148. रेणु, 'कितने चौराहे', पृ० 65-66; 18; 102-103; 111
149. रेणु, 'पल्टू बाबू रोड', पृ० 18
150. शम्भू सिंह, 'रांगेय राघव और आंचलिक उपन्यास', पृ० 19
151. प्रा० स० रा० गाडगीळ : 'कादम्बरीकार पेंडसे', पृ० 55 (प्रतिष्ठान-कादम्बरी विशेषांक)
152 से 156. रेणु, 'मैला आंचल', पृ० 19; 38; 153; 253; 12
157. रेणु, 'परती परिकथा', पृ० 40
158-159. रेणु, 'कितने चौराहे', पृ० 1; 12
160-161. रेणु, 'मैला आँचल', पृ० 373; 148
162 से 168. रेणु, 'परती परिकथा', पृ० 10; 183; 1; 40; 166;167; 166
169-170. रेणु, 'जुलूस', पृ० 165; 166
171. रेणु, 'कितने चौराहे', पृ० 116
172-173. रेणु, 'मैला आँचल', पृ० 132; 373
174 अंजलि तिवारी, 'रेणु का साहित्य', पृ० 75
175से 177. रेणु, 'परती परिकथा', पृ० 8; 9; 15
178. रेणु, 'मैला आँचल', पृ० 158
179. डॉ० उषा डोंगरा, 'हिन्दी के आंचलिक उपन्यासों का लोकतात्विक विमर्श', पृ० 103

3
रेणु और लोक-जीवन

लोक-जीवन

'रेणु' के आंचलिक उपन्यासों में अंचल-विशेष के जन-जीवन (लोक-जीवन)। का समग्र चित्रण हुआ है। अंचल-विशेष के जन-जीवन की पूरी की पूरी तस्वीर रेणु द्वारा अपने उपन्यासों में उतारी गयी है तथा वहाँ के जन-जीवन की प्रत्येक भाव-भंगिमा, कार्य व स्थिति आदि का सूक्ष्मतम रेखांकन भी किया गया है। यह अंकन अपने आप में अंचल-विशेष के जन-जीवन की सुंदरता-असुंदरता, शिक्षा-अशिक्षा, नेतिकता-अनैतिकता, संपन्नता-निर्धनता, स्वस्थता-अस्वस्थता, व्यवसाय तथा व्यसन आदि को संजोए हुए है। रेणु के उपन्यासों में बिहार' के अंचल के जन-मानस में प्रचलित एवं प्रतिष्ठित परंपरागत मान्यताएँ, रूढ़ियाँ, रीति-रिवाज, तीज-त्यौहार, धार्मिक-अधार्मिक, विश्वास-अविश्वास-अन्धविश्वास, आडंबर, टोने-टोटके, शकुन-अपशकुन, भूत-प्रेत आदि की धारणाएँ, मनोरंजन के विविध प्रकार तथा मानवीय मन के विविध विकारों का स्वार्थ, ईर्ष्या, द्वेष, घृणा, उपेक्षा, विशेष रूप से निम्न जाति के जन-मानस की गहन पीड़ा, दर्द, हर्ष, उत्साह, स्नेह, प्रेम, आह्लाद व उन्माद आदि की समग्र स्थितियों एवं छवियों को लिए वहाँ के अर्धनग्न, दलित, उपेक्षित जन-जीवन की मैली-कुचैली जिन्दगी की सारी हालत का चित्रण भी है। अतः रेणु के उपन्यास जन-मानस की सच्ची तस्वीर हैं, और मानवीय पीड़ा का विषद, गहन व यथार्थ चित्रण। यह चित्रण पात्रों के माध्यम से सहज ही उजागर हो पाया है, जो काफी हद तक प्राकृतिक दृश्यों, जन-जीवन में प्रतिष्ठित किंवदंतियों, कथाओं, गीतों, नृत्यों तथा बोली, ध्वनि व लोकोक्तियों आदि से बहुत अच्छी तरह से निखारा व सँवारा गया है।

रेणु के उपन्यासों के अध्ययन से यह स्पष्ट होता है कि कुशल चितेरे रेणु की कलम का यह कमाल है कि आंचलिक जन-जीवन के विविध चेहरे, अनेक रूप-रंग तथा विविध गुण-दोषों से युक्त मानवीय जन-मानस की सारी की सारी स्थितियाँ अपने आप कलमबद्ध होती चली गयी हैं। इस चित्रण में सहजता है,

स्वाभाविकता है और है सत्यता भी। वस्तुतः इन उपन्यासों की शान भी यही है। शायद इसीलिए आंचलिक उपन्यासों में उद्घाटित अंचल-विशेष के जन-जीवन की संस्कृति अपने आप में आंचलिकता की विशिष्ट प्रवृत्ति मानी गयी है, प्रमुख तत्व के रूप में।[1]

जाति-चित्रण

रेणु के उपन्यासों में अंचल-विशेष के जन-जीवन की यथातथ्य स्थिति का निरूपण करने में वहाँ के जातिगत भेदभाव जातीय प्रतिस्पर्धा एवं परम्परागत विरोध तथा स्पर्शास्पर्श व जाति के आधार पर ऊँच-नीच की भावना आदि का भी बहुत महत्वपूर्ण योगदान रहा है। यह जातिगत संघर्ष तथा वर्ग-भेद आदि का चित्रण रेणु के उपन्यासों में वास्तविकता को लेकर हुआ है। यों भारतीय जन-जीवन या समाज का आधार मुख्यतया जाति या जाति-प्रथा ही रहा है। अतः भारतीय समाज की यह अविभाज्य प्रवृत्ति रही है। इसीलिए रेणु के उपन्यासों में अंचल-विशेष की प्रवृत्ति का चित्रण करने में इस प्रवृत्ति को अधिक महत्व प्राप्त हुआ है जो स्वाभाविक ही है। दरअसल भारतीय समाज में व्याप्त जातीय व्यवस्था अपने वैज्ञानिक धरातल से हटकर, अर्थात् गुणकर्म के आधार पर सामाजिक हित के लिए निर्धारित हुई व्यवस्था[2] ही विकृत होकर, मात्र वर्ण या जाति में, वर्णव्यवस्था तथा जाति-प्रथा में परिवर्तित हुई और शनैः-शनैः केवल जन्म के आधार पर मानी जाने लगी। तभी से समाज में जातिगत बंधन कड़े हुए और उपजाति में भी सामाजिक विकृति, विषमता व विघटन का बोलबाला होने लगा। परिणामतः समाज में संकीर्णता पनपने लगी, संकुचितत बढ़ने लगी, सीमित दृष्टिकोण घर करने लगा और रोटी-बेटी व्यवहार तथा भोज आदि में जाति का स्वर मुखर हो उठा। यहाँ तक कि समाज के धार्मिक तथा मांगलिक कार्यों में भी जाति का वर्चस्व दिन-प्रतिदिन बढ़ता ही गया। इसका परिणाम यह हुआ कि समाज विकृत हुआ, विभक्त हुआ तथा समाज में परस्पर विषमता बढ़ने लगी। जाति-जाति में परस्पर स्पर्धा, तनाव व विरोध फैलने लगा। स्पर्शास्पर्श व ऊँच-नीच की भावना समाज में घर करने लगी। जातिगत विभेद व विलगाव आदि का बोलबाला हुआ तथा समाज जर्जरता की ओर बढ़ने लगा। इसका परिणाम यह हुआ कि सामाजिक जन-जीवन मन्द और जीर्ण-शीर्ण होने लगा। अतः रेणु ने भारतीय समाज में व्याप्त ऐसी जातिगत विषमता को वास्तविकता के साथ अपने उपन्यासों में साकार किया है, जो समाज का हूबहू चित्र स्पष्ट करता है। वस्तुतः रेणु के उपन्यासों में यह प्रवृत्ति अनायास ही, सहज ही साकार हुई है। इनके उपन्यासों में उस क्षेत्र-विशेष के समाज की यथावत् एवं वास्तविक स्थिति का चित्रण हुआ है तथा अपने अंचल-विशेष के जन-जीवन

तथा जन-विधि को सच्चे स्वरूप में उभार कर रेणु ने उस समाज के स्वरूप को मुखरित किया है। रेणु के उपन्यासों के आँचल में जातियाँ बहुत बड़ी चीज हैं।[3] यहाँ लोग नाम पूछने के बाद ही पूछते हैं—जाति।[4] और फिर यहाँ जात-पाँत नहीं मानने वालों की भी जाति होती है। सिर्फ हिन्दू कहने से पिंड नहीं छूटता। ब्राह्मण है—कौन ब्राह्मण? गोत्र क्या? मूल कौन है? शहर में कोई किसी से जात नहीं पूछता। शहर के लोगों की जाति का क्या ठिकाना? लेकिन गाँव में तो बिना जाति के अपना पानी नहीं चल सकता।[5] और सामूहिक भोज आदि में तो जातिगत पंगत अलग-अलग होगी। जैसे ब्राह्मण के लिए अलग व्यवस्था और अन्यास के लिए भी अलग व्यवस्था आदि का होना,[6] ये सब जातियता द्वारा अलगाव की भावना के द्योतक हैं। इसी प्रकार जातीयता की संकुचित धारणा व व्यवस्था आदि में दूसरे किसी व्यक्ति या जाति के लोगों के विचारों को कोई मान्यता नहीं दी जाती। जैसे "जाति-बिरादरी का मामला है, इसमें दूसरे कुछ नहीं बोल सकते।"[7] इसी तरह जातिगत मामलों में हुक्का-पानी बंद करना या खोलना या फिर तत्संबंधी दंड-विधान आदि तय करना प्रायः जाति-पंचायत में होते ही रहते हैं।[8] यह है जाति के वर्चस्व का प्रमाण।

शहरों में आवागमन के कारण तथा शिक्षा एवं नौकरी के कारण जाति-पाँति इतनी नहीं मानी जाती जितनी कि देहातों में। गाँव में अनेक जातियाँ होती हैं. छोटी-से-छोटी जाति भी अलग होती है, उनकी अपनी अलग विशेषता होती है। क्षेत्र-इतिहास में जाति के आधार पर दलबन्दी बनी रहती है। रेणु के 'मैला आँचल' तथा 'परती परिकथा' में इन जातियों का बहुत ही सुन्दर चित्रण हुआ है। मेरीगंज में विभिन्न प्रकार की जातियाँ हैं जिनको विभिन्न टोलियों का नाम दिया गया है। मालिक टोला, कायस्थ टोला, यादव टोला,[9] राजपूत टोला, सिपहिया धनुकधारी टोला,[10] दुसाध टोला और कोयरी टोला[11] आदि। गाँव के सभी बड़े-बड़े किसानों का अपना मज़दूर टोला है। सिंघवी का ततमा टोला, कुर्मी टोला और कियोर टोला, खेलावन यादव का गुआर टोला और कोयरा टोला। संथाल टोली पर किसी का खास अधिकार नहीं।[12] इन टोलियों में झगड़ा लगाने का काम ब्राह्मण लोग करते हैं। वे हमेशा तीसरी शक्ति का कर्तव्य पूरा करते हैं। पुराने तहसीलदार विश्वनाथ प्रसाद, नए तहसीलदार हरगौरी के पिता सिंहजी रामखेलावन यादव तथा जोतखी काका गाँव के प्रमुख जातीय नेता हैं, जो हमेशा अपने स्वार्थों में पड़कर गाँव में हमेशा झगड़े कराते रहते हैं। पिछड़े वर्ग को आगे बढ़ते देखकर कुछ जातियाँ अपनी शक्ति का प्रयोग भी करती हैं। जैसे यादव टोली के लोग बार-बार अपनी लकड़ियाँ लेकर दौड़ते हैं। जातियों में ही केवल यह झगड़े नहीं बल्कि चर्खा सेंटर के मास्टर-मास्टरनी में भी ये लड़ाई-झगड़े हैं।[13] मठ जैसी पवित्र

जगह पर भी हमेशा झगड़े होते रहते हैं। अतः स्थान-स्थान पर यह जाति-पाँति की भावना दिखायी देती है, यहाँ तक कि भोज आदि में भी अपनी-अपनी जाति पहचानी जाती है। इसीलिए 'पाकिस्तानी टोला' में भोज के लिए लोग जाने के लिए तैयार नहीं हैं, क्योंकि वहाँ पर एक तो ये शरणार्थी पाकिस्तान से आए हैं और दूसरे वहाँ पर 'पोलाव' बनाया जाएगा जो मुस्लिमों की चीज़ हैं।[14] इसी प्रकार केवल भोज या समाज तक ही ये बातें सीमित नहीं बल्कि राजनीतिक पार्टियाँ भी जातिवाद की सहायता से संगठन करना जायज समझती हैं।[15] तथा आठ वर्षों से जातिवाद के दीमकों का मुख्य आहार रहा है मनुष्य का हृदय।[16] इतना ही नहीं तो समाज में ये बात फैल चुकी हैं कि जो जाति की बात काटेगा, जात उसको काटेगी।[17] इसलिये जाति के बाहर जाने का कोई साहस नहीं करते, लेकिन शिक्षा के कारण कभी-कभी जाति के बंधन तोड़ भी दिये जाते हैं। 'परती परिकथा' में सुन्नरिनेको कथा सुनने के लिए जाति के अपने-अपने लीडरों ने मना किया है लेकिन मलारी जो एक टीचर है और गाइड भी। अतः अपना कर्त्तव्य पालन करने के लिए वह जाति के बंधनों को तोड़कर चली जाती है, उसके पीछे उसकी माँ और फिर मुहल्ले की सारी स्त्रियाँ कथा सुनने के लिए चली जाती हैं। अतः शिक्षा के कारण समाज में जागृति आ रही है लेकिन जितनी आनी चाहिए उतनी नहीं। देहातों में जाति-जाति का अलगाव तो समझा जा सकता है, लेकिन एक ही जाति में ऊँच-नीच के भेदभाव को समझना मुश्किल है। नबीनगर में कारे मंडल और रब्बी पासवान—दोनों मित्रों को बंगला कीर्तन से निकाल दिया जाता है क्योंकि इन लोगों में भी ऊँच और नीच जाति का विचार होता है।[18] यह भेदभाव स्टूडेंट्स होम में भी किया जाता है। क्योंकि कई लोगों का विश्वास है कि स्टूडेंट्स होम में बिहारी लड़कों का ज्यादा ख्याल नहीं किया जाता है। महाराज लोग भी बंगाली-बिहारी का भेद-भाव रखते हैं।[19] होस्टल के लोग भी इस जाति-पाँति को अच्छी तरह से जानते हैं, इसलिए दूसरी जाति की लड़कियों से बोलने में इन्हें कोई बुराई नहीं लगती। लेकिन जब शादी की बात आती है तो वह उससे कहता है, "उससे कैसे शादी करोगी। ऊ हिन्दुस्तानी है।"[20] श्रीमती आनन्द भी बिहारी, और बंगाली में अन्तर मानती हैं तभी तो कहती हैं—"जो असली बिहारी हैं, उन्हें भी लाज नहीं……।"[21]

देहातों में जाति बहुत बड़ी चीज हैं। जाति की बात ऐसी है कि सभी बड़े लीडर अपनी जाति के पार्टी में हैं।[22] जातिगत दलबन्दी के साथ ही साथ जातिगत प्रतिस्पर्धा व बैर तो पुश्तैनी चलतीं हैं। जैसे राजपूत व कायस्थों में पुश्तैनी मनमुटाव व झगड़े होते आये हैं। अभी कुछ दिनों से यादवों के दल ने [illegible] पकड़ा है। जनुरु लेने के बाद भी राजपूतों ने यदुवंशी क्षत्रियों को मान्यता

नहीं दी।[23] यह हुई जातीय प्रतिस्पर्धा, इस पर फिर परस्पर व्यंग्य-विद्रूप की बौछार तो हमेशा चलती ही रहती है। जैसे मरा हुआ कायस्थ भी विसाता है।[24] इसी प्रकार जातिगत खुली चुनौतियाँ तो रोज़मर्रा की बात हैं। मामले-मुक़दमे तक इसकी धूमधाम मची रहती है।[25] फलतः क्षेत्र-विशेष में परस्पर जातिगत वैर व दबदबा तथा विषमता आदि तो बने ही रहते हैं। इसका संपूर्ण चित्रण रेणु ने अपने उपन्यासों में बड़ी कुशलता से किया है।

धर्म का स्वरूप

रेणु के आंचलिक उपन्यासों में अंचल-विशेष के जन-जीवन में धर्म, धर्मगत आस्था व आचरण एवं धार्मिक वस्तुस्थिति आदि का सांगोपांग व यथार्थ चित्रण हुआ है। इन उपन्यासों में धर्म के नाम पर दिखावा, पाखंड, पोंगापंथी व बाह्याडंबर आदि का पर्दाफाश किया गया है। इनमें धर्म की आड़ में होने वाले अधार्मिक कृत्य, अनैतिक व्यवहार एवं अनाचार व दुराचार आदि का तथा धार्मिक यथार्थ का मार्मिक व सफल चित्रण है। इसके साथ ही धार्मिक कृत्रिमता, कूपमंडूकता, संकीर्णता, अन्धविश्वास आदि की विसंगतियों व व्यर्थता आदि का स्वर भी इनमें मुखर हुआ है। खंडित विश्वास, बदलते दृष्टिकोण, टूटते मूल्य तथा प्राचीन रूढ़ियाँ एवं परम्पराएँ, स्वार्थ के लिए की गई भगवान की पुजा एवं अन्धश्रद्धा आदि का वस्तुनिष्ठ चित्रण भी अत्यन्त यथार्थ रूप से रेणु के उपन्यासों में हुआ है। फिर भी धर्म के सच्चे स्वरूप, धार्मिक स्वरूप तथा धर्म की व्यापकता, गहनता व उदारता आदि पर भी विश्वासयुक्त विचार, निष्ठा, आस्था व कृत्य आदि के चित्र भी इनमें प्रस्तुत किये गए हैं और धार्मिक कथा-वार्ता, व्रत-उपवास, उपासना, अनुष्ठान एवं सतसंग आदि के प्रति जो आस्थायुक्त धर्म-भावना है उसका चित्रण भी इन उपन्यासों में मिलता है। इनमें मानव धर्म की सर्वोपरि विशिष्टता को भी सुस्पष्ट व उजागर किया गया है। श्रद्धा व अन्धश्रद्धा समाज की प्रवृत्ति है। विज्ञान के सहारे दिन-प्रतिदिन प्रगति होती जा रही है, फिर भी आज भारतीय लोगों के बुद्धिवाद का विकास जितना होना चाहिए उतना नहीं हो पाया है और इसलिए जीवन को जीने के लिए जिस आधार-स्थल की आवश्यकता होती है वह मनुष्य समाज में किसी श्रद्धा स्थान से प्राप्त करता है। रेणु के उपन्यासों के पात्र इस प्रकार से सामान्य हैं, समाज भी आज का है, काल्पनिक नहीं। इसलिए समाज में प्रचलित यथार्थ, ऐसी श्रद्धा की प्रवृत्ति रेणु के उपन्यासों में हमें स्पष्टतः दिखायी देती है। व्यक्ति के रूप में तथा समूह के रूप में जो श्रद्धा-स्थल होते हैं उनका स्वाभाविक एवं सजीव चित्रण रेणु के उपन्यासों में हुआ है। अतः यह कहा जा सकता है कि धर्मगत सत्यता-असत्यता श्रद्धा-अश्रद्धा, आस्था-अनास्था,

विश्वास-अन्धविश्वास, नैतिक-अनैतिक, कृत्य-अकृत्य आदि का रेणु ने अपने आंचलिक उपन्यासों में चित्रण कर लोक-जीवनकी समग्रता को स्वाभाविक रूप में उद्घाटित किया है, जिसके द्वारा जन-जन के जीवन की धर्मगत तस्वीर ही साकार हुई है तथा धार्मिक दृष्टिकोण के उदारतास्वरूप 'मानुस सत्य' या मानवधर्म की महत्ता को उजागर कर प्रतिष्ठित किया है।

रेणु के आंचलिक उपन्यास 'मैला आँचल' में मठ, कहने को निर्गुनिया मठ है, पवित्र स्थल है, धर्म का केन्द्र है, जहाँ नित्य-प्रति प्रातः प्रातकी (प्रभाती) बीजक शब्द पाठ, सत्संग आदि होते हैं तथा अभ्यागत व अतिथि साधु के लिए आत्मभोग व प्रसाद की सेवा-व्यवस्था भी है और कभी-कभी अंचल के जन-जन के लिए धार्मिक भोजस्वरूप 'भण्डारे' का आयोजन भी होता रहता है।[26] पर असलियत यह है कि इस धर्मस्थल में अधार्मिक आचरण, अनैतिक कृत्य व दुराचार आदि का बोलबाला है। जैसे, अन्धा महंत सेवादास रखेलिन रखता है। ऊपर बाबाजी, अन्दर दग़ाबाज़ी ! वैसा ही चांडाल है रामदास। धर्मभ्रष्ट हो गया है, बगुला भगत है। ब्रह्मचारी नहीं व्यभिचारी है।"[27] नरसिंघदास······ कोडी बिलटा (आवारा) साधु, साधु नहीं राक्षस है। शैतान।[28] नागाबाबा··· अश्लील गालियों की झड़ी···गाँजा कहाँ है[29] रामदास ? माया ने अन्धा बना दिया है।[30] रामपिपरिया मठ पर दासिन होकर आयी है। अब यह मठ नहीं सुअर का खुहार है।[31] तभी लोगबाग कहते हैं, साला इन्हीं लोगों के पाप से धरती दलदला रही है। भ्रष्ट कर दिया अब वह मठ। लाल बाग का मीना बाजार हो गया है। दस-दस कोस का लुच्चा-लफंगा सब आकर जमा होता है।[32] यह है अंचल विशेष के पवित्र धर्मस्थल। धर्म के मठ की असलियत व वस्तुस्थिति इसी तरह अंचल विशेष के पूजास्थल का भी हाल कुछ कम नहीं। उस समय के अनुसार निम्न जाति के लोगों का मन्दिर में प्रवेश निषिद्ध था, लेकिन मलारी उस दिन ठाकुरबाड़ी गयी थी रामलाल के दर्शन करने। दूर से चौबे जी ने कहा, तुम मन्दिर की सीढ़ी पर या बरामदे पर से दर्शन कर सकती हो, मलारी। कोई हर्ज नहीं। तुम्हारा संस्कार बदल गया है। इसके बाद चौबे जी ने इधर-उधर हाथ के इशारे से बुलाया—'पगली ऐसा मौका कभी नहीं हाथ लगेगा। कहीं, कोई नहीं। आकर चुपके से रामलाल का चरण छू ले। आ ! आ ! आ ! डरती काहे ?"[33] इस प्रकार रामलाल के पुजारी सुखजीत चौबे जी के सदृश अनेक पुजारी हैं जो मलारी जैसी सुन्दर स्त्री को अपनी स्वार्थ-भावना के कारण धर्म वाह्य आचरण करने के लिए कहते हैं।

अंचल-विशेष के धर्म के केन्द्र मठ व धर्म के प्राण मन्दिर आदि पवित्र स्थलों में बाह्याचार व दुराचार का माहौल है, अधार्मिक व अनैतिक कृत्यों का बोलबाला है तथा धर्म की ओट में खुले आम रखेलिनें, दासी बनाकर रखी

जाती हैं। व्यभिचार व अनाचार तो रोजमर्रा की बात है। झूठ व अश्लीलता चारों तरफ पनप रही है। मठों तथा मन्दिरों में गाँजे व नशे का चलन है। ऐसे माहौल में साधु, महंत व पुरोहित वर्गों की धार्मिकता, आचार संहिता तथा शील का कहना ही क्या? चारों ओर भ्रष्टता है, तब फिर आचरण प्रधान, धर्म का सही प्रयोग करने वाले जनसमुदाय का क्या हाल होगा? जनसमुदाय की आस्था, आस्तिकता, भगवान के प्रति विश्वास सारी बातें धीरे-धीरे टूटने लगीं। जन-जीवन में अविश्वास व अन्धविश्वास धीरे-धीरे अपना निश्चित स्थान बनाने लगा। यही कारण है कि 'अब तो बेमान जमाना आ गया है। किसी चीज का न धरम है और न तेज़। न रहे कोई देवता, न रहे कोई देव। जब से रेलगाड़ी आयी सभी देव-देवी भागे पहाड़। एकाध पीर-फकीर, साँई-गुसाँई रह गए, तो वे भी अब रेलगाड़ी में चढ़कर दूरदराज हज, तीरथ करने चले जाते हैं। नहीं तो, हर साल दुलारी दाय के इलाके में लगातार चार साल सूखी पड़े भला।[34] तथा 'किसी को भला-बुरा कहने से तुरन्त 'सराप' मिल जाता है और उसे दूर करने के लिए फिर बाबाजी की दुहाई मांगी जाती है।'[35] एवं 'निरसू पर परती का परमदेव सवार हुआ है। घर-घर से लोग पान-सुपारी, कबूतर और बतख लेकर पहुँचते हैं। परमदेव हमारे पुरखों के देवता हैं। परती के जागृत देव हैं। आपद-विपद में सारे गाँव की रखा करते हैं।'[36] इस प्रकार लोक-जीवन में अन्धविश्वास पनपने लगता है। फिर तो भूत-पिशाच का भय भी लोगों के मन में घर करने लगता है। जैसे 'डेढ़ सौ एकड़ की पाँच परिधि में ब्रह्म पिशाच का राज है।'[37] तथा सामूहिक भोजन के समय जंगल की ओर दो पूरियाँ फेंक दी जाती हैं, जंगल के देव-देवी व भूत-पिशाच के लिए।[38] पोस्टमार्टम-हाउस जिस स्थान पर था वहाँ पेड़ों पर भूत-पिशाच किलबिल करते हैं, मैदान में प्रेतनियाँ नाचती हैं, संकालिनों के झुंड बनाकर, इसीलिए कोई अकेला-दुकेला वहाँ जाने से डरता है।[39] तथा गाँव वाले समझते हैं कि तालेवर गोढ़ी ने खुट्टी खुरैइहा में एकसाथ चार डायनों को नंगा नाच नचाया था। मृत बालकों को पुनरुज्जीवित करके तालेवर ने डायनों का गुण हथियाकर अपनी चुनौटी में समेट लिया था। आज भी गाँवभर में उसका जादू लोगों के सिर पर चढ़कर बोल रहा है। आज भी वह मसान की अस्थियां जिसके-घर आंगन में गाड़ दे वहाँ ऐसा वनरभूता लग जाता है कि एक वर्ष में सब धन विनष्ट।[40] अतः यह देखा गया कि अब जादू-टोना व झाड़-फूंक[41] आदि भी लोक-जीवन में चल पड़े हैं। इसीलिए अंचल विशेष में देव-पितर, पीर-पैगम्बर, भूत-पिशाच आदि को लेकर धार्मिक अन्धविश्वास का वर्चस्व बढ़ता ही गया है। अतः लोगों में धर्म को लेकर कृत्रिमता, कूपमंडूकता व संकीर्णता आदि को अधिक प्रधानता मिलने लगी। जैसे, कोई टीक-जनेऊ काट

कर सोसलिस्ट में जान दे देता है तो कोई मुर्गा-मुर्गी खाकर कौमनीस में अपना धरम दे देता है ।[42] तथा देव-फितर कोई अपमानित नहीं कर सकता,[43] देव तो आखिर देव हैं ।[44] एवं शिलेन्द्र मिश्र को जाति से बहिष्कृत, ब्राह्मणों ने मिलकर पतिदेव को, हमारे परिवार को निर्वेद घोषित कर दिया। ब्राह्मणेतर नहीं चांडाल कोटि का मनुष्य ।[45] और तिरहुत के ब्राह्मणों ने मिलकर अजात कर दिया ।[46] यह सब संकीर्ण मनोवृत्तियों, संकीर्ण प्रथाओं तथा संस्कारों से त्रस्त कृत्रिम आचरण करने वाले तथा धर्म के कठ-पंडितों व जड़वत रूढ़ियों के ठेकेदारों की करनी है । अतः ऐसे संकीर्ण व विकृत स्थिति में जन-जीवन को धर्म का सही दर्शन कैसे संभव हो सकता है ? फिर भी धर्म को, एक जीवित धर्म को संकीर्ण संस्कार के गहन अन्धकार में कहाँ तक कोई घुमाकर रख सकता है ? उदार उन्मुक्त धर्म को बन्दी बनाकर घेरे में रखा नहीं जा सकता ।[47] संकीर्णता धार्मिक विकृति है, अज्ञानमय है इसीलिए अन्धकार-युक्त है और धर्म का जीवंत स्वरूप विशुद्ध होता है, ज्ञानमय होता है और इसीलिए प्रकाशमय व उदार भी । अतः जीवित धर्म को प्रकाश को अंधेरे में नहीं रक्षा जा सकता, उस पर पर्दा नहीं डाला जा सकता । क्योंकि वह जीवित है, इसीलिए शाश्वत है, सत्य है, तथा मुक्त एवं उदार भी । ऐसे धर्म का चित्रण भी रेणु ने अपने अंचल-विशेष का चित्रण करते समय किया है ।

रेणु के आंचलिक उपन्यासों में धर्म के इसी स्वरूप के प्रति गहरी आस्था है, निष्ठा है तथा लोगों के मन में विश्वास भी ! जैसे माँ का विश्वास निर्मल गंगाजल है ।[48] वह परम पावनी क्षमास्वरूपा माँ तारा ! क्षमा करो ![49] तथा उस बरसाती रात की याद मेरी उँगली में उस रात की अगूँठी अभी भी पड़ी हुई है । उसी रात को गुरु ने मेरे कान में इष्टमंत्र दिया—काली ।[50] और तुलसी चौरे पर तुलसी का बिरवा सदा फूला-फूला रहता है—जिया । माँ आ रही है । आनंदमयी प्राणमयी माँ ।[51] तथा शंखध्वनि ! हवेली में आज व्रत-कथा है, सात दिनों तक हवेली में कोई न कोई ब्रह्म-कथा करवाने का प्रोग्राम है, ताजनीका ।[52]

यह सब धर्म के प्रति लोगों की आस्था, निष्ठा एवं विश्वास का ही प्रतीक है । सुवश की बूढ़ी माँ हाथ में माला लेकर बैठी जाप कर रही है ।[53] तथा इष्ट नाम जपती हुई वह सीढ़ी से उतरी ।[54] आदि भी जन-जीवन के धार्मिक आस्था व विश्वास के ही सबूत हैं । लोगों में कहीं-कहीं धर्म के प्रति विश्वास भी प्रकट हुआ है । मनुष्य का आंतरिक आचरण-मुक्त होना चाहिए, केवल दिखावे के लिए धर्म न हो । यह धारणा भी समाज में दिखायी देती है जैसे जनेऊ लेने से काम नहीं चलता, करम भी करना होगा ।[55] तथा असल चीज है मन, कंठी तो बाहरी चीज है, आदि ।[56] इसके अतिरिक्त अंचल के लोक-जीवन में धर्म की

आस्था के स्वरूप में गंगा स्नान,[57] काशी जाना,[58] तीरथ यात्रा करना,[59] एवं गंगालाभ व काशी में मरना[60] आदि की भी मान्यता है और प्रचलन भी। लोगों से काशीधाम तथा काशीपति विश्वनाथ प्रभु अर्थात् किसी न किसी देवता के प्रति आदर व श्रद्धा है। इसीलिए तो बनारस में पाँच दिन रह चुका है, पुण्यवान था वह,[61] काशी विश्वनाथ को प्रणाम,[62] तथा फिर उसने रुपाल से फूल और बेलपत्र निकालकर प्रशांत के सिर से छुलाते हुए कहा था— बाबा विश्वनाथ का प्रसाद है। बाबा विश्वनाथ तुम्हारा मंगल करें,[63] इस प्रकार के अनेक वाक्य लोगों के मुख से हमेशा सुनाई देते हैं।

रेणु के उपन्यासों में 'परती परिकथा' एवं 'जुलूस' में माँ श्यामा, माँ तारा तथा माँ काली के प्रति भी अटूट आस्था, प्रगाढ़ श्रद्धा एवं दृढ़ विश्वास अंकित किया गया है। गीता मिश्र कहती हैं कि "परम गुरु ने मेरे मन के पद्मासन पर माँ की मूर्ति प्रतिष्ठित कर दी है।[64] तथा ताजमनी होते पाँव अपने कमरे में लौटी और माँ काली की तस्वीर को प्रणाम कर मुस्करायी……माँ![65] एवं ताजमनी उठी और घर के भीतर जाकर माँ काली की तस्वीर के सामने हाथ जोड़कर खड़ी हो गयी— श्यामा माँ! उसका एक रोम भी न कलपे जिला का अमंगल न हो। मुझे जितना भी दुख देना है दे उसके बदले।'[66] अंचल के लोगों का माँ काली पर ऐसा अनन्य, अटूट विश्वास और श्रद्धा है। जुलूस में भी पंडित रामचंद्र कहते हैं कि 'बंगाल के कारण ही हिंदू धर्म का 'नेच' बचा हुआ है। वैसी दूर नहीं जाकर अररिया कोट में देखो। बंगाली के घर-घर में साँझ को शंख फूँका जाता है। रोज कोई न कोई पूजा होती रहती है। क्या जनाना, क्या मर्दाना और क्या बच्चे, जितनी वार 'दिशा मैदान' से आवेंगे, कपड़ा जरूर बदलेंगे। नहावेंगे जरूर। बंगला मुलुक नहीं होता तो न काली माई रहती कहीं, और न दुर्गा माता।'[67] इसके अतिरिक्त माँ काली की पूजा अनुष्ठान व ध्यान तथा श्यामा संकीर्तन व श्यामा संगीत आदि धार्मिक उपासना व साधन आदि का भी इन उपन्यासों में चित्रण हुआ है। तारा मंदिर के घन अंधकार अंगनाई में खड़ी है ताजमनी, चार घण्टों से खड़ी है। और एक पहर रात कटे तब वह यहाँ से टलेगी! हे माँ तारा। मंदिर के मंदिर में रोशनी में माँ तारा की मूर्ति—काली, काली, काली। काले रंग का सागर, घनघोर अन्धकार। लाल जीभ माँ तारा की। अड़हुल फूल की लाली। माँ हँसती? जय माँ तारा।[68] तथा हाँ काका, इस बार फिर पूजा हुई है माँ की। आप नहीं आये।[69] और ताजमनी और जित्तन माँ— श्यामा और श्यामा संगीत। गाँववालों ने देखा, युगों के बाद काली की पूजा हो रही है।[70]

इस प्रकार यह सुस्पष्ट है कि रेणु के आंचलिक उपन्यास विशेषतः 'परती परिकथा' में जन-मानस की धार्मिक मनःस्थिति एवं आशा-आकांक्षा व आस्था-

विश्वास को सहज ही संवारा है। माँ काली की पूजा के माध्यम से जन-जीवन के धर्माचरण को सहज सुस्पष्ट किया है तथा उसकी वस्तुनिष्ठता को उजागर किया है। अतः कहा जा सकता है कि रेणु के समस्त आंचलिक उपन्यासों में धर्म के उदार दृष्टिकोण, शाश्वत गरिमा, व सत्य स्वरूप को ही 'मानुस सत्य' या मानव धर्म के रूप में प्रतिष्ठित किया गया है, जिससे मानव-मानव में बंधुत्व, समता, एकता, सेवा, त्याग, प्रेम, ईमानदारी व सहानुभूति आदि के सात्विक जीवन मूल्य प्रतिष्ठित हो सके हैं। एतदर्थ जनमानस में इन उदात्त मूल्यों के प्रति निष्ठा, विश्वास व रुचि जागृत हो सके तथा जन-जन की जीवन-पद्धति असत् से सत् की ओर बढ़ सके यही प्रमुख लक्ष्य रहा है रेणु का। शायद इसीलिए रेणु ने अपने सभी उपन्यासों में यह दर्शाया है कि, मनुष्य के साथ मनुष्य के मन का योगसूत्र जुड़ सके, व्यक्तिगत संपर्क घनिष्ठ हो सके और इन्सान हकीकत में इन्सान हो सके···इन्सानियत को जीवन में चरितार्थ कर सके तथा सर्वत्र मानव धर्म की प्रतिष्ठा हो। इसीलिए, तो कहा गया— वेदांत···भौतिकवाद···सापेक्षवाद··· मानवतावाद ! हिंसा से जर्जर प्रकृति रो रही है। व्याध के तीर से जख्मी हिरण-शावक की मानवता को पनाह कहाँ मिले ! हा··हा···हा ! अट्टहास। व्याधों के अट्टहास से आकाश हिल रहा है। छोटा-सा नन्हा हिरण हाँफ रहा है। छोटे फेफड़े की तेज धुकधुकी।··नीलोत्पल। नहीं, नहीं। यह अंधेरा नहीं रहेगा। मानवता के पुजारियों की सम्मिलित वाणी गूँजती है···पवित्र वाणी ! उन्हें प्रकाश मिल गया है। तेजोमय। क्षत-विक्षत पृथ्वी के घाव पर शीतल चंदन लेप रहा है। प्रेम और अहिंसा की साधना सफल हो चुकी है। फिर कैसा भय ! विधाता की सृष्टि में मानव ही सबसे बढ़कर शक्तिशाली है। उसको पराजित करना असंभव है, प्रचंड शक्तिशाली बमों से भी नहीं। पागलो ! आदमी आदमी है, गिनी-पिग नहीं···'सबार ऊपर मानुस सत्य।'[71] तथा क्या करेगा वह संजीवनी बूटी खोजकर ? उसे नहीं चाहिए संजीवनी। वह तो नये संसार के लिए इन्सान को स्वच्छ व सुंदर बनाना चाहता है।[72] एवं समाज को मानवीय और मनुष्य को सामाजिक बनाना ही मुक्ति का एकमात्र पंथ है।[73] इस प्रकार रेणु के आंचलिक उपन्यासों में 'मानुस सत्य' ही सर्वोपरि है, 'मानव धर्म' ही सर्वश्रेष्ठ है, 'मनुष्यता' ही सर्वस्व है। अतः उनमें मानवता की आवश्यकता पर बल दिया गया है, मानववाद की विशिष्टता अंकित की गयी है तथा मानव धर्म को ही प्रतिष्ठित किया गया है।

आचार-विचार व रहन-सहन

आचार-विचार एवं रीति-रिवाज आदि जन-जीवन के अंग हैं। अतः जन-जीवन के अस्तित्व के साथ आचार-विचार का रहना भी स्वाभाविक ही है। वस्तुतः इन्हीं

से जीवन-मूल्य प्रतिष्ठित होता है, जीवन की नैतिकता का मूल्यांकन होता है, सामाजिक परंपराएँ जीवित रहती हैं, तथा मानवीयता के वैशिष्ट्य का बोध होता है और उस अंचल की सांस्कृतिक महत्ता भी सुस्पष्ट होती है। रेणु के आंचलिक उपन्यासों में अंचल-विशेष के आचार-विचारों का बहुत ही सुंदरता तथा सूक्ष्मता के साथ चित्रण हुआ है, अंचल विशेष के लोगों के आचार-विचार में अनैतिकता, कुरूपता तथा बुराइयों आदि का प्राधान्य है। शायद इसीलिए कहा गया है कि 'मैला आँचल' पिछड़े हुए गाँव की मैली जिंदगी का चित्रण है।'[74] पर यह कहना उचित नहीं कि मैला आँचल में रेणु ने मैलापन अधिक ही चित्रित किया हैं क्योंकि प्रथमतः इस मैलेपन की अधिकता या न्यूनता आदि की कसौटी क्या होगी? और फिर जब इसमें ऊपर से थोपी हुई दुराग्रहपूर्ण नैतिकता कहीं नहीं है, बल्कि इसमें तो मानवीय दुर्बलता का ही चित्रण है, तो मैलेपन की अधिकता कैसी? वास्तविकता तो यह है कि 'मैला आँचल' में पिछड़े हुए क्षेत्र-विशेष व पिछड़े हुए वर्ग-विशेष के लोक-जीवन का यथातथ्य निरूपण है। अतः उसमें अंचल की समग्र कटुता, कुरूपता व मैलापन आदि का वस्तुनिष्ठ चित्रण होना स्वाभाविक है। रेणु के आंचलिक उपन्यासों में अंचल-विशेष एवं वर्ग-विशेष के उपेक्षित जन-जीवन की आचार-विचार-संबंधी धारणा या अनैतिकता आदि का स्वरूप जहाँ सहज ही उद्घाटित हो पाया है, वहीं अंचल की आचार-विचार संबंधी संपूर्ण वास्तविकता ही उजागर हुई है। फिर चाहे इन उपन्यासों में नैतिक मूल्यों का ह्रास रेखांकित हुआ हो, या जीवन-मूल्य चरमराते हुए चित्रित हुए हों, रूमानी मोह रुपायित हुआ हो, नैतिकता विषयक प्राचीन मूल्यों का विघटन हुआ हो या आदर्शों के घटियापन को बेनकाब ही क्यों न किया गया हो! इतना तो सच है कि इन उपन्यासों में अंचल-विशेष के जन-जीवन के आचार-विचार की असलियत का ही वास्तविक चित्रण हुआ है। श्रीमती एक हिंदू परिवार की पत्नी हैं, हिंदू धर्म के आचार-विचार पालती हैं।[75] तथा बालदेवजी शुद्ध विचार का आदमी है, संस्कार बहुत अच्छे हैं।[76] लक्ष्मी के रग-रग में अब साधु-सुभाव, आचार-विचार और नियम-धरम रम गया है।[77] लक्ष्मी कहती है, कालीचरण असल नियमी आदमी है ' काली बाबू का सुभाव जरा तीव्र है। लेकिन दुनिया के लोग अब इतने कुटिल हो गए हैं कि सीधे लोगों की गुजर नहीं। फिर सुभाव में जरा कड़ापन तो सुपुरुष का लच्छन है।[8] और उस्ताद ने कहा है कुश्ती लड़ने वालों को औरतों से पाँच हाथ दूर रहना चाहिए।[79] तो जयरामसिंघ का कहना है कि यात्रा करने के बाद अब जनाना का बनाया, पकाया भात नहीं खाना चाहिए। इसीलिए अब वह अपने हाथ से बना, पकाकर खाता है।[80] इसीलिए बावनदास अवतारी आदमी है।[81] जन्मजात साधू है।[82] ये हैं नैतिक आचार-विचार-युक्त जीवन के कुछ उदाहरण जो रेणु के उपन्यासों में चित्रित हुए हैं। किंतु

इस नैतिकता के साथ ही गरीबी, दीन-हीन अवस्था एवं परिस्थिति-जन्य विवशता आदि के कारण आचार-विचार संबंधी दुर्बलता का चित्रण भी रेणु के आंचलिक उपन्यासों में हुआ है। "जैसे एक युग हो गया, बावन ने जिलेबी नहीं चखी। आखिर बावन ने दही-चूड़ा पर दो आने की जिलेबी ले ली।"[83] यों सामने गरम-गरम जलेबी देखकर और अपनी परिस्थिति-जन्य दयनीय स्थिति का अहसास कर स्वाद के लोभ में इस प्रकार के आचार-विचार का हो जाना मानवीय दुर्बलता का ही द्योतक है। किंतु गरीबों के चंदे से मेहनत-मजदूरी करने वाली औरतों के मुठिया चावल की राशि से अपने स्वाद की पूर्ति करने पर दूसरे ही क्षण जो पछतावा होता है, तो दो दिन का उपवास और आत्मशुद्धि का प्रायश्चित[84] करना निश्चय ही आचार-विचार संबंधी नैतिकता व मानवीय दुर्बलता की कशमकश का ही प्रतीक है। एतदर्थ गरीबी के कारण या अन्यान्य परिस्थिति-जन्य विवशता आदि के कारण अनेक प्रकार की आचार संबंधी मानवीय दुर्बल-ताओं का चित्रण रेणु के उपन्यासों में अत्यंत सहजता से हुआ है।

इसी प्रकार शारीरिक गुण धर्मानुसार नारी सम्मोहन से मन का विचलित हो उठना और सहज ही मोह से ग्रसित हो उठना आदि भी मात्र आचार-विचार सम्बन्धी अनैतिकता ही नहीं अपितु मानवीय दुर्बलताओं की ही पहचान हैं। जैसे आश्रम में, बावन के मन का अनायास ही पलंग पर सोई हुई जवान औरत को पर्दे की आड़ से देखने पर हो जाता है।[85] पर यहाँ भी दूसरे ही क्षण आत्मग्लानि का होना, अपने आप पर क्षोभ करना और फिर सात दिनों तक उपवास-व्रत से आत्म-दण्ड देकर, आत्मशुद्धि, इंद्रिय-शुद्धि व प्राय-श्चित करना तथा औरतों के सामने अपने इस घिनौनेपन के हाल की आत्म-स्वीकृति करना, निश्चित ही मानसिक अनैतिकता की स्थिति में भी नैतिक संस्कार-युक्त जीवन की सतर्कता एवं आचार-विचार सम्बन्धी मानवीय दुर्बलता तथा नैतिक-अनैतिक के मानसिक द्वंद्व व कशमकश का ही प्रमाण है।[86] अतः आचार-विचार में नैतिक तथा अनैतिक की कशमकश या दुर्बलताओं का सूक्ष्मतम चित्रण रेणु की अपनी विशिष्टता है। इसी प्रकार मनुष्य मात्र के आचार-विचार पर सहज ही हावी होने वाले ठोस शारीरिक गुण-धर्म का यथार्थ चित्रण भी रेणु की निजी विशेषता रही है। जैसे एक जवान आदमी को शारीरिक भूख नहीं लगे तो निश्चय ही वह 'बीमार' अथवा एबनॉर्मल है।[87] तथा जितेन्द्र गुनगुनाकर गाता है—"बैराग जोग कठिन ऊधो-ओ-ओ-ओ-हम ना करब।"[88] इससे एक ओर शुद्ध शारीरिक धर्म की अनिवार्यता सुस्पष्ट है तो दूसरी ओर मानव के लिए वैराग्य व योग आदि की कठिनाइयाँ भी कुछ कम नहीं। मानव की यही दुर्बलता है। अतः इन्हीं दुर्बलताओं के प्रतीक रूप में ही नैतिक-अनैतिक आचार-विचारों का चित्रण रेणु के उपन्यासों

में हुआ है ।

रेणु के आंचलिक उपन्यासों में अंचल विशेष के समग्र लोक-जीवन के चित्रण में अनैतिक आचार-विचार का भी विषद व विशिष्ट किन्तु वास्तविक चित्रण हुआ है । जैसे 'मैला आँचल' में फुलिया की रंगरेलियाँ एवं अनैतिक जीवन के चित्रण,[89] रमज़ूदास की स्त्री के कारनामे,[90] अन्धे सेवादास की करतूतें,[91] मठ जैसे पवित्र स्थल पर महंत रामदास व सोधू-राक्षस नरसिंघदास की करतूतें,[92] तथा मठ में रामतिवारी का आगमन व आचरण ।[93] 'परती परिकथा' में मंदिर जैसे पूजा-स्थल पर पुजारी सरबजीत चौबे का मलारी को नियंत्रण,[94] लुत्तो का नट्टिन टोले में बार-बार जाने का बहाना ।[95] रोशन विस्वा की गंगा बाई में रुचि,[96] तथा नट्टिन टोले की जिन्दगी;[97] 'जुलूस' में गोड़ियर गाँव के मुखिया का तन्त्र विद्या के बहाने नयी-नयी भैरवियों (स्त्रियों) के साथ खिलवाड़,[98] दीपा की माँ की पीठ में नौजवान पुरुषों को देखकर दर्द उठना, [99] तथा पवित्रा को हर बड़े अफसर की आँखों में कारुमि की कामोत्तेजक आँखों का दर्शन होना ।[100] 'दीर्घतपा' में संस्थानों के 'ग्रामोद्योग के माल की अपेक्षा,[101] स्वयं-सेविकाओं का चरित्र-हनन, तथा लोगों का हॉस्टल की स्त्रियों के प्रति रुख एवं 'पल्टूबाबू रोड' में पल्टूबाबू का आचरण,[102] आदि—ये सब अनैतिकता, चरित्र-हीनताया चरित्र-हनन आदि के विशद चित्र हैं, जो लोक-जीवन में व्याप्त अनैतिक आचार-विचार के ही प्रमाण हैं ।

स्पष्ट है कि रेणु के आंचलिक उपन्यासों में अंचल-विशेष के लोक-जीवन की सारी हकीकत तथा वास्तविकता का सांगोपांग व यथार्थ चित्रण हुआ है ! कहीं भी दुराग्रहपूर्ण नैतिकता नहीं थोपी गयी है, बल्कि वास्तविकता तो यह है कि जन-जीवन में व्याप्त अनैतिकता का पर्दाफाश किया गया है ।

इसके अतिरिक्त रेणु के आंचलिक उपन्यासों में अंचल-विशेष के जन-जीवन में प्रचलित रीति-रिवाजों का उल्लेख भी मिलता है । वास्तव में ये रीति-रिवाज जनसाधारण की आचार-विचार सम्बन्धी धारणा, मान्यता और नियम आदि का व्यावहारिक पक्ष ही है । क्योंकि वस्तुतः जन-जीवन के आचार-विचार ही समाज में नियमित व्यवहृत होने के कारण कालांतर में रस्म या रिवाज का स्वरूप धारण कर लेते हैं और फिर सामाजिक परंपरा के रूप में प्रचलित होकर प्रतिष्ठित हो जाते हैं। रेणु के आंचलिक उपन्यासों में अंचल-विशेष के समग्र चित्रण के परिणामस्वरूप रीति-रिवाजों का उल्लेख स्वाभाविकता से हुआ है । जैसे, पुश्त-दर-पुश्त जो रीति-रिवाज गाँव में चल रहे हैं उनको एक बारगी बदल देना आसान नहीं । जिनके पास पैसा या जमीन है, वह भी तो अपने चाल-चलन नहीं सुधार सकते ।[103] फिर भला गाँव के

सामूहिक या सामाजिक जन-जीवन में प्रचलित रीति-रिवाज कैसे बदले जा सकते हैं ? ये रीति-रिवाज सामाजिक जन-जीवन की गतिशीलता के पारिचायक भी होते हैं। इनमें जन-जीवन की सामूहिक गतिविधियों की पहचान होती है । जैसे "सबसे पहले कालीथान में पूड़ी चढ़ाई जाती हैं । इसके बाद कोठी के जंगल की ओर दो पूड़ियाँ फेंक दी जाती हैं, जंगल के देव-देवी और भूत-पिशाच के लिए । इसके बाद साधू और ब्राह्मण को भोजन ।[104] यह अंचल-विशेष में 'भंडारा' (सामूहिक भोजन) के अवसर पर प्रचलित सामाजिक रीति का उदाहरण है । जन-जीवन में अनेक प्रकार के रीति-रिवाज प्रचलित हैं, जिनका उल्लेख रेणु के आंचलिक उपन्यासों में उपलब्ध होता है । जैसे गोना,[105] चुमौना (सगाई), [106] तिलक पर दान देने की रस्म,[107] यज्ञोपवीत संस्कार में (जनेऊ लेना),[108] नए महंत के लिए टीके की रस्म,[109] शादी-ब्याह पर सोहर गाने की रस्म, [110] बैरागी धर्म स्वीकारने पर परसाद उठाने की रस्म,[111] तथा मेले के रीति-रिवाज, किसी शुभ काम के लिए जाते समय हाथ पर दही रखने की रस्म,[112] एवं महंत की मृत्यु पर 'माटी देने' का रिवाज आदि ।

शिक्षा को स्थिति

रेणु के आंचलिक उपन्यासों में अंचल-विशेष के जन-जीवन में प्रायः शिक्षा का अभाव ही दिखायी देता है । अधिकतर लोग अशिक्षित हैं । वे लोग तो लिख लोढ़ा, पढ़ पत्थर हैं ।[113] यथा 'सारे' मेरीगंज में दस आदमी पढ़े-लिखे हैं—पढ़े-लिखे का मतलब हुआ अपना दस्तखत करने से लेकर तहसीलदारी करने तक की पढ़ाई । नये पढ़ने वालों की संख्या पन्द्रह,[114] इसका कारण यह कि गाँव में बच्चे पढ़ने जायेंगे तो गाय-भैंस की रखवाली कौन करेगा ? पढ़ने से बाबू हो जाएगा। किन्तु शिक्षा का अर्थ जहाँ तक साक्षरता मात्र हो तो निश्चय ही क्षेत्र-विशेष के लोग निरक्षर हैं, अपढ़ हैं । पर शिक्षा मात्र साक्षरता तो नहीं । वह तो ज्ञान-विज्ञान की उपलब्धि का माध्यम मात्र है, सिर्फ साधन है । शिक्षा द्वारा ज्ञान व विवेक की अभिवृद्धि होती है, प्रतिभा का विकास होता है और वह सब अनुभवजन्य शिक्षा द्वारा भी सम्भव है । और ऐसी शिक्षा मात्र स्कूली शिक्षा न होकर प्रत्यक्षतः जीवन के क्षेत्र में पग-पग पर अनुभव द्वारा अर्जित की जाती है, जिससे सांसारिक या व्यावहारिक बुद्धि का विकास अनिवार्यतः संभव हो जाता है ।

यही कारण है कि अंचल-विशेष के लोक-जीवन में सांसारिक बुद्धि का प्राबल्य अधिक दिखायी देता है । शिक्षा न लेते हुए भी अंचल-विशेष के लोग अनुभव से होशियार एवं चालाक होते हैं । इसीलिए 'मैला आँचल' में डॉ० प्रशांत

ममता को खत में लिखता है, "गाँव के लोग बड़े सीधे दीखते हैं, सीधे का अर्थ यदि अपढ़, अज्ञानी और अन्धविश्वासी हो तो वास्तव में वे सीधे हैं। जहाँ तक सांसारिक बुद्धि का सवाल है वे हमारे और तुम्हारे जैसे लोगों को दिन में पाँच बार ठग लेंगे.। और तारीफ यह है कि तुम ठगी जाकर भी उनकी सरलता पर, मुग्ध होने के लिए मजबूर हो जाओगी।" [115] इससे यह तो स्पष्ट ही है कि अंचल-विशेष के लोग अपढ़ हैं, अज्ञानी हैं और इसीलिए शायद अंधविश्वासी भी, पर सांसारिक बुद्धि या अनुभव में ये किसी से कुछ कम नहीं। अतः भले ही वे लोग अशिक्षित या अपढ़ हों लेकिन बुद्धिहीन या अनुभवहीन कदापि नहीं।

ऐसे अभावग्रस्त ग्रामीण अंचल के लोगों का स्कूल में, शिक्षा प्राप्त करने वाले, या प्राप्त करके आए हुए लोगों के बारे में, क्या राय हो सकती है उसका रेणु ने उपन्यासों में बहुत ही सुन्दर चित्रण किया है। जैसे 'हरगौरिया' स्कूल में चार अक्षर पढ़ क्या लिया है, लाट साहब हो गया है। अरे पढ़ता क्या है ? दाढ़ी-मोंछ हो गया है और अपना सकलदीप से दो किलास नीचे पढ़ता है। एकदम फेलियर है। इस साल भी फेल हो गया है।" [116]

"उसका बाप मास्टर को घूस देने गया था। मास्टर को गुस्सा आ गया— भागो, नहीं तो फेल कर दूंगा। अरे पढ़ेगा क्या, सुनते हैं लाल बाग में लाल पढ़ना में पास हो गया है।"[117] थोड़ा-बहुत पढ़ते ही अपने आपको लाट साहब समझना तथा अशिष्ट अनैतिक, आचरण भ्रष्ट होना एवं क्षेत्र-विशेष के कम पढ़े-लिखे लोगों के सामने झगड़ना यह सब अल्पशिक्षित व अविकसित व्यक्तित्व का परिचायक है। इस प्रकार रेणु जहाँ अंचल-विशेष के लोक-जीवन में स्कूली शिक्षा के साथ, प्रौढ़ शिक्षा के प्रचार व प्रसार की असलियत का चित्रण भी करते हैं। 'चरखा सेंटर में·· बूढ़े लोगों को पढ़ाया भी जाता है। और तो और बच्चों को मास्टरनी पढ़ाती है और बूढ़ों को मास्टरजी। बूढ़ा विरंचिदास दस दिनों से पढ़ने आता है लेकिन 'क' के बदले 'ग' से ही ककहरा शुरू करता है—ग, घ, ख, क। मास्टरजी हैरान हैं। क्या सचमुच ही बूढ़ा सोता पोस नहीं पाता।"[118] ग्रामीण अंचल में शिक्षा के प्रचार प्रसार के कारण स्कूली शिक्षा हो रही है, तथा लोग गाँव से शहर की ओर जा रहे हैं तो गाँव की नयी पीढ़ी में परिवर्तन आवश्यक हो जाता है। अतः गाँव बदल रहे हैं, इसका सविस्तर चित्रण रेणु ने अपने आंचलिक उपन्यास 'परती परिकथा' में किया है। गाँव की आबादी सात-आठ हजार है। पढ़े-लिखे लोगों की बात कीजिए। आठ ग्रेज्युएट, दो एम० ए०, एक शास्त्री (काशी विद्यापीठ), पचास मैट्रिक्युलेट, सौ मिडिल पास, डेढ़ दर्जन कवि, दो साहित्यालंकार और एक नाटककार। लड़कियाँ भी पढ़ी-लिखी हैं। और रघू रामायणी को क्या

कहियेगा ? एक अक्षर का भी बोध जिसे नहीं, किन्तु बालकाण्ड तक क्षेपक सहित जिसके कण्ठ में हैं। इस गाँव में स्कूल हैं, उच्चांग विद्यालय भी (दि० ब्रा० एच० पी० स्कूल)। स्कूल में कोई हेडमास्टर नहीं टिक पाता। जाति और पंचायत के झगड़े। यहाँ एक कन्या विद्यालय भी है। गाँव की ही अध्या-पिकाएँ हैं। यहाँ पुस्तकालय भी है पर सरकारी सहायता व रेडियो आदि 'पार'[119]

यह है अंचल-विशेष के लोक-जीवन में शिक्षित समुदाय की तस्वीर तथा शिक्षा क्षेत्र की वस्तुस्थिति और उसी में पनपता जातिवाद, दलबन्दी व भ्रष्टा-चार। इसी साथ शिक्षा के क्षेत्र में 'रिजर्वेशन' आदि को लेकर जो वस्तु-स्थिति है उसे भी रेणु ने अपने आंचलिक उपन्यासों में साफ-साफ शब्दों में लिखा है। जैसे : "सुराज के बाद स्कूल कॉलेज में पढ़ने की फीस नहीं लगती। सरकार से पनपियाई के पैसे भी मिलते हैं. पचास रुपया या कितना ?··· ब्राह्मण, क्षत्रिय के लड़कों को कुछ नहीं मिलता है। कहार, धोबी, चमार, हरिजनों को पढ़ने के लिए पैसा देती है सरकार और भूमिहार···बामन को ? ···श्यामसुन्दर चौधरी ने अपने को भुइयाँ लिखाकर सौ रुपये महीना ठग लिया था····· सरकार मुकदमा चला रही है। ····· क्या किया-आ-आ ? जान के नाम पर लिख दिया—भुइयाँ ? इसी से कोट, पतलून, मारटोपी, अचकन, पेण्टन जाने क्या-क्या खरीद कर ढेर लगा दिया था श्याम सुन्दर ने।[120] यह है सुविधाओं के क्षेत्र में दुरुपयोग का नमूना तथा शिक्षा के क्षेत्र में जातिवाद के पनपने का कारण। तभी तो तीन साल पहले तक जो क्षेत्रीय अपने को खास मानसिंह का वंशज बतलाते थे, उनके लड़के शेड्यूल कास्ट में नाम लिखाने को धक्कम-धुक्का कर रहे हैं।[121] फलतः सर्वत्र जातिवाद सिर चढ़कर बोलने लगा है। हाँ, यह तो सच है कि गाँव जरूर बदल रहा है, गाँव में लोग बदल रहे हैं और ऐसे बदल रहे हैं कि अंग्रेजी के पाव के कारण मानसिक दासता के शिकार हो रहे हैं, बड़े-बूढ़े भी। जैसे गरुड़ध्वज झा अंग्रेजी नहीं जानता, लेकिन उसका लड़का अंग्रेजी पढ़ता है।"[122]

रेणु के अंचल-विशेष में कुछ एक पढ़ी-लिखी स्त्रियों का भी चित्रण है। 'मैला-आँचल' की ममता के प्रोत्साहन से ही प्रशांत मेरीगंज में डाक्टरी करना पसन्द करता है। डॉक्टर प्रशांत ममता की ऋणी है। ममता से उसे प्रेरणा मिली है;[123] क्योंकि पटना की महिला समाज सेविकाओं में ममता का नाम सबसे पहले लिया जाता है।[124] 'कमला' भी पढ़ी-लिखी है। डाक्टर को पत्र लिखती है। 'परती परिकथा' में ताजमनी मलारी 'जुलूस' की पवित्रा, संध्या, 'कितने चौराहे' की शरबतिया तथा 'पल्टू बाबू रोड' की बिजली, कुन्तला, छवि

सभी स्त्री पात्र सुशिक्षित हैं तथा शिक्षा का महत्व अच्छी तरह से जानती हैं। इसीलिए 'जुलूस' की पवित्रा अपने शरणार्थी कैंप में एक स्कूल खोलती है तथा गाँव के बच्चों को भी वहाँ आने के लिए कहती है।[125] समाज-सेविका, अध्यापिका, वकील तथा अन्य प्रकार की नौकरियों में रेणु के अंचल-विशेष की स्त्रियाँ दिखायी अवश्य देती हैं, किन्तु उनका परिमाण बहुत कम है। अधिकतर स्त्रियाँ पढ़ने-लिखने को अच्छा न मानने वाली ही हैं। इसका कारण रेणु के उपन्यासों का अंचल विशेषतः पिछड़ा हुआ होना है।

रेणु के आंचलिक उपन्यासों के अंचल-विशेष के सामान्य लोग अधिकतर अनपढ़ हैं किन्तु सुराज के बाद वह अंचल अंगड़ाई ले रहा है और उसके साथ ही साथ शिक्षा का महत्व लोग समझने लगे हैं। इन सब बातों का रेणु ने अपने उपन्यासों में बहुत ही सूक्ष्मता से चित्रण किया है। और आजकल गरुड़ध्वज झा भी एकाध अंग्रेजी शब्द मिलाकर बोलता है। सभी बोलते हैं, फिर गरुड़ध्वज झा ही क्यों न बोले ?[126] इसी प्रकार ......"लुत्तो भी आज-कल फर्स्ट बुक पढ़ता है, अर्जुनलाल के यहाँ जाकर ए फैट कैट सेट आन दैट मैट। एक मोटी बिल्ली बैठी उस चटाई पर।[127] ग्रामीण जीवन में भी अंग्रेजियत का मोह किस प्रकार से है यह इससे स्पष्ट हो जाता है। शिक्षा के नाम पर गुलामी, जो मनुष्य की मानसिकता का नमूना है, जो देश के दूर-दराज अंचलों को भी ग्रस्त व त्रस्त करता जा रहा है और अपनी जमीन की बोली के स्वाभिमान को रक्त-कैंसर की तरह कुतरते हुए सांस्कृतिक धरोहर को हेय; हीन व दुर्बलता प्रदान करने की मनोवृत्ति को पोषित करते हुए विनाशोन्मुख किये जा रहा है। रेणु की पैनी दृष्टि ने लोक-जीवन की ऐसी दुर्बलताओं का चित्रण भी अत्यंत सूक्ष्मता से किया है।

वेशभूषा

रेणु के आंचलिक उपन्यासों में जन-जीवन की वेश-भूषा, आभूषण, रहन-सहन आदि का चित्रण, उस अंचल विशेष के जन-जीवन का हूबहू चित्र प्रस्तुत करता है, जिससे उस अंचल के जन-जीवन की जीवन-पद्धति का पूर्ण परिचय प्राप्त होता है।

रेणु के आंचलिक उपन्यासों में अंचल-विशेष के जन-जीवन की वेशभूषा है। धोती, कुर्त्ता, गंजी, गमछा तथा साड़ी-चोली। किन्तु सचाई यह है कि अंचल के अधिकतर लोगों को ये साधारण वस्त्र भी नसीब नहीं होते। सारे गाँव के लोग अर्धनग्न हैं। औरतें आंगन में काम करते समय एक कपड़ा कमर में लपेट-कर काम चला लेती हैं, बारह वर्ष तक के बच्चे नंगे ही रहते हैं।[128] आदमी को पहनने के लिए कपड़ा नहीं।[129] सच है, रहे भी कैसे ? गरीबी और 'कोटा

व कन्ट्रोल' का जमाना जो है। इसीलिए लोग एक दूसरे से कहते हैं, हाँ भइया, कोटा-कनटरोल का जमाना है, कपड़ा नहीं।[130] ऐसी स्थिति में पहले कमरुद्दीन और फिर बालदेवजी कंट्रोल के कपड़े की पुँजियाँ बांटते हैं। सुबह से पुर्जी बाँट रहे हैं, दोपहर हो गयी। साड़ी नहीं। नहीं ? बालदेवजी हमको एक साड़ी ...रोफा की माथे एकदम नगन हो गयी है, बालदेवजी। ...कपड़ा अब कहाँ है ? रिजरव (रिजर्व) में भी नहीं है। सिरिफ़ कफ़न और सराध का कपड़ा है।[131] यह वस्तुस्थिति है वस्त्रहीन दयनीय जन-समुदाय की, जिसको रेणु ने अपने आंचलिक उपन्यासों में चित्रित किया है।

जन-जीवन को ऐसी दयनीय अवस्था से उबारने के लिए बापू के नेतृत्व में स्वदेशी जन-आंदोलन जो शुरू हुआ, तथा चरखा ओर चरखे से निकाले गए सूत से बनी खादी का उस समय जो प्रचार-प्रसार हुआ उसका परिचय भी रेणु के आंचलिक उपन्यासों में दिखायी देता है। यदि घर-घर का एक-एक व्यक्ति चरखा चलाने लगे तो गाँव की गरीबी दूर होगी। अन्न-वस्त्र की कमी नहीं रहेगी।[132] इस प्रकार अंचल-विशेष के लोगों में भी खादी की प्रतिष्ठा बढ़ी और उसका प्रचलन भी हुआ जैसे बालदेव खद्दर पहनता है।[133] और कुबेर सिंह खद्दर पहनते हैं।[134] जनता में जागृति आयी और वह सुदेशी बना, विदेशी कपड़ा बेकाट [135] तथा बिलैती कपड़ा के पिकेटिंग,[136] आदि करने लगे। इसका परिणाम यह हुआ कि जनता विदेशी कपड़ों का त्याग करने लगी और स्वदेशी कपड़ों को अपनाने लगी, तथा स्वदेशी कपड़ों का बोलबाला बढ़ता ही गया। इसीलिए लोग कहने लगे, 'बालदेवजी को बिलेती कपड़ों से क्या जरूरत ? खद्दड़ को छोड़कर दूसरे कपड़े छूते भी नहीं'[137] देहाती ही नहीं शहरी लोगों की भी यह प्रवृत्ति रहती है कि वह अपने नेता का, फिल्म ऐक्टर का, तथा बड़े लोगों का अनुकरण करें। रेणु के अंचल के लोगों में भी वह प्रवृत्ति दिखायी देती है। उस समय प्रचलित नेहरू के 'जैकेट या जवाहिर कोट'[138] का उल्लेख उपन्यास में हुआ है। पार्टी के नेता तो ऐसे कपड़े बना लेते हैं लेकिन सामान्य मेंबर उससे वंचित रह जाते हैं, क्योंकि उस प्रकार के कपड़े बनाने में वे असमर्थ है। सोशलिस्ट मेंबर काली, वासुदेव और सुन्दर सोशलिस्ट काट-कुर्त्ता अर्थात् खद्दड़ का पंजाबी कुर्त्ता, गले में दो इंच का ऊँची पट्टी लगी हुई पहनने लगे पर बाकी मेम्बरों ने जीवन में कभी गंजी भी नहीं पहनी।[139] यह हालत है आम आदमी की।

रेणु के अंचल-विशेष में हिन्दुस्तानी पहनावे के रूप में धोती-कुर्त्ता ही प्रचलित रहा है। कुछ एक अंग्रेज लोग भी धोती-कुर्त्ता का ही प्रयोग करते हुए चित्रित किये गये हैं जैसे डफ़ साहब-आजकल एकदम हिन्दुस्तानी हो गया है, धोती-कुर्त्ता पहनता है, कभी-कभी रोली का टीका भी लगाता है।[140] यों

रामदास भी धोती-कुर्त्ता पहनता है[141] और मिरदंगिया का समाजी···धोती, कुर्त्ता, गमछा वगैरह लेकर घर लौटता है।[142] अतः अंचल के जनसाधारण में विशेष रूप से धोती और कुर्त्ता का ही अधिक प्रचलन रहा है। कभी-कभी गमछा और गंजी का भी प्रयोग होता रहता है। शोभन मोची को नया गमछा और नयी गंजी मिली है।[143]

स्त्रियों में साड़ी-चोली तथा ओढ़नी का प्रचलन रहा है। साड़ी के रूप अनेक हैं। सफेद मलमल की साड़ी।[144] लाल किनारे वाली साड़ी।[145] सदा सुहागिन शांतिपुरा साड़ी।[146] चौडे पाड़ और अँचरावाली कटकी साड़ी।[147] गाँवों में धीरे-धीरे फैशन भी पहुँच रहा है, जिसका चित्रण भी बखूबी हुआ है। जैसे कमली अँगिया के नीचे छोटी चोली पहनती है।[148] इन चोलियों के भी अलग-अलग नाम गिनाये गए हैं जैसे 'ब्रेसरी'? तो इस ब्रेसरी का क्या नाम है। वाइल्डगूज? बनहंसी? हा-हा![149] या कुंतला कौनसी ब्रेसरी पहनती है? प्रोबोकेटिव।[150] आदि।

अंचल-विशेष के जन-जीवन में उक्त पहनावे के अतिरिक्त फैशन परस्ती के फलस्वरूप कोट, पैंट, गुलबन, मोजा, पजामा, कुर्ता, जूता तथा ब्लाउज आदि का भी प्रयोग हुआ है। "कोट-पैंट, गुलबन, मोजा, जूता व चश्मा पहने,[151] तथा मर्दों ने पेंट पहनना शुरु कर दिया है,[152] एवं "मच् मच् मच्! वालदेव पूर्णिया से लौटा है। भाटा कम्पनी का जूता खरीदा है चौबीस रुपये में। चलते समय मच-मच बोलता है। रात में आँख पर धूप-छाँव काला चश्मा लगाकर, पैजामा-कुर्ता पहनकर, जूता मच-मचाकर चलने के समय थोड़ा नसा जैसे लगता है। परेड करते हुए चलने का मजा आ जाता है।[153] शादी-ब्याह के समय अचकन पहनी जाती है। पल्टू बाबू गुलाबी अचकन पहन कर आये हैं।[154] रजिस्ट्री ऑफिस में। इस नये फैशन के पहनावे के साथ ही टोपा, काली टोपी व हैट, पगड़ी तथा ओढ़ने के लिए कम्बल-शाल-दुशाला आदि का प्रयोग इस अंचल में होता है। जैसे, डॉक्टर साहब टोपा पहने हुए हैं,[155] उनके टोले में कटिहार से काली टोपी वाले दल के संयोजक जी आये हैं,[156] दिलबहादुर मेरी,[157] तथा पल्टू-बाबू के विवाह पर यूनुस गाड़ीवान को रेशमी पगड़ी मिली है।[158]

इस प्रकार रेणु के आंचलिक उपन्यासों में अंचल-विशेष के जन-जीवन में प्रचलित नयी-पुरानी सभी प्रकार की वेशभूषा का चित्रण हुआ है। रेणु ने इस पहनावे का बड़ी बारीकी से चित्रण किया है। जैसे रेशमी नर्मद लुंगी, कपड़े के फीते से बगल में बँधा हुआ कुर्त्ता और पाँव में खड़ाऊँ[159] तथा रेशमी कुर्त्ता व लाल धोती पहने[160] राम टहल और बौवजन बाबाजी को भी मोहर छाप धोती और रेशमी कुर्ता मिला।[161] एवं जित्तन बाबू शाम को जो लंबा कुर्त्ता पहनकर निकलते हैं, अजगर साँप की खाल का तो नहीं? चित्ता छापवाला

कुर्त्ता[162] और लाल गमबूट, वाटर प्रूफ कोट की जगह घासी रंग का एक वाटर प्रूफ शाल, जिस पर रासायनिक रंग में आँके सुनहरे बेल-बूटे चमकते हैं। क्या कहा जाय इस 'वाटर प्रूफ को? वाटर प्रूफ कैप, स्कार्फ या दुशाला?[163] इस तरह रेणु के आंचलिक उपन्यासों में अंचल-विशेष की वेशभूषा का वर्णन देखकर ऐसा लगता है जैसे रेणु का अंचल अपनी समग्र विशेषताओं के साथ हमारे सामने खड़ा है।

आभूषण

अंचल-विशेष के पहनावे के विस्तृत चित्रण के साथ ही साथ रेणु ने इस अंचल के जन-जीवन में अहर्निश काम में आनेवाले लोगों के द्वारा प्रयोग में लाये जाने वाले आभूषणों का चित्रण भी अत्यंत गहराई के साथ किया है। जिसके द्वारा यह बात स्पष्ट हो जाती है कि रेणु को अपने अंचल का कितना सूक्ष्म एवं गहरा ज्ञान था। विशेष रूप से आभूषणों का प्रयोग स्त्रियाँ ही करती हैं, लेकिन कहीं-कहीं पर जैसे नाटक, नाच आदि के समय पुरुष भी इसका प्रयोग करते हैं। पोलिया टोली के छीतन राम का बेटा चलित्तर लड़कियों की तरह लम्बे बाल रखता है। नाक में बुलाक भी हमेशा पहने रहता है। वह नटवा है। अभी साज-पोशाक पहनकर एकदम बामीन की तरह लग रहा है लौंडा।·· कान में कनफूल किसके हैं? कमली दीदी के?·· वाह रे छोड़ा! आज यदि यह कान का कनफूल बक्सीस में जीत लें तो समझें कि असल विदापतिया का चेला है।[164] और कहीं नकली मुक्तारे माला अपने प्रिय जन को भेंट दी जाती है[165] तो कहीं अपनी दिवंगत पत्नी के गले का हैकल [166] तंत्र-साधना के लिए किसी भैरवी को दिया जाता है।

अतः इस चित्रण से यह बात भी सुस्पष्ट है कि अंचल-विशेष के जन-जीवन में पहनावे के साथ आभूषणों को धारण करना, वस्तुतः पहनावे के महत्व को बढ़ाकर उसे परिपूर्णता प्रदान करना है। इसीलिए अंचल-विशेष के जन-जीवन में आभूषणों की ललक व रुचि स्पष्टतः दिखायी देती है। शहरी जीवन में तो स्त्रियाँ शिक्षा के कारण नकली वस्तु धारण करना इतना पसन्द नहीं करतीं जितना ग्रामीण स्त्रियाँ। फिर ग्रामीण स्त्रियों के पास असली आभूषणों की खरीदी के लिए पैसे भी कहाँ? इसीलिए 'जुलूस' की संध्या अपने एक दोस्त से कहती है, "गरीब मनुष्य मुक्तोर माला का शौक ही क्यों करे?"[167] लेकिन संध्या जैसी स्त्रियाँ कम दिखायी देती हैं। सामान्य स्त्री तो यही कहती है, "माँ के लिए नाक की बुलाकी ले आना, असली पित्तल की बुलाकी।"[168] तथा सलासाजी इस बार बाल बाग मेला से उसके लिए असली गिल्ट का कंगना ले आये हैं। चाँदी की तरह चमक है[169] एवं कान में पित्तल के फूल हैं, फूल नहीं फूलिया कहती

हैं, कनपीसा ।[170] इस प्रकार अंचल-विशेष के जन-जीवन की स्त्रियों में आभूषणों के प्रति केवल रुचि या ललक ही नहीं, उनमें परस्पर डाह या जलन भी कुछ कम नहीं है । जैसे फूलिया की माँ ने जब से रमजदास की स्त्री के हाथ में कंगन देखा है, उसका कलेजा जल रहा है ।[171] तथा चित्तन बाबू ने ताजमनी की नथिया उतारी,[172] इसलिए नट्टिन टोली की सारी स्त्रियाँ परेशान हैं, ताजमनी पर जल रही हैं ।[173]

रहन-सहन

रेणु के आंचलिक उपन्यासों में अंचल विशेष के जन-साधारण का घर-बार और रहन-सहन आदि का चित्रण उनकी जीवन-पद्धति और लोक-जीवन के स्वरूप को उजागर करता है ।

अंचल-विशेष के अधिकतर लोगबाग बाँसफूँ-स के घरों में रहते हैं । ये घर बाँस, खढ़ व सुतली से बने होते हैं । 'सात दिन के अन्दर' डिस्ट्रिक्ट बीड का मिस्तिरी लोग आवेगा । आप लोग बाँस, खढ़, सुतली और दूसरा दरकारी चीज का इंतजाम कर देना ।"[174] वस्तुतः ये घर भी खूब होते हैं । जैसे, कलम बाग में बाँस फूँस के तीन सुंदर बंगले खड़े हो गए । इस इलाके की यह भी एक बड़ी कारीगरी है—बाँस-फूस का चौखटा । एक ही डर होता है— आग का । लेकिन होता है खूब ।[175] फिर भी कहा जाता है, "बाँस-फूँस के घर का क्या ठिकाना ? आँधी आयी, उड़ा ले गयी । बरसात हुई तो टपकने लगी और चिन्गी भी कभी उड़ी तो सोहा ।[176]

ऐसे बाँस-फूँस के घरों में लोग बाग रहते हैं बल्कि कइयों को तो बाँस-फूँस की झोंपड़ी भी नसीब नहीं होती है, जो वस्तुतः पशु या बैलगाड़ी आदि रखने के लिए होती है । जैसे मास्टर जी भगवान भगत की झोंपड़ी में रहती हैं । भगवान भगत ने गाड़ी-बैल रखने के लिए एक झोंपड़ी बनाई थी, लेकिन अब अगले साल टीन का मकान बना देने का इरादा है, इसलिए एक बार गाड़ी-बैल नहीं खरीद सका ।[177] अतः पशुओं के रहने की जगह में भी अंचल-विशेष के लोगबाग रहते आये हैं । कई जगह बाँस की फट्टियों की टट्टी से दरवाजे आदि का काम भी ले लिया जाता है । जैसे टट्टी की आड़ में खड़ी होकर सारंगा सदावृक्ष की कथा सुन रही है ।[178] तथा आंगन की औरतें भी घूँघट छोड़, टट्टी के पास खड़ी होकर सुन रही हैं ।[179]

यों कुछ घर पक्की नींव के भी होते हैं । जैसे तहसीलदार साहब का दोमंजिला घर ।[180] इन पक्के घरों में प्रायः आंगन होता ही है । [181] फिर उस समय आंगन का उपयोग प्रायः बीमार लोगों के लिए होता था जैसे यदि कोई आंगन में सोया रहे तो समझ लेना चाहिए कि तबीयत खराब है, बुखार हुआ है या

सरदी हुई है या सिर दर्द कर रहा है। जिनकी आंगनवाली ही नहीं वह क्यों आंगन में सोयेगा ? आंगन में सोने का अर्थ आंगनवाली के हाथों की सेवा प्राप्त करना है ।[182] इसके अतिरिक्त इन घरों में 'गुहाल' भी होती है। जैसे खालसा जी तुम्हारे गुहाल में सोते हैं न ।[183] तथा 'चरखासेंटर' के दोनों मास्टर तहसीलदार साहब के गुहाल में रहते हैं।[184] 'गुहाल' अर्थात् गोशाला, या पशुओं को बाँधने का स्थान । इन स्थानों पर भी मनुष्य का रहना अंचल-विशेष के जन-जीवन के आवास की स्थिति को सुस्पष्ट करता है । जन-जीवन के इन्हीं घरों में अंगीठी भी होती हैं जिसमें हमेशा आग रखी रहती है । चूल्हे में आग रखकर लोग सो जाते हैं। बहुत खराब आदत है ।[185] अंगीठी के पास बैठकर हुक्का-बीड़ी पी जाती हैं ।[186]

इन घरों में 'ओसारे' भी होते हैं । ओसारा अर्थात्, दालान, या बरामदा जैसे—"बिदियारथी जो ओसारे पर बैठे थे । क्यों ? ओसारे पर क्यो ? घर में क्यों नहीं बैठते हैं,[187] विदियारथी जी ? पूरे घर में जैसा घर वैसा ओसारा" अथवा "अपने बरामदे या कोठरी में बैठकर पढ़ो ।"[188] इस प्रकार जहाँ घर हैं, वहाँ आंगन, गुहाल, ओसारे तथा अंगीठी भी हैं। दरअसल इन घरों की दीवारें मिट्टी की होती हैं और संथालिनों द्वारा यदि यह मिट्टी लगायी गयी हो तो उसके सामने फिर पक्का मकान भी कुछ नहीं । इसपिताल के सभी घर बनकर तैयार हो गये हैं, सिर्फ मिट्टी सटनी बाकी है। विरसा मासी ने कहा है···"संथाल टोली की औरतें आकर मिट्टी लगा देंगी आज। अलबत्ता मिट्टी लगाती हैं संथालिनें। पोख्ता मकान भी मात ।"[189] इन पक्के घरों के किवाड़ों में छिटकनी तथा ओखली भी लगायी जा सकती है। जैसे रात में किवाड़ में बंद करके सोती हैं। किवाड़ में छिटकनी लगाने के बाद एक ओखल किवाड़ में सठा देती है ।[190] किवाड़ों पर परदे भी लगाये जाते हैं। किवाड़ के परदे के ऊपर एक नतमस्तक छाया उभरी, जित्तन ने देखा, "चाकलेट कलर के पर्दे की ओर से ताजू प्रकट हुई ।"[191] प्रकाश के लिए इन घरों में लालटेन व ढिबरी आदि का प्रयोग होता है। जैसे जित्तनबाबू ने लालटेन की रोशनी को और तेज कर दिया[192] तथा ढिबरी की रोशनी में मलारी की तस्वीर देखकर दाँत पीसने लगा महीचन ।[193]

यह कहा जा सकता है कि अंचल-विशेष के घर-बार की स्थिति दयनीय है, पर जब वहाँ नवनिर्माण होने लगा, तो नये घर भी बनाये जाने लगे। टूटे हुए खँडहरों को साफ करके नींव डाली जा रही है। शिलान्यास हो रहा है। खूब धूम-धाम से नयी इमारतों की बँधाई-गुँथाई चल रही है। नई ईंट के साथ पुरानी किंतु काम के योग्य ईंटों को मिलाकर दीवार वना रहा है राज मिस्त्री ।[194] ऐसे में गाँव के बड़े-बूढ़ों का कहना है, कुएँ खोदते समय नींव लेते समय, मिस्त्री और मजदूरों की पीठ पर सवार रहना चाहिए। माटी के नीचे से न जाने कव,

क्या चीज़ निकल आये।[195] इससे यह स्पष्ट होता है कि अंचल-विशेष के लोग-बाग अपना पैसा या धन जमीन में गाड़ कर रखते थे। जैसे, जहाँ-जहाँ मिट्टी के नीचे घड़ा गाड़ कर रखा था सब खोद लिया। एक जगह खोदकर गिनता था और हिसाब करके कहता है—"नहीं और है, बताओ बुड्ढे। नहीं तो चढ़ाओ इसे चूल्हे पर, डालो ऊपर से किरासिन तेल।"[196]

अंचल-विशेष के मध्यमवर्गीय लोगों का रहन-सहन थोड़ी सी पूँजी होते ही इतरा जाने का सा होता है। मँझले दर्जे के किसानों के पास यदि थोड़ी सी पूँजी हो गयी, तम्बाकू, धान, पान और मिर्ची का भाव एक साल चढ़ गया, घर में शादी-गमी नहीं हुई, तो दे तुरंत टनमना जाते हैं। यदि मालिक जवान हो, तो तुरंत औनपौन करने लगता है। हरमुनियाँ, फर्श, शतरंजी, शामियाना, जार्जिया, लैट, पंचलैट, पहाड़िया घोड़ा, शम्पनी, तेलब, कुर्सी केच खरीदकर ढेर लगा देता है। इससे भी जब गरमी कम नहीं होती तब बन्दूक लेसन के लिए आफिसरों को डाली देना शुरू करता है।·· लाल बाग शेला के समय रात-रात भर मुजरा सुनता है और दिनकर ऑफिसरों के साथ कचहरी में घूमता है। बन्नूक के लेसन के बाद नौटंकी कंपनी खोलता है। इससे भी मगज ठंडा नहीं होता, तो कोई खूनी केस होकर समाप्तन। यह है अंचल विशेष के मध्यम-वर्गीय लोगों का सजीव एवं सटीक चित्रण, जिसमें थोड़ी सी पूंजी हाथ में होते ही मनुष्य जैसे बौरा जाता है।[197]

इसी प्रकार अंचल-विशेष के जन-जीवन में मठों का महत्वपूर्ण स्थान है। अतः मठों के रहन-सहन का वर्णन भी रेणु के आंचलिक उपन्यासों में अत्यंत कुशलता से हुआ है। मठ के महंत साब ब्रह्मबेला में उठते हैं, फिर लक्ष्मी को जगाया। सत गुरु हो ! लक्ष्मी उठी, हाथ जोड़कर साहेब बंदगी किया। और आँखें मलते हुए कुएँ की ओर चली गई। रामदास शंखड़ी बजाने में बेजोड़ है··· भोर को मठ से प्रातकी (प्रभाती) की निर्गुणबानी निकलकर शून्य में मँडरा रही है। रामदास की खंजड़ी में लगी हुई छोटी-छोटी झुंदियों की हल्की-हल्की झनुक मानो किसी का पालतू हिरन नाच रहा हो, डोल रहा हो, डिमडिमिक, झुनुक-झुनुक। प्रातकी के बाद बीजक और तब सत्संग। फिर बाल भोग व परसाद।[198] और फिर···दस दिन भी नहीं हुए और गद्दी की दीवाल पर थूक-खँखार की ढेरी लग गयी, अधजली बीड़ी के टुकड़ों से घर भरा हुआ है। वह भी मैं ही साफ करूँगी ? अब यह मठ नहीं, सूअर का खोहार है।[199] इस प्रकार मठों का जीवन दिन-प्रतिदिन किस प्रकार से गिरता जा रहा है, इसका चित्रण रेणु ने अपने उपन्यासों में किया है।

रेणु के उपन्यासों में जहाँ मध्यमवर्गीय लोगों के रहन-सहन का चित्रण है वहीं पर गरीब, मज़दूर लोगों का भी है। उनके उपन्यासों के अध्ययन से यह

बात सुस्पष्ट हो जाती है कि अंचल-विशेष के, साधारणतया जन-सामान्य का रहन-सहन दयनीय ही है। प्रायः लोग-बाग प्रातः उठकर दिशा-मैदान जाते हैं। घर में इसकी व्यवस्था उन्हें नसीब नहीं। इसीलिए मोहरील माना मनमोहन से कहते हैं, "सब कुछ साथ लाए, मगर एक लोटा नहीं होने से कैसा काम चलेगा? वह, वहाँ देखो! वह अलमुनियम का लोटा है चाहे वह डिब्बा है—पानी भरकर सरकारी 'हुक्म पुलिस' में चले जाओ या मन हो तो नदी की ओर जाओ दिखा-मैदान से हो आओ।[200] तथा दिसा-मैदान के समय भी लोग पीछा नहीं छोड़ते,[201] इससे यह स्पष्ट है कि अंचल-विशेष के लोगों की आवश्यक सुविधाओं की व्यवस्था तक घरों में सम्भव नहीं होती।

इस प्रकार के जीवन में स्त्रियों की हालत तो और भी खराब है। घर-आँगन का कार्य करना, चौका-बर्तन करना, पानी आदि भरना, गोबर-गुहाल करना और फिर मेहनत-मजदूरी के लिए हाट-बाजार जाना, कुटायी-पिसायी करना।[202] धान को रोपने तथा काटने का काम तथा पाट के खेतों में साग खोंटना[203] आदि स्त्रियाँ करती हैं और फिर मेहनत-मज़दूरी से लौटने के बाद घर-आँगन का काम तो रहता ही है। दिन-भर इसी प्रकार के अनेक कार्यों में स्त्री व्यस्त रहती है, लेकिन उसके मुख से कभी अपशब्द नहीं निकलते। कभी-कभी बस वह इतना ही कह देती है कि "मैं अकेली क्या-क्या करूँ, दूध, घी देखूँ कि गोबर-गुहाल।[204] और फिर स्त्रियों में भी परिवर्तन आने लगा जैसे आध्यात्मिक, समाज सेविका बकी लीडर, वकील, आदि भी बनना और समाज में पुरुषों के साथ अच्छी बराबरी के काम करना लेकिन पुरुषों के साथ कार्य करते हुए उन्हें जो घिनौने अनुभव होते हैं उनका चित्रण रेणु ने अपने उपन्यासों में किया है। जो किसानों की स्त्रियाँ हैं, अथवा जो मज़दूरी करने वाली हैं उनकी स्थिति तो आज भी दयनीय ही है। इस प्रकार रेणु के अंचल-विशेष के जन-जीवन में नारी की दयनीय स्थिति का ही चित्रण हुआ है, चाहे वह नारी सुशिक्षित हो या अशिक्षित।

खान-पान

रेणु द्वारा अंचल-विशेष के जन-जीवन के खान-पान आदि का उल्लेख वस्तुतः लोक-जीवन की समग्रता के चित्रण का ही परिचायक है। रेणु के उपन्यासों में अंचल-विशेष के लोगों का खान-पान सामान्य व दयनीय है। उपन्यासों में चित्रित पात्र प्रायः खेतिहर तथा मजदूरी करनेवाले हैं। इसीलिए अक्सर ये लोग भात ही खाते हैं[205] प्रायः भोज आदि में भी भात का ही प्रचलन है। जैसे "राम पिपरिया के माये को एक साम भोजन देना होगा। महंत साहब जात ले रहे हैं, तो भात दें। जात वाले तो भात माँग रहे हैं। हमने तो कबूल कर लिया है।"[206]

तथा तहसीलदार साहब ने अपने बाप के श्राद्ध में जाति-बिरादरी वालों को भात और गैर-जाति के लोगों को दही-चूड़ा खिलाया था।[207] कभी-कभी भोज में 'आखा चावल' से पोलाव भी बनाया जाता है। कहीं-कहीं लोग सूखा भात ही खा लेते हैं या कहीं पर मजदूरों के नसीब में वह भात भी नहीं होता, वे बासी भात खाकर ही अपने काम पर चले जाते हैं। लोग-बाग सुबह को बासी भात खाकर पाट धोने गंदे गड्ढों से घुसते हैं।[208] तो कहीं चुराकर क्यों न हो स्नेह से दूध की छाली किसी को नसीब होती है। बुढ़िया कभी सितुआभर घोल भी नहीं खाने देती थी। रूपमती रोज चुराकर भात के नीचे दूध की छाली रख देती थी। इससे स्पष्ट है कि अंचल-विशेष की प्रमुख भोज्य वस्तु भात होने के बावजूद वह सब लोगों को आसानी से नसीब नहीं होता।

इसके अतिरिक्त दही-चूड़ा, चूड़ा-गुड़ आदि खाने का भी प्रचलन रहा है। जैसे बालभोय में पहले दही-चूड़ा देता था, कल से सिर्फ चूड़ा लाकर रख देता है।[209] तथा लौटती बार सिमराहा स्टेशन बाजार में जगमोहन की दूकान पर दही-चूड़ा खाने[210] गया था एवं चूड़ा-गुड़ का जलखे (जलपान) करके प्यारू बालदेवजी से कहता है[211] आदि।

उक्त अंचल में दाल, भुजिया, झोल व तरकारी आदि का भी प्रचलन रहा है। जैसे भंडारी तो नंबरी शैतान है। कल से उसने बदमाशी शुरू कर दी है। दाल की कटोरी में सिर्फ पानी रहता है। आलू की भुजिया दुबारा नहीं देता। घी माँगने पर कहता है, "दाल घी में बधारल है।"[212] कहीं घी नसीब नहीं होता, तो कहीं मसालेदार चने की दाल में रेहु मछली का सिर डालकर मुड़िघंट बनाया जाता है।[213]

अंचल-विशेष में यह रोज का खान-पान है, लेकिन शादी-ब्याह या श्राद्ध आदि पर होनेवाले भोजन के आयोजनों तथा इनमें बनने वाले विशिष्ट व्यंजनों का रूप कुछ अलग ही होता है। उन आयोजनों में अंचल-विशेष के जन-जीवन की विशिष्ट रुचि पायी जाती है। यथा, अपने प्रति जनमत को बदलने के लिए पूड़ी-जलेबी, दही-चीनी के भंडारे की घोषणा की जाती है और फिर जनमत धीरे-धीरे बदल जाता है। किसने आज तक इतना बड़ा भोज दिया। तहसीलदार ने अपने बाप के श्राद्ध में जात-बिरादरी वालों को भात और गैर-जाति वालों को दही-चूड़ा खिलाया था। सिंघजी ने अपनी सास के श्राद्ध में अपनी जाति के लोगों को पूड़ी-मिठाई और अन्य जाति के लोगों को दही-चूड़ा खिलाया था। खेलावन के यहाँ पिछले साल माँ के श्राद्ध में जैसा भोजन हुआ सो, तो सबों ने देखा ही है। फिर सारे गाँव के लोगों को औरत-मरद-बच्चों को आज तक किसने खिलाया? चीनी मिलती नहीं। भगवान भगत ने कहा है कि बिलेक में एक बोरा चीनी का दाम है एक नगरी। चार मन चीनी-दो नमरी।[214] पंद्रह

तारीख को सुराज मिलने पर तहसीलदार साहब भोज खिलायेंगे—पूड़ी, जिलेबी, हलुआ, दही और चीनी ।[215] मठ में भी कभी-कभी भंडारा होता है, लेकिन दो दिन से तो ऐसा लग रहा था कि लोगों के थाल में परोसी हुई पूड़ी-जलेबी अव गयी, तब गयी ।[216] कभी कभी बिना किसी कारण भोज दिया जाता है, गाँव का प्रमुख (मुखिया) सब लोगों को पत्तल जूठा करने के लिए कहता है और फिर उस भोज में पूड़ी, मांस, तरकारी, कंदिया, दही और उसके साथ ही साथ पुलाव भी बनता है । बासमती चावल और मसाले की गंध, कॉलनी के लोगों को मस्त बना देती है ।[217] गाँव के लोग पहली बार 'पुलाव' चख रहे हैं । पुलाव के साथ टँकेर (खटमिट्टी चटनी) भी ।[218]

पर्व, त्यौहार, शादी-ब्याह, भोज आदि पर जन-जीवन का खान-पान विशिष्टता लिये अवश्य होता है । जैसे होली पर्व पर···चावल का आटा, गुड़ और तेल से पूआ-पकवान बनता है । लेकिन इस पकवान को बनवाने के लिए मालिकों के दरवाजे पर पाँच दिन पहले से ही भीड़ लग जाती है ।[219] आज चैत्र संक्रांति है । कल पहली वैशाख साल का पहला दिन, कल गाँव के सभी लोग सामूहिक रूप से मछली का शिकार करेंगे । छोटे-बड़े, अमीर-गरीब सभी टापी और जाल लेकर सुबह ही निकलेंगे । आज दोपहर को सूत खोयेंगे । इस वर्ष की पकी हुई चीज उस वर्ष में खायेंगे । इस प्रकार अंचल-विशेष के जन-जीवन में पर्व-त्यौहार आदि पर विशिष्ट व्यंजनों जैसे 'पूआ-पकवान', सत्तू, व मछली आदि से बने निरामिष भोजन का प्रचलन रहा है, फिर भले ही इसके लिए मालिकों के यहाँ कई दिनों तक रहना पड़े या कर्ज ही क्यों न लेना पड़े और फिर उनके द्वारा होने वाले शोषण को झेलना पड़े । दीन-हीन व दयनीय लोगों की भोजन के स्वाद की ललक तथा उनकी विवशतावश किये गए क्रियाकलाप, व्यवहार व रुचियों का चित्रण हमें रेणु के अंचल-विशेष के जन-जीवन में जन-जीवन में जगह-जगह प्राप्त हो जाता है । क्योंकि यहाँ के लोग केवल दाल-भात को ही जानते हैं । कभी-कभी दाल छौंकी जाती है, तो कभी बँधा का झोल बनता है ।[220] जेहल में तो अंग्रेज सरकार···भात में कीड़ा मिला देता था, घास-पात का तरकारी देता था ।[221] कद्दू, खीरा, बैंगन, करेला, हल्दी, मिर्च, साग, मूली और सरसों के तेल की मंगली तहसीलदार के लिए सुमरित दास करता है इसीलिए तहसीलदार के यहाँ एक पैसे की सब्जी नहीं खरीदी जाती । अतः इससे यह स्पष्ट है कि दाल-भात के साथ-साथ ही झोल व तरकारी, चूड़ा, दही-चूड़ा, भुजिया आदि का प्रचलन भी सामान्य लोगों में रहा है । इस प्रकार अंचल के विशेष के जन-जीवन में खान-पान अपनी अलग विशिष्टता लिमे हुए है । पढ़े-लिखे लोगों की रुचि अलग है, पसंद अपनी-अपनी है । जितेंद्र बाबू घी में भुना हुआ चूड़ा अपनी प्लेट में लेते हैं । तो भोजन, टी-सेट, ड्रेसिंग

गाउन आदि के प्रयोगों के रिफाइंड आदमी[222] कहलाते हैं। ताजमीन उनके लिए केसरिया दूध, दूध में आम का रस डालकर सेवइयाँ बनाती हैं। प्रत्येक कटोरे में आम के कतरे हुए चार टुकड़े रखे हुए हैं। चखकर देखिए। याद रखने की चीज है। आम पायस।[223] शुद्ध घी में फ्राई किया हुआ बासमती चावल का भात, मूँग की दाल, डिमझोल। कागजी नींबू, पुदीना के हरे पत्ते। दही, मिठाई और आम।[224] आदि। अतः जितेंद्र का रोजमर्रा का खाना है सेवई, खीर, हलवा आदि। 'मैला आँचल' में कमली रेडियो की दीदी से मटर-पोलाव सीख लेती है।[225] इससे यह स्पष्ट है कि अंचल-विशेष में कुछ एक विशिष्ट व्यक्तियों का खान-पान दूसरे लोगों से अलग है, जन-साधारण में प्रचलित भोज्य पदार्थों से अलग है।

सामिष भोजन के साथ-साथ निरामिष भोजन का चित्रण भी रेणु ने अपने उपन्यासों में किया है। यहाँ मुर्गी का अण्डा खिलाकर कामरेड बनाया जाता है,[226] तो कुछ लोग दिनभर लेक्चर देते रहते हैं, सिगरेट मत पिओ, अण्डा मत खाओ।[227] शक्ति लोग तो अतिथियों को निरामिष भोजन नहीं देते। मांस, मछली अच्छी नहीं लगती। अण्डा खाता है।[228] गोविंदो ने आज तक ऐसा आदमी नहीं देखा, जो मुर्गी का अंडा खाता है, लेकिन मांस-मछली नहीं।[229] लोगों को खुश करने के लिए मछली की तरकारी बनायी जाती है।[230] तो कहीं-कहीं इस खान-पान से पूरे समाज में ही परिवर्तन आ जाता है। बालदेवजी जब बहुत दिनों बाद रामकिशन आश्रम आते हैं तो उन्हें सब कुछ बदला हुआ दिखायी देता है। वहाँ के लोगों का चाल-चलन भी बिगड़ गया है। अब तो आश्रम में लोग अंडा और मछली चौके में बैठकर ही खाते हैं, क्योंकि अब नया रसोई-घर छोटन बाबू की जमीन पर है, आश्रम में नहीं, वह जमाना तो रामकिशन बाबू के साथ ही चला गया, अब तो लोग यहाँ कहते हैं कि यह कांग्रेस ऑफिस है, बाबाजी का मठ नहीं।

इस प्रकार अंचल विशेष के खान-पान आदि के उल्लेख से रेणु के आंचलिक उपन्यासों में उक्त अंचल के जन-जीवन की तस्वीर साकार हो उठती है।

व्यसन

रेणु ने अंचल-विशेष के जन-जीवन में व्याप्त अनेक प्रकार के व्यसनों का वर्णन भी अपने उपन्यासों में किया है। आम आदमी का जीवन प्रायः व्यसनों का शिकार होता आया है। रेणु ने व्यसनग्रस्त जन-साधारण की तस्वीर को अपने उपन्यासों में इतनी कुशलता से उभारा है कि वह वहाँ के जन-जीवन की हकीकत के साथ पाठकों के सामने साक्षात् रूप में प्रकट हो जाता है तथा वहाँ के व्यक्तिमात्र के जीवन की सचाई का, वास्तविकता का, परिचय प्रदान करते हुए

हर व्यक्ति के यथार्थ को सुस्पष्ट करता है।

रेणु के आंचलिक उपन्यासों में जन-जन के लिए, आम आदमी के लिए 'तडबन्ना' की लबनी या 'ताड़ी' आम पेय हैं। प्रायः लोग-बाग अपने दैनंदिन के काम-काज या मज़दूरी के बाद श्रपरिहार के लिए शाम में 'तडबन्ना' में ताड़ी' या 'लबनी' पीने इकट्ठे होते ही हैं।[231] यहाँ 'लबनी' सर्व साधारण जनता के लिए सुलभतम पेय है। शकर-चिनियाँ और गैर-चिनियाँ ताड़ी के स्वाद अलग-अलग होते हैं। बसन्ती पीकर विरले पियक्कड़ ही होश दुरुस्त रख सकटे हैं। और फिर जिसको गर्मी की शिकायत है, वह पहल-रतिया पीकर देखे। कलेजा ठण्डा हो जाएगा। पेशाब में जरा भी जलन नहीं रहेगी। कफ़ प्रकृतिवालों को संझा पीना चाहिये, रातभर देह गरम रहता है।[232]

केवल पुरुष ही नहीं बल्कि कभी-कभी स्त्रियाँ भी पेय का रसपान करने में अपने पति का साथ देती हैं और फिर उस नशे में दोनों के आपे से बाहर होने के बाद स्त्री पति द्वारा पीटी भी जाती है।[233] शहरी जीवन में पुरुषों को अपने जाल में फँसाने के लिए अथवा अपनी 'हाई सोसायटी' को बताने के लिए भी स्त्रियाँ मद्यपान करती हैं। 'दीर्घतपा' की श्रीमती आनंद इसी प्रकार की स्त्री हैं जो बाँके जैसे अनेक पुरुषों को आकर्षित करने के लिए उनके साथ सभी बातों में बरावरी से हिस्सा लेती है।

उक्त पेय के अतिरिक्त अंचल-विशेष के लोगों में गाँजा, अफीम, भंग, दारू आदि का भी वास्तविक चित्रण रेणु के आंचलिक उपन्यासों में मिलता है। जैसे, लोग-बाग चिलम-गाँजा फूंकते हैं।[234] बड़े लोग ही नहीं छोटे-छोटे बच्चे भी। 'मटक आजकल दिनभर ट्रेंगनवाँ के साथ बीड़ी धौंकता रहता है।'[235] लोग अफीम की गोली लेते हैं।[236] कारन सेवन करते हैं।[237] भांग पीकर धुत रहते हैं।[238] हुक्का पीने की आदत रखते हैं।[239] तो कुछ लोग दारू।[240] और विदेशी शराब के भी शौकीन हैं।[241] नेपाली गाँजा भी लोग बहुत पीते हैं, और पिलाते भी हैं[242] क्योंकि मोरंगिया (नेपाली) गाँजे का नशा बड़ा तेज होता है[243] अतः व्यावसायिक तौर पर नेपाली गाँजे में नफ़ा भी बहुत होता है।'[244] इसीलिए चौधरी और चौधरी का बेटा कामदेव अपनी गयी हुई संपत्ति को फिर से प्राप्त करने के लिए छुपा-छुपा कर गाँजे का व्यापार करते हैं।[245]

व्यवसाय

रेणु के आंचलिक उपन्यासों में अंचल-विशेष के जत-साधारण का व्यवसाय, मुख्यतया कृषि एवं कृषि से संबंधित खेत-खलिहान, घाट-बाट, बाग-बगीचा आदि के कार्य की मेहनत-मज़दूरी रहा है। इसका प्रमुख कारण अंचल का कृषि-प्रधान होना ही है। गाँव की मुख्य पैदावार हैं धान, पाट और खेसारी।

रब्बी की फसल भी कभी-कभी अच्छी होती है ।[246] इसी का प्रमाण है कि हिंदुस्तान में सबसे बड़े किसान यहीं निवास करते हैं, दस हजार बीघे की जमीन वाले, पंद्रह हजार बीघे की जमीन वाले·· पाँच हजार बीघे की जमीन वाले··· हर गाँव पर इन्हीं का राज है। भूमि हीनों की विशाल जनता ।[247] इससे यह स्पष्ट है कि कृषिप्रधान अंचल-विशेष में बड़े किसान और उनके खेतों-खलिहानों में कार्यरत, प्रचुर भूमिहीन मज़दूर हैं । और फिर गाँव के सभी बड़े किसानों का अपना-अपना मज़दूर-टोला है। सिंधवी का टोला और पासवान-टोला, तहसील-दार साहब का पोलिया-टोला, धानुक-टोला, कुर्मी-टोला और कियोंटू, टोला खलावन यादव का गुआंर-टोला और कोयरी-टोला । संकाल-टोली पर खास किसी का अधिकार नहीं ।[248] इससे भी यप स्पष्ट है कि अंचल-विशेष में मेहनत-मज़दूरी का व्यवसाय करने वाले भूमिहीन मजदूर लोगों के टोले ही अधिक है।

इस अंचल के मज़दूर गरीब, अपेक्षित, दलित और बेज़मीन हैं । हक़ीक़त में इनकी आर्थिक हालत अत्यंत दयनीय है । मेहनत-मज़दूरी ही इनके जीवन का सहारा है । ये लोग मज़दूरी करते हैं और धान लेते हैं ।[249] इन्हें सवा रुपये रोज़ मज़दूरी मिलती है, जिससे एक आसमी का पेट नहीं भरता।[250] ये लोग सुबह से बासी भात खाकर, पाट धोने के लिए गंदे गड्ढों में घुसते हैं और और सात घंटों तक पानी में रहते हैं ।[251] ये युग-युग से पीड़ित, दलित और उपेक्षित लोग हैं ।[252] असलियत तो यह है कि बेज़मीन आदमी आदमी नहीं जानवर हैं ।[253] वस्तुतः गरीब और बेज़मीन लोगों की हालत भी खम्हार के बैलों जैसी है। खम्हार ? सालभर की कमाई का लेखा-जोखा तो खम्हार में ही होता है । दो महीने की करनी, एक महीना मड़नी फिर सालभर खटनी । दवनी-मड़नी करके जमा करो, सालभर के खाये हुए कर्ज का हिसाब करके चुकाओ । बाकी यदि रह जाये तो फिर सादा कागज पर अंगूठे की टीप लगाओ । सफाई करनी है गाय-बैल भरना रखो, या हलवाहा चरवाहा दो । फिर कर्ज़ खाओ। खम्हार का चक्र चलता रहता है । खम्हार में बैलों के झुंड से दवनी-मड़नी होती है । बैलों के मुँह में जाली का 'जाब' लगा दिया जाता है । इनके मुँह में भी जाली का 'जाब'[254] यह है इन बेज़मीन मज़दूरों के जीवन व जीविका की हालत ।

इन मजदूर लोगों की औरतें भी मेहनत-मज़दूरी के द्वारा ही जीविका गुज़ारती हैं । जैसे हाट बाज़ार जाना, मालिकों के खेतों में धान रोपना और काटना, शादी-ब्याह में काम करना और कोसी के जंगल में लकड़ी काटना आदि ।[255] तातम और दुसाध टोली की औरतें सुबह से दोपहर तक कमला में काटो-पानी हिड़कर-एक दो सेर ग्रैंची मछली निकाल लायेंगी । चार से धान का हिस्सा लग जायेगा। बाबू लोगों के पुआल टोले के पास धरती खरोंचकर,

चूहे की माँदों को खोदकर भी कुछ धान जमा कर लेंगी। नहीं तो कोठी के जंगल में खपरआलू उठाकर ले आयेंगी। रोत हाट-हाट में कटिहार मिल के कुल्ली लोग चार आने सेर खपरआलू हाथों-हाथ उठा लेते हैं। लेकिन, और लोगों के लिए तो बड़ा मुश्किल है।[256]

अतः मेहनत और मज़दूरी ही अंचल-विशेष के जन-जीवन की जीविका का प्रमुख साधन है। अधिकतर लोग इसी पर निर्वाह करते हैं। और अगर कभी-कभी मज़दूरी न मिले तो इनका जीवन-निर्वाह करना दुष्कर हो जाए। जैसे गाँव में जब जनसासारण के लिए अस्पताल बनाने की बात चलती है, तो उसके लिए बिना मज़दूरी के कार्य करना सभी के लिए एक समस्या बन जाती है। क्योंकि एक-दो दिन की बात रहे, तो किसी तरह किया भी जा सकता है। सात दिस बिना मज़दूरी के? यह बड़ा मुश्किल मालूम होता है।[257] और फिर वह मज़दूरी ही क्या जिससे आदमी का पेट तक न भरे। और कपड़े के बिना तो सारा गाँव अर्धनग्न है। बीमारी में दवा के लिए भी इनके पास पैसे नहीं। कफ से जकड़े हुए दोनों फेफड़े, ओढ़ने को वस्त्र नहीं, सोने को चटाई नहीं, पुआल भी नहीं।[258] हैजे से भयातुर इन्सान, बीमार, निराशा तथा बथुए और पाट के साग पर पलते सात महीने के बच्चे। गरीबी, गंदगी और जहालत की दुनिया।[259]

इस पर फिर गाँव में बेदखली बटाईदारी व बंदोबस्त आदि के आये दिन ज़मीन को लेकर झगड़े-फिसाद व खून-खराबा। ज़मींदारी उन्मूलन के बाद हर साल फसल काटने के समय एक-डेढ़ सौ लड़ाई-दंगे और चालीस-पचास कत्ल। फिर नयी बंदोबस्ती[260] से जिले भर में महाभारत, अनेक दावे, हजार बीघे ज़मीनवाले भी एक इंच ज़मीन छोड़ने को राज़ी नहीं।[261] बाप-बेटे, भाई-भाई में अपने हक को लेकर लड़ाई, अजीब-अजीब घटनाएँ······सर्वे का चक्कर··· लट्टू की तरह हरएक को नचा रहा है। इस बार चलो कटिहार। मिल का भोंपा बजता है रोज, सुनते नहीं? बुला रहा है 'आओ— ओ···ओ·· हो ···हो ··हो।'[262] इस प्रकार ग्रामीण जन शहर की ओर प्रयाण कर रहे हैं, प्रयाण करने पर विवश हो रहे हैं। परिणामतः सभी गाँव टूट रहे हैं। गाँव के परिवार टूट रहे हैं, व्यक्ति टूट रहा है। रोज लंच की बर्तन के तरह।[263]

यह और बात है कि अंचल-विशेष के बड़े किसानों के पास काफी ज़मीन है। उनका कृषि व्यवसाय काफी फूल-फल रहा है और ऊपर से फिर लेन-देन आदि की आमदनी भी काफी होती है। क्योंकि वस्तुतः गाँव में इन्हीं का तो राज है। दरअसल जिसके पास पैसा होता है वही 'बोतलमिसर' पहलवान है। वही सबसे बड़ा जोरावर है।[264] इन धनी या बड़े किसानों द्वारा मज़दूरों का शोषण भी भाँति-भाँति से होता रहता है। जैसे सैकड़ों बीघे ज़मीनवाले किसानों

के पास पैसे हैं, पैसे से गरीब को खरीदकर गरीबों के गले पर गरीबों के जरिये ही छुरी चलवाते हैं।[265] और इसके लिए सरकार जो कानून बनाती है उसे कानून बनाने के पहले ही कानून को बेकार करने के तरीके गढ़ लिए जाते हैं। सुई के छेद से हाथी निकाल लेने की बुद्धि ही आज सही बुद्धि है।[266] और फिर जितना कानून व पंचायत है सब गरीबों के लिए ही। अतः गाँव में जात दो ही हैं— एक गरीब और दूसरी अमीर। अमीरों का व्यवसाय फूलता-फलता है और गरीबों के नसीब में सिर्फ मज़दूरी है, बेबसी है और है निर्धनता।

इस प्रकार रेणु के 'मैला आँचल' और 'परती परिकथा' में गरीब जनता का, मज़दूरों का दयनीय चित्रण हुआ है, तो परवर्ती उपन्यासों में 'कितने चौराहे', 'जुलूस', 'दीर्घतपा' तथा 'पल्टू बाबू रोड' में शहरी जन-जीवन का चित्रण भी अत्यंत सहजता एवं सललता से हुआ है।

रेणु के आंचलिक उपन्यासों के अंचल-विशेष में जैसी खेती करना तथा मज़दूरी करना लोगों का आम व्यवसाय है ठीक वैसे ही कुछ लोग सरकारी नौकरी करनेवाले भी हैं। अध्यापक, वकील या क्लर्क का काम कुछ लोग करते हैं। 'कितने चौराहे' उपन्यास में मनमोहन अपने मोहरीत मामा के पास पढ़ने के लिए रहता है। 'पल्टू बाबू रोड' में अमलेंदु राय मछलियों का व्यापार करते हैं, तो कुंतला वकील बनकर कोर्ट में काम करती है। 'जुलूस' उपन्यास की पवित्रा, 'दीर्घतपा' उपन्यास की बेला गुप्त समाज-सेविका का कार्य करती हैं। इसके अलावा कुछ लोगों का व्यवसाय समाज में 'नेता' बनने का तथा लोगों को भाषण सुनाने का ही रहा है। जैसे 'परती परिकथा' में लुत्तो, 'मैला आँचल' में बावनदास, बालदेव, 'कितने चौराहे' में मनमोहन तथा उसके साथी, 'पल्टू बाबू रोड' में मेहता, बिजली आदि ऐसे पात्र हैं जिनमें कुछ लोग निश्चय ही देश-सेवा करनेवाले हैं, तो कुछ लोगों का यह केवल व्यवसाय है।

अफवाहें

ग्रामीण अंचल में जो अफवाहें उड़ती हैं, या जो 'गप' चल पड़ती है उसका भी चित्रण उपन्यासों में बखूबी हुआ है। इन अफवाहों की लोक-जीवन में अपनी एक अलग ही पहचान, एक निराली छटा होती है। जहाँ कुछ लोग जमा हुए कि बस लगी बातें बनने। बातें ही बातें। जितने मुँह उतनी बातें, जिनका न कोई सिर न कोई पेर। बस एक बार बातों का सिलसिला शुरू हुआ तो मानो बातों का झरना ही फूट पड़ा। फिर लोग अपनी ओर से भी उसमें कुछ नमक-मिर्च का पुट दे देते हैं. और फिर वह बात एक से दूसरे, दूसरे से तीसरे और फिर तीसरे से अनेक तक पहुँच जाती है। बस एक बार सिलसिला भर शुरू

होना चाहिये।

लोक-जीवन के कुशल चितेरे रेणु ने अंचल-विशेष के लोक-जीवन में व्याप्त इन अफवाहों को अपने आंचलिक उपन्यासों में बहुत ही कुशलता से चित्रित किया है। जैसे—यद्यपि 1942 के जन-आंदोलन के समय इस गाँव में न तो फौजियों का कोई उत्पात हुआ था और न आंदोलन की लहर ही इस गाँव तक पहुँच पायी थी, किन्तु जिले भर की खबर अफवाहों के रूप में यहाँ तक जरूर पहुँची थी "मोगलाही टीशन पर गोरा सिपाही एक मोदी की बेटी को उठाकर ले गया। इसी को लेकर सिख और गोरे सिपाहियों में लड़ाई हो गयी, गोली चल गयी। ढोल-बाजा में पूरे गाँव को घेर कर आग लगा दी गयी, एक बच्चा भी बचकर नहीं निकल सका। मुसहरू के ससुर ने अपनी आँखों से देखा था। ठीक आग में भूनी गयी मछलियों की तरह लोगों की लाशें महीनों पड़ी रहीं, कौआ भी नहीं खा सकता था, मलेटरी का पहरा था। मुसहरू के ससुर का भतीजा फारबिस साहब का खानसामा है, वह झूठ बोलेगा ? पूरे चार साल के बाद अब इस गाँव की बारी आयी है। दुहाई माँ काली। दुहाई बाबा लारसिंह।[267] 'जुलूस' उपन्यास में जब अन्दू गाँव में बिस्कुट बेचने जाता है तो चौधरी बाबू के बेटे ने सभी से कहा कि "इसके हाथ का बिस्कुट खाओगे ? ये लोग गोमांस खाते हैं। "सभी को भागते समय गोमांस खिलाया गया है पाकिस्तान में। और एक बार जो चख लिया है तो वह खाये बगैर रहेगा ?[268]

लोक-जीवन में इस प्रकार गपबाज़ी का अलग ही रंग होता है, अपना अलग मिज़ाज होता हैं, अंदाज होता है। जैसे सामबत्ती पीसी पान खाकर, मुँह में ज़र्दा घोलकर थुकथुकाते[269] जो गप लगाना शुरू करती है तो द्रौपदी के चीर की तरह बात-बात में बात बनती चलती ही है। गरुड़ध्वज झा भी भंग पीकर[270] खेनी तमाकू खाकर[271] बात की बात करने लगते हैं, बात का बतंगड़ बनाये जाते हैं, और तब न चाहने पर भी उनकी बातें सुनने को जी चाहता है। मन खिल उठता है। इस बीच फिर उनके मैथिली ठहाकों का कहना ही क्या ?

अभिरुचि

रेणु अपने आंचलिक उपन्यासों में अंचल-विशेष के जीवन का चित्रण करते समय चरित्रों की व्यक्तिगत अभिरुचि एवं विशेषता को भी यथावत् रेखांकित करते हैं। यह अभिरुची एवं विशिष्टता व्यक्ति-विशेष की अपनी अलग पहचान बनाये रखती हैं, उसके व्यक्तित्व को उभारती हैं और उसकी भाव-भंगिमा को रूपायित करती हैं। जैसे 'मैला आँचल' में 'चिंगारीजी' दुबले पतले हैं, खाँसते रहते हैं और दिन-भर सिगरेट पीते रहते हैं।[272] भगवान

भगत हमेशा सुपारी चबाता है। 'अरे ! ई तो दस आदमी का काम बा, जे बा से एकरा में सब के मिल के मदत करे के चाहीं। का हो सीप्रसाद ?'[273] तथा जिसे जल्दी सुनना हो, पान पत्ता नहीं तो कटिहारी बीड़ी निकाले। बिना कोयला-पानी के दिनभर···। और पान खाकर जरदा घुलाकर पहली कुल्ली फेंकने के बाद सामबत्ती पीसी ने अपनी अधूरी कहानी शुरू की।[274] इन में चिंगारीजी का दिन-भर सिगरेट पीना, भगवान भगत का हमेशा सुपारी चबाना और घर-घर घूमती सामबत्ती पीसी का जर्दा और कटिहारी बीड़ी का शौक फरमाना आदि विभिन्न लोगों की भिन्न-भिन्न अभिरुचियों को उजागर करता है। इसी तरह 'परती परिकथा' में गरुड़ध्वज झा का राज चलते 'नारद-नारद' जपना।[275]

इस प्रकार अंचल विशेष के लोगों में प्रचलित अनेक प्रकार की अभिरुचियों का दर्शन रेणु के उपन्यासों में अनायास ही हो जाता है। 'दीर्घतपा', 'जुलूस', 'षल्टूबाबू रोड' आदि उपन्यासों में शहरी लोगों की विभिन्न अभिरुचियों का परिचय प्राप्त होता है।

संदर्भ

1. 'भीष्म साहनी', 'आधुनिक हिन्दी उपन्यास', पृ० 82
2. 'चार्ववर्ण्यं यथा गुण-कर्म-विभागशः।' गीता, अध्याय 4-13

3-से 13. रेणु, 'मैला आंचल', पृ० 45; 44; 25-26; 10; 17; 20; 160; 290

14-15. रेणु, 'परती परिकथा', पृ० 27; 173

16. रेणु, 'जलूस', पृ० 88

17. रेणु, 'परती परिकथा', पृ० 36

18. रेणु 'जुलूस', पृ० 89

19. रेणु, 'कितने चौराहे', पृ० 105

20-21. रेणु, 'दीर्घतपा', पृ० 22, 86

22. से 32 रेणु, 'मैला आँचल', पृ० 272; 14; 23, 14, 21; 26; 57-58 82-83; 103; 105; 213-214; 264

33. से 37. रेणु, 'परती परिकथा', पृ० 161; 17; 193; 77; 29

38. रेणु, 'मैला आँचल', पृ० 38

39. रेणु, 'कितने चौराहे', पृ० 43

40. रेणु, 'जुलूस', पृ० 52-53

41. रेणु, 'मैला आँचल', पृ० 77
42. से 53. रेणु, 'परती परिकथा', पृ० 78, 78; 77; 30; 69; 301; 80; 317; 348; 189; 263, 89.
54 से 59. रेणु, 'मैला आँचल', पृ० 263; 61; 43; 12; 15; 18; 12; 268.
60 से 61. रेणु, 'परती परिकथा', पृ० 58; 183; 59.
63 से 66. रेणु, 'मैला आँचल', पृ० 46, 250; 290; 59.
67. रेणु, 'जुलूस', पृ० 115
68 से 72. रेणु, 'मैला आँचल', पृ० 84; 245; 219; 279; 158.
73 रेणु, 'परती परिकथा', पृ० 313
74. नरेन्द्रमोहन, 'आधुनिक हिन्दी उपन्यास', पृ० 134
75 से 77. रेणु, 'परती परिकथा', पृ० 251; 282; 43.
78 से 80. रेणु, 'मैला आँचल', पृ० 27; 103; 96.
81. रेणु, 'जुलूस', पृ० 154
82 से 88. रेणु, 'मैला आँचल', पृ० 129; 117; 120; 125.
89. रेणु, 'परती परिकथा', पृ० 209
90. से 94. रेणु, 'मैला आँचल', पृ० 151-152; 54; 24; 102-58; 214.
95 से 98. रेणु, 'परती परिकथा' पृ० 161; 118.
99. से 101 रेणु, 'जुलूस', पृ० 46; 134; 108.
102. रेणु, 'दीर्घतपा', पृ० 77
103. रेणु, 'पल्टू बाबू रोड', पृ० 91
104 से 112. रेणु, 'मैला आँचल', पृ० 152; 38; 12-77-150; 55; 50 14-34; 56; 277-278; 196.
113. रेणु, 'मैला आँचल', पृ० 41
114. रेणु, 'जुलूस' पृ० 15
115 से 120. रेणु, 'मैला आँचल', पृ० 15; 48-49; 20; 124; 18
121 से 123. रेणु, 'परती परिकथा', पृ० 90; 98; 31.
124 से 125. रेणु, 'मैला आँचल', पृ० 138; 137
126. रेणु, 'जुलूस', पृ० 116
127-128. रेणु, 'परती परिकथा', पृ० 31-32
129 से 134. रेणु, 'मैला आँचल', पृ० 107; 77; 74; 77; 107; 10.
135. रेणु, 'परती परिकथा', पृ० 74
136. से 138. रेणु, 'मैला आँचल', पृ० 117; 116; 69.
139. रेणु, 'परती परिकथा', पृ० 158

140 से 146. रेणु, 'मैला आँचल', पृ० 144-145; 65; 61; 72; 23; **27**; 54.
147. रेणु, 'पल्टू बाबू रोड', पृ० 25
148. रेणु, 'कितने चौराहे', पृ० 153
149. रेणु, 'मैला आँचल', पृ० 157
150-151 रेणु, 'पल्टू बाबू रोड', पृ० 69-70
152-153. रेणु, 'मैला आँचल', पृ० 107
154. रेणु, 'पल्टू बाबू रोड', पृ० 125
155 से 157. रेणु, 'मैला आँचल', पृ० 37; 94
158. रेणु, 'परती परिकथा', पृ० 34
159. रेणु, 'पल्टू बाबू रोड', पृ० 126
160-161. रेणु, 'परती परिकथा', पृ० 48, 60
162. रेणु, 'पल्टू बाबू रोड', पृ० 126
163-164. रेणु, 'परती परिकथा', पृ० 68-69; 37
165. रेणु, 'मैला आँचल', पृ० 71
166 से 168. रेणु, 'कितने चौराहे', पृ० 130; 96; 130
169 से 172. रेणु, 'मैला आँचल', पृ० 55; 53; 51; 54
173 से 174. रेणु, 'परती परिकथा', पृ० 58;
175 से 187. रेणु, 'मैला आंचल', पृ० 11; 224; 206; 140; 55; 16; 238; 9; 31; 15; 140; 206; 25
188 से 189. रेणु, 'कितने चौराहे', पृ० 244, 24
190 से 191. रेणु, 'मैला आँचल', पृ० 23, 56.
192 से 196. रेणु, 'परती परिकथा', पृ० 86; 75; 92; 17
197 से 200. रेणु, 'मैला आँचल', पृ० 208; 20; 22; 214
201. रेणु, 'कितने चौराहे', पृ० 20
202-203. रेणु, 'मैला आंचल', पृ० 26-107, 16
204. रेणु 'जुलूस', पृ० 95
205. रेणु, 'मैला आंचल', पृ० 16
206. रेणु, 'जुलूस' पृ० 2
207-208. रेणु, 'मैला आंचल', पृ० 212. 25.
209-213. रेणु, 'मैला आंचल', पृ० 42, 25, 57, 36, 57.
214. रेणु, 'पल्टूबाबू रोड', पृ० 24
215-217. रेणु, 'मैला आंचल', पृ० 25, 195, 30.
218-219. रेणु, 'जुलूस', पृ० 105, 107.

220. रणु, 'मैला आँचल', पृ॰ 112
221 से 226. रेणु, 'परती परिकथा', पृ॰ 84; 63; 317; 317; 48; 59
227 से 232. रेणु, 'मैला आँचल', पृ॰ 217; 196; 210; 48; 144; 144
233. रेणु, 'कितने चौराहे', पृ॰ 38
234. रेणु, 'दीर्घतपा', पृ॰ 119
235. रेणु, 'मैला आँचल', पृ॰ 104
236. रेणु, 'कितने चौराहे', पृ॰ 36
237-238. रेणु, 'परती परिकथा', पृ॰ 117, 261
239 से 245. रेणु, 'मैला आँचल', पृ॰ 112; 60; 112; 139, 264; 53; 222; 58
246. रेणु, 'जुलूस', पृ॰ 74
247. रेणु, 'मैला आँचल', पृ॰ 15
248. रेणु, 'परती परिकथा', पृ॰ 82
249 से 263. रेणु, 'मैला आँचल', पृ॰ 111; 106; 136; 134; 158; 68; 53; 17; 106; 157; 130; 106; 127; 270
264. रेणु, 'परती परिकथा', पृ॰ 16
265 से 268. रेणु, 'मैला आँचल', पृ॰ 153, 158; 1
269. रेणु, 'जुलूस', पृ॰ 8
270-272. रेणु, 'परती परिकथा', पृ॰ 96; 159
273-274. रेणु, 'मैला आँचल', पृ॰ 94
275. रेणु, 'परती परिकथा', पृ॰ 96-97

4

रेणु और लोक-संस्कृति

भूखण्ड-विशेष की लोक-संस्कृति का चित्रण आंचलिक उपन्यास की विशेषता होती है। लोक-संस्कृति के विविध आयाम—लोककथा, लोकगीत, लोकनृत्य, पर्व-त्यौहार, लोक-विश्वास आदि ही—अंचल के जन-मानस को यथार्थ रूप में साकार करते हैं। ये सारे उपादान अंचल-विशेष की लोक-संस्कृति व समग्र लोक जीवन की मात्र पहचान ही नहीं, अपितु उनकी विशिष्टता व महत्ता को भी बखूबी निखारते हैं। इसीलिए तो कहा गया है कि आंचलिक उपन्यास "विभिन्न भू-भागों की आंतरिक संवेदनाओं के तंतुओं से हमारे विभिन्न सांस्कृतिक पर्वों, त्यौहारों, मेलों, कथावार्ताओं, कीर्तन एवं पाठों आदि के माध्यम से वहाँ के सांस्कृतिक व्यक्तित्व की निर्मिति करते हैं।"[1] यही कारण है कि इस प्रबंध में 'रेणु' के आंचलिक उपन्यासों में चित्रित लोक-संस्कृति के उपादान, लोककथा-लोकगीत, लोकनृत्य, पर्व-त्यौहारा, मेले आदि का आकलन, जन-विधा के अन्य उपादानों—वेशभूषा, आचार-विचार, रहन-सहन आदि—के साथ प्रस्तुत किया गया है।

आंचलिक कथा-साहित्य की प्रेरक वृत्ति है अंचलों के माध्यम से देश की आत्मा की तलाश करना। लोक-भूमि और लोक-जीवन के वैशिष्ट्य को चित्रित कर आंचलिक कथाकार वैविध्य में अंतर्हित एकत्व का प्रकाशन करता है, अंचलों के विशिष्ट प्राकृतिक वैभव से देश की भूमि की सुन्दरता का नया अभिज्ञान कराता है, लोक-समाज के जीवन का आलेखन कर जन की आशा-आकांक्षाओं से हमें जोड़ता है, और लोक-संस्कृति के चित्र अंकित कर सांस्कृतिक परम्परा की समृद्धि का परिचय देता है।[2] आंचलिक उपन्यासों में चित्रित अंचल की मिट्टी की सौंधी गंध, परिचित पशु-पक्षी, साधारण-असाधारण पेड़-पौधे, जीवन के उज्ज्वल-धूसर पक्ष, नृत्य-गान और हँसी-दिल्लगी में समाहित जिजीविषा लोककथाओं एवं गीतों की भावसमृद्धि और उपेक्षित पर महत्वपूर्ण सांस्कृतिक विरासत मनुष्य के

थके-हारे मन में नयी चेतना जगा देती है तथा उसमें एक नया प्राण भर देती है। उनमें लोक-गीत भी हैं, लोक-कथाएँ भी हैं और लोक-कलाएँ भी। लेकिन एक वात ध्यान देने योग्य यह है कि जो कुशल कथाकार होता है वह इन लोक-गीतों, लोक-कथाओं का प्रयोग केवल लोक-संस्कृति का सूचनात्मक ब्योरा देने के लिए या समाज-शास्त्रीय और मनोवैज्ञानिक तथ्य प्रकट करने के लिए अपने साहित्य में चित्रित नहीं करता, वल्कि वह उनके कलात्मक विनियोग द्वारा अपनी कथा के मानवीय संदर्भों को उभारता है। लोक-कथाएँ और लोक-गीत उस कथा में धुल-मिल जाते हैं, उसी का अंग बन जाते हैं, और अंचल को साकार करने में सहायक बनते हैं। इसीलिए तो कहा है कि 'आंचलिक कथाकार के लिए लोक-साहित्य अत्यन्त मूल्यवान होता है—पुरातन मुद्राओं की भाँति।'[3]

लोक-साहित्य की अपार राशि हमारे सम्मुख है पर उसका निर्माण किसने किया यह वताना नितान्त कठिन है। परिश्रम करके शरीर-मन थक गये हों तो उनमें नव-चैतन्य की पुनःस्थापना करने के लिए अमृत-कणों की वर्षा व्यक्ति के लिए आवश्यक होती है।[4] और ये अमृत-कण उसे अपने अंचल की प्रकृति में दिखायी देनेवाले अनेक रंगों में हरे-भरे लहलहाते पेड़-पौधों में तथा खेतों में, और विविध प्रकार के पशु-पक्षियों की मधुर आवाज में प्राप्त होते हैं। ऐसे समय में अनायास व्यक्ति के अन्तर्मन की भावनाएँ तथा अनुभूतियाँ प्रस्फुटित हो उठती हैं। लोक-साहित्य की कसौटी ही यह है कि कृतित्व हो, किन्तु वह लोक-मानस के ऐसे सामान्य तत्वों से युक्त हो कि व्यक्तित्व के साथ सम्बद्ध करते हुए भी लोक उसे अपने ही व्यक्तित्व की कृति स्वीकार करे।[5] इन लोक-कथाओं में, लोक-गीतों में उसकी अपनी अनुभूतियाँ होती हैं, अपनी परम्पराएँ होती हैं, अतः उसकी रक्षा करना वह अपना निजी कर्तव्य समझता है। यही कारण है कि लोक-साहित्य अज्ञात काल से श्रुति-परम्परा के रूप में चला आ रहा है।

लोक-कथाएँ तथा लोक-गीत अंचल-विशेष के जनमानस में प्रतिष्ठित, तथा जन-जन में प्रचलित और लोक स्मृति में सुरक्षित रहती हैं। पोथियों में लिखी हुई नहीं रहती। इनकी परम्परा मौखिक परम्परा है। इनका रचयिता कोई व्यक्ति विशेष न होकर सम्पूर्ण समाज होता है। समग्र लोक-मानस ही इनका उद्गम स्थल है, समग्र लोक-जीवन ही इनका कलेवर है, समग्र लोककंठ ही इनकी वाणी है और लोक-परम्पराएँ तथा लोक-संस्कृति इनका आधार है। यही कारण हैं कि लोक-जीवन के सारे अवयव इन लोक-कथाओं व लोक-गीतों के अवयव है, तथा लोक-मानस का सारा भावना-संसार इनका अपना भावना-लोक है और सम्पूर्ण लोक-संस्कृति व परम्परा इनकी अपनी आत्मा व

प्राण है। अतः इन लोक-कथाओं व गीत-कथाओं में लोक-मानस की सारी अनुभूतियाँ, लोक-मानस के सारे तानों-बानों से सज-धज कर लोक-कण्ठ से सहज ही प्रस्फुटित होती हैं और फिर लोक-जीवन में ही प्रवाहित होते हुए अंचल-विशेष में प्रचलित हो जाती हैं। और फिर ये पीढ़ी दर पीढ़ी मौखिक रूप से ही हस्तांतरित होती हुई, जन-परम्परा व जन-संस्कृति को उजागर करती हुई तथा अंचल के जन-जन को प्रभावित तथा प्रेरित करती हुई, जन-जीवन की सहजता, सरलता, अकृत्रिमता तथा अनेकता व विविधता आदि को लिए हुए अपनी स्वर्णिम प्रतिमा स्थापित कर देती हैं। परिणामतः जन-जीवन में इनका अपना महत्व सुस्थापित हो जाता है। अतः लोक-कथाओं एवं गीत-कथाओं का जन-जीवन में होना अत्यन्त महत्वपूर्ण है। इसीलिए रेणु के आंचलिक उपन्यासों में लोक-संस्कृति के इन उपादानों का प्रयोग अत्यन्त सहजता से किया गया है।

1. गीत-कथा एवं लोक-कथा

रेणु के आंचलिक उपन्यासों में इन लोक-कथाओं तथा गीत-कथाओं को जिस खूबी से चुना गया है उसमें रेणु सिद्धहस्त हैं। रेणु के आंचलिक उपन्यासों में जिस कलात्मकता से ये लोक-कथाएँ तथा गीत-कथाएँ रेखांकित हुई हैं, उसकी अपनी विशिष्टता है। रेणु के आंचलिक उपन्यासों में अनेक लोक-कथाओं का चित्रण हुआ है, जिसमें प्रमुख हैं, 'मेरीगंज की कथा[6], कमली मैया की कथा[7], सुरंगा-सदाब्रिज की कथा[8], कोशी मैया की कथा[9], दुलारी दाय की कथा[10], रानी डूबी घाट की कथा[11], ब्रह्म पिशाच की कथा[12], मिसेज़ रोजवुड की कथा[13], कोहवर रांडी की कथा[14], परमदेव की कथा[15], पंच चक्र की कथा[16], बकर-चरवाहा[17], और लकड़-सुंघवा की कहानी आदि। इन लोक-कथाओं के अतिरिक्त रेणु के आंचलिक उपन्यासों में गीत-कथाओं का उल्लेख व विषद चित्रण भी हुआ है। इन गीत-कथाओं में प्रमुख गीत-कथाएँ हैं, सुन्नरि नेका की कथा[18], लोरिक कुम्मर, विज्जेभान, सुरंगा-सदाब्रिज, घुघती-घंटवर, ढोलामारू व चिन्ननियाँ की गीत-कथा[19] आदि।

गीतों के बोलों के साथ जन-मानस की मनःस्थितियों व भावानुभूतियों की रसमयता, तल्लीनता व सौम्यता आदि का कलात्मक चित्रण निश्चित ही कथा की जीवन्तता का प्रमाण है। इसी प्रकार लोग लागे के समक्ष कथा के चलते, लोकजीवन के भी चित्र रेखांकित करते चलना निश्चित ही रेणु द्वारा गीत-कथा के प्रस्तुतीकरण की निजी विशिष्टता है। जैसे कथा के मध्य खलासीजी का मोरंगीया गाँजा लाने का प्रयोजन, रमजू की स्त्री के लिए कंगन का उपहार, फुलिया के चुमौना के प्रयास, सहदेव मिसर का हाल, तंत्रिया टोले के रमजू की स्त्री के लटके-झटके तथा महँगूदास के स्त्री के साथ बोलचाल व झड़प और

फिर एक दूसरे के पाले को उखाड़ना आदि[20]। इसके अतिरिक्त कथा के अन्त में "कथा समाप्त हो गई है। गाँव में सन्नाटा छाया हुआ है, और रमजू की स्त्री के गुहार में सुरंगा कह रही है सदाब्रिज से।[21] सुरंगा—सदाब्रिज के इस वार्तालाप द्वारा कथा-पात्रों को उपन्यास के पात्रों पर चरितार्थ करना तथा उपन्यास के कथानक को उनसे बेतरतीबी से जोड़ देना और फिर यह सब सहज और स्वाभाविक रूप से प्रस्तुत करना निश्चित ही रेणु की अपनी खूबी है।

इस प्रकार रेणु द्वारा लोक-कथाओं के विशद चित्रण की अपनी अनूठी शान है। कथा के ऐसे विशद चित्रण में अनेक उपकथाओं व परिकथाओं के समावेश और रेखांकन की उनकी अपनी पहचान है। 'परती परिकथा' का तो प्रारम्भ ही नहीं पूरे उपन्यास की पृष्ठभूमि ही रेणु ने लोक-कथा से बनाई है। परती भूमि बंध्या रानी बन जाती है—लोक-कथा में परती की व्यथा को पहचानती है पण्डुकी, जो बंध्या रानी की परिचारिका रह चुकी है। काम से फुर्सत पाने पर कथा सुनाने का भरोसा देकर उसने अपने पुत्र जिसू को सुलाया। पण्डुकी धान कूटने में मगन हो गई, उधर काल ने आकर जित्तू की कहानी समाप्त कर दी, पण्डुकी अब भी करुण स्वर में पुकारती है—"उठ जित्तू चाउर पुरे-पुरे-पुरे।"[22] पण्डुकी-व्यथा से उसके पुत्रशोक से बंध्या रानी की मातृत्व से वंचित रह जाने की पीड़ा सांकेतिक रूप में उभरती है और बंध्या रानी परती ही हैं, परती मातृत्वहीना नारी का व्यक्तित्व पा लेती है। उपन्यास की कथा परती के बंध्यत्व से मुक्त होने की कथा है। परती पुत्तर जितेन्द्र परती रानी की गोद हरी करता है—पण्डुकी का जित्तू उठ गया है। पण्डुकी नाच-नाच कर पुकार रही है—"तु तु तुत्त तुरा तुत्त।"[23] उपन्यास का आरम्भ पण्डुकी-कथा के माध्यम से प्रभावशाली बन गया है। पर यहाँ लोक-कथा अलंकरण का ही कार्य करती है क्योंकि यह मूल कथा के संकेतक का ही कार्य करती है।

अंचल-विशेष के जन-जीवन में प्रचलित किंवदंतियों, जन-श्रुतियों, मान्यताओं, धारणाओं तथा परम्परागत लोक-संस्कृति की प्रतीक एवं लोक-जीवन की प्रकृतिपरक आस्था, श्रद्धा व विश्वास की सूचक हैं। ये सब कथा के विशद चित्रण को ही प्रमाणित करती हैं। इस पर भी विशिष्टता तो यह है कि कहीं भी कथा की रोचकता, सजीवता, प्राणवत्ता और प्रभावोत्पादकता में कहीं कोई कोर-कसर नहीं है। यथा—"दुलारी के आँचल में नौ मन हीरा झरे। हाँ, कोसी मैया हँसे, तो नौ मन हीरा झरे और रोये तो दस मन मोती।"[24] तथा "जिसका कोई बाप नहीं, बाबा भोला उसका बाप, जिसकी कोई माँ नहीं, माता उसकी गौरी पार्वती।"[25] एवं "सात पुश्त के दुश्मन पर जो गुन छोड़ना मना है, उसे ए-ए छोड़ती हूँ—कुपडलिया आँधी, पहाड़िया पानी"[26] और "मरे, मरे। सब मरें। मेरे पिता के टुकड़ों पर पलनेवाले ऐसे आत्मीय सम्ब-

न्धियों का न जीना ही अच्छा, जो अपने वंश की एक अभागिन कन्या की पुकार पर अपने घर की खिड़की भी न खोल सके।"[27] यह है कथा की रोचकता, सजीवता व प्रभावोत्पादकता का वैशिष्ट्य, किन्तु इस वैशिष्ट्य के साथ कथ्य में सर्वत्र सहज प्रभाव भी है, गति भी है और संश्लिष्टता भी। जैसे, "जै कोसी महारानी की। नैहर पच्छिम तिरहूत, ससुराल पूरब सासवड़ी झगड़ाही—ननदों की क्या पूछिए और माँ कौन सतवन्ती तेरी। बारूद की ढेरी में आग'''कोसी की महारानी क्रोध में पागल'''कोसी भागी नैहर"[28] आदि। इससे लगता है कि कोसी के सरित-प्रवाह व कथा के सहज प्रवाह के मानिंद अंचल का लोक-जीवन प्रवहमान है। यों कोसी मैया की कथा दर-असल वन्ध्यत्व की विह्वलता की कथा है। तभी तो कोसी की यह पुकार "भैया रे-ए-ए बहिनी की इजतिया तोरे हाथ।"[29] से लगता है कि प्रत्येक व्यथित बहिन की विह्वल पुकार है—भाई के नाम। तथा "भऊजी हे भऊजी, लड़का तोर खेलाउब हो भऊजी, ओढ़नी तोर पखारब हे भऊजी-ई-ई, भइया के भेज तनि दे ए।"[30] रेणु की कथात्मकता प्रमुखतया लोकोन्मुखी है। एतदर्थ कहा जा सकता है कि कोसी महारानी की सम्पूर्ण कथा, कथा क्या है, वस वंध्या धरती की व्यथा-कथा है, अंचल-विशेष के जन-जीवन की व्यथा है, जनमानस के विह्वल व विकल हृदय की कथा है और है जन-जन की परम्मरा व संस्कृति की कथा।

वस्तुतः रेणु ने लोक-गीतों को अपने प्रत्येक उपन्यास का आधार माना है। और कई गीतों के साथ वहाँ की कई कथाएँ भी जुड़ी हुई हैं। 'मैला आँचल' और 'परती परिकथा' उपन्यास इसके जीते-जागते प्रमाण हैं। वैसे रेणु ने अपने उपन्यासों के लिए जिस अंचल-विशेष को चुना है उस पूर्णिया जिले के अधिकतर ग्राम लोक-गीतों के वृन्दावनधाम हैं। "इसलिए लोकगीतों की मधुर रागिनी 'रेणु' के अन्य उपन्यासों 'जुलूस', 'कितने चौराहे', 'दीर्घतपा', 'पल्टू बाबू रोड' में भी प्रवाहित हुई है।

लोकगीत

लोक-गीत अंचल-विशेष के लोक-जीवन में व्याप्त व्यथा, पीड़ा, हर्ष-उल्लास व सुख-दुख तथा जन-मानस की लोक-भावनाओं, लोकानुभूतियों को लयात्मक व कलात्मक रूप में प्रदान कर लोक-मानस को ही मूर्त रूप प्रदान करते हैं। ये गीत अंचल-विशेष के जन-मानस की संवेदनाओं, संवेगों, स्वानुभूतियों व सौन्दर्य-भावनाओं को रूपायित करते हैं। इनके द्वारा जन-जन की पीढ़ी-दर-पीढ़ी में प्रचलित लोक-परम्परा उजागर होती है और जन-जन की आत्मा का, आत्मतत्व का सजीव चित्रण होता है। इनसे अंचल के जन-जीवन की भावानुभूतियों की

अनेकता की स्वाभाविक तथा सहज अभिव्यक्ति होती है।

रेणु के प्रायः सभी आंचलिक उपन्यासों में अंचल-विशेष के लोक-जीवन में प्रचलित अनेक लोक-गीतों का उल्लेख हुआ है, उदाहरणार्थ—ऋतुगीत, बारहमासा, झूमर, भउजिया गीत, संथालिनों के गीत, वैवाहिक सुख, दुःखात्मक गीत, हुम्मर बिज्जैभान, विवाह के गीत, पूजागीत बोचर, नागों की बड़ी देवी विष हरिमेया के गीत, उत्सव व त्यौहार गीत, शाम-चकेवा, करमा-धरमा, हाक-डाफ एवं होली के गीत, फगुआ, भड़ौआ व जोगीड़ा आदि। इन गीतों में बारहमासा, भउजिया गीत, त्यौहारों के गीत व होली के गीत आदि का चित्रण विशिष्टतापूर्वक हुआ है। रेणु के इन उपन्यासों में गीतों के विविध रूपों का वर्णन हुआ है, जैसे कथागीत, नाट्यगीत, नृत्यगीत व पूजागीत, सिनेमा गीत आदि।

रेणु के आंचलिक उपन्यासों का अंचल-विशेष गीतमय है—गीतों से गमकता हुआ, गीत-गुम्फित सारा का सारा अंचल इनके आनंद से फूला-फूला-सा लगता है तथा अंचल-विशेष का जन-जीवन गीतों में तन्मय होकर आनंदोल्लास में डूबा-सा प्रतीत होता है। गाँव और गीत, गीत और गाँव की जिन्दगी मानो एक हो यथा "गीतों के पंखों पर उड़ता गाँव/गीत गंगा में नहाती औरतें।"[32] तथा "इरावती गीत सुनाती है—शादी-ब्याह, पर्व-त्यौहार, और आनंद-उत्सव के समय गाये जाने वाले गीत···शाम-चकेवा खेलती औरतों की खिलखिलाहट आनंदोल्लास।"[32]

वस्तुतः ये लोक-गीत सैकड़ों सालों से गाँव के लोगों द्वारा गाये जाते रहे हैं।[33] पर्व-त्यौहारों पर सामूहिक गीत और दैनिक क्रियाकलापों के गीत, चक्की पीसते, चरखा चलाते, धान रोपते, राह चलते, गाड़ी हाँकते, गीत ही गीत। मानो गाँव की मिट्टी गीत उगल रही है और गाँव की हवा गीतों को शब्द दे रही है। रेणु के आंचलिक उपन्यासों में लोक-जीवन के गीत अत्यंत कुशलता से, सहजता से पिरोये गए हैं। ये गीत असली लोक-गीत हैं जो पीढ़ी दर पीढ़ी मौखिक परपम्परा द्वारा हस्तांतरित होते रहते हैं। रेणु ने लोकगीतों की इस विशिष्टता को 'भिम्मलमात्रा' द्वारा अद्भुत ढंग से व्यक्त किया है। जैसे, "ओनली जेनुइन फोक सांग विच हैव बीन हैण्डेड फ्रॉम जेनेरेशन टु जेनरेशन बाइ ओरल ट्रान्समिशन।"[34] तथा "गाँव की मिट्टी में सांस्कृतिक सोना फल सकता है।"[35]

गाँव के लोकगीतों की छटा और अदा निराली होती है, क्योंकि अंचल-विशेष में प्रचलित लोकगीत किसी न किसी पर्व या ऋतुओं से संबधित होते हैं। 'परती परिकथा' उपन्यास में शाम-चकेवा पर्व का बहुत उल्लासपूर्ण चित्रण है। 'जुलुस' उपन्यास में नबीनगर कॉलोनी में पूर्वी बंगाल से आये हुए शरणार्थी

हमेशा बंगाली गीत गाते रहते हैं। जगरनथिया[35] गीतों में भी उनकी रुचि है। मैथिल गीतों की तरफ भी उनकी रुझान है। इतना ही नहीं, फिल्मी गीत और धार्मिक गीत (भजन) भी उनके कंठों से फूटते रहते हैं। एक स्थल पर तो गोपाल पाहन दिल को हलका करने के लिए 'ट्रिवकिल ट्रिवकिल लिट्ल स्टार' वाला, प्रसिद्ध अंग्रेजी गीत गुनगुनाता है।"[37] 'मैला आँचल' में पर्व, त्यौहार, ऋतु, धर्म, क्रांति आदि सभी से संबंधित गीत पाये जाते हैं।

आदमी जैसे कुछ विशेष अवसरों पर गीत गाने के लिए सहज ही प्रेरित हो उठता है और फिर होली पर्व तो मुर्दे को भी गुदगुदी कर जिला देता है। 'फगुआ' का हर गीत देह में सिहरन पैदा करता है।[38] क्योंकि फागुन महीने की हवा ही बावली होती है। आसिन-कातिक के मलेरिया और काला-आजार से टूटे हुए शरीर में फागुन की हवा संजीवनी फूँक देती है। रोने-कराहने के लिए बाकी बारह महीने तो हैं ही। "फागुन भर तो हँस लो, गा लो।"[39] तथा 'नैना मिलानी करि ले रे सैंया, नैना मिलानी करि ले। अब की बेर हम नैहर रहिबो जे दिल चाहल से करि ले।"[40] और "अरे बहियाँ पकड़ि झकझोरे श्याम रे/फुटल रे राम जोड़ी चूड़ी/मसकि गई चोली भीगी ल साड़ी, आँचल उड़ि जाय हो। ऐसी होरी मचाओ श्याम रे।"[41] इस प्रकार लेखक ने जिन पर्व-गत गीतों का विधान किया है, उन्हें मनुष्य की आंतरिक प्रेरणा के साथ जोड़ा है किन्तु साथ ही सामाजिक यथार्थ के किसी अन्य आयाम को उद्‌घाटित करने के लिए भी उनका प्रयोग किया है।

'मैला आँचल' में वसंत के गीतों के साथ-साथ 'चैता' के भी गीत हैं। 'चैता' का गीत भी बड़ा मादक होता है। "सब दिन बोले कायेलि भोर निकलवा···वा···वा···हो रामा।"[42] यह चैता का गीत मात्र चैता का गीत नहीं है बल्कि डाक्टर के हृदय में पीर जगाने वाली एक शक्ति है। 'मैला आँचल' में 'मठ' का अपना विशेष स्थान है इसीलिए मठ के परिवेश में लेखक ने कबीर-पंथी गीतों का भरपूर उपयोग किया है। ये गीत न केवल मठ के माहौल को जीवंत करते हैं, बल्कि वहाँ अनेक क्रिया-व्यापारों और मानसिकताओं से जुड़ जाते हैं। दो-एक दृष्टान्त देखे जा सकते हैं। महन्त जी मर गए हैं और रामदास खंजड़ी बजाकर निर्गुण गाता है: "कहवाँ से हंसा आओल— हो राम।"[43] यह गीत महन्त साहब के मरने के समय का बहुत उपयुक्त गीत कहा जा सकता है। यह निर्गुण संप्रदाय के अनुसार व्यक्ति के मरने के समय शोक का स्वर न उपस्थित कर उदास लय में आत्मा के तात्विक रूप की पहचान कराता है।

इसी प्रकार रेणु के उपन्यासों में उन गीतों का भी इस्तेमाल हुआ है जो निम्न वर्गों की बैठकों या सांस्कृतिक अवसरों पर परंपरागत ढंग से आयोजित होते हैं। मेरीगंज में खलासी जी आए हुए हैं। खलासी जी और फुलिया के बीच

की दमित प्रेम-संवेदना, तंत्रिमा टोली की बैठक में जो गीत खलासी जी गाते हैं उससे स्पष्ट होता है। हरिजनों के नृत्य और गीत के जरिए लेखक ऊँचे वर्गों के लोगों की विसंगतियों को मुखर करता है तो होली के भड़ौआ गीतों के माध्यम से समाज की विसंगतियों को सबके सामने साकार करता है।

'भऊजिया गीत' अपनी सरलता, मधुरता व सुहानेपन से मदमाते हर जवान व्यक्ति के मन को मोह लेता है, जादू कर जाता है। जैसे 'चढ़ती जवानी मोरा अंग-अंग फड़के/कव होईहैं गवना भउजिया···'[44] तथा 'हथवा रँगाये देहरी बैठाई गइले, फिरहू ना लिहिले उदेश रे भऊजिया···'[45] आदि गीतों में वर्षा में एक विरहकातर योजना की भावनाओं का स्पष्टीकरण हैं। ननदिया के दिल की हूक गाड़ीवानों के गले से कूक बनकर निकल रही है।[46]

ऐसे ही मनोहर ऋतुगीत 'बारहमासा' भी है। 'बारहमासा' खेत में रोपनी करते समय गाया जाने वाला गीत है। धान के खेतों में पाँवों की छमछम आवाज़ के साथ गीत इतना मनोहर लगता है कि आदमी सब कुछ भूल जाये···झूमर बारहमासा। 'अंजरारे पवन झरे, अंचल उड़ि उड़ि जाय।'···अकेली नहीं सैकड़ों कण्ठों से एक-एक विरहिन मैथिली बैठी हूक रही हैं।[47] अन्य गीतों के सदृश इन गीतों की संवेदनशीलता, सरलता, मधुरता व लोकप्रियता कुछ कम नहीं है।

जन्म, मरण आदि के अवसरों पर भी गीत गाए जाते हैं। नीलोत्पल के जन्मोत्सव में सोहर गाया गया है और गांधीवध के बाद गाए गए समदाऊन को सुनकर गाँववालों के दिल कलप उठे—'आरे काँचाहि बाँस के खाट रे खटोलना···'[48] इसी प्रसंग में नागर क्षेत्र में रेडियो—'वासांसिजीर्णानी'[49] की पंक्तियाँ ध्वनित करता है। डाक्टर प्रशान्त और कमला के प्रेमोन्मत्त प्रसंग में विद्यापति की पंक्तियों को उद्धृत किया गया है—'अधरक मधु जब चाखन कान्ह।'[50] इस प्रकार लेखक ने पात्रों के जीवन के अनुकूल गीतों को प्रयुक्त करके उपन्यास के प्रसंगों को अधिक प्रभावशाली बनाया है।

'कितने चौराहे' उपन्यास में युग-बोध अति तीव्र होने के कारण देश-भक्ति के गीत अधिक दृष्टिगोचर होते हैं। जैसे 'आओ बीरो मरद बनो अब जेहल तुम्हें भरना होगा।'[51] 'खुश रहो नौजवानो मौत का पैगाम है।'[52] 'जवा होये फुटवों मागो तोमार चरण तले।'[53] 'झंडा ऊँचा रहे हमारा।'[54] आदि, लेकिन इसके साथ ही साथ भजन भी यदा-कदा इस अंचल-विशेष में गाए जाते हैं। जैसे : 'राम रहीमन जुदा करो भाई।'[55] 'जय जय भामिनी, असुर भयावनि'[56] आदि। कुछ भजन तो फिल्मी गानों की धुन पर रचे गये हैं। जैसे 'मेरा मन बोले, मेरा तन डोले, मेरे किस्न से हो गया प्यार रे, मोरा कौन ओढ़ावे चादरिया ?'[57]

रेणु ने अपने अंचल-विशेष के केवल मैथिली या जनभाषा के गीतों का ही प्रयोग अपने उपन्यासों में किया हो ऐसी बात नहीं। उनके उपन्यासों में उस अंचल-विशेष में प्रचलित अन्य भाषाओं के गीतों का चित्रण भी बहुत ही सफलता से हुआ है। जैसे—'नमन जेल देवी नमों मां स्वतंत्रे'[58] संस्कृत गीत, 'नी रखनी-नी रखनी सरकार जालिम नी रखनी'[59] पंजाबी गीत, 'सवाय बोले अमाय पागल, आमि सवाय के पागल बोली'[60] बंगला गीत, 'मजहब नहीं सिखाता आपस में वैर रखना,[61] उर्दू गीन आदि। इन भाषाओं के गीतों के अलावा रेणु ने विद्यापति, सूरदास, तुलसीदास, कबीर जैसे बड़े-बड़े संतों के वचनों का प्रयोग भी अपने पात्रों की भावदशाओं को स्पष्ट करने के लिए अत्यंत प्रभावशाली ढंग से किया है। जैसे 'परती परिकथा' में जितेंद्र का ताजमनी को पाने के लिए यह गीत गाना—'वैराग जोग कठिन ऊधो'[62]। इन गीतों के अतिरिक्त उस अंचल-विशेष में प्रचलित फिल्मी गीतों का भी रेणु ने अपने उपन्यासों में स्थान-स्थान पर प्रयोग किया है जैसे—

'आ जा मोरे बालमा तेरा इन्तजार है।'[63]

× × ×

'उँची उँची दुनिया की दीवारें…।'[64]

लोक-नृत्य

रेणु के आंचलिक उपन्यासों में अंचल-विशेष के जन-जीवन में आमोद-प्रमोद और लोकमनोरंजनार्थ लोक-नृत्यों का वर्णन हुआ है। ये लोकनृत्य हैं, विदापत-नाच, जालिम सिंह नाच, ठेठर कम्पनी का नाच व संथालियों का नाच आदि। इन नृत्यों में मृदंग, करताल, झाँझ, पायल, शंख, मानर, डिग्मा तुरही, खंजड़ी आदि का खुलकर प्रयोग हुआ है। ये लोकनृत्य, लोकनाट्य, अंचल-विशेष के जन-जीवन में प्रचलित गीत, गीतों के बोल एवं स्वर-संगीत व वाद्य आदि को साथ लेकर जन-जन के मन को प्रफुल्लित व आह्लादित कर आनंद प्रदान करते हैं।

'बिदापत नाच' का सही नाम है 'विद्यापति नाच' और इसमें विकटा अर्थात 'कॉमिक' होता है। विकटा अपनी अटपटी पोशाक व विचित्र आकृति द्वारा नृत्य करते हुए एवं कटाक्ष-व्यंग्य द्वारा जन-जन का बखूबी मन-बहलाव करता है। जैसे 'आसमान का चांन यदि धरती पर उतर आता है तो धरती के चांन को ऊपर जाना पड़ेगा। ओड धरती पर भी चांन होता है ?…अरे, भरुआ, नायकजी, धरती का चांन अपनी छत्तीसों कला के साथ तुम्हारे सामने खड़ा है, चौंकिया गये क्या ? छट्टम लाइट जलाकर देखो।…छट्टम लैट तुम्हारे घर में आजकल जलता है।'[65]

इस प्रकार बिकटा का मनोरंजक वार्तालाप जन-जन का मन बहलाव करता है तथा अपने वार्तालाप द्वारा सामयिक, सामाजिक व राजनीतिक बुराइयों व समस्याओं का पर्दाफाश करता है, पोल खोलता है और उनका कच्चा चिट्ठा भी उघाड़ कर रख देता है।[66] शायद इसीलिए भले आदमी के लिए यह देखने योग्य नहीं।[67] फिर भी इसे देखने को शामियाना खचाखच भरा रहता है तथा लोगवाग विकटा को उसके नाच के लिए बख्शीश भी देते हैं।

वस्तुतः इस लोक-नृत्य में, लोक-नृत्य के साथ तुकबंदी ही प्रमुख है, जिसकी रचना के लिए किसी तुलसीदास या वाल्मीकि की जरूरत नहीं होती।

इसके अतिरिक्त विदेसिया नाच, वाइफ ऐंड हजबैंड नाच, मछुआरिन नाच[68] तथा पाला[69] वेहुला-बाला-लखिन्दर[70] सावित्री[71] आदि नाचों का भी रेणु के आंचलिक उपन्यासों में उल्लेख मिलता है। विदेशी लोगों के अनुकरण से हजबैंड-वाइफ नाच कहीं-कहीं खेला जाता है लेकिन इसका इतना अधिक प्रचलन नहीं है। बंगाली लोग तो कीर्तन गाने में काफी मशहूर हैं इसीलिए जब कारेमण्डल और रब्बी पासवान 'जुलूस' उपन्यास में नबीनगर के पास से गुज़रते हैं तो सारंगी से मिला गला सुनकर उन्हें अपने बचपन की याद आ जाती है। बाला लखिन्दर-बेहूला नाच में दोनों नटुआ थे। करीब तीस साल पहले इस इलाके में यह नाच खूब चला था। 'रब्बी पासवान बाला लखिन्दर बनता था और कारेमण्डल बेहुला। नाच में ये लोग काफी मशहूर थे।

इस प्रकार रेणु के आंचलिक उपन्यासों में उल्लिखित लोक-नृत्य लोक-तत्व के सबल व समर्थ तत्व हैं, लोक-जीवन के परिचायक हैं, और सामाजिक सामूहिक जन-जीवन के प्रतीक हैं। लोक-जीवन में इनका महत्व असाधारण है। अपने अंचल-विशेष की लोक-संस्कृति को जन-जीवन को स्पष्ट करने में रेणु ने इन लोक-नृत्यों का प्रयोग बहुत ही कुशलता तथा स्वाभाविकता से किया है।

पर्व-त्यौहार

पर्व व त्यौहार आदि समस्त जन-जीवन के आह्लाद, उल्लास, उत्साह, आनंद व हर्ष आदि के प्रतीक जन-जन की सामाजिक व सामूहिक रुचि व आशा-आकांक्षा आदि के प्रमाण और लोक-जीवन की सदियों से चली आ रही परंपरा व संस्कृति के सबूत हैं। इन पर्व व त्यौहारों के माध्यम से अंचल-विशेष का केवल लोक-जीवन ही उद्घाटित नहीं होता है बल्कि संपूर्ण लोक-मानस अपनी निजी लोक-परंपरा व लोक-संस्कृति को लिए उजागर होता है। समाज में प्रचलित ये पर्व व त्यौहार जन-जन की परम्परा व संस्कृति के आधार रक्षक व पहरेदार भी सिद्ध होते हैं। इनके रहते जन-जन की परम्परा व संस्कृति सुरक्षित-सी जान पड़ती है, क्योंकि पर्व व त्यौहार जन-परम्परा व जन-संस्कृति के न केवल अवयव

ही हैं बल्कि पूरक भी हैं और फिर ये दोनों परस्पर आश्रित, अटूट व अभिन्न भी हैं। इनसे भी अधिक विशेषता व महत्ता है पर्व व त्यौहार के सांस्कृतिक आधार की, क्योंकि इनमें धर्म की भावना भी निहित रहती है और इनके प्रति लोकविश्वास व लोकश्रद्धा के परिणामस्वरूप पर्व व त्यौहार की सांस्कृतिक विशिष्टता व महत्ता मानव-जीवन में कुछ कम नहीं है। यही कारण है कि रेणु के आंचलिक उपन्यासों में पर्व व त्यौहार आदि का विषद चित्रण लोक-परम्परा, लोक-संस्कृति और लोक-जीवन की गरिमा को अंकित करता है और जन-जन की खुशियों को मूर्त रूप प्रदान करता है। 'महँगी' पड़े या अकाल हो 'पर्व-त्यौहार तो मनाना ही होगा।[75] अतः गरीब हों या अमीर, अंचल के सभी लोग उत्सव व पर्व बड़े धूमधाम से मनाते हुए दिखायी देते हैं।

रेणु के आंचलिक उपन्यासों में जिन पर्वों-त्यौहारों, मेलों आदि का उल्लेख हुआ है, वे हैं, सिखा पर्व, बधना पर्व, शाम-चकेवा पर्व, होली-पर्व तथा करमा-धरमा व हाकडाक आदि पर्व, एवं दीपावली, दशहरा, सुराजी उत्सव, पूजा उत्सव व अनेक मेले आदि। इनके अतिरिक्त इनमें लोक-मनोरंजनार्थ जाट-जट्टिन खेल तथा जन-जन के आमोद-प्रमोद के लिए नाच-गानों, नाटकों व अखाड़ों आदि का भी उल्लेख हुआ है। इसके साथ ही विदेशी विशिष्ट वर्ग के आनंदोत्सव के उदाहरण भी उनमें मौजूद हैं। जैसे पूर्णिया डे, सोनपूर डे, वेतिया डे आदि।

होली-पर्व तो नये जीवन की स्फूर्ति दे जाता है, जन-जीवन में मतवाली हलचल पैदा कर देता है। यही एक ऐसा पर्व है जिस दिन मेरीगंज के लोग जाति-पाँति, ऊँच-नीच के सारे भेद-भाव भुलाकर अबीर और गुलाल के रंगों के साथ एकमेक हो जाते हैं। कोई प्रहसन कर रही है, कोई नाच रहा है, कोई अबीर-गुलाल फेंक रहा है, कोई प्यार आँखों में भरकर किसी की प्रतीक्षा कर रहा है। होली के इन सारे संदर्भों से यह बात स्पष्ट हो जाती है कि लेखक की दृष्टि इनके माध्यम से कुछ और रचने की है, कहने की है, और वह यह कि होली-पर्वोत्सव इस अंचल के लोगों में, जीने की नयी लालसा, उमंग पैदा करता है। इसीलिए तो कहा गया है कि "फागुन महीने की हवा बावरी होती है।··· फगुआ भर तो हँस लो, गा लो। जो जिये सो खेले फ़ाग।"[74] इसी प्रकार "फागुन का हर शीत देह में सिहरन पैदा करता है।"[75] एवं "अरे बहियाँ पकड़ि झकझोरे श्याम रे"[76] और "अर र र र बुरा न मानो होली है"[77] आदि। होली-पर्व में जो 'भड़ौआ' गाये जाते हैं वह यहाँ केवल होली के 'भड़ौआ' ही नहीं हैं बल्कि उसके माध्यम से रेणु ने उस अंचल के समाज में प्रस्थापित अनेक बिसंगतियों को उजागर किया है। जैसे, "बरसा में गड्ढे जब जाते हैं भर···।"[78]

दूसरी ओर इसी होली-पर्व के कारण ही डॉ० प्रशान्त व कमली का मधुर

संबंध एक मूर्त रूप धारण करता है ।[79] अतः यह त्यौहार अपनी प्रकृति से सहज भाव से वह काम कर देता है जो अन्यथा संभव न होता। इस त्यौहार से उस अंचल-विशेष के लोगों का यह श्रद्धा-विश्वास भी स्पष्ट हो जाता है कि 'सिंदूर लगाते समय जिस लड़की की नाक पर झड़कर सिंदूर गिरता है वह अपने पति की बड़ी दुलारी होती है ।"[80] अतः इस लोकपर्व द्वारा अंचल-विशेष के लोक-जीवन में नयी ताजगी का संचार होता है, जन-जन का जीवन लहलहा उठता है ।

इस प्रकार अंचल-विशेष की स्त्रियों का लोक-पर्व है 'शाम-चकेवा' ।[81] यह पर्व पूर्णमासी की रात को मनाया जाता है । मिट्टी की शामा, मिट्टी का चकेवा । नेपाल की तराई से सटे उत्तर बिहार के जिले में होता है यह पर्व ।[82] छोटे-छोटे दर्जनों पंछियों के रंग-बिरंगे पुतले रचती हैं स्त्रियाँ । सुन्दर चित्रकारी । महीन कारीगरी । यह है चिड़िया पंछी का पर्व । हरसाल लड़कियाँ खेलती हैं—कहने को तो ये कुँआरी लड़कियों का त्यौहार है, पर साथ रहती हैं सभी। इसमें ब्याही, बेटा-बेटी वाली, अधेड़, वूढ़ी सब मिलकर गाती हैं । लड़कियों में परस्पर हँसी, मजाक, ठिठोली भी खूब होती है । गीतों के मुकादले भी होते हैं और गीतों द्वारा गालियाँ भी दी जाती हैं । इस प्रकार इस गीतों का ताँता तीन दिन तीन रात तक चलता रहता है । इसमें लड़कियाँ सिर्फ गातीं ही नहीं बल्कि दो दल बनाकर नाचती भी हैं और अन्त में दोनों दल नाचते-नाचते एक हो जाते हैं । इन दिनों सारा गाँव गतिमय हो जाता है । यथा "गीतों के पंखों पर उड़ता है गाँव, गीत गंगा में नहाती हैं औरतें ।" तीसरी रात पंछियों की बिदाई की रात होती है, "जहाँ का पंछी तहाँ उड़िजा, अगले साल फिर से आ ।"[83] इस प्रकार शाम-चकेवा का पर्व अंचल-विशेष की स्थितियों में नयी ताजगी दे जाता है, प्रसन्नता, आह्लाद व मनोरंजन दे जाता है, और स्त्रियों में परस्पर मेल-जोल व आत्मीयता का संचार कर उनकी सामूहिकता व सामाजिकता को उजागर करता है ।

युवा वर्ग का नजरिया अलग ही है । नौजवानों की नजर में इस तरह से पर्व-त्यौहार रूढ़िग्रस्त समाज की वेवकूफी के उदाहरण मात्र हैं । शाम-चकेवा, करमा-धरमा व हाक-डाक आदि पर्व बंद करना होगा ।[84] वयोवृद्ध लोग इस पर्व के व्यय को फिजूलखर्जी बताते हैं ।[85] फिर भी स्त्रियाँ व लड़कियां इसे मनाने को लालायित रहती हैं, कटिबद्ध रहती हैं ।

'सिखा पर्व' में तो मछलियों का सामूहिक शिकार गाँव के सब लोग मिलकर करते हैं । दोपहर में सब कोई इस पर्व पर 'सत्तू' खाते हैं । सतुआनी पर्व जो मानते हैं इसे ।[86] आज रात की बनी चीजें कल खायेंगे । इस बर्ष की पकी हुई चीज उस वर्ष में खायेंगे—बारह मास चूल्हा जलाने के लिए, वर्ष के पंचम दिन

भूमि दाह नहीं होगा।[87] यह नव वर्ष का पर्व है। इस दिन नये खाते भी खोले जाते हैं।[88]

इन पर्व व त्यौहारों के साथ-साथ अंचल विशेष के मेलों, हाटों तथा अंचल-विशेष के लोगों में आपस में होने वाली पार्टियों का चित्रण भी रेणु ने अपने आंचलिक उपन्यासों में विस्तार से किया है। जैसे मदनपुर का मेला,[89] रोतहट का मेला,[90] लाल बाग मेला,[91] गोर में सोनपुर का मेला,[92] पशुपति मेला,[93] बदरिया घाट का मेला,[94] सुलतानी परिवारों का मेला,[95] काली मेला,[96] महिला शिल्प मेला [97] आदि। इन मेलों में आयोजित बाजार, प्रदर्शनी, नौटंकी व ठेटर कम्पनी व दंगल आदि के प्रति लोगों में काफी रुचि तथा शौक है। ये सभी जन-जीवन में आमोद-प्रमोद व मनोरंजन आदि के प्रबल माध्यम हैं।

उपरोक्त विवेचन से यह स्पष्ट होता है कि रेणु के आंचलिक उपन्यासों में उस अंचल-विशेष के जन-जीवन का बहुत ही सजीवता से चित्रण किया गया है जो उस अंचल-विशेष के सजीव रूप को साकार करने में अत्यंत सफल है। अंचल-विशेष के लोगों का रहन-सहन, शिक्षा, धर्म, अभिरुचि व रीति-रिवाज आदि का आकलन रेणु ने अपने उपन्यासों में इतनी स्वाभाविकता से किया है कि कहीं पर भी वह ऊपर से थोपी हुई चीज नहीं लगती। प्रचलित लोक-संस्कृति, लोक-कथा, लोक-गीत, लोक-नृत्य, पर्व-त्यौहार आदि का भी चित्रण अत्यंत सूक्ष्मता तथा बारीकी के साथ किया गया है जो उस अंचल-विशेष की संस्कृति को उजागर ही नहीं करता, बल्कि अपने अंचल-विशेष की महत्ता को बढ़ाता है। रेणु, ने अपने उपन्यासों में लोक-संस्कृति को प्रधानता तो दी ही है, साथ ही साथ ऐसे पात्रों को स्थान दिया है जो लोक-संस्कृति के अधिकाधिक निकट हैं, उसे अधिक स्पष्ट रूप में उजागर करते हैं तथा उस संस्कृति के प्रतिनिधि माने जा सकते हैं।

सन्दर्भ

1. ज्ञानचंद गुप्त 'आंचलिक उपन्यास : संवेदना और शिल्प', पृ० 297

2-3. डॉ० नवलकिशोर, 'रेणु का रचना-संसार', पृ० 118-189

4. डॉ० बाबर सरोजिनी, 'लोक साहित्य भाषा आणि संस्कृति', पृ० 79

5. डॉ० भिक्षु कौण्डिल्य, 'मिसिंग जाति का लोक साहित्य', पृ० 38

6 से 8. रेणु, 'मैला आँचल', पृ० 12-13; 4; 55-56

9 से 17. रेणु, 'परती परिकथा', पृ० 9-13; 21; 27; 76-77; 88; 122; 129; 154, 157

18-19. रेणु, 'मैला आँचल', पृ० 53; 55
20 से 35. रेणु, 'परती परिकथा', पृ० 8; 341; 9; 11; 13; 11; 22; -10; 11; 175; 514; 197; 313;
36 से 37. रेणु, 'जुलूस', पृ० 162; 167
38 से 50. रेणु, 'मैला आँचल', पृ० 111-113; 135; 111-113; 112; 179; 51; 63; 155-168; 257-258; 192
51 से 55. रेणु, 'कितने चौराहे' पृ० 77; 80; 119; 126; 42
56 से 61. रेणु, 'जुलूस', पृ० 145; 63; 78; 56; 91; 100
62 से 64. रेणु, 'परती परिकथा', पृ० 424; 95; 380
65 से 67. रेणु, 'मैला आँचल', पृ० 69-72
68-69. रेणु, 'दीर्घतपा', पृ० 72
70 से 72. रेणु, 'जुलूस', पृ० 22; 102-104
73 से 81. रेणु, 'मैला आँचल' पृ० 111; 111-113; 139; 162-163
82 से 86. रेणु, 'परती परिकथा', पृ० 165-175
87 से 92. रेणु, 'मैला आँचल', पृ० 196; 132; 228; 105; 42; 75
93-96. रेणु, 'परती परिकथा', पृ० 13, 38, 403, 416
97. रेणु, 'जुलूस' पृ० 80

5

रेणु के आंचलिक पात्र

उपन्यास का मुख्य विषय मानव जीवन ही है। बेकर ने उपन्यास को 'गद्यमय कल्पित आख्यान द्वारा जीवन की व्याख्या[1]' तथा इरावेफर्ट ने 'सक्रिय मानव जीवन की भाषा में भावों का गद्यानुवाद[2]', उपन्यास सम्राट प्रेमचंद ने 'मानव-जीवन का चित्रमान'[3] कहकर मानव के साथ उपन्यास के घनिष्ठ संबंध होने के विचार का ही प्रतिपादन किया है। प्रसिद्ध अंग्रेजी उपन्यासकार हेनरी जेम्स ने भी तो इसी की पुष्टि करते हुए कहा है कि "उपन्यास के अस्तित्व का एक खारा पहलू है कि वह मानव जीवन के चित्रण का प्रयास करता है।" इससे यह सुस्पष्ट है कि उपन्यास चाहे सामाजिक हो, ऐतिहासिक हो, मनोवैधानिक हो अथवा आंचलिक हो, सब में जब तक पात्र हैं तब तक उनमें मानव जीवन के चरित्र का चित्रण स्वाभाविक ही है। फिर भला उपन्यासकार का उद्देश्य चाहे कुछ भी हो, जैसे मनोरंजन, रहस्य, समाजहित, अथवा मानव मन के सत्य की खोज आदि। इनमें कोई अन्तर नहीं होता क्योंकि वस्तुत: उपन्यास जन-जन के व्यवहार, वातावरण, विकास, भावना आदि तत्वों से बना एक घर होता है। उसका विषय मनुष्य और उसका कार्य-व्यापार है।[4] एतदर्थ हिन्दी के तिलस्मी, ऐयारी, जासूसी आदि प्रारंभिक उपन्यासों में पात्रों के चरित्र-विषय को उनके कृत्यों या संवादों द्वारा व्यक्त करने का प्रयास किया गया है। लेकिन यह बात सच है कि इन उपन्यासों में चरित्र-चित्रण पर अधिक ध्यान नहीं दिया गया, बल्कि यहाँ कथातत्व का ही अधिक बोलबाला रहा है। प्रेमचंद के युग में प्रेमचंद व अन्य लेखकों ने अपने उपन्यासों में कथातत्व के साथ-साथ चरित्र-चित्रण को अधिक महत्व दिया है। क्योंकि कथा-वस्तु को आगे बढ़ाने का कार्य पात्रों के माध्यम से ही संपन्न होता है। पात्रों के अभाव में कथा साकार हो ही नहीं सकती।[5] इसीलिए व्यक्ति तथा चरित्र की ओर उपन्यासकारों ने अधिक ध्यान दिया और अनेक वर्गों के पात्रों का चरित्र-चित्रण कर उस वर्ग को उजागर किया।

इस प्रकार देखा यह जाता है कि जीवन के विविध पक्षों को प्रस्तुत करने व सुस्पष्ट करने का प्रयास उपन्यासकारों ने अपने इर्द-गिर्द घूमते हुए अनेक पात्रों के माध्यम से किया है। शायद इसीलिए चरित्र को उपन्यास का मेरुदण्ड माना जाता है ।[6] प्रेमचन्द में जो अनेक महाकाव्यात्मक पात्रों की सृष्टि हुई, 'गोदान' जैसे व्यापक पृष्ठवाले उपन्यास भी लिखे गए हैं, लेकिन फिर भी उनमें चरित्र की विशिष्टता सुस्पष्ट ही है। यों प्रेमचन्द के पश्चात युग में उपन्यास घटना की बाँहों से छूटकर चरित्रों के आलिंगन में आ बँधे, और यह चरित्र भी ऐसे जो कल्पना के आकाश से न लेकर कथाकार की आत्मानुभूति के धरातल से लिए गए हैं, जिनमें वास्तविकता है, सत्यता है, और है जीवन की सच्चाई । इसीलिए कहा गया है कि आज का उपन्यास चित्रीकृत आतमकथा का रूप लेता जा रहा है[7], क्योंकि आज व्यक्ति का जीवन खण्डित है । और फिर संघर्ष के इस गतिशील व यांत्रिक युग में सूत्रबद्ध जीवन-यापन करना किसी भी व्यक्ति के लिए सम्भव नहीं है। तो फिर खण्डित रूप को ही मूर्त रूप देना स्वाभाविक-सा हो जाता है । इसीलिए प्रेमचन्द के पश्चात उपन्यासों में कथा प्रायः लुप्त-सी हो गई है । अतः आज के औपन्यासिक महाकाव्यात्मक व्यक्तित्व के अभाव में लेखकों ने खण्डित व्यक्तित्व के चित्रण को अधिक महत्व दिया ।

सच तो यह है कि महान चरित्र के— चाहे वह सूत्रबद्ध हो या खण्डित हो— अभाव में कोई भी उपन्यास महान नहीं बन सकता । कहा भी गया है कि महान चरित्र के बिना कोई भी उपन्यास महान नहीं हो सकता ।

यों हमारे यहाँ भी उनके विद्वानों ने यह बात स्वीकार की है कि 'उपन्यास का विषय जब मनुष्य है तो चरित्र-चित्रण उपन्यास का महत्वपूर्ण तत्त्व हो जाता है, क्योंकि मनुष्य का अस्तित्व उसके चरित्र में ही है । चरित्र के कारण हम मनुष्य को दूसरे से पृथक करते हैं । चरित्र द्वारा ही मनुष्य के अस्तित्व को प्रकाश में लाते हैं ।'[8] यहाँ चरित्र का तात्पर्य है पात्र या मानव के व्यक्तित्व का बाह्य और आन्तरिक स्वरूप । मनुष्य का यह बाह्य स्वरूप अर्थात उसका आचार-विचार, आकार-प्रकार, वेशभूषा, रहन-सहन, चाल-ढाल, बातचीत का निजी ढंग तथा क्रियाकलाप आदि उसके अन्तःकरण का बहुत कुछ प्रतीक होता है । व्यक्ति के केवल इस बाह्य स्वरूप को ही नहीं, बल्कि उसके अन्तर्मन में झाँककर वहाँ की गहराई को, हलचल को सुस्पष्ट करने का प्रयास इस काल के काफी लेखकों ने किया है । प्रेमचन्द के कथनानुसार इन उपन्यासों में कल्पना कम सत्य अधिक है ।[9] इसका प्रनुख कारण आदमी के चरित्र की यथार्थता है । एतदर्थ उपन्यासकार को उपन्यास में सामाजिकता. सामयिकता, जीवन्त तात्कालिकता, मनुष्य के जीवन की रोजमर्रा की समस्याएँ तथा उसके तफसीलों की बारीकियों के प्रति सजग रहने के लिए जीवन की यही यथार्थता

बाध्य करती है।

यही कारण है कि स्वाधीनता के बाद हिन्दी उपन्यास एक स्तर पर समकालीन जीवन के व्यापक विस्तावर को समेटता है तो दूसरे स्तर पर पहले से सर्वथा अलग सामाजिक और वैयक्तिक जीवन को गहराई के आयाम में चित्रित करता है। व्यक्ति और परिवेश के सम्बन्धों को, तथा उसके संघातों को ईमानदारी के साथ चित्रित करता आज थोथी भावुक आदर्शवादिता अथवा रोमैंटिक दृष्टिकोण के बजाय वैयक्तिक ईमानदारी और निर्मम यथार्थपरकता का आग्रह उपन्यासों में बहता दिखायी देता है।[10] दिनो दिन बढ़ती लोकतांत्रिक चेतना के कारण ही साठोत्तरी हिन्दी उपन्यासकार मानवीय जीवन की समस्याओं, सामाजिक जीवन की विडम्बनात्मक विसंगतियों, सम्बन्धों के खोखलेपन और व्यक्ति की विवशता, अकेलेपन, परायेपन, अजनबीपन को साकार करने में क्रियाशील है। इसका प्रमुख कारण है संरचनात्मक बनावट में आए क्रियाशील बदलाव।

आंचलिक उपन्यासों में पात्र एवं चरित्र-चित्रण

आधुनिक उपन्यास में सामान्य व्यक्ति की प्रतिष्ठा हुई है। अतः उपन्यासकार सामान्य लोगों की ढूँढ़ते हुए खेतों, खलिहानों गन्दी बस्तियों में आ गए और उपेक्षित, पीड़ित व्यक्तियों के साथ निःशक्त और आम आदमी का अंकन करते हुए उनके जीवन के यथार्थ के एक-एक पहलू को अपने उपन्यासों में स्पष्ट करने लगे।[11] जीवन के विभिन्न पहलुओं को ही नहीं, अपितु अंचल-विशेष को भी एक सजीव व्यक्तित्व में साकार किया जाने लगा। अतः अंचल के समग्र व्यक्तित्व को उभारना ही इन उपन्यासकारों का मुख्य उद्देश्य बन गया। यही कारण है कि आज उपन्यासों में वैयक्तिकता तथा सचाई का अधिक बोलबाला है। आज़ादी के बाद ये व्यक्तिगत सीमाएँ और विस्तृत हुई हैं, और मनुष्य को सोचने-समझने और जीने का व्यापक परिवेश मिला हैं। इसलिए उसकी अपनी समस्याएँ वैयक्तिक होकर भी सार्वदेशिक बन गयीं, लेकिन फिर भी उसके मूल में हैं व्यक्ति और उसका जीवन ही।

वैयक्तिकता में सार्वदेशिकता की यह भावना आंचलिक उपन्यासों में आधुनिक मात्रा में दिखायी देती है, क्योंकि यहाँ उपन्यासकार का उद्देश्य अपने एक अंचल द्वारा अंचल की समग्रता को स्पष्ट करना है। इससे यह सुस्पष्ट है कि पात्रों के व्यक्तितत्व का यह उद्‌घाटन उस सीमा तक ही किया जाता है जहाँ तक वे आंचलिक जीवन के वर्णन में सहायक हों।[12] यह भी इसलिए कि वे जीवित एवं चेतन होते हैं। अंचल-विशेष के जीवन को ये पात्र स्वयं जीते हैं।[13] अतः अंचल-विशेष के समग्र व्यक्तितत्व को इन पात्रों द्वारा उभारना ही उपन्यासकार

का प्रमुख लक्ष्य होता है और इस उद्देश्य की पूर्ति के लिए ही इन उपन्यासों में अनेक पात्र आ जाते हैं। यहाँ तक कि कभी-कभी पात्रों की बहुलता पाठकों को खटकने लगती है। जैसे रेणु के 'मैला आँचल' और 'परती परिकथा' उपन्यासों में। फिर भी आंचलिक उपन्यासों में पात्रों की बहुलता होते हुए भी अन्य उपन्यासों की तुलना में यहाँ नायक की कोई कल्पना नहीं होती, क्योंकि वस्तुतः इन उपन्यासों में नायक के रूप में अंचल स्वयं ही विद्यमान रहता है।[14] और फिर इन आंचलिक उपन्यासों में पात्रों की सृष्टि परम्परा-प्रधान उपन्यासों से भिन्नत्व जो लिए होती है। उनकी इस भिन्नता का बिंदु है परिवेश।

ऐसा कहा जाता है कि व्यक्ति को सजीव रूप में साकार करने के लिए ही साहित्य में परिवेश को अपनाया जाता है, परिवेश के लिए व्यक्ति को नहीं। लेकिन आंचलिक उपन्यास में परिवेश को अधिक महत्त्व दिया जाता है। इस-लिए इन उपन्यासों में व्यक्ति तथा पात्रों का प्रयोग प्रमुखतः परिवेश को सजाने, सँवारने तथा उजागर करने के लिए किया जाता है।[15]

घटना-प्रधान एवं व्यक्ति-प्रधान उपन्यासों में जहाँ लेखक पात्रों की सम्पूर्ण जिन्दगी का इतिवृत्त प्रस्तुत करता है, वहाँ इन उपन्यासों में पात्रों की सृष्टि का लक्ष्य वह विशिष्ट भूभाग होता है, जिससे उनके व्यक्तित्व की आड़ी-तिरछी रेखाओं से उसे उजागर करना होता है। इस प्रकार आंचलिक उपन्यासों में अंचल-विशेष की अनेक विशेषताओं को सजीव रूप में साकार किया जाता है।

वस्तुतः आंचलिक उपन्यासों के पात्र अन्य प्रकार के उपन्यासों के पात्रों के समान सामान्य जीवन से ही चुने जाते हैं। परन्तु आंचलिक जीवन की किसी निजी विशेषता के कारण ही इन पात्रों में भी उस अंचल-विशेष की विशेषता का समावेश हो जाता है, लेकिन यह विशेषता सभी वर्गों में समानता से मुखर नहीं होती। जिसे प्रकार उच्च वर्ग के पात्रों में आंचलिक विशेषता का परिमाण बहुत कम होता है, मध्य वर्ग के पात्रों में थोड़ा अधिक और निम्न वर्ग के पात्रों में पूर्णरूपेण प्रकट होता है।[16] ऐसा होना स्वाभाविक भी है, क्योंकि उच्च एवं मध्यवर्ग, सभ्यता एवं संस्कृति के प्रभावस्वरूप उसी की देन होते हैं और प्रगतिशील भी, जबकि निम्न वर्ग वर्तमान सभ्यता से दूर अपनी विशिष्ट जीवन-पद्धति को सुरक्षित रखने के लिए क्रियाशील रहते हैं, प्रगति से कोसों दूर रहते हैं। यही कारण है कि उच्च एवं मध्य वर्ग के वास्तविक रूप का चित्रण आंचलिक उपन्यासों में बहुत कम दिखायी देता है। फिर भी यह तो स्वीकार करना ही पड़ता है कि अंचल-विशेष के निम्नवर्ग का यह आम आदमी अपने समस्त परिवेश को साथ लिए हुए अपनी सम्पूर्णता में मुखर होता रहता है। अतः ऐसे पात्र प्रतिनिधि पात्र हो जाते हैं। ये केवल लेखक की कल्पना के नहीं, अपितु उसके ठोस व सजीव अनुभव की उपज होते

हैं। इस प्रकार लेखक अपने अंचल के परिवेश को जीता हुआ उसके अनेकानेक जीवन्त पात्रों से साक्षात्कार करता है और उन्हें एक विशेष उद्देश्य से मनोवांछित परिवर्तन के साथ चित्रित करता है। इसीलिए ये पात्र बड़े सजीव और जाने-पहचाने से लगते हैं। फिर भी यह कहा जाता है कि उसमें 'गोदान' जैसी क्लासिक तस्वीर नहीं होती, जो युगों तक मिटती नहीं। विशेष रूप से रेणु के आंचलिक उपन्यासों में। 'मैला आँचल' में ऐसा कोई भी पात्र नहीं है जो होरी, मृणाल, शेखर की तरह अपने युग या समाज का जीवन्त प्रतीक बन सके और अविस्मरणीय रूप में हमारे मन पर छाया रहे।[17] इसका प्रमुख कारण यही है कि ये सारे पात्र अपने अंचल में जन्म लेने के कारण अधिकतर यथार्थवादी तो होते ही हैं, अपने वर्ग-विशेष के और लेखक के आदर्शों के प्रतिनिधि भी होते हैं। उदाहरणार्थ रेणु के 'मैला आँचल' का प्रशान्त तथा 'परती परिकथा' का जितेन्द्र आदि।

पात्रों का वर्गीकरण एवं विवेचन

इन आंचलिक उपन्यासों में अन्य उपन्यासों के सदृश कुछ पात्र स्थिर होते हैं तो कुछ गतिशील भी। स्थिर पात्र वे हैं जो एक जीवनधारा और आदर्श को लेकर अन्त तक चलते हैं, गतिशील पात्रों में जीवन का उत्थान-पतन मिलता है। वे सजग एवं सचेष्ट होते हैं। उनमें जाज्वल्यमान व्यक्तित्व की चिनगारियाँ होती हैं। इसे ही कुछ विद्वानों ने प्रमुख पात्र तथा गौण पात्र कहा है।[18] कुछ एक समीक्षकों ने इन्हें गोल तथा चपटे पात्र[19] के रूप में स्वीकार किया है। आंचलिक उपन्यास में ये सभी पात्र होते हैं, तथा अंचल को उजागर करने में सभी का महत्त्वपूर्ण योगदान होता है। वस्तुतः गतिशील, प्रधान तथा गौण पात्र कथा एवं चरित्र-चित्रण की अपेक्षा रखते हैं और स्थिर गौण तथा चपटे पात्र उपन्यास में कथा, चरित्र-चित्रण एवं आंचलिक जीवन के निरूपण में सहायक बनकर आते हैं। उनकी अपनी न कोई कथा होती है, और न कोई विशिष्ट चरित्र, क्योंकि उनका केवल एक पक्ष ही दिखायी देता है। अतः ये पात्र आंचलिक उपन्यास में उच्च-मध्य जनसमूहों के चित्र अंकित करना और झुंड के झुंड पात्रों से किसी विशेष अंचल को शब्द द्वारा रूपायित करना लेखक का उद्देश्य होता है, कि न किसी व्यक्ति-विशेष के चरित्र को उद्घाटित करना।[20] परिणामस्वरूप इसमें पात्रों की बहुलता होते हुए भी वे अपने किसी वर्ग के प्रतिनिधि होते हैं।

रेणु ने किसी पात्र या कुछ विशिष्ट पात्रों को उभारने के स्थान पर अपने अंचल-विशेष के समग्र जीवन को उभारने को अधिक महत्व दिया है। क्योंकि उन्होंने अपने चरित्र सीधे गाँव की गीली मिट्टी से ही लिए हैं। अंचल-विशेष का समग्र जीवन अनेक छोटे-बड़े पात्रों, घटनाओं, परिस्थितियों और

परिवेश के पारस्परिक साहचर्य और तनाव के संयोग से बनता है। इसलिए रेणु ने अपने उपन्यासों में अनेक सामाजिक, राजनीतिक, धार्मिक, आर्थिक, परिस्थितियों, और प्रसंगों तथा परिवेशगत सच्चाइयों के साथ असंख्य छोटे-बड़े पात्रों की सृष्टि की है, और उनके निजी और वर्गीय चरित्रों की पहचान भी की है। इसका कारण रेणु ने अपने पात्रों को उनके अपने मूल और स्वाभाविक रूप में पहचाना है और उन्हें अपनी स्वभावगत प्रकृति के समेत प्रस्तुत किया है। इसीलिए उनको किसी वर्गीकरण में ढाला नहीं जा सकता। क्योंकि यह चरित्र मूलतः मनुष्य हैं, अकृत्रिम मनुष्य और मानव-प्रकृति बहुत उलझी हुई है, उसे हम किसी परिभाषा में बाँध नहीं सकते। यही कारण है कि रेणु के उपन्यासों में कोई पात्र नायक के रूप में प्रतिष्ठित किया नहीं जा सकता तथा अन्य जो पात्र आए हैं वह भी किसी वर्ग के लिए नहीं बल्कि सभी पात्र उस अंचल-विशेष को सन्तुष्ट करने के लिए ही आए हैं।

अध्ययन की सुबिधा के लिए आंचलिक उपन्यासों को विधागत विविध विशिष्टताओं में पात्रगत चरित्र की निजी, वर्गीय व नये रूप की पहचान के लिए प्रमुख पात्रों के चरित्र-चित्रण का विवेचन करना यहाँ अस्वाभाविक नहीं होगा। एतदर्थ कथा में जपनी अधिक व्याप्ति या भूमिका को लिए हुए जो प्रमुख पात्र हैं, या जो वर्गीय विशेषता के प्रतिनिधि हैं अथवा जो पात्र निजी विशेषता से अंचल के किसी न किसी सत्य का प्रतिनिधित्व करते हैं उनके चरित्र का विवेचन ही यहाँ प्रस्तुत किया गया है।

रेणु के उपन्यासों में प्रमुख पात्र

डॉ० प्रशान्त—'मैला आँचल' का सर्वप्रमुख पात्र है—डॉ० प्रशान्तकुमार। यह प्रतिष्ठा संपन्न, सेवा-भावी, संकल्पवान व कर्तव्यनिष्ठ डॉक्टर है। 'डॉक्टर' की उपाधि के पश्चात प्रायः लोग निजी प्रैक्टिस, 'धनोपार्जन', 'शहरी जीवन' या फिर विदेश यात्रा आदि के लिए अधिक लालायित रहते हैं। जबकि डॉ० प्रशान्त व्यक्तिगत हित या स्वार्थ को ताक पर रखकर, विदेश यात्रा की सरकारी स्कॉलरशिप ठुकराकर, जन-हितार्थ, अनुसंधान की आकांक्षा लिए शहर से गाँव की ओर आकर, मलेरिया सेण्टर में, मलेरिया व काला आजार सम्बन्धी अपने रिसर्च या शोध-कार्य में दत्तचित्त हो, दिन-रात ग्रामीण अंचल के दीन-दुःखी गरीब लोगों की सेवा में लगा रहना है। डॉ० प्रशान्त का कथन इसका प्रमाण है 'जी, मैं विदेश नहीं जाऊँगा। मैं रहना चाहता हूँ ···जहाँ हर साल कोसी का तांडव नृत्य होता है,···जहाँ मलेरिया और काला आजार हर साल मृत्यु की बाढ़ ले आते हैं।'[21]

वस्तुतः शहरी जीवन के ताम-झाम से दूर, ग्रामोन्मुख होने की प्रवृत्ति, आज

देश की अनेक समस्याओं के समाधान के लिए, राष्ट्रीय अनिवार्यता-सी महत्वपूर्ण है। क्योंकि सद्य: गाँवों से शहर की ओर की अंधी दौड़ में लोग, विशेष कर पढ़े-लिखे लोग, गाँवों से बढ़ते जा रहे हैं। फलतः गाँव तथा गाँव का जनमानस उपेक्षित होता जा रहा है। अतः गाँवों से शहरों को जोड़ना आज की राष्ट्रीय अनिवार्यता है। डॉ० प्रशान्त ने इसी राष्ट्रीय अनिवार्यता को स्वयं अपने निजी जीवन से चरितार्थ कर, वस्तुतः देश के समक्ष सुशिक्षित समुदाय के समक्ष आज भी राष्ट्रीय आवश्यकता व गहरी सूझ-बूझ का अनुपम उदाहरण प्रस्तुत किया है।

इसी प्रकार डॉ० प्रशान्त को पढ़े-लिखे लोगों द्वारा जात-पाँत, ऊँच-नीच, छोटा-बड़ा व अमीर-गरीब आदि का संकुचित व हीन नज़रिया अच्छा नहीं लगता। जब डॉ० प्रशान्त मेरीगंज पहुँचा, तो नाम पूछने के बाद गाँव वालों ने उसकी जाति भी पूछी, तो उसने उत्तर दिया, 'डॉक्टर'। यही तो उसकी असली जाति थी। डॉक्टर—हिन्दुस्तानी, न बंगाली······न······बिहारी······न नेपाली···अज्ञात कुलशील। ब्राह्मण तो वह केवल इसलिए बना था कि लोग उसे अज्ञात कुलशील होने के कारण उस दृष्टि से न देखें, जिस दृष्टि से कि किसी लावारिस लाश को देखा जाता है। अतः डॉ० प्रशान्त को जाति-पाँति, उच्च-नीच, छोटा-बड़ा आदि ये विचार और धारणाएँ न केवल गहरी पीड़ा देते हैं, बल्कि उसके अनुसार सामाजिक व्यवस्था व न्यास को भी ये काफी कुछ विकृत बना देते हैं। इसीलिए संथालों पर तहसीलदार के अन्याय व शोषण, षड्यंत्र व दमन आदि के परिणामस्वरूप जो संघर्ष हुआ, उसमें डॉ० प्रशान्त ने तहसील-दार के साथ स्वयं के सम्बन्ध अच्छे रहने के बावजूद अन्याय का विरोध किया, "वे मुझे प्यार करते हैं, चाहते हैं पर इसका यह मतलब नहीं कि मैं तहसीलदार के अन्याय का भी समर्थन करूँगा अथवा पक्ष लूँगा।"[22] यह है डॉ० प्रशान्त के सैद्धांतिक जीवन का प्रमाण तथा मूल्यों पर आधारित व्यक्तित्व और चारित्रिक विशिष्टता।

डॉ० प्रशान्त में अभिशप्त वर्ग के प्रति भी काफी गहरा दर्द है। जैसे पतिता, निर्वासित और समाज की दृष्टि में सबसे नीच माँ की गोद में सिर रखने के लिए वह व्याकुल हो जाता है।[23] तथा अभागिनियों के अपराजित प्यार का जीता-जागता प्रमाण है वह।[24] और एक माँ ने जन्म देकर कोसी मैया की गोद में सौंप दिया और दूसरी ने जन-समुद्र की लहरों को समर्पित कर दिया। इस प्रकार वह अपनी अज्ञात माँ तथा अभिशप्त नारी-जीवन के प्रति काफी संवेदनशील हैं। अतः किसी भी अभागिन माँ की कहानी सुनते ही वह मन ही मन उसकी भक्ति करने लगता है।

डॉ० प्रशान्त का विशिष्ट व विरल व्यक्तित्व जन-जन की व्यक्तिगत

स्थितियों के प्रति काफी कुछ सतर्क हो, राष्ट्रीय समस्याओं के समाधानार्थ स्वयं के जीवन में आचरण की महत्ता को, रचनात्मकता को, उदार दृष्टिकोण को, सुस्पष्ट कर, राष्ट्रीय नवचेतना के प्रति समर्पित जीवन को ही उजागर करता है और ग्रामीण अंचल-विशेष में होने वाले नित नूतन परिवर्तन व विकास कार्यों की गतिशीलता की नयी चेतना को भी प्रमाणित करता है।

डॉ० प्रशान्त के व्यक्तित्व की यह भी विशेषता है कि वह फतवों, शिकायतों तथा प्रशंसा या तारीफ म न तो विचलित होता है और न ही अपने फैसले के जीवन लक्ष्य से डिगता है। हैजा फैलने पर डॉ० प्रशान्त जन-जन की सेवा शुश्रूषा तथा अपने कर्तव्य का निर्वाह करते हुए, ग्रामीण अंचल के जन-जीवन की वास्तविक यथार्थ स्थिति का परिचय भी प्राप्त करता है।

वह लोक-कल्याण करना चाहता है। मनुष्य-जीवन को क्षय करने वाले लोगों के मूल का पता लगाकर नयी दवा का आविष्कार करना चाहता है, ताकि रोग के कीड़े नष्ट हो जाएँ और इन्सान स्वस्थ।[25] वह नये संसार के लिए इन्सान को स्वस्थ व सुन्दर बनाना चाहता था। पर, यहाँ इन्सान है कहाँ? अतः अभी पहला काम है जानवर को इन्सान बनाना।[26] उसके अनुसार गरीबी और जहालत इस रोग के दो कीटाणु हैं, एनोफिलिज से भी ज्यादा ख़तरनाक, सैण्ड-फलाई ने भी ज्यादा जहरीले।[27] अतः उसे लगता है कि उसका सारा उत्साह, स्पिरिट की तरह उड़ गया। क्या होगा मानव कल्याण करके? प्रश्न यह है कि मान लो उसने काला आजार की रामबाग औषधि का अनुसंधान कर लिया, अमृत की एक छोटी शीशी उसे हाथ लग गयी, किन्तु इनके बाद? इसके बाद जो होता आया हैं, होगा। आखिर पाँच आने का ऐम्प्युल पचास रुपये तक बिकेगा। यहाँ तक उसकी पहुँच नहीं होगी।…और यहाँ आदमी जीकर करेगा? ऐसी जिन्दगी? पशु से भी सीधे हैं ये इन्सान, पशु से भी ज्यादा खूँखार हैं ये। …पेट, यही इनकी सबसे बड़ी कमजोरी है। मौजूदा सामाजिक न्याय विधान ने इन्हें अपने सैकड़ों बाजुओं से जकड़कर ऐसा लाचार कर रखा है कि चूँ तक नहीं कर सकते।……फिर भी ये जीना चाहते हैं। वह इन्हें बचाना चाहता है। क्या होगा।[28]

जन-जीवन की जिंदगी में जो पशुता, शोषण, भ्रष्टाचार तथा सामाजिक व्यवस्था की विकृति एवं सामाजिक न्याय की विद्रूपता, विषमता आदि हैं उसमें भी निरन्तर अंधविश्वास, पाखंड, दिखावा, छलावा तथा झूठी मान्यताएँ, गलत परंपराएँ एवं जर्जर रूढ़ियाँ व दकियानूसी हरकतें ही पनपती जा रही हैं, जिससे लगता है कि आज की सारी व्यवस्था में सारा का सारा जन-समुदाय शापित-सा जीवन-यापन कर रहा है। फलतः आज अंचल-विशेष का आदमी भी मानो आदमी नहीं रह गया, पशु हो गया है। शायद इसीलिए डॉ० प्रशान्त ने कहा

था, अभी सबसे पहला काम है जानवर को इन्सान बनाना।[29]

डॉ० प्रशान्त अंचल-विशेष की समग्रता से समर्पित है। यही कारण है कि अंचल की समग्रता में उसने देखा है—"गरीबी, गन्दगी और जहालत से भरी हुई दुनिया में सुन्दरता को भी जन्म लेते। अतः किशोर-किशोरियों और युवतियों के चेहरे पर एक विशेषता देखी है उसने।...और कमली तो राजकमल है।"[30] तथा..."मैंने तुमको जीत लिया है, इतना भरोसा? कमला की आँखों में रासलीला—साहेब मेम।"[31] किन्तु डॉ० प्रशान्त का यह गोचना या हँसी-खुशी से इस इन्द्रजाल में फँसना कहीं पर भी उसके कर्तव्य में बाधा नहीं बनता।[32] तो निश्चित ही उसके अपने कर्तव्य की ओर आकर्षित जीवन का प्रतीक बनता है। फिर भी कमला के साहचर्य व साहचर्य के एहसास, सुखद स्मरण और प्रेम ने मानो डॉ० प्रशान्त के व्यक्तित्व, स्वभाव और दृष्टि में एक परिवर्तन ला दिया है। अतः अंचल की प्रकृति उसे लुभाने लगी है। इसीलिए तो वह कहता है—"कोठी के बाग में गुलमोहर की बड़ी-बड़ी डालियाँ, लाल-लाल फूलों से चलती हुई हवा के हल्के झोंके में हिल-डुल रही थीं। अमलतास के पीले फूल नववधू की पीली ओढ़नी की याद दिला रहे थे। योजनगंधा शाम की हवा में पागलपन बिखेर रही थी। शिरीष के फूलों की पंखुरियाँ मंगल आशीष की तरह झड़ रही थीं : योजनगन्धा अभी भी पागल बना रही है।"[33]

उसे लगता है, मानो वह युग-युग से इस धरती को पहचानता है। यह अपनी मिट्टी है। नदी-तालाब, पेड़-पौधे, जंगल-मैदान, जीव-जानवर, कीड़े-मकोड़े, सभी में वह एक विशेषता देखता है।[34] उसने गाँव की जिन्दगी के साथ कभी घुलने-मिलने की चेष्टा नहीं की। अपनी रिसर्च और डॉक्टरी में ही डूबा रहा। विशुद्ध वैज्ञानिक नजरिये या दृष्टिकोण को लिए हुए। यों उसे यह भी एहसास था कि डॉक्टर को भावुक नहीं होना चाहिए।[35] लेकिन गाँव की जिन्दगी उसे अच्छी लगने लगी है। अतः वह गाँव को प्यार करगे लगता है, और चाहता है कि उसे कोई रंग क्यों नहीं देता। वह रंग में, गोबर में, कीचड़ में सराबोर होना चाहता।[36] यों डॉक्टर की जिन्दगी का नया अध्याय प्रारंभ होता है। अब तक उसमे प्रेम, प्यार और स्नेह को बायलॉजी के सिद्धान्त से ही हमेशा मापने की कोशिश की थी। वह हँसकर कहा करता—"दिल नाम की कोई चीज़ आदमी के शरीर में है, हमें नहीं मालूम। पता नहीं आदमी 'लंग्ज' को दिल कहता है या 'हार्ट' को। जो भी हो, हार्ट लंग्ज या लीवर से प्रेम का सम्बन्ध नहीं है।"[37] पर अब वह मानने को तैयार है कि 'आदमी का दिल होता है, शरीर को चीर-फ़ाड़कर जिसे हम नहीं पा सकते। वह 'हार्ट' नहीं। वह अगम-अगोचर जैसी चीज़ है, जिसमें दर्द होता है। लेकिन जिसकी दवा 'एड्रि-लिन' नहीं। उस दर्द को मिटाओ, आदमी जानवर हो जाएगा। दिल वह

मंदिर हैं जिसमें आदमी के अन्दर का देवता वास करता है।'[38]

डॉ० प्रशान्त मानवीय संवेदनशीलता या किसी दर्प के कारण देवता नहीं आदमी बनना चाहता है।[39] इसीलिए तो अब डॉक्टर ने एक नये मोड़ पर मुड़कर देखा दुनिया कितनी सुन्दर है।[40] फलतः डॉक्टर को भी सभी चीजें नयी लगती हैं। पर अब तक जिन्दगी की जिस डगर पर वह बेहताशा दौड़ रहा था, उसके अगल-बगल, आस-पास कहीं क्षण भर सुस्ताने के लिए कोई छाँव नहीं मिली। उसने किसी पेड़ की डाली की शीतल छाया की कल्पना भी नहीं की थी। जीवन की इस नयी पगडण्डी पर पाँव रखते ही उसे बड़े जोरों की थकावट मालूम हो रही है। वह राह की खूबसूरती पर मुग्ध होकर छाँह में पड़ा नहीं रह सकेगा। मंजिल तक पहुँचने का यह कितना जबरदस्त रास्ता है जो राही को मंजिल तक पहुँचने की प्रेरणा देता है।···वह क्षण भर सुस्ताने के लिए उदार छाया चाहता है। प्यार।[41] शायद इसीलिए ममता कहती है—"डॉक्टर, तुमने कम से कम मिट्टी को तो पहचाना है। मिट्टी और मनुष्य से मोहब्बत छोटी बात नहीं।"[42] तथा "मिट्टी और मनुष्य से इतनी गहरी मोहब्बत किसी लेबरोटरी में नहीं बनती।"[43]

डॉक्टर को मानो यहाँ तेजोमय और प्रेरणा-पुंज प्रकाश नसीब हुआ—मानवता के पुजारियों की सम्मिलित वाणी का, पवित्र वाणी का···लगा प्रेम और अहिंसा की साधना सफल हो चुकी है फिर कैसा भय। विधाता की सृष्टि में मानव ही सबसे बढ़कर शक्तिशाली है। उसको पराजित करना असंभव है, प्रचण्ड शक्तिशाली बमों में भी नहीं। पागलो, आदमी आदमी है, गिनिपिग नहीं। सबारि ऊपरे मानुस सत्य।[44] यह है डा० प्रशान्त का आदमियत पर विश्वास और मानवता में पूर्ण आस्था। तथा मनुष्य मात्र के प्रति गहरी मोहब्बत व आशा। यही कारण है कि डा० प्रशान्त के व्यक्तित्व में प्रेम की ललक है, महक है। जीवन का सबूत, जिये जाने का प्रमाण और समग्र अस्तित्व का प्रतीक। तभी तो वह कहता है—"ममता, मैं फिर काम शुरू करूँगा, यहीं इसी गाँव में। मैं प्यार की खेती करना चाहता हूँ। आँसू की भीगी धरती पर प्यार के पौधे लहलहायेंगे। मैं साधना करूँगा, ग्रामवासिनी भारत माता के मैले आँचल तले। कम से कम एक ही गाँव के कुछ प्राणियों के मुरझाये ओंठों पर मुस्कुराहट ला सकूँ, उनके हृदय में आशा और विश्वास को प्रतिष्ठित कर सकूँ।" इस पर ममता जो हँसकर कहती है वह निश्चित ही डॉ० प्रशान्त के व्यक्तित्व की बुलन्दी है। ममता कहती है, "मन करता है, किसी को आँचल पसारकर आशीर्वाद दूँ—तुम सफल होओ। मन करता है, किसी कर्मयोगी के बढ़े हुए चरणों की धूलि लेकर कहूँ—"यह है डाक्टर प्रशान्त, प्रशान्त महासागर-सा।"

कमली

मैला आँचल का प्रमुख स्त्री पात्र है, कमली—तहसीलदार विश्वनाथ प्रसाद की बेटी, जो सुन्दर, स्वभाव से सरल, भोली, भावुक, संकोची और संवेदनशील है। वह बातूनी भी है और व्यंग्य आदि में कुशल। लेखक के अनुसार, दूधिया गौरवर्ण, सुडौल बाँहें, लम्बे-लम्बे बाल, सुगठित मांस-पेशियाँ, गौर आँखें, आम की फाँकों जैसी आँखें और बड़ी आँखों की पलकें ग्वालिन जैसी—गोकुल की ग्वालिन, कमली बड़ी समझदार हैं, मोम का कलेजा है उसका।[45] बाप ने उसे पढ़ाया है, रामायण, महाभारत नल-दमयन्ती, सावित्री-सत्यवान, पार्वती-मंगल और शिव पुराण। बाप ने उसे और भी बतक्कड़ बना दिया है। वह व्यंग्य करना जानती है। वह डाइन, भूत व डाकिन पर विश्वास नहीं करती।[46]

यों कमली माँ-वाप के नैनों की पुतली है। तहसीलदार साहब विश्वनाथ प्रसाद की वह इकलौती बेटी है। वे इसे दीदी कहकर पुकारते हैं।[47] यह उनके कमली के प्रति लाड़, प्यार, स्नेह आदि का सबूत हैं। प्रायः कमली के प्रति उदारमना भी है, दकियानूसी नहीं। इसलिए कमली को घर-परिवार में काफी छूट हैं। यहाँ तक कि तहसीलदार साहब उसकी इच्छा के खिलाफ नहीं जाते और माँ उसकी इच्छा पूरी कर देती हैं।[48] यही कारण है कि उसके घर परिवार का वातावरण उसके लिए काफ़ी रुचिकर व प्रिय हैं, और काफी खुलासा, मुक्त और स्वच्छन्द, फिर भी मानसिक तौर पर कमली अस्वस्थ हैं, बीमार हैं, रुग्ण हैं और है बेहोशी की शिकार।

दरअसल कमली के मानस की यह स्थिति उसकी शादी की बातचीत के हादसे के बाद विकसित हुई हैं। उसे लेकर लगभग तीन जगह बातचीत चलती है, किन्तु दुर्भाग्यवश एक दिन माँ मर जाती है, दूसरे के घर में आग लग जाती है और तीसरे को देवी निकल आती है। अब सभी कमली को अशुभ लक्षण वाली कन्या समझते हैं और हजारों रुपये की धन सम्पदा देने पर भी कोई कमली का विवाह करने को तैयार नहीं होता। पूरा गाँव ही कमली को अशुभ समझने लगता है। एक यह भ्रान्त धारणा भी फैलती है गाँव में कि कमला नामक नहीं जिसे गाँव वाले 'कमला मैया' कहते थे—के शाप से कमला का विवाह नहीं हो पाता है।[49] इन्हीं सारी बातों के संवेदनशील व भावुक कमली के मन पर पहाड़ टूटता है, वज्राघात होता है।

यों कमली को अपने विवाह की वारदातें खलती रहती हैं। वह मन-ही-मन दर्द सँजोए रही और मन की पर्तों पर दबावों और तनावों से टकराते, जूझते व संघर्ष करते बेहोश होती रही। ऐसी मानसिक स्थिति में यह स्वाभाविक ही है कि उसे प्रेम व प्रणयगत तंगी-साथी के साहचर्य की ललक भी सताती रहें।

फलतः उसके मन पर विवाह व प्रेम आदि घटनाओं, कथाओं या स्थितियों का असर होने लगा। यथा "चढ़ती जवानी मोरा अंग-अंग फड़के रे, कब होइहैं गवना हमार, रे भउजिया !"[50] रेणु ने कमली की इस मानसिक स्थिति का चित्रण लोकगीतों व पौराणिक प्रसंगों द्वारा सुन्दर तथा कलात्मक ढंग किया है।

कमली के मानस की उक्त स्थिति, उसकी व्यथा, पीड़ा, दर्द, उत्कंठा, उदासी, उमंग, अशांति, बेचैनी एवं एकाकीपन आदि का अद्भुत उदाहरण है जो उसके लिए रागात्मक लगाव का आधार हो जाता है। वह डाक्टर के प्रेम-पाश में आबद्ध हो जाती है और अहर्निश प्रेम प्रसंगों में डूबी रहती है किन्तु अपनी इस मधुर चाहना के प्रति डाक्टर की कोई प्रतिक्रिया न पाकर, कमली का आसक्त व प्रणयी मन, उलाहने आदि देने लगता है, व्यंग्य के तीखे बाण कसने लगता है और 'तन्त्र' का भी खूब सहारा लेता है।

अपनी इन्हीं सब स्थितियों के परिणामस्वरूप कमली का हाल यह है कि अब वह डॉक्टर को पत्र भी लिखने लगी है, बस लिखने व पढ़ने का मज़ा लेने लगी है और अपने आपके मन को खूब बहलाने लगी है, यथा, कमली डाक्टर को पत्र लिखती है—"प्राणनाथ !···कमली डाक्टर को रोज पत्र लिखती है, लिखकर पाँच-सात बार पढ़ती है, फिर फाड़ डालती है। पत्र लिखने और लिख-कर पढ़ने के बाद उसके मन को बड़ी शांति मिलती है। जी बड़ा हल्का मालूम होता है और नींद भी अच्छी आती है।[51]

यह है प्रशान्त की आसक्ति व प्रेममय साहचर्य का सबूत जो निश्चित ही कमली के व्यक्तित्व की शारीरिक व मानसिक तृप्ति को परिपूर्णता प्रदान कर नेह व प्रेम के द्वारा उसके 'हिस्टीरिकल फिट्स' को काफूर कर देता है और उसकी मानसिक अस्वस्थता को समाप्त कर देता है। पर कमली के प्रति डॉ० प्रशान्त की आसक्ति का भी आलम यही है और यही साहचर्य का जादू है तथा है परस्पर रासलीला व विवाह, पूर्ण यौन सम्बन्ध का नमूना। फलतः इधर कमली तो सहज ही स्वस्थ व निरोग होने लगती है। उसमें निखार आने लगता है। दिन-ब-दिन वह खूबसूरत होती जा रही है।[52] कमली के चेहरे पर दिनो दिन तेज आता जा रहा है। मुखमण्डल चमक रहा है।[53] पर इधर खुद डाक्टर आसक्ति, साहचर्य व सम्मोहन का शिकार हो जाता है। 'माँ अब तुम्हारा डाक्टर खुद बेहोश होने लगा है। आधा घण्टा से दीवार की ओर एकटक देख रहा है।'[54] कि तुम्हारा रोग उतार कर डाक्टर ने अपने ऊपर ले लिया है। और "डाक्टर कमली की आँखों में चमकते विश्वास को स्पष्ट रूप से देख लेता है। कमली नीरोग है। स्वस्थ है कमली।[55] लेकिन "कमली ने तो आँचल में दाग लगा लिया है।"[56] अब गले में रस्सी लगाओ और मरो।[57] तथा "मैं फाँसी लगाकर मरना चाहता हूँ।"[58] आदि कथन कमली के माता-पिता परेशानी के ही सबूत

हैं। इस पर भी कमली अस्वस्थ है। उसका विश्वास है कि, डाक्टर के अनुसार जो होगा मंगल होगा।[59] और हम दोनों को कोई अलग नहीं कर सकता।[60] एवं माँ अब डॉक्टर हमेशा मेरे पास रहता है। मुझे डर नहीं लगता।[61] आदि निश्चित हीं कमली की अस्वस्थता, आस्था, विश्वास, दृढ़ता व धैर्य आदि के ही प्रमाण हैं। अतः विवाहपूर्व यौन संबंधों की विभीषिका में भी कमली अस्वस्थ है, चिंता रहित है, भय रहित है, खुश है[62], मजे में है।[63] इन सबसे भले ही कमली का मन प्रणय की कसौटी पर खरा उतरा हो, पर इतना निश्चित ही है कि विवाह पूर्व यौन सम्बन्धों की विभीषिका सामाजिक व्यवस्था के प्रति एक खुली चुनौती है।

इतना ही नहीं, कमली का चरित्र, आंचलिक जीवन की वास्तविकताओं से हट कर है। अतः अंचल-विशेष की वास्तविकता या यथार्थ उसमें नदारद है। फिर भी कहा जा सकता है कि कमली का चरित्र अपने आपमें अद्भुत है, असामान्य है। फिर भी इतना जरूर है कि कमली के चरित्र की रूमानियत को रूपायित करने में रेणु सफल रहे हैं तथा अंचल विशेष के परिवेश को तथा लोकगीतों व पौराणिक प्रसंगों से, रेणु ने बहुत ही सुन्दरता से चित्रित किया है।

बावनदास

बावनदास। बहादुर है, वौनादास है,[64] बौना है, मायेजी उसे 'ठाकुर' कहती थी, हमारा ठाकुर है[65] और कहती, 'भगवान' 'वामन भगवान'—आमार भगवान है।[66] भगवान भी ऐसे कि गांधीजी जैसों को भी ईर्ष्या हो जाए। जब वह खिलखिलाकर हँसता तो उसकी आँखें खुद-ब-खुद बन्द हो जाती हैं और तब ऐसा लगता है कि मानो एक बड़ा-सा सेलुलाईड का खिलौना हिल रहा है। बावन अवतार।[67] वाकई बावनदास अवतारी है, असाधारण है। यथा "डेढ़ हाथ की ऊँचाई, साँवला रंग, मोटे होंठ, अचरज में डाल देनेवाली दाढ़ी, चौंका देने वाली मोटी भौंडी आवाज़···। ऊँचाई के हिसाब से आवाज़ दस गुना भारी, अजीब चाल, मानो लुढ़क रहा हो। अज्ञात कुलशील। जन्मजात साधू। जिस ओर से गुजरता, लोगों की आँखें बरवस अटक जातीं। फिर ताज्जुब की हँसी-मुस्कुराहट। पीछे-पीछे बच्चों का हजूम-तमाशा, कुत्ते भौंकते हैं, इन्सान हँसते हैं। ऐसा है बावनदास।[68] उसके इस विचित्र स्वरूप और अजीबोगरीब हुलिये के प्रति लोगबाग ताज्जुब करें तो करते ही रह जायँ और देखने लगें तो देखते ही रह जायें। और फिर देखकर भी यदि जी न भरे तो खुशी खुशी हंसे और मुस्कुराये। यथा, "जब भगवान ने उसे चलता-फिरता तमाशा बनाकर ही भेजा है, लोग उसे देखकर खुश होते हैं तो क्यों न वह भी पारिश्रमिक माँग ले··· दे दे मैया, कुछ खाने को। भगवान भला करेंगे। सेत्ताराम ! सेत्ताराम।"[69] यह

है बावनदास। 'माँगो मधुकरि खोने वाला, फकीरी स्वभाववाला, वाकई फ़कीर।[70] पर है जानदार इन्सान और है संयमी, नियमी, त्यागी, तपस्वी, मनस्वी, व्रती, साधु व नेकनीयत वाला भी। यही सब कारण है कि अनायास ही उसका व्यक्तित्व हर किसी को मोह लेने वाला, चौंका देने वाला, अचरज में डाल देनेवाला, असामान्य अलौकिक, असाधारण आकर्षक व विचित्र हुलिया लिए हुए काफी असरदार व प्रभावशाली है।

बावनदास शुरू से ही कांग्रेस का हिमायती है, एकनिष्ठ सेवक है, प्रचारक-प्रसारक है और है महत्वपूर्ण कार्यकर्ता। इसका प्रमाण यह है कि उसे गांधीजी, नेहरू जी व राजेन बाबू तथा प्रान्त भरके लीडर और राजनीतिक कार्यकर्ता सभी जानते-पहचानते हैं।[71] सन् 1934 में गांधीजी के आने पर लाखों की भीड़ में बावन को मंच पर देखना और उसका खँजड़ी बजाकर गाना, लोगों की दृष्टि में डेढ़ हाथ ऊँचा यह आदमी कितना बड़ा हो गया।[72] सन् 1937 में पं० नेहरू ने उसे देखकर ताज्जुब किया था और देखते ही रह गये थे तथा उसके व्याख्यान के समय माला पहनाकर और माइक अपने हाथ में लेकर उसके सामने खड़े हो गये थे।[73] यह बावन की क्या कुछ कम महत्ता का द्योतक है? इतना ही नहीं बल्कि सन् 1948 में, पुलिस के हवाई फायर के समय यह डेढ़ हाथ का इन्सान सीना ताने खड़ा हो गया और 'बम्बई से आई आवाज़' का नारा लगाकर, पुलिस वालों के पाँवों के बीच से घेरे के उस पार जाकर विजयी तिरंगा शान से लहरा दिया था।[74] यह है बहादुर बावन का कमाल, उसके कार्यों का कमाल, तथा बावन के व्यक्तित्व की महत्ता और उसकी राजनीतिक कारगुज़ारियों व क्रियाकलापों की विशिष्टता।

बावनदास गांधीजी का परम भक्त है, अनन्य अनुयायी हैं। बापू पर बावन को असीम आस्था है, दृढ़ विश्वास है और है हार्दिक श्रद्धा। यहाँ तक कि बापू उसके लिए प्राण हैं प्रभु हैं, सर्वस्व हैं। तभी तो उनकी मृत्यु के पश्चात वह जब तक अपनी देह का बलिदान नहीं करता, चैन की साँस नहीं लेता है। वह गांधी जी की चिट्ठियाँ झोली में लटकाये फिरता है। उसे कोई सहारा नहीं दिखायी देता। देश के नेताओं के आचरण से वह दुःखी है लेकिन फरियाद किससे करे? रास्ते सारे बन्द हैं। फलतः वह बालदेव को गांधी जी की सारी चिट्ठियाँ सौंपकर अन्तर्यात्रा पर निकल पड़ता है।

बावनदास को किसी तरह यह सूचना मिल जाती है कि भारत-पाकिस्तान की सीमा पर कटहा थाना कांग्रेस का सेक्रेटरी स्मगलिंग करता है। सप्लाई इन्स्पेक्टर और दारोगा घूस खाते हैं। इसीलिए बावनदास बंगाल की ओर प्रयाण कर, नागा नदी के किनारे—जिसका एक किनारा हिन्दुस्तान, दूसरा पाकिस्तान; इस पार हिन्दुस्तान उस पार पाकिस्तान है—रात में गाड़ियों को

रोकता है, जिन गाड़ियों में चीनी, कपड़ा, सीमेंट भरा हुआ है। लेकिन गाड़ियाँ रुकतीं नहीं, बावनदास की देह को रौंदते हुए निकल जाती हैं। लाश को उठाकर नदी के उस पार पाकिस्तान में फेंक दिया जाता है और प्रातःकाल होते ही पाकिस्तान के सैनिक उस लाश को फिर भारत की ओर फेंक देते हैं जो नदी में बहती हुई कहीं चली जाती है। इस प्रकार बावन ने दो आजाद देशों की हिन्दुस्तान और पाकिस्तान की ईमानदारी की, इन्सानियत को बस दो डग में ही नाप लिया।[75] जैसे वामन अवतार ने अपने दो डग में सारी पृथ्वी व स्वर्ग को नाप लिया था। अतः वाकई बावनदास वामनावतार है।

'मैला आँचल' उपन्यास में बावनदास बहुत ही अल्प काल के लिए आता है, किन्तु इस अल्प काल में ही वह अपने कर्मठ एवं प्रभावशाली व्यक्तित्व के कारण न केवल पाठकों के दिल-ओ-दिमाग पर छा जाता है, बल्कि अपने चरित्र को बुलन्दी की सीमा पर ले जाता है। अतः बावन के चरित्र का आलम इतना अपूर्व रहता है कि उपन्यास के अन्य पात्र उसके सामने फीके लगने लगते हैं और वह सबसे आगे निकल जाता है। अतः यह सच है ही कहा गया है—बावनदास उपन्यास में अल्पकाल के लिए ही मंच पर आता है, पर अपनी अलौकिक आभास से सभी पात्रों को मात कर देता है।[76] और यह भी सच है—"इस छोटे से बौने में एक गजब की ऊँचाई है जो मन की भीतरी पर्तों को छू जाती है।[77] इस प्रकार, बावनदास, डेढ़ हाथ का ऊँचा यह झर आदमी कितना बड़ा हो गया है तथा "सब कुछ देकर भी बावनदास से बड़ा होना असम्भव।" ऐसा बड़ा, ऊँचा और बुलन्द आदमी है बावनदास।

बालदेव

बालदेव सुराजी है, स्वराज्य या स्वाधीनता के आन्दोलन का सिपाही है, गांधी जी का परम भक्त है, गांधीवादी विचारों का अनुयायी है, सत्याग्रह या अनशन का हिमायती है, अहिंसा का प्रबल समीक्षक है। हिंसावाद विरोधी, गियानी आदमी है, बड़ा आदमी है, भला आदमी है, कांग्रेस का एकनिष्ठ सेवक है, खद्दर पहनता है, जैहिन्द बोलता है, कम पढ़ा-लिखा है, सीधा-सूधा है, सच्चा साधू है। वह संयमी है, त्यागी है, देश-सेवक है। इसीलिए पाठकों की उसके प्रति सहानुभूति है। उसका व्यक्तित्व जीता-जागता है। उसमें भली-बुरी दोनों सँभावनाएँ हैं, मानवीय दुर्बलताएँ हैं तथा नैतिकता के प्रति ऊपर से थोपा हुआ दुराग्रह नहीं है। वस्तुतः बालदेव बदलते गाँव की छवि का अंग है, अंश है, संक्रमण का स्वरूप है और है गहन मन में दबी भावनाओं की ऊहापोह तथा अन्दर-बाहर की पर्तों का प्रतीक। मानव मन की सूक्ष्मतम छुपी तहों की हकीकत का सबूत हैं बालदेव। यह है बालदेव का व्यक्तित्व।

दरअसल जन-जीवन की राजनीतिक, सामाजिक, धार्मिक और आर्थिक गतिविधियों के श्रीगणेश, संचालन, व घटनाक्रम में बालदेव का अपना योगदान है, राजनीतिक स्वयंसेवक के रूप में या सामाजिक कार्यकर्ता के रूप में। और अपने आचरण की पवित्रता तथा व्यवहार की सादगी, सरलता, स्पष्टता व सच्चाई आदि के कारण अंचल-विशेष में वह काफी प्रतिष्ठा भी तो अर्जित कर लेता है। क्योंकि लोगों को लगता है कि वह बड़े लोगों के साथ रह चुका है, देश-विदेश घूमा हुआ है और रामकृष्ण आश्रम में रहा हुआ है तथा देशसेवक है, जनप्रिय है। सच है बालदेवजी अपनी इसी प्रतिष्ठा के कारण अंचल-विशेष के धनी खेलावन यादव के घर ससम्मान अपनी जगह बना लेते हैं। भंडारे के निर्णयार्थ हुई पंचायत में अपना अलग-अलग ही बनाते हैं तथा भण्डारे को सफलता का श्रेय भी लेते हैं। उनके 'यादव' होने के कारण जातीय रिश्ते-नाते अपने आप सजीव हो उठते हैं और हरगौरी द्वारा उन्हें बुरा-भला कहने पर साने यादव लाठी भाला लिए कोहराम खड़ा कर लेते हैं। भला अपने प्रतिष्ठित जातीय नेता का अपमान कोई कैसे सहन कर सकता है? यह है राजनीति में जातीयता का कमाल। फिर भी बालदेव इसे पसन्द नहीं करते।

यों बलदेव काफ़ी सुलझी तबीयत का है। गुस्सा तो मानो उसे छू तक नहीं गया है। चाहे कोई कितना भी अपमान करें, बुरा-भला कहें, मनमाना व्यंग्य या मज़ाक करें, बालदेव सब कुछ सुन लेगा, सहन कर लेगा। यथा "कहिये बालदेव जी, क्या समाचार हैं? सुना कि आपकी लीडरी खूब चल रही है।"[78] "आप तो लीडर ही हो गये, तो आजकल कांग्रेस ऑफिस का चौका-बर्तन कौन करता है।"[79] तथा कांग्रेस आफिस में भोलटिपरी कहते थे, "अब अन्धों में काना बनकर यहाँ लीडरी छाँटने आया है। स्वयंसेवक न घोड़ा का दुम।"[80] यह सब सुनकर भी बेचारा गरीब बालदेव सविनम्र ही कहेगा—"बाबू साहब, गरीब आदमी भी भला लीडर होता है—हम तो आप लोगों के सेवक हैं।"[81] इस पर भी यदि कोई हाथापाई पर उतर जाए तो बालदेव कहेगा —"यदि मारने से गुस्सा ठण्डा होता है तो मारिए।"[82] यह है बेचारे बालदेव की गरीब तबीयत का नमूना, उसकी विनम्रता व दीनता का द्योतक तथा अक्रोध, अहिंसा या विवशता आदि का सबूत।

बालदेव की इसी प्रतिष्ठा, सम्मान व कीर्ति आदि के कारण अंचल-विशेष के लोग-बाग यह मानते हैं कि यह अपनु गाँव का भाग है कि बालदेवजी जैसा हीरा आदमी यहाँ आकर रहते हैं।[83] यों तो वे चलन पट्टी के हैं। यहाँ मौसी के घर आए हुए हैं।[84] वे खुद भी कहाकरते हैं कि जो गाँव उन्नति नहीं किया है, हम वहीं आकर सेवा करेंगे।···हम झाड़ू देंगे, मैला साफ करेंगे।··· महात्माजी भी करते थे।

दरअसल बालदेव का बचपन बड़ा ही दुःखी और अभावग्रस्त रहा है। बचपन में इन्हें गाँव के लोग 'दुरवा' कहा करते थे । यथा, "बाप के मरने से कोई दुरवा नहीं होता । बाप मरे तो कुमर, माँ मरे तो टूअर । बालदेव टूअर नहीं ।[85] यह उनके पिता न होने का प्रमाण है । पर जब माँ भी चल बसी तो ये अजोधी भगत की भैंस चराते रहे । उनके लिए यह बुड्ढा पिशाच साथ था ।···ऊँ··· करते ही चटाक थप्पड़, छड़ी और लाठी की मार ।[36] कहीं कोई स्नेह नहीं । हाँ, ऐसे समय 'रूपमती' का स्नेह अवश्य मिला । वह इन्हें 'बल्ली' कहती और भात के नीचे छुपाकर, दूध-छाली दिया करती । फिर रामकृष्ण आश्रम में माये जी···मायेजी के पाँव की चमड़ी फट गयी थी, भारथमाता रो रही थी । यही देख उसने अपना नाम सुराजी में लिखाया था ।"[82]

रामकृष्ण आश्रम का प्रभाव बालदेव के जीवन पर हुआ था । जैसे बालदेव जी सबों के नामों के साथ 'जी' लगाकर बोलते हैं, क्योंकि रामकृष्ण आश्रम में लीडर ऐसे ही बोलते हैं—डायवरजी, ठेकेदारजी, हरिजनजी आदि ।[88] दरअसल रामकृष्ण आश्रम के राजनीतिक वातावरण क्रियाकलापों का ही असर है कि बालदेवजी गाँव के लोगबाग की भीड़ को इकट्ठा कर झंडा, पताखा लेखक 'इनकिलाब जिन्दाबाद' करते-करते मिनिस्टर साहब के वहाँ आगमन पर, जुलूस लेकर पहुँचते हैं और फिर सबके जलपान के लिए दस रुपिया ले लेते हैं, जो निश्चित ही उनकी राजनीतिक कार्यप्रणाली को तथा कांग्रेसी भीड़ इकट्ठा करने की पोल को उजागर करता है । बालदेवजी अंचल—विशेष में राजनीतिक व सामाजिक कार्यकर्ता के रूप में जहाँ काफी कुछ 'एक्टिव' हैं वहीं मठ के मामले में एकदम मौन, निर्लिप्त या बिल्कुल निठल्ले । तभी तो कालीचरण का यह आरोप है—बालदेवजी क्या करेंगे ? वह तो बुर्जुआ हैं, "निश्चित ही उनकी कमजोरी, दुर्बलता व कुछ हद तक कायरता का सबूत हैं ।"

यों मठ की लछमी बालदेवजी की कमजोरी भी है । तो उसे पहली बार देखते ही उसकी बड़ी-बड़ी आँखों में उनका खो जाना, समा जाना,[89] फिर नींद का उडना व सपने आना[90] तथा भेंट होने पर लक्ष्मी के शरीर की गन्ध आना[91] और उसके कहने पर उसी के कंठी तक ले लेना[92] आदि निश्चित ही बालदेव जी के साधु मन की असलियत को, मनोविकार की पर्तों को, तथा वास्तविक मानसिक स्थिति की तहों को ही सुस्पष्ट करते हैं । फलतः लक्ष्मी द्वारा उन्हें भेंट किये गये 'बीजक' में भी उन्हें लछमी के देह की सुगन्ध मिलती है और फिर इस सुगन्ध में भी एक नशा है, इस पोथी के हरेक पन्ने को लछमी ने परस किया है ।···पोथी पढ़ि पढ़ि जग मुआ, पंडित भया न कोय, ढाई आखर प्रेम का पढ़े सो पण्डित होय ।[93] तथा लछमी को देखने से ही मन पवित्र हो

जाता है।[94] यह है लछमी का बालदेवजी के दिल-ओ दिमाग पर प्रभाव, पर बालदेव जी आजकल बहुत दुबले हो गये हैं। बालदेवजी के व्यक्तित्व का प्रभाव लछमी पर भी कुछ कम नहीं है। यथा "बालदेव जी के दिल में जरा भी मैल नहीं, दिल सरल है। बालदेव जी सच्चे साधू हैं।[95] तथा "लछमी का मन चंचल है। मन के लक्ष दुआर हैं, बालदेव जी एक ही साथ लक्ष द्वार से उसके मन में पैठ जाते हैं—एक लक्ष बालदेवजी।"[96] और "लछमी दासिन आज मन के सभी दुआर खोल देगी—एक लक्ष दुक्षार।[97]" इस प्रकार बालदेवजी ने लछमी दासिन के दिल में घर कर लिया है।[98] लछमी को वे 'सीधे-सूधे' लगते हैं।[99] बहरहाल इस सबका परिणाम सुस्पष्ट है कि लछमी व बालदेवजी मठ से अलग होकर दोनों एकसाथ रहने लगते हैं। इस प्रकरण से बालदेवजी के मन में दबी मानसिक विकृतियों का, और भीतर ही भीतर छिपी अनेक वास्तविक स्थितियों की सूक्ष्मतम तहों का बड़ा ही मार्मिक यथार्थ व मनोवैज्ञानिक चित्रण हुआ है, जो निश्चित ही उनके व्यक्तित्व में छिपे-दबे पहलुओं को भी उद्घाटित कर देता है।

बालदेवजी का व्यक्तित्व अपने आप में कुछ अलग-थलग ही है, अनूठा है, विरल है, विशिष्ट है, आंचलिक विशिष्टताओं को लिए हुए है तथा मानसिक दुर्बलता या कमजोरी के रहते हुए सहज है, यथार्थ है, वास्तविक है।

लछमी दासिन

'मैला आँचल' में लछमी कोठारिन का चरित्र-चित्रण अत्यन्त प्रभावी तथा आदर्श व मानवीय बना है। अनाथ, अबोध, नादान लछमी, बैठी लछमी सेवादास के चंगुल में फँसकर, बूढ़े गिद्ध की शिकार होकर, महंत की दासिन व सेविका हुई तथा मठ की कोठारिन बन, मठ के पिंजरे में कैद हुई है—कारण उसकी विवशता, विडम्बना तथा परिस्थिति। फिर भी उसके स्वभावगत चरित्र की गरिमा में, तथा उसके अपने व्यक्तित्व के उज्ज्वल पहलू में, निर्मलता, सरलता, सात्विकता, पवित्रता आदि का प्रभाव भी कुछ कम नहीं है। यथा, "लछमी के रग-रग में अब साधु सुभाव, आचार विचार और नियम-धरम रम गया है।"[100] तथा पंचायत में बोलने खड़ी हुई तो बिजली की बत्ती-सी जाग उठी।"[101] एवं लछमी जादू-मंतर जानती है। क्या कागज़-पत्तर, क्या खेती-बाड़ी और क्या हाकिम-महाजन—सभी में वह अव्वल है।[102] यह है उसके व्यक्तित्व की वरदता, श्रेष्ठता व प्रमुखता।

वस्तुत: मठ में लछमी का सादा, सरल संयमी जीवन उसके अपने व्यक्तित्व के शील व आदर्श का उसकी अपनी सात्विकता, धार्मिकता, नैतिकता परमार्थता एवं एकनिष्ठता का प्रमाण है। इतना ही नहीं बल्कि उसका स्वयं अपने

आपको माया मानकर, महंत के सान्निध्य में रहने का सारा दोष अपने माथे मढ़ लेना और आत्मग्लानि व आत्मदोष का एहसास करते हुए क्षमा याचना द्वारा निज मन की शुचिता व शुद्धता को प्रमाणित करना निश्चित ही उसके मन की उस पर्त को उद्घाटित करता है जो वस्तुतः मलरहित है, निर्मल है, पवित्र है, उज्ज्वल है और सात्विक भी है। लछमी का व्यक्तित्व उसके अपने चारित्रिक स्वभाव व खूबियों के कारण मूलतः सात्विक है, पवित्र है, उज्ज्वल है, पर नियति व विसंगतियों के कारण या विवशतावश दासिन, सेविका व कोठारिन होने का जो संयोग उसे नसीब हुआ है, वह मात्र उसके अपने जीवन की विडम्बना है और है चारित्रिक मजबूरी। यही कारण है कि मठ में वह अपने शील की अस्मिता की, रक्षा के लिए प्रखर, प्रबल व उग्र तक हो जाती है। यथा-लछमी गरज उठती है, "रामदास, गरदनियाँ देकर निकाल दो इसको। साधू नहीं, तक्षक है। इसके सिर माया सवार है। इससे पूछो, आज सबेरे मैं स्नान कर रही थी तो बाँस की टट्टी में छेद करके यह क्या देखता था? सैतान!"

इसी प्रकार महंत की मृत्यु के पश्चात्, असहाय व बेसहारा लछमी का लरसिंहदास की छाया से भी बचकर चलना[103] रामदास को लताड़कर दुत्कारना[104] तथा नागा बाबा का रात में लछमी की कोठरी तक जाना और उल्टे पाँव लौटना और फिर गाँजा माँगने का बहाना करना,[105] आदि उसके व्यक्तित्व की उज्ज्वलता के ही प्रमाण हैं। इतना ही नहीं बल्कि लछमी स्वयं कालीचरण के प्रति उसके पराक्रम से प्रभावित होकर भी उचित मान-सम्मान अवश्य देती है, और कालीचरण तुम देवता हो,[106] कहकर उससे भी दूर ही रहताहै और अपनी बोली को माया की मिलावट से अलग ही रखता है।[107] ये सब उदाहरण निश्चित ही लछमी के चरित्र की गरिमा, शील व आदर्श के ही सबूतहैं।

लछमी अन्तःकरण से मठ में द घोट वातावरण से अलग ही रहना चाहती है, काम-लिप्सा व वासना की निकृष्ट वृत्ति से दूर ही रहना चाहती है, और ऐसे जीवन से मुक्त होना चाहती है। अतः नये जीवन की ललक लिए वह सदैव मानो छटपटाती रहती है, बेचैन रहती है। ऐसे में लगता है कि लछमी भीतर ही भीतर रोती है, खालीपन लिए हुए है, और सूनेपन के बोझ से लदी हुई है—प्रेम की प्यासी है, नेह की भूखी है। अतः बालदेवजी से मिलने पर उसके मन की यह स्थिति नहीं रह पाती। महंत जी के मरने के बाद हुई असहाय लछमी को मठ के दमघोटू वातावरण में जीने या बचने के लिए सहारा जो चाहिये था। और फिर नेह की ललक ने, जो उसके मन में दबी की दबी रह गयी थी, समय पाकर बालदेवजी के सीधे-सादे व साधु स्वभाव में सहारा ढूँढ़ ही लिया तो इसमें अस्वाभाविकता कैसी? क्योंकि आखिर बालदेवजी के साथ रहने व

जीने की एकनिष्ठता ही तो रही है उसके अपने जीवन में। अतः बालदेवजी के सम्पर्क में आकर घनिष्ठता स्थापित कर और अन्तः उन्हें अपनाकर, लछमी उनके प्रति समर्पित हो सदैव एकनिष्ठ ही बनी रहती है।

इस प्रकार लछमी की मानसिकता के अनेक आवर्त अपने आप उसके चरित्र-चित्रण में सुस्पष्ट हुए हैं, जो वस्तुतः लछमी के व्यक्तित्व तथा मानसिक सूक्ष्मता का एवं चरित्रगत बारीकियों का बहुत परिचय देते हैं तथा उसके जीवन की वास्तविकता व असलियत को उजागर करते हैं और निर्मलता को निखारते हैं।

तहसीलदार विश्वनाथ प्रसाद

'मैला आँचल' उपन्यास में कायस्थ टोले के मुखिया तहसीलदार विश्वनाथ प्रसाद जमींदार या शासक वर्ग का, परम्परा व व्यवस्था का प्रतिनिधित्व करते हैं। अतः उनमें इस वर्ग-विशेष के चारित्रिक गुणावगुणों का होना स्वाभाविक ही है। जैसे, जालसाज, धूर्तता, स्वार्थपरता, धोखा-धड़ी, बेईमानी, जी-हुजूरी, रिश्वतखोरी, अवसरवादिता, परिस्थितिजन्य विवशता, कानूनी अड़ंगेबाजी या दाँवपेच तथा जातीयता, चालाकी एवं शोषण व भेद-नीति आदि। इसके साथ ही साथ उनमें हास्यप्रियता, रसिकता, मौज-मस्ती, उत्साह, आनन्द, प्रेम व प्रतिष्ठा आदि की ललक भी है। फिर भी उनके व्यक्तित्व में परस्पर विरोधी भावों के कारण चारित्रिक वैशिष्ट्य खूब निखरा है।

वस्तुतः मामले-मुकदमे, लेन-देन व नफा-घाटा आदि के समय, दीन-दुनिया की बातें करते समय वैचारिक धरातल पर दूसरे रूप का ही निखार नज़र आता है। एक ओर वे तहसीलदार हैं तो दूसरी ओर कुशल गृहस्थ। एक ओर वे धूर्त, शोषक व स्वार्थी हैं तो दूसरी ओर प्रेम से परिपूर्ण वात्सल्य-भाव लिए, सहृदय पिता। वे हर मौके का लाभ उठाना जानते हैं। गरीबों को चूसना कभी नहीं छोड़ते तथा ऊपरी आमदनी पर विशेष जोर देते हैं। वे मान-सम्मान, सामाजिक प्रतिष्ठा तथा जन-जीवन में उत्साह, आनन्द व प्रेम दर्शाते हैं, जिससे किसान रैयत उनसे खुश रहती हैं। जैसे "जो भी हो, तहसीलदार के दिल में दया-धर्म है, बाकी लोग पिशाच हैं, पिशाच।"[108] इस प्रकार तहसीलदार विश्वनाथ प्रसाद के दो रूप अपने आप उजागर होते हैं।

तहसीलदार साहब की अपनी एकलौती बेटी के प्रति उत्कट प्रेम है, उदारता है, कोमलता है, सहृदयता है, स्वच्छन्दता है। अपनी बेटी के अविवाहित जीवन में गर्भ धारण कर लेने पर वे काफी बेचैन व परेशान हो जाते हैं। मनस्ताप लिए शराब के घूंट उतारते चलते हैं और उनकी हत्या तक कर देने के विचार से बाज़ नहीं आते। इसी प्रकार जहाँ तहसीलदार डॉक्टर प्रशांत के प्रति सहृदयता,

सहिष्णुता, आत्मीयता तथा श्रद्धा, स्नेह व प्रेम तो जरूर रखते हैं, पर अपनी बेटी के साथ उसके संबंध की असलियत का पता पाने पर उसे गोली का शिकार बनाने पर उतारू हो जाते हैं। पर दूसरे ही क्षण कुमार नीलोत्पल के जन्म की खुशी में तथा डॉक्टर के जेल से छूटकर घर आने और आते ही उनके चरण स्पर्श करने पर वे उसी हर्षोन्मत्त हो उठते हैं। कभी-कभी वे अद्भुत उदारता का परिचय देते हैं, यहाँ तक कि अपनी जमीन भी आसामियों को नज़राने में बाँटकर क्रान्तिकारी परिवर्तन का प्रमाण देते हैं।

तहसीलदार विश्वनाथ प्रसाद का व्यक्तित्व अपने आप में विशिष्ट है, सजीव है और परस्पर विरोधी भावों में त्वरित परिवर्तन की संभावनाओं वाला है। जैसे प्रेम और घृणा, क्रोध और त्याग, स्वार्थ और उदारता, सम्मान व अपमान तथा संकीर्णता व सहृदयता एवं शोषण वृत्ति व दान वृत्ति आदि उनके चारित्रिक वैशिष्ट्य का सबूत हैं। इसी प्रकार एक ओर उनके प्रगतिवादी विचार व दूसरी ओर शोषण की घृणित प्रवृत्ति उनके व्यक्तित्व के दो रूपों को उद्घाटित करते हैं। यथा, "जिस दिन धनी, जमींदार, सेठ और मिलवालों के लोक राह चलते कोढ़ी और पागल समझने लगेंगे उसी दिन असल सुराज होगा।"[109] यह है उनके प्रगतिवादी विचारों का प्रमाण। इसी प्रकार उनके शोषण स्वरूप के सबूत हैं—"तहसीलदार साहव कानूनी आदमी हैं, कागज़ पर 'क' भी लिखा रहे तो उससे वह सारे दस्तावेज़ ऐसे बना दें कि पटना का एक्सपर्ट भी नहीं पहचान पाये कि असली है या जाली।"[110] तथा "असामियों की टीप सारे कागज़ पर लेना, 'डाली' स्वयं देना पर वसूलना रैयत से। 'फूट डालो, राज करो' की कुटिल नीति अपना कर लोगों को परस्पर लड़ाना और अपना फायदा करते रहना, जैसे संथालों के संघर्ष के समय और जालसाजी द्वारा दूसरों के मुकदमों में रिश्वत के पैसे ऐंठना, संथालों के बलवे में हरगौरी की हत्या पर उसके पिता से पैसे वसूलना आदि। ये सब निश्चित ही उनके घृणित शोषण की कारगुज़ारियों से बाज़ न आने के प्रमाण हैं।

इस प्रकार अपने दोहरे व्यक्तित्व के कारण तहसीलदार का चरित्र निश्चित ही जहाँ सजीव व कलात्मक हो पाया है वही जो वस्तुतः वह वर्ग-विशेष के प्रतिनिधि पात्र की हैसियत से, चरित्र की विशेषता से असलियत को बेनकाब करता है, उसकी वास्तविकया को अंकित करती है और सारी यथार्थता को चित्रित करता है।

कालीचरण

कालीचरण ग्रामीण परिवर्तन का सशक्त प्रतिनिधि पात्र है। वह तेज-तर्रार युवक है, 'संघर्षशील, राजनीतिक, कार्यकर्ता है, मुखिया है, नेता है। विद्रोही वृत्ति

तथा तेजी, तीव्रता, सख्ती, कड़ापन व उग्र स्वभाव वाला युवक है। उसे आदमियत पर खूब भरोसा है। वह "आदमी से बढ़कर बलवान किसी देवता को नहीं समझता।"[111] मज़दूरों और किसानों का वह नेता है तथा पूँजीवादी और जमींदारों को शोषक मानता है। उसके विचार से "ये पूँजीपति और जमींदार खटमलों और मच्छरों की तरह शोषक हैं।"[112] इसी कारण कालीचरण शोषितों, उपेक्षितों, दलितों व पीड़ितों का प्रतिनिधित्व करता है। युगों से पीड़ित दलित और उपेक्षित लोगों को कालीचरण की बातें अच्छी लगती हैं।[113]

संक्षेप में कालीचरण समाजवादी है, सच्चा जनसेवक है, जननेता है और है अंचल-विशेष के जन-जन का आदर्श प्रतिनिधि पात्र और सशक्त चरित्र।

कालीचरण कहता है—"मैं आप लोगों के दिल में आग लगाना चाहता हूँ, सोये हुए को जगाना चाहता हूँ।"[114] तथा 'सुराज झूठा' है।[115] एवं सबों के बीच कालीचरण हाथ में दलील लेकर सिकंदर शाह बादशाह की तरह खड़ा है। पलक मारते ही क्या से क्या हो गया। जैसे "रामलीला का धनुष जग हो गया।"[116] और जमीन जोतने वालों की, जो जोतेगा वह बोयेगा व जो बोयेगा वह काटेगा, कमाने वाला खायेगा। इसके चलते जो कुछ हो।"[117] इत्यादि कालीचरण के सशक्त चरित्र व पराक्रमी व्यक्तित्व के ही सबूत हैं, प्रतीक हैं।

ऐसे पराक्रमी, संघर्षशील, जुझारू सशक्त, कहीं कुछ कठोर, कड़े स्वभाव वाले आदर्श चरित्र के अंतःकरण में अनुराग के अंकुर के झरने की, स्पंदन व धड़कन को रेणु, अत्यंत कुशलता से अंकित कर जाते हैं। जैसे, कसम खाकर औरतों से पाँच हाथ दूर रहनेवाले कालीचरण का व्रतभंग होता हैं, बीमार मंगला की तीमारदारी में।[118] फलतः मंगला के मोहजाल में आबद्ध हो, प्रेम की कोमलता, स्नेह की स्निग्धता व परस्पर आत्मीयता का अपूर्व परिचय दे जाता है—कालीचरण का क्रान्तिकारी प्रखर, कठोर व कड़े मन का प्रतीक प्रेम-विह्वल व्यक्तित्व।

कालीचरण के स्वभाव में अक्खड़पन है। उसे अपमान सहन नहीं होता। इसीलिए पूर्णिया में जब सैनिक जी की बीमार पत्नी ने उसे 'उल्लू' कहा, तो उसका सिर चकरा गया था। 'ग्वाला साठ बरस तक नाबालिग ही रहता है,' यह सुनकर तो वह क्षोभ से भर गया था। किसी मर्द ने यह कहा होता, तो वह अवश्य ही खून कर बैठता। कालीचरण डकैती के झूठे अपराध के बाद भूमिगत रूप में रहने लगा। किन्तु इस दशा में भी चाँद पहलवान का अहंकार वहसह। नहीं सका और रुस्तम खाँ के नाम से कुश्ती लड़कर उसे हराकर फरार हो गया इसके बाद पुलिस के द्वारा पकड़ लिया गया। वह जेल से निकल भागा, और भागते हुए अपने जिला मंत्री के पास पहुँचता है, शपथ लेकर अपनी बात सुनाना चाहता है; "लेकिन मंत्री जी उसे अपने कमरे से निकाल देते हैं। इस स्थिति में

कालीचरण को इलाके के मशहूर डकैत चलित्तर कर्मकार की याद आती है। उसने कहा था—"गाढ़े विपद में खबर करना, याद करना।" इस प्रकार समाजवादी कालीचरण जो देश की बढ़ती हुई जागरूक जनता का प्रतिनिधित्व करता है, पूरे राजनीतिक संगठनों की संरचना पर प्रश्नचिह्न लगाता है, जिसमें आदमी को पहचानने की नहीं उसके उपयोग की प्रक्रिया विकसित हो रही है। इस तरह कालीचरण की राजनीतिक चेतना एक डकैत की शरण में जाती है। यह दुर्भाग्य आज भी दुहराया जा रहा है। इस प्रकार सोशलिस्ट नेता कालीचरण का चरित्र-चित्रण आदर्शवादी और मानवीय भावनाओं से युक्त है। एक सच्चे जन-सेवक तथा जन-नेता के रूप में कालीचरण का चरित्र विकसित होता है।

ताजमनी

रेणु के पात्रों में मुकुटमणि है—ताजमनी। 'परती परिकथा' का निर्मल निर्झर-सा सद्चरित पात्र है। रेणु ने ताजमनी के रूप-लावण्य के अतिरिक्त उसके शान्त, सुशील संयभी या सौजन्यमय स्वरूप को स्पष्ट किया है। उनके सभी पात्रों में ताजमनी सचमुच 'ताज' की तरह है, 'ताज' में 'मणि' की तरह है।

तों ताजमनी नट्टिन टोली की सरदारिन की बेटी है, जित्तन के पिता शिवेन्द्र मिश्र के गुरुभाई की रक्षिता की बेटी है। उसका पारिवारिक पेशा नाचना, गाना और लोगों का मनोरंजन करना है, पर वह हवेली में पली है, हवेली की बेटी की तरह जितेन्द्र के साथ खेली है और जितेन्द्र की माँ के साथ रहकर, परवरिश पाकर. श्रद्धा, विश्वास, और प्रेम भी उसने सीखा है। इसीलिए वह नट्टिन होते हुए भी वर्ग-विशेष से काफी अलग है, सुसंस्कृत है, गुणज्ञ है, बुद्धिमती भी।

सुन्दरता में ताजमनी की जोड़ी नहीं है गाँव में।···सारे गाँव के लोग मानते हैं कि ताजमनी अद्वितीय सुन्दरी है। सुडौल शरीर और सुघड़ बनावट। चम्पई रंग और बालिका-सुलभ चेहरा, मेघवर्णी कुंचित केशपाश। आँखों में परिपूर्ण प्राण-गंभीर छाया। गाँव की सोलह वर्षीय कन्याओं से वह बड़ी है, किन्तु गाँव के अनजान-सुजान उसे षोडशी समझते हैं तो गाँव के नौजवान गलती से उसे कमसिन समझ बैठते हैं। उसकी वाणी का बोल सुन्दरता की प्रतिमा का मधुर मायावी स्वर है। किसी घटना को साकार करने की, चित्रमय बनाने की कला से ताजमनी अच्छी तरह से परिचित है।

ताजमनी एक तरफ सामन्ती मालकिन की नौकरानी है और दूसरी ओर जितेन्द्रनाथ की प्रेमिका। जितेन्द्र के परिवार से उसका पुराना रिश्ता है, इसीलिए माँ-पिता की मृत्यु के बाद जित्तन जब अपने गाँव एक अजनबी बनकर वापिस लौट जाता है तो उसके एकाकीपन को ताजमनी अपने साहचर्य से दूर करने का

भरतक प्रयत्न करती है। वह उसकी स्फूर्ति, प्रेरणा व प्राण बनकर जितेन्द्र के नजदीक आती है और धीरे-धीरे उसके जीवन की संरक्षिका बन जाती है।

ताजमनी के व्यक्तित्व का महत्व वस्तुतः उसके चारित्रिक बल में है, उसके एकनिष्ठ प्रेम में ही है। उसके भीतर एक मानवीय संवेदना के उच्च रूप के दर्शन के साथ ही एक कुशल व्यवस्थापिका के गुण भी विद्यमान हैं। जितेन्द्र की माँ को उसके प्रति पूरा विश्वास ही नहीं वह तो अपने पुत्र का रूप भी ताजमनी में देखती है, इसीलिए तो अन्तिम समय में काशी में उसने ताजमनी से कहा था, "तेरे दिल में बैठा है जित्तन। वही मुझे पिला रहा है। मैं अपने बेटे के हाथ का पानी पी रही हूँ।" इसी विश्वास के कारण ही वह ताजमनी से तीन सत् करा लेती है : 'जिद्दा से कभी आँखें चार नहीं करोगी। नजर उठाकर उसको कभी देखोगी नहीं।' ताजमनी अपने चारित्रिक बल से तिलमात्र भी नहीं डिगती और न ही अपने सत्त को छोड़ती है। बारह वर्ष के बाद ताजमनी अपने प्रिय की चरण-धूलि लेने जाती है और जित्तन के स्पर्श से भी दूर रहती है। सत् के संयम और आचरण की पतिव्रता को अद्भुत मनोबल मिलता है। गाँव के मनचलों को वह बेधड़क फटकार देती है।

ताजमनी जित्तन की केवल प्रेयसी ही नहीं, संगिली है और पथ-प्रदर्शक भी। वह हर बातों में उसका ख्याल रखती है तथा समय-समय पर उसे आवश्यक सुझाव भी देती है। ताजमनी का जित्तन को अकेलेपन के अन्धकार से बाहर निकालना निश्चित ही उसके व्यक्तित्व का जित्तन पर प्रभाव, प्रेरणा व अनुराग आदि का ही परिणाम रहा है। जित्तन को फिर समाजोन्मुख बनाने में ताजमनी का बहुत बड़ा हाथ है। वह अच्छी तरह से जानती है कि "नेह-छोह की भूख पूरी मिठाई से नही मिटती", उसे एक दूसरे से मिलना, बातें करना, आत्मीयता जताना भी अत्यंत आवश्यक है। इरावती के प्रसंग में ताजमनी के मन की उदारता और जित्तन विषयक उसका विश्वास प्रकट होता है। वह जित्तन को इरावती से खुलकर मिलने के लिए प्रेरित ही नहीं करती, किन्तु इरावती को भोजन के लिए निमंत्रित करने की सूचना भी देती है। निश्चित ही यह उसकी स्वभावगत उदारता, आत्मीयता व एकात्मता का ही सूचक है।

ताजमनी व जित्तन दोनों एक दूसरे से पूरक है। दोनों एकप्राण हैं। दोनों की मनोदशा एक जैसी है। वह भी जित्तन का अधिक से अधिक सहवास प्राप्त करना चाहती है। उसका मन भी स्थिर नहीं है। जित्तन की चाह और लज्जा से भरी आँखों को देखकर, तथा जित्तन के 'वैराग जोग कठिन उधो-ओ-ओ-हम ना करब हो' के गुनगुनाने से उसे दुःख होता है, पीड़ा होती है। अपने आप को इस वैराग-जोग से निभा सकने में जब वह असमर्थ पाती है तब वह माँ तारा के सामने झुककर अपना दुःख-पीड़ा व्यक्त करती है। जित्तन की कामना के लिए,

सुख के लिए वह मालकिन माँ द्वारा दिये गये सत् से बेसत् करने का अपराध भी करती है तथा उसका दण्ड भुगतने के लिए वह तैयार हो जाती है ।

इस उपन्यास में ताजमनी का व्यक्तित्व मूक प्रणय की नायिका, मंगल-कामना की प्रतिमूर्ति, प्रणय की पवित्रता, गंभीरता, विशालता व त्याग का मूर्त रूप है ।

मलारी

मलारी, मरचिन मोची की बेटी है। अपूर्व सुन्दरी है वह । 'दी हरिजन ग्लोरी ।'[119] गौर मुखमंडल, आरक्त कपोल, झुकी पलकें, लाल पतले ओंठ । आँखों की बारीक वंकिम ।[120] आज तक मलारी जैसी सुन्दर कन्या बकसान वा टोले में पैदा नहीं हुई। सचित्र साप्ताहिक में छपी उसकी तस्वीर भी सुन्दरता में कुछ कम नहीं है । स्वयं मलारी अपनी तस्वीर देखकर मुस्कुराई थी ।[121] उसकी सुन्दरता को लेकर लोगों में कुतूहल है । उसकी तस्वीर देखकर उनको विश्वास नहीं होता कि यह मलारी है । इसलिए आपस में वे कहते हैं, "ये जो मलारी है न, यह तो सिनेमा की लड़की जैसी लगती है । मलारी का, एक हरिजन लड़की का तस्वीर में यह रूप देखकर सबको लगता है कि यह तो दुलारीदाय है। दुलारीदाय मिसर खानदान की कुल लछताँ हैं ।[122]

मलारी केवल रूपसी ही नहीं पढ़ी-लिखी भी है । मुजफ्फरपुर में उसने ट्रेनिंग ली है । बचपन से ही उसकी बुद्धि बद्रूखान टोली के बेटी जैसी हैं। उसे बचपन से ही पढ़ने-लिखने का शौक है । पढ़ने-लिखने की इसी इच्छा के कारण ही वह किसी को विना बताये घर से भाग गई। ट्रेनिंग लेने के लिए भी उसे इसी प्रकार से घर से भागना पड़ा, क्योंकि माँ-बाप नहीं चाहते थे कि उनकी बेटी ज्यादा पढ़े-लिखे, लेकिन मलारी साहसी है, निडर है, और अपनी लगन की, धुन की पक्की है । इसीलिए वह केवल पढ़ने-लिखाने के लिए ही घर से नहीं भागती, वल्कि बद्रूखान टोली के सुवंश के साथ भागकर विवाह भी कर लेती है । अपने इस जीवन-साथी के चयन भर के लिए उसे न जाने समाज से कितना लोहा लेना पड़ा है । इस क्रान्तिकारी विवाह के समाचार से सारे गाँव में भूचाल-सा आ जाता है, लेकिन मलारी अत्यन्त धैर्य तथा निडरता से उस भूचाल को स्वीकार करती है ।

मलारी का यह साहसी स्वभाव गाँव के अन्य पर्व, त्यौहारों तथा घटनाओं में भी स्पष्ट हो उठता है। कुछ लोगों द्वारा 'शामा-चकेवा' पर्व को गँवार पर्व कहने पर ऐसा लताड़ती है कि दुबारा किसी के मुँह खोलने का साहस न हुआ ।[123] प्रेमकुमार दीवाना को उसकी फटकार मिलती है तो वह भागता ही नजर आता है ।[124] सुन्नरिका की कथा के आयोजन में होने वाली गड़बड़ी

मलारी के साहसी व निडर स्वभाव के कारण ही अपने आप रुक जाती है। क्योंकि मलारी गर्ल गाइड की लीडर है और कथा के दिन गर्ल गाइड की ड्यूटी है। इसीलिए न झगड़ा न हल्ला-गुल्ला और न रास्ते में भूल का डर।[125] क्योंकि मलारी अपनी जिम्मेदारी अच्छी तरह से निभाना जानती है।

मलारी केवल साहसी ही नहीं है, वह गाने में भी दक्ष है। उसकी आवाज बहुत ही मधुर तथा सुरीली है। वह स्वयं जैसे गाती है वैसे ही शामा-चकेवा पर्व के समय दूसरों को गाने के लिए प्रोत्साहित भी करती है। इस पर्व के समय ताजमनी और मलारी दोनों गाती हैं।

वस्तुतः मलारी के व्यक्तित्व में सुन्दरता, आकर्षण व प्रभावशाली स्वरूप है, साथ ही साथ शिक्षण, प्रशिक्षण तथा उसकी अपनी बुद्धिमत्ता, गुणवत्ता और विवेकशीलता व सूझ-बूझ का भी योग है। सात वर्ष की उम्र से ही वह दुनिया के लोगों की जहरीली निगाहों से परिचित है। एक कन्या का जीवन देश के गाँव-गाँव में आज कितना दयनीय हो गया है, यह मलारी के जीवन से स्पष्ट हो जाता है। मलारी के अनुभव उसके जीवन की खुली किताब है, उसे जीवन को साधारण रूप से जीने के लिए भी न जाने कितनी कशमकश करनी पड़ती है। अतः मलारी का जन्म व सारा जीवन, समाज में व्याप्त चरमराती वर्ण या जाति की रूढ़ व्यवस्था पर एक करारी चोट है।

जितेन्द्र

'परती परिकथा' का नायक। माँ का देवतुल्य प्राणाधिक चिरंजीवी जितेंद्रनाथ, शिवेंद्र मिल के परिवार का कुलदीपक, पैंतालीस वर्षीय, शाक्त मैथिली ब्राह्मण, विशाल परती की डेढ़ हजार बीघे जमीन का अकेला मालिक। दुलारीदाय के बीच प्रसिद्ध कुण्डों का मालिक, और बदरिया घाट से लेकर मीर घाट तक की धरती का जमींदार। जितेंद्र दस-पन्द्रह वर्ष बाद एक सपना सँजोकर अपने गाँव परानपुर लौटा है। उसका सपना है परती धरती को जोतने का, उसमें लह-लहाती फसलें या गुलाब की खेती करने का, सेमलबनी की सहस्रों की आय ठुकराकर उसकी सुरक्षा की कामना लिए, वीरान परती ज़मीन को बाग-बगीचे में बदलने की कल्पना को लेकर, सपनों को लेकर वह गाँव आया है। लेकिन जितेंद्र का यह साहस सभी लोगों को असम्भव लगता है। इसीलिए गाँव के सारे लोग उसे पागल कहते हैं, क्या छोटा, क्या बड़ा, क्या औरत, क्या मर्द— प्रायः सभी उसे पगलैट, पगलवा, अन्ध पगला, सनकी ही समझते हैं, क्योंकि गाँव-वालों की दृष्टि में परती को जोतना अपने आपमें एक पागलपन है, पागल हरकत है। भला जो जमीन अब तक परती रही तथा जिसे काफी खोज व छानबीन के बाद भी जोतने के योग्य नहीं समझा गया उसे अब जित्तन जोतने चला है

वास्तव में यह पागलपन ही है। सारे गाँव में जित्तन के इस कारनामे को लेकर मन में काफी हलचल है, आश्चर्य और हैरानी भी। जित्तन अपने कृत्यों से ही नहीं बल्कि अपने रहन-सहन से भी गाँव में पागल कहलाता है। इसी कारण गाँव के लोगबाग उसके विचारों को भी गलत समझने लगते हैं और उसके पास तक नहीं आते। ऐसी परिस्थितियों में फिर जितेंद्र लुत्तो की करतूतों का शिकार होता है। लुत्तो का छलछद्म से परिपूर्ण वैरभाव, आग में घी का काम करते हैं। खानदानी दुश्मनी का ख्याल और अपने बाप के बदले दुर्भाव के कारण लुत्तो जितेंद्र को गाँव में हमेशा परेशान करता रहता है। जित्तन के पिता स्व० शिवेंद्र मिश्र ने लुत्तो के पिता को दगाबाज़ी और विश्वासघात के लिए गरम सलाख से दगवा दिया था। अतः अब लुत्तो अपने पिता की पुरानी दुश्मनी का बदला लेना चाहता है। इसीलिए लुत्तो जित्तन के विरोधियों को छाँट-छाँटकर इकठ्ठा करता है, उन्हें उकसाता भी रहता है तथा उनके साथ साँठ-गाँठ कर चण्डाल-चौकड़ी ही बना लेता है। लुत्तो द्वारा मवेशियों को लेकर हंगामा खड़ा किया जाता है।[126] उसे जालिम, मक्कार, शराबी, जुआरी, अजगर कहा जाता है तथा जित्तन को गाँव से किसी हालत में भाग जाने के लिए मजबूर किया जाता है। उस पर अनेक असत्य आरोप लगाये जाते हैं। जैसे—लाज-लिहाज़ धोकर पी गया···दिन-दहाड़े तजमनियाँ को हवेली में रखने लगा अब तो![127]

लुत्तो के सिवाय जित्तन के तीनों फुफेरे भाई भी जित्तन को परेशान करने पर तुले हैं। और कुछ लोग तो ऐसे हैं जो उसे राह-चलते मिटवा देने की साज़िश भी करते हैं। जित्तन का दोस्त तथा अब का जानी दुश्मन कुबेर सिंह पटना के 'हुआ सबेरा' के संपादक की पीठ पर हाथ रखे जित्तन को ब्लैक मेल ही नहीं करता बल्कि पटना के संभ्रांत परिवार की लड़कियों का जीवन बर्बाद करने तथा राजनीति, साहित्य, पत्रकारिता आदि के रूप में शहर को कलंकित कर यह व्यक्ति अब देहात को भ्रष्ट करने पर तुला हुआ है। ऐसा प्रचार भी जित्तन को बदनाम करने के लिए करते हैं।[128] फिर भी जितेंद्र अपने लक्ष्य का पक्का है। वह सब परेशानियों को सहकर परती धरती को उपजाऊ बनाने, उसे साफ-सुथरा करने के अपने लक्ष्य में जुटा हुआ है।

जित्तन का यह दुर्दैव रहा है अथवा उसके जीवन का यह कटु अनुभव है कि हमेशा उसके विरोध में धूर्त, अहम्मन्यता, स्वार्थ, घृणा व वैर आदि के लिए उनके क्रियाकलापों में सदैव विघ्न, बाधा व रोड़े ही खड़े करते रहते हैं। चाहे फिर वह काशी, विद्यापीठ से शास्त्री की उपाधि लेने के बाद, किसान सभा के सदस्य होने पर, प्रगतिशील समाजवादी दल के स्तंभ माने जाने पर उनके विरोधियों द्वारा जालसाजी, षड्यन्त्र, मनमाने आरोप व आक्षेप के परिणामस्वरूप ही क्यों न हो! चरित्रहीनता का हौवा खड़ा कर दल से, जित्तन को निष्कासित

करना, भूमिगत दलों के स्थान पर विदेशी गुप्तचर होने का आरोप लगाना और बाद में सरकारी आदमी कहकर राजनीति से निकाल बाहर करने की साज़िश ही तो है। वह पत्रकारिता व साहित्य क्षेत्र में दत्तचित्त होने लगता पर यहाँ भी उसका पीछा नहीं छोड़ा जाता।

इस तरह की न जाने कितनी क्रिया-प्रतिक्रियाएँ गाँव में जितेंद्र के कार्यों से होती रही है लेकिन जितेंद्र अपनी धुन में लगा है। वह लोगों के अविश्वास और अन्धविश्वास को भी तोड़ना चाहता है। जातीय वन्धनों में भी जितेंद्र का विश्वास नहीं है, इसीलिए वह सुवंश व मलारी की शादी में सहयोगी की भूमिका निभाता है।

गाँव के सामाजिक जीवन में भी धीरे-धीरे जितेंद्र अपने उद्देश्य की पवित्रता और लगन की दृढ़ता से ही जित्तन के प्रति गाँववालों की धारणा बढ़ती गयी। कोई उन्हें 'रिफाइन्ड' आदमी तो कोई 'अच्छे आदमी' तथा 'मन से साफ आदमी' कहने लगा।

जितेंद्र ने लोकमंच का निर्माण किया। गाँव के नौजवानों को इकट्ठा कर उन्हें प्रशिक्षित किया। रघु रामायनी के द्वारा सुन्नरिनेका की कथा का आयोजन जितेंद्र ने कराया। इन सब कार्यों से जो उससे घृणा करते थे वे उसके प्रशंसक बन गये। इस प्रकार सम्बन्धित होते हुए भी जितेंद्र ने अपने पिछड़े हुए गाँव में चेतना की नयी लहर निर्माण करके बहुत बड़ा कार्य किया है।

एक नये युग का, परिवेश का निर्माण कर, जीवन में उल्लास, चेतना, उमंग लाने का बहुत बड़ा कार्य जितेंद्र ने किया। अतः नये युग का, नई चेतना का जितेंद्र प्रतीक है।

लुत्तो

'परती परिकथा' में जित्तन जैसे आंचलिक लोक-संस्कृति का प्रतिनिधित्व करता है, वैसे ही लुत्तो आंचलिक जीवन पर पड़ने वाले राजनीतिक प्रभाव का। लुत्तो शिवेंद्र मिश्र के 'दुलरुवा खवास' का बेटा है। लुत्तो तो बचपन से ही जित्तन से द्वेष करता है, वह उससे बदला लेना चाहता है, क्योंकि जित्तन के पिताजी ने लुत्तो के पिताजी को दगाबाजी के लिए दण्डस्वरूप तपी हुई दगनी से 'दगाबाज' शब्द दगवा दिया था। दागने की वह असह्य पीड़ा अपने पिता की करुण, असह्य वेदना अभी भी लुत्तो की आँखों के सामने मँडराती है, वह सपने में भी उठ बैठता है। इसीलिए वह जित्तन के गाँव में आने के पश्चात् ऐसी परिस्थिति निर्माण करता है कि जित्तन दो-तीन महीने के अन्दर ही गाँव से भाग जाए। वह हमेशा यही सोचता है कि, एक दिन वहाँ भी जित्तन को दागेगा, चाहे बोली से, चाहे गोली से। इसीलिए वह अपनी राजनीतिक

शक्ति का पूरा उपयोग करता है, क्योंकि वह शासक दल का स्थानीय कार्यकर्ता भी है। सर्वे में लुत्तो की पहुँच के कारण हमेशा लोग उसे घेरे रहते हैं। गाँव में इस समय सिर्फ लुत्तो ही असली नेता है। वह जाहिल है, लेकिन है असली राजनीतिक लंगीबाज़।[129] इस लंगीबाजी के कारण ही तो लुत्तो ने निरसू भगत पर परमादेव की सवारी ले जाने की योजना बनायी, समसुद्दीन को कांग्रेस का सदस्य बनने के लिए विवश कर दिया। इस प्रकार अनेक घटनाओं द्वारा लुत्तो जित्तन को परेशान करता रहता है। 'सुन्नरिनेका' की कहानी के समय तथा दुलारीदाय की धारा को फिर से जीवित करने की जितेंद्र की योजना के समय वह जनता को भड़काता है, जित्तन के विरुद्ध जनता के रोष को बढ़ाता है। लेकिन जब देखता है कि मारपीट से भी जित्तन भड़की हुई जनता को शांत करने में सफल हो जाता है, जनता लुत्तो को 'लुच्चों का सरदार' समझ लेती है। उसके काले कारनामे जनता के सामने खुलकर आ जाते हैं।

राजनीतिक लड़ैया के सदृश ही लुत्तो के व्यक्तित्व की दूसरी विशेषता है जातिगत भावना। जातिगत अपमान वह बचपन से ही सहता आया है। चम्पानगर में 'शारदा बाबू' की पार्टी में चमड़ी झुलसा देने वाली बोली को सुनकर वह बहुत दुखी होता है तथा जातिगत अपमान के कारण वह छटपटा उठता है। इस अपमान से वह सभी वर्णों का दुश्मन बन जाता है। वर्कर से लीडर बनकर सवर्णों को मज़ा चखाने का सपना है। अतः इस प्रकार जातिवाद के सहारे राजनीति चलाने वाले जाहिल नेता का प्रतिनिधि है लुत्तो। उसकी अपनी कोई पोजीशन है कांग्रेस पक्ष में। वह अत्यन्त चालाक तथा बातें बनाने में उस्ताद है। किसी भी समस्या की सदरी चाभी नहीं मिल रही हो तो लुत्तो से कहिए, एक चोर चाभी तैयार कर देगा। चन्दा वसूल करना और उसे हजम कर जाना, लुत्तो अच्छी तरह जानता है।

इस प्रकार लुत्तो का चरित्र अपनी राजनीतिक महत्वाकांक्षा का परिचय देता है।

इरावती

इरावती 'परती परिकथा' में चित्रित एक पात्र है। वह उन सभी नारियों का प्रतिनिधित्व करती है, जो शिक्षित हैं पर घर-परिवार अथवा पति की छत्रछाया में गृहिणी, देवी या लक्ष्मी नहीं बनी हैं, बल्कि घर से बाहर (मजबूरी या शौक से) कुछ करने की आकांक्षा रखती हैं। वे भूखे भेड़ियों की नजर में तुरन्त आ जाती हैं और प्रत्यक्ष या अप्रत्यक्ष रूप से उनका शिकार होती हैं।[130] इरावती देश के विभाजन की शिकार है और उसके हिस्से पड़ी है खानाबदोश ज़िन्दगी

वह लाहौर से दिल्ली और दिल्ली से बिहार तक के शरणार्थी कैम्प में काम करती रही। दस महीने में अनेक पार्टियों से नाता जोड़ा और तोड़ा, कहीं भी चैन नहीं, सुख नहीं, शान्ति नहीं। वह एक निर्वासित कन्या है, जिसे पुरुष की पाशविक कामुकता का कई बार शिकार होना पड़ा है। एक बार तो अपने नेता भैया से ही उसे बुरा अनुभव होता है। इन सब अनुभवों से उसका प्यार जल गया है, मन जल गया है, वह केवल सशरीर घूम रही है छाया-सी।

प्रेम, मानवता की प्राप्ति के लिए भटकती हुई इरावती पूर्णिया पहुँचती है जहाँ जित्तन से उसकी भेंट होती है और उसे जिसकी खोज थी वह उसे प्राप्त होता है। इरावती के उजाड़ मन में जितेंद्र के साहचर्य मात्र से प्रेम पनप जाता है। लेकिन यहाँ पर भी उसे अपने प्रेम का ताजमनी के कारण त्याग ही करना पड़ता है। इस प्रकार इरावती त्याग-मूर्ति तथा पीड़ित नारी की प्रतिनिधि है।

बेला गुप्त

'दीर्घतपा' रेणु की एक छोटी कृति है, जो दफ्तरों में काम करने वाली औरतों की जिन्दगी पर आधारित है, इसकी नायिका है बेला गुप्त। बेला गुप्त इस्लामपुर स्कूल के व्यायाम शिक्षक की इकलौती बेटी है।[131] बचपन से पढ़ने-लिखने में ही नहीं, खेल-कूद में भी वह किसी लड़के से पीछे नहीं रही, किसी दर्जे में। लाठी, भाला, तीर, तलवार, चलाने से लेकर महानदी में तैरने तक की, प्रतियोगिताओं में वह सर्वप्रथम होती। बचपन से उसे क्रान्तिकारियों की कहानी सुनना बहुत पसन्द था। सुनते समय उसके देह में जोश आ जाता था। बेला के मुख से क्रान्ति के गीत सुनने के लिए गाँव के बड़े-बूढ़े, बच्चे-जवान, स्त्री-पुरुषों की भीड़ लग जाती थी तथा उसे सुनते ही श्रोता के मन में क्रान्ति की भावना भड़क उठती। बचपन से ही वह अपने दोस्तों के साथ बम-बम खेल खेला करती, जिसको देखकर गाँव के बुजुर्ग ने बेला के पिता को आगाह कर दिया था कि लड़की को सम्भालिए वरना मामला एक दिन बेसम्भाल भी हो सकता है। आखिर बात सच ही निकली। मामला एक दिन पिता की सम्भाल के बाहर हो गया। बेला अपने ही गाँव के क्रान्तिकारी 'बाँकेबिहारी' के साथ स्वतन्त्रता-संग्राम में कार्य करने के लिए घर से भाग गयी। 'बिहार क्रान्तिकारी पार्टी' की महिला कार्यकर्ता के रूप में बेला ने अपने खून से हस्ताक्षर कर सदस्यता स्वीकार कर ली, लेकिन उसको यह पता नहीं था कि इस हस्ताक्षर के द्वारा वह देश की आजादी के लिए कार्य करने नहीं, अपितु अपने जीवन को अन्ध कूप में ढकेलने जा रही है। वह काशी अपने पार्टी ऑफिस पहुँची। वहाँ तो उसका स्वागत हुआ, लेकिन जब वह बाँके के साथ पेशावर गई तो वहाँ पार्टी को शस्त्रास्त्र बेचने वाले अफ़्रीदी सरफ़राज खाँ के हाथों से कुमारी बेला रानी

मर गई, कोरोनेशन होटल, पेशावर के सोलह नम्बर कमरे में।[132] और बाद में रक्षक बाँके ने भी अपनी हवस पूरी कर ली। इस प्रकार बेला का जीवन चारों ओर से अन्धकार से घिर गया। लेकिन बेला अन्धकार से डरने वाली नहीं थी, कायर नहीं थी।

बेला गुप्त अत्यन्त साहसी, क्रान्तिकारी मनोवृत्ति की तथा देश के लिए मर मिटने वाली लड़की थी और इसीलिए वह अनेक संकटों को सहन करती हुई बाँके की क्रान्तिकारी पार्टी से किसी तरह छुटकारा पा लेती है। नियति की यह चक्रधारा उसे शिशु कल्याण केंद्र तथा वर्किंग विमेन्स बोर्ड की ऑर्गनाइजर की कुर्सी पर ला पटकती है। यहाँ पर भी उसे अनुभव कुछ अलग ही होता है। राजनेताओं और अधिकारियों के भ्रष्टाचार और अनाचार का शिकार यहाँ की महिलाएँ होती हैं। मिसेज आनन्द तो इसमें सबकी नेता हैं। अतः इन लोगों के ऐसे षड्यन्त्रों में साथ नहीं देने के कारण निरपराध बेला गुप्त कानून द्वारा अपराधी सिद्ध होकर दस वर्ष की सजा काटती है। कोर्ट में मैजिस्ट्रेट के सामने वह सारे आरोपों को स्वीकार कर लेती है। वह ऐसा इसलिए कर लेती है कि जिन लड़कियों पर बलात्कार हुआ है उनमें उसकी मौसेरी बहन भी है। वह नहीं चाहती कि भरे कोर्ट में उसकी लड़की बेइज्जती हो। इस प्रकार बड़ी निष्ठा के साथ अपने हर कार्य में नियमानुवर्तिता एवं अनुशासन से काम लेने का फल उसे आजीवन जेल-कोठरी मिलती है। अपने सुख की चिन्ता करके समाज के लिए, देश के लिए, दूसरों के लिए सारा विषपान करते हुए आजीवन कष्ट सहने वाली नारी ही 'दीर्घतपा' कहलाती है। बेला का पूरा जीवन इस प्रकार दर्द से भरा, संघर्षों से भरा जीवन है, लेकिन अपने जीवन की आहुति देकर भी समाज में उसे सम्मान नहीं मिलता। अतः बेला गुप्त अत्यन्त साहसी, तेजस्वी, सात्विक, क्रान्तिकारी मनोवृत्ति की तथा देश के लिए मर मिटने वाली 'दीर्घतपा' नारी है जो अपने गत जीवन को भूलकर नया जीवन प्रारम्भ करना चाहती है, लेकिन समाज उसे यह करने की स्वीकृति नहीं देता, उल्टा उसे दण्ड दिया जाता है। अतः यह 'बेला' की नहीं सम्पूर्ण नारी समाज की विडम्बना है, जिसे रेणु ने अपनी सशक्त लेखनी से सँवारा है, सँजोया है।

ज्योत्स्ना आनन्द

'दीर्घतपा' उपन्यास का एक और प्रमुख पात्र है ज्योत्स्ना आनन्द, जिसके इर्द-गिर्द उपन्यास का कथानक घूमता रहता है। समाज में प्रचलित भ्रष्टाचार, व्यभिचार तथा क्रूरता को उजागर करने का प्रयास लेखक ने इस पात्र के माध्यम से किया है। सफ़ेदपोश लोगों में फैला हुआ व्यभिचार, भ्रष्टाचार का प्रतीक है मिसेज ज्योत्स्ना आनन्द। 'ईस्टर्न टिम्बर कम्पनी' के पर्चेज मैनेजर

मिस्टर माहंती की पत्नी है। अपनी सुन्दरता व यौवन का व्यापार कर श्रीमती माहंती ने मि० आनन्द से मिलकर 'फायरवुड सप्लायर्स' नाम की स्वतन्त्र कम्पनी खोली तथा इसी समय से वह अच्छी तरह से जान गयी कि एक नारी अपने इशारों से क्या नहीं कर सकती और फिर श्रीमती आनन्द बनने के बाद अपने व्यवसाय को विकसित करने के लिए वह परदे के अन्दर रहकर सब कुछ करती गयी।

बाँकीपुर में आने के पश्चात पैसे और अधिकारियों से अपने सम्बन्धों के बल पर थोड़े ही दिनों में ज्योत्स्ना आनन्द ने समाज में एक सम्मानित स्थान प्राप्त कर लिया। 'विमेन्स वेलफेअर बोर्ड' की सेक्रेटरी बनी, तथा 'विमेन वर्किंग हॉस्टेल' की एक प्रमुख कार्यकर्त्री बनी। ज्योत्स्ना आनन्द चालाक है, धूर्त है, इसीलिए उसने देखा कि अपने यौवन से काम नहीं बनता तो, उसने हॉस्टल की कुछ लड़कियों का सहारा लिया। इस प्रकार 'विमेन्स हॉस्टेल' में भी व्यभिचार फैला दिया। 'विमेन्स हॉस्टेल' की सुपरवाइजर बेला गुप्त को वह अपने जाल में फँसाना चाहती है, लेकिन जब वह श्रीमती आनन्द की धमकियों तथा प्रलोभनों के सामने झुकती नज़र नहीं आती तो उसके विरुद्ध षड्यन्त्र रचकर अन्त में उसे जेल भिजवा देती है। इसी बीच उसका परिचय बाँके से होता है जो अधिकारियों को सुन्दर युवतियाँ का सप्लाई करने का बिजनेस करता है। बाँके के इशारे पर मिसेज आनन्द नाटक का बहाना कर 'विमेन्स हॉस्टेल' की दो सुन्दर युवतियों को फँसाकर उनको अधिकारियों के पास भेज देती है।[133] इतना ही नहीं बाँके के साथ मिलकर श्रीमती आनन्द पचीसों रुपये हजार मूल्य का दूध और विटामिन की गोलियाँ बच्चों को बाँटने के बजाय बेच देती है और बेला गुप्त को फँसा देती है।

एक नारी की हैसियत से उसमें प्यार की, ममत्व की चिनगारी है। प्रारंभ में वह ऐसी न थी, लेकिन पति के प्रमोशन के लिए उसे अपना शरीर बेचना पड़ता है और जब उसे अपने शरीर की कीमत मालूम होती है, तो वह पीछे घूमकर नहीं देखती। वह बाँके के साथ भागना चाहती है, जिन्दगी से ऊब चुकी है; लेकिन वह यह भूल जाती है कि आखिर बाँके भी तो एक पुरुष है, जो केवल स्वार्थ देखेगा, अपनी वासना पूरी करेगा और फिर उससे अलग हो जाएगा। बाँके के द्वारा फँसाए जाने के बावजूद भी वह हटती नहीं, निराश नहीं होती। वह अपने कार्य में, समाज-सेवा के परदे के अन्दर स्वार्थ में फिर से जुट जाती है।

इस तरह श्रीमती ज्योत्स्ना आनन्द का पूरा चरित्र व्यभिचार, भ्रष्टाचार और क्रूरता से भरा नज़र आता है। समाज में ऐसे तमाम लोग हैं जो इसी तरह के गलत कामों से पैसा कमाकर सफेदपोश बने बैठे हैं। उनके इशारे पर

तमाम व्यभिचार और भ्रष्टाचार के अड्डे फल-फूल रहे हैं और वे सम्मान की जिन्दगी जी रहे हैं। अतः रेणु ने श्रीमती ज्योत्स्ना आनंद के चरित्र द्वारा समाज में फैले इस कोढ़ को, समाज में सफेद पोशों के माध्यम से पल रहे व्यभिचार और भ्रष्टाचार को नंगा किया है।[134]

पवित्रा

रेणु के 'जुलूस' उपन्यास की नायिका पवित्रा शरणार्थियों की नेत्री है। इन्हें पूर्णिया जिले में बसाया गया है। पवित्रा जुमापुर के काशीनाथ चटर्जी की कन्या है। उसका विवाह विनोद नामक युवक से होने वाला था, मँगनी हो चुकी थी। उसके घर के पास ही कासिम का घर था। कासिम पवित्रा के रूप-यौवन पर आसक्त था। इसी समय बँटवारे का दंगा शुरू हुआ, अतः कासिम हिन्दू-मुस्लिम दंगे का लाभ उठाकर विनोद का सिर काटकर भाग जाता है। इस प्रकार इस दंगे में पवित्रा का पूरा परिवार कत्ल कर दिया गया और पवित्रा एक शरणार्थी कैंप की नेत्री बनकर नबीनगर पहुँच गयी, लेकिन निर्वासित होने के वाद सभी जगह पर उसे यही अनुभव होता रहा कि, नारी के प्रति पुरुषों की दृष्टि अत्यन्त बुरी है। प्रत्येक पुरुष की आँखों में उसे वासना, कामुकता मँडराती हुई दिखती। इस अनुभव ने ही पवित्रा को साहसी बनाया, तथा पुरुषों से किस प्रकार काम लेना चाहिए, यह भी सिखाया। अब वह जान गयी कि उसकी केवल एक मुस्कराहट सब कुछ कर सकती है और इसी मुस्कराहट के बल पर वह शरणार्थी लोगों को हमेशा रहने के लिए अच्छा स्थान तथा सुख-सुविधाएँ उपलब्ध करा सकी। नबीपुर में पवित्रा अपने व्यवहार तथा कार्यों से गाँववालों की घृणा समाप्त कर वहाँ मिडिल स्कूल खुलवाती है तथा गन्दी हरकतें करने वाले कैंप इंस्पेक्टर का सिर मुँडा, मुंह पर कालिख पोत कैंप से बाहर निकलवा देती है। अतः नबीपुर में तालेवर गोढ़ी के प्रभावशाली व्यक्तित्व के बावजूद पवित्रा ही मूल भूमिका निभाती है।

पवित्रा ऐसी आधुनिका है जो मनुष्य की पीड़ा को समझती है और निःस्वार्थ भाव से सेवा तथा सहानुभूतिपूर्ण व्यवहार से उन बिखरे-टूटे मनुष्यों को जोड़ने की कोशिश भी करती है। नयी जमीन और नये वातावरण में अपने साथ आये लोगों को वह नयी जिन्दगी शुरू करने के लिए प्रेरित करती है। उसका सारा जीवन कालोनी के लोगों के सुख-दुःख के लिए समर्पित है। पवित्रा का व्यक्तित्व ही इतना आकर्षक है कि सब लोग बरबस उसकी ओर सीधे खिचे चले जाते हैं। गोढ़ियर गाँव का जमींदार तालेवर गोढ़ी तथा उसका सेवक जयराम सिंह पवित्रा की ओर आकर्षित होते हैं, जमींदार तो उसे अपनी अंकशायिनी भैरवी

बनाना चाहते हैं, लेकिन जैसे-जैसे वह पवित्रा के सान्निध्य में आते-जाते हैं, उनका मन परिवर्तित होता है। तालेवर गोढ़ी उसे अपनी बेटी, तो जयराम सिंह उसे बहन मान लेते हैं।

पवित्रा पुराने जमींदार की बेटी है, जमींदारी नहीं रही परन्तु स्वाभिमान तो उसका अभी बचा हुआ है। उसमें अपने अतीत की गाँठ नहीं है, वर्तमान की सजगता है। वह नबीपुर को अपने सपनों का गाँव बनाना चाहती है। लेकिन स्वयं पवित्रा अपने बचपन में हुए पिता के संस्कारों के कारण तथा विभाजन के समय पाये अत्यन्त कटु एवं भीषण अनुभवों के कारण जीवन में विरागी, त्यागी तथा गम्भीर बन जाती है। इसी कारण जब रमेश शर्मा उसे अपनाना चाहता है तो वह मना कर देती है। वह उसका जीवन दुखी नहीं बनाना चाहती। काला की माँ से वह अपना दुःख व्यक्त करते हुए कहती है, "तुम पागल हो गयी हो काला की माँ! खोये हुए धन को पाकर फिर खो दूँ? मैं सिर्फ पवित्रा नहीं, मैं आग हूँ, मैं···मैं तलवार हूँ, मैं बर्छी हूँ, मैं ज़हर हूँ···मैं साँपिन हूँ। वह मुझे पाकर कितनी देर तक जी सकेगा? कासिम उसे मार डालेगा। भाले की नोक पर उसका सिर लेकर जुलूस के आगे-आगे नारा लगायेगा। और फिर तुम लोगों को छोड़कर मैं कहाँ जाऊँगी? कौन है मेरा?···मैं जन्म से लेकर आज तक दुःख भोग रही हूँ? मैं जहाँ जाती हूँ अपने साथ प्रलय ले जाती हूँ।···मौत! मुझे प्यार करने वाला ज्यादा दिनों तक जीता नहीं।"[135] यह है पवित्रा के मन का दुःख, पीड़ा, वेदना जिसे वह भुलाकर लोगों का कल्याण करने में, समाज-सेवा करने में अन्त तक जुटी रहती है।

तालेवर गोढ़ी

तालेवर गोढ़ी गोढ़ियार गाँव का सबसे धनी, ढोंगी, तांत्रिक, पाखण्डी, और कामी व्यक्ति हैं। गोढ़ी का परिवार गाँव में सबसे सुखी, अमीर, शिक्षित तथा संपन्न हैं। खेती, गृहस्थी के अलावा मछली का व्यापार इनका प्रमुख व्यवसाय है। गोढ़ियार गाँव में तालेवर का पूरा मान है, सम्मान है, क्योंकि जब कभी सूखा पड़ता है या बाढ़ आती है तब, सूद लेकर सही, मदद देनेवाला यही एक परिवार है। तालेवर गोढ़ी शिक्षित होने के कारण अपने बेटे को डाक्टर बनाना चाहता है, लेकिन उसके लिए खर्च न करना पड़े, इसलिए उसका विवाह एक अमीर लड़की के साथ तय करता है। इस प्रकार तालेवर गोढ़ी देखने में अत्यन्त सीधा-सादा और भोला है, लेकिन अन्दर से ढोंगी, बदमाश तथा धूर्त है।

पत्नी की मृत्यु के बाद समाज में जगह बनाने के लिए विवाह नहीं करता लेकिन तन्त्र-साधना के द्वारा अपनी वासनाओं की पूर्ति अवश्य करता है। गाँव में

कोई भी सुन्दर स्त्री दिखायी दी—वह तालेवर गोढ़ी की भैरवी बनायी ही जाती है। क्योंकि वह स्वयं कहता है, "हम जो साधना करते हैं, उसके लिए औरत बहुत जरूरी है। तन्त्र सिद्ध करने के लिए 'भैरवी' का होना जरूरी हैं।"[244] इसीलिए पवित्रा की सुन्दरता का बखान सुनकर बूढ़ा तालेवर उसे अपनी अंकशायिनी बनाना चाहता है। उसे फँसाने के लिए नबीपुर के लोगों को भोज देता है तथा संध्या और पवित्रा के लिए सुन्दर साड़ियाँ लाता है। पवित्रा के साथ-साथ संध्या को भी वह अपनाना चाहता है, लेकिन पवित्रा की चालाकी से तथा उसे 'तालेवर चाचा' कहने से उसका मन पसीज जाता और वह पवित्रा को अपने बेटी के रूप में स्वीकार करता है तथा सचमुच अपनी बेटी की तरह मानने लगता है, उसके लिए मकान बनाने की बात भी सोचता है। लेकिन उसी वर्ष घनघोर वर्षा होती है, चारों तरफ हाहाकार मचता है। ऐसे समय पर सामन्त, जमींदार तालेवर गोढ़ी खुश होता है, प्रसन्न होता है, क्योंकि उसे अब अधिक सूद मिलेगा तथा वह अधिक अमीर बनेगा। इसीलिए वह बाढ़ग्रस्त लोगों को कुछ मदद नहीं करता, कांग्रेस दल के लोगों को मदद नहीं करता। सत्याग्रह की धमकी देने के बाद भी वह विचलित नहीं होता, लेकिन जब पवित्रा उसके घर के सामने आँचल फैलाए खड़ी हो जाती है, तो उसका मन द्रवित हो जाता है। अपनी बेटी की यह कातर और करुण मूर्ति देखकर तालेवर गोढ़ी जैसे पागल हो जाता है और दौड़ता हुआ अपनी हवेली में जाकर पाँच हजार का एक नोटों का बण्डल पवित्रा की झोली में डाल देता है। लोग तालेवर गोढ़ी के नारे लगाना चाहते हैं लेकिन वह उन्हें मना करता है और पवित्रा का जयजयकार करने के लिए कहता है, क्योंकि आज उसकी जो आँखें खुली हैं वह पवित्रा के कारण ही।

इस प्रकार तालेवर गोढ़ी जो एक धूर्त, चालाक, जमींदार हैं, तान्त्रिक हैं, वह अन्त में प्रेम के वश में होकर त्याग की ओर प्रवृत्त हो जाता है। स्वतन्त्रता के बाद बड़े किसान छोटे किसानों को किस तरह से हजम करते हैं, उनका शोषण करते हैं, इसका सुन्दर उदाहरण तालेवर गोढ़ी है। अन्त में उसके हृदय-परिवर्तन के कारण पिछड़ी जातियों में स्वन्तत्रता के बाद पैदा होने वाले नये सामन्तों और जमींदारों का चित्र हमें गोढ़ी के माध्यम से प्राप्त होता है।

मनमोहन

छोटे-से गाँव का लड़का मनमोहन अपनी बुद्धिमत्ता के कारण स्कॉलरशिप प्राप्त करके अपने पिता की इच्छापूर्ति के लिए वकील बनने हेतु आगे की शिक्षा प्राप्त करने 'अररिया हाईस्कूल' में आता है। यहाँ विद्वान बंगाली हेड मास्टर की छात्र-वत्सलता, इतिहास के झक्की अध्यापक हफीज साहब की स्पोर्ट्स के प्रति सनक की सीमा तक पहुँची हुई लगन, थोथना पंडित की ओर 'खोक्षना' मौलवी

साहब तथा 'देखना' प्रमोद बाबू की विशेषताएँ उसके बाल मन को एकसाथ ही आतंकित और आकृष्ट करती हैं। अपने मिलनसार स्वभाव के कारण वह बहुत जल्दी ही सब बच्चों में 'मोना' नाम से प्रसिद्ध हो जाता है। स्कूल में रहकर वह प्रियोदा से अधिक प्रभावित होता है और स्थानीय रामकृष्ण मिशन के बड़े महाराज के पावन सम्पर्क से प्राप्त देश-भक्ति और सेवाभावी संगठन को सक्रिय रूप देता है। मनमोहन भी किशोर क्लब का मेम्बर बन जाता है, जिसमें जाति-भेद को कोई महत्व नहीं दिया जाता। पढ़ाई-लिखाई में तो वह तेज है ही, गाना भी वह सुन्दर गाता है, उसका 'राम रहीम न जुदा करो भाई, दिल को सच्चा रखना जी' गीत बच्चों द्वारा ही नहीं, सभी लोगों द्वारा हेड मास्टर तक द्वारा प्रशंसा अर्जित करता है। अपने दल के साथ वह हाथ में झोली लिए मूढिया चन्दा वसूलता है, खद्दर का गणवेश पहनता है। इस प्रकार चाचा के शब्दों में देहात में जो 'देहाती भूच्च' था वह शहर में आकर अपना स्थान निश्चित करा लेता है।

मनमोहन अपने बाबा तथा चाचा का लाड़ला बेटा है, माँ से उसे प्यार तो मिलता ही है, वह मौसी का भी प्यारा है। क्योंकि तीन-तीन बच्चों की मृत्यु के बाद मनमोहन को भी जब वह उसी रोग से ग्रस्त देखती है, तो उसे बचाने के लिए सपने में ही वह एक दढ़ियल जटाजूटधारी बाबा को दान कर देती है तथा उससे यथासंभव अनासक्त रखती है। मनमोहन को शहर आने के बाद अपने गाँव की तथा घर के सभी लोगों की याद आती रहती है। लेकिन फिर भी अपने गाँव, परिवार विशेषतः अपनी छोटी बहन पुष्पी की प्रीति से अभिभूत मनमोहन जीवन की बड़ी चुनौतियों को स्वीकारते समय उसे अपने पाँव की बेड़ी नहीं बनने देता।

शहर में आने के पश्चात् मनमोहन सम्पूर्ण रूप से बदल जाता है। कम आयु में ही उसमें बड़े लोगों की विशेषताएँ झलकने लगती हैं। वह एक नेता, साधु-संन्यासी, देशभक्त, समाज-सुधारक, सभी कुछ बन जाता है। शहर आने के बाद वह देश-माता की वन्दना के स्वरों में अपना स्वर मिलाता है, संकट के समय आये हुए आह्वान का योग्य प्रत्युत्तर देता है... गांधी जी की गिरफ्तारी के प्रतिवाद में स्कूल में प्रियोदा के नेतृत्व में हड़ताल कराता है और कच्ची उम्र ही बहादुरी के साथ हाथ बढ़ाकर बेंत खाता है, स्वाधीनता के आन्दोलन में देश-भक्ति के गीत गाता है, नारे लगाता है, जुलूस में शामिल होता है, किन्तु आस-पास राष्ट्रीय स्कूल न होने के कारण अपना स्कूल नहीं छोड़ता। भगतसिंह को फाँसी होती है तो वह फिर हड़ताल कराता है, 1934 के भूकम्प में बड़े महाराज के नेतृत्व में पीड़ितों की सेवा करता है तथा माँ के चरण तले जवाफूल बनकर खिलने की कामना करता है। अपनी समाज-सेवा में, देश-सेवा में वह इतना

दत्तचित्त है कि अपने छोटे भाई के मुंडन में भी वह गाँव नहीं जाता। अंग्रेजों से उसे घृणा है। मानव स्वभाव के कारण कभी-कभी शरबतिया व नीलिमा को लेकर उसका मन विचलित होता है लेकिन उसी समय वह बड़े महाराज को बता देता है तथा अपने मन से हुए पापकर्मों का तथा स्टूडेंट्स होम के नियमों के उल्लंघन का प्रायश्चित्त भी कर लेता है। इसी प्रकार एक गलती का प्रायश्चित्त वह आजीवन भुगतता रहता है। सन् 1942 के 'भारत छोड़ो आन्दोलन' में डेयरी पर झण्डा फहराने की कोशिश में उसके दोस्त प्रियोदा, कृत्या, अशर्फी, भोला और तपू एक के बाद एक गोली खाकर शहीद बन जाते हैं। लेकिन मनमोहन प्रियोदा को वचन देने के बावजूद भी नीलिमा के हठ के कारण आगे नहीं बढ़ सकता और उसके स्थान पर तपू शहीद बन जाता है। इस बात का दुःख मनमोहन को हमेशा सालता रहता है। पाँच साल तक जेल में पश्चाताप की आग में झुलसने के बाद भी वह अपने आप को माफ नहीं कर सकता। इसलिए जेल से छूटने के बाद वह घर नहीं जा पाता और न राजनीति ही कर पाता है।···दूसरी बार जन्म लेने चला जाता है।

इस प्रकार मनमोहन का चरित्र अत्यन्त प्रभावशाली एवं रोचक है। स्टूडेंट्स होम में आने के बाद बड़े महाराज का मनमोहन को यह कहना "कभी झोंक में आकर तुम भी पढ़ना-लिखना मत छोड़ देना।···अभी सीधे बढ़े चलो। राह में छाँव में कहीं बैठना नहीं है। कितने चौराहे आएँगे।···न दाएँ मुड़ना, न बाएँ··· सीधे चलते जाना।" इस उपदेश को मनमोहन का व्यक्तित्व सार्थक बनाता है। 'मुनी जी' से 'मोना महाराज' तक की यह जीवन-यात्रा 'कितने चौराहे' का विषय है। इस यात्रा में कितने ही चौराहों को पार करते हुए मुनीजी 'मोना महाराज' की ऊँचाई तक पहुँच सके हैं।

बिजली

'पल्टू बाबू रोड' उपन्यास का प्रमुख एवं सशक्त पात्र है बिजली, बैरगाछी के बुनियादी राय परिवार की सबसे बड़ी और अरक्षणीय कन्या है। बचपन में ही माँ-बाप चल बसे और काका बाबू अमलेन्दुराय ने तथा उनकी गृहस्वामिनी ने बिजली का पालन-पोषण किया। बड़ी होने पर बिजली अपने काका बाबू की केवल भतीजी ही नहीं, बल्कि पर्सनल असिस्टेंट, 'राय ऐण्ड ब्रदर्स कंट्राक्टर ऐण्ड ऑर्डर सप्लायर', बैरगाछी, जिला पूर्णिया के छपे लैटर-पैड की तरह एक अंग भी है। अतः बिजली अपने काका लट्टू बाबू के व्यापार का पूरा कारोबार सँभालती है। बिजली के कारण ही काका बाबू इलाके के सबसे बड़े धनी सेठ छोगमल के साथ सीमेंट और लोहे का व्यापार साझीदारी में कर पा रहे हैं, क्योंकि यह व्यापार साझीदारी पूँजी से उतना नहीं चल पाता, जितना उनकी भतीजी

बिजली के रूप-यौवन के सहारे चलता है। इसीलिए बिजली का शरीर 'भालो' रहे या 'गन्दो', ऑफिस के महत्वपूर्ण कागजातों को रात में जगकर टाइप करना ही पड़ता है, क्योंकि व्यापार का सबकुछ समझने से लेकर कागज को उचित व्यावसायिक ढंग से प्रस्तुत करने का काम अकेली वही तो जानती है। बिजली है तो एक नारी ही लेकिन व्यापार की चक्की में पिसते-पिसते उसकी संवेदना दिशाहीनता की दशा में पहुँच जाती है—वह नारीत्व की मर्यादा भुला बैठती है और व्यापार को हानि-लाभ से जोड़कर अपने नारीत्व का भी उपयोग उसी में करने लगती है। आज व्यापारिक जीवन की सफलता में नारी-देह अधिक कारगर औजार बन गयी है। आर्थिक लाभ से आकर्षित शहरी जीवन का ऐसा नारी शरीर भोग करने में आज का समाज कोई नैतिक संकट का अनुभव नहीं करता, अतः यह व्यापार अपने घर में आरम्भ होकर सुदूर तक चलते जाता है। इसका जीता-जागता प्रमाण है राय परिवार की यह बड़ी बेटी, बिजली। दरअसल छोगमल, मुरली मनोहर मेहता और गोधन के द्वारा रौंदा हुआ फूल है बिजली।[136] बिजली के जीवन में अनेक लोग आए लेकिन वह हरएक व्यक्ति को अच्छी तरह से पहचानती है। उसका पूरा जीवन ही एक व्यावहारिक जीवन बन गया है इसलिए वह व्यवहार की दृष्टि से हरएक व्यक्ति को परखती है, जानती है।

जीवन के अनुभवों ने बिजली को यह सिखला दिया है कि सामाजिक प्रतिष्ठा और प्रभाव का सबसे बड़ा साधन 'शक्ति' है फिर चाहे वह शक्ति धन द्वारा उपार्जित हो, चाहे राजनीतिक महिमा द्वारा। इसलिए मुरली मनोहर मेहता के माध्यम से वह शासक दल कांग्रेस की राजनीति में प्रतिष्ठा अर्जित करती है। डिस्ट्रिक्ट बोर्ड की सदस्य नामजद होती है।[137] और अपनी इस शक्ति द्वारा वह छोगमल को कहीं अपने से छोटा बनाकर रखना चाहती है, जिसका अभद्र आचरण झेलने के लिए वह विवश रही है। अन्य स्त्रियों के सदृश ही उसके मन में भी यह इच्छा है कि अपने प्रिय व्यक्ति के कार्य में अधिक से अधिक रुचि ले, इसीलिए बिजली कांग्रेस के कामों में गहराई तक चली जाती है। कामना एक ही है और वह यह कि मुरली का सहवास अधिक से अधिक प्राप्त हो सके, लेकिन जब उसे पता चलता है कि अन्य नेताओं के सदृश मुरली भी स्वार्थी है, वह भी दूसरे लोगों के सदृश पल्टू बाबू की बातें ही स्वीकार करता है, तो उसे लगता है, मुरली नहीं वह भेड़ है। सभी गुरु दादू के सामने भेड़ हो जाते हैं, मिमियाते हैं।[138] सब कापुरुष—रूपन तोते ने ठीक ही पहचाना है। सभी कुत्ते!! छोगमल, मुरली मनोहर, गोधन, पल्टू बाबू।[139] हाँ पल्टू बाबू भी!

पल्टू बाबू जो राय परिवार के सब कुछ हैं, गुरुदादू हैं, लेकिन फिर भी राय

परिवार की हर स्त्री पर उनकी नजर है—यह बिजली अच्छी तरह से जानती है। अतः जब बिजली ने अपना बचपन छोड़कर यौवनावस्था में पदार्पण किया तब अन्य स्त्रियों के सदृश पल्टू बाबू ने बिजली को भी अपनाना चाहा, उसके सौन्दर्य को सबसे पहले परखना चाहा, लेकिन संसार के अनुभवों से अनभिज्ञ बिजली ने पल्टू बाबू को जी भरकर गालियाँ दीं तथा पल्टू बाबू के हाथ नहीं आयी। लेकिन आगे चलकर परिस्थिति के कारण तथा जीवन के अनेक अनुभवों की प्राप्ति करने के बाद बिजली को गुरुदादू के सामने झुकना ही पड़ा। गुरुदादू को कुन्तला से विवाह करने से रोकने के लिए तथा अपने परिवार की भलाई के लिए वह गुरुदादू से एकान्त में मिलती है, उनसे प्रार्थना करती है, लेकिन आखिर हार जाती है।

इस प्रकार बिजली का जीवन एक प्रकार से असफल मानवीय प्रेम का प्रतीक है, जो अपने पराभव के कारण प्रतिशोध का रूप धारण कर लेता है। यह एक ऐसे नारी का चित्र है जो सुशिक्षित है, व्यापार करती है, पर अनाचारी और भ्रष्ट लोगों की शिकार होकर मानसिक दुःख, संताप और समाज से पीड़ित है।

पल्टू बाबू

राय-परिवार के साथ-साथ पूरे बैरगाछी कस्ने की जगमगाती नाव का खिवैया है पल्टू बाबू।[140] जहाज का कप्तान। पल्टू बाबू के कारण ही राय-परिवार के लट्टू बाबू बैरगाछी से नेपाल की सीमा तक निश्चिन्त हो जाते हैं। ठेकेदार और कुलियों को भी भरोसा हो जाता है कि बाकी पैसा हजम नहीं होगा। सब लोगों को यह विश्वास है कि बैरगाछी कस्बे का तथा फलबागान का कोई कुछ नहीं बिगाड़ सकता, जब तक पल्टू बाबू जिन्दा हैं।[141] अतः राय परिवार के साथ-साथ पूरे बैरगाछी कस्बे से जुड़ा व्यक्तित्व है पल्टूसिंह का।

वे अपनी स्थानीय प्रभुता और अपार सम्पत्ति के कारण राय-परिवार के वास्तविक अभिभावक माने जाते हैं।[142] लट्टू बाबू के माँ-बाप ने ही पल्टू बाबू को 'लक्ष्मी' समझा था। इसीलिए राय-परिवार के सभी बच्चे पल्टू बाबू को 'गुरुदादू' कहते हैं तथा परिवार का प्रत्येक सदस्य गुरुदादू को प्रसन्न रखना चाहता है।[143] यह बात अलग है कि पनार नदी के बैरगाछी घाट के पल्टूसिंह को कमलराय ने ही पल्टू बाबू बनाया। उन्होंने ही पल्टू बाबू को सभ्य समाज में प्रतिष्ठित किया और उन्हें सम्पन्नता की ऊँचाइयों तक पहुँचाया। अतः वे कमल बाबू के समय से ही राय-परिवार के सदस्य और अभिभावक जैसे हैं। इसीलिए गुरुदादू की सेवा में कभी किसी ने कोई त्रुटि नहीं की है। राय परिवार का प्रत्येक सदस्य गुरुदादू को प्रसन्न रखना चाहता है, क्योंकि राय-परिवार का

असल मालिक है 'पल्टूसिंह'।[144] पूरा का पूरा राय-परिवार गुरुदादू का उपभोग्य है—चाहे वह अमलेन्दु राय की पत्नी हो या कोई और···। राय-परिवार में केवल दो ही व्यक्ति ऐसे हैं, जिनसे पल्टू बाबू को स्नेह की प्राप्ति नहीं हुई। वह है विमलेन्दुराय, जिसकी मृत्यु असमय में ही हो गई। और दूसरा व्यक्ति है बिजली। बिजली ने उनका अपमान बहुत पहले तब किया था, जब वह किशोरावस्था पार कर यौवन में प्रवेश कर रही थी। किन्तु पल्टू बाबू के प्रति बिजली का यह तिरस्कार बहुत दिनों तक कायम नहीं रह सका। अन्त में उसे भी यह स्वीकार करना पड़ा कि गुरुदादू जो कुछ कहता है, ठीक ही कहता है, गुरुदादू के सामने मुरली, गोधन सभी भेड़ा हो जाते हैं; मिमियाते हैं। अतः गुरुदादू का व्यक्तित्व अत्यन्त प्रभावशाली है।[145]

पल्टू बाबू बहुत ही उदारमना हैं, वे कभी अपने आपको बड़ा नहीं समझते थे। जो हो रहा है वह उनकी कृपा से हो रहा है—इसे स्वीकार नहीं करते। लोगों की बातचीत सुनने के बाद अन्त में पोपली मुस्कराहट के साथ गुरुदादू अपनी बात समाप्त करेंगे और कहेंगे, "अरे, नहीं-नहीं। सब उसकी किस्मत हैं। मैं या कोई क्या कर देगा।"[146]

लेकिन इसमें भी पल्टू बाबू की चालाकी है, इस प्रकार से वे अपने मन का बड़प्पन लोगों को दिखाना चाहते हैं। पल्टू बाबू ने बहुत पहले से ही इस तत्व का साक्षात्कार कर लिया है कि सामाजिक प्रतिष्ठा और सामर्थ्य का साधन केवल पैसा है। इसलिए, उन्होंने बहुत धन अर्जित किया है और पिछले साल वर्षों से पूरे कस्बे में दादागीरी कर रहे हैं। बैरगाछी इलाके का मशहूर डकैत पल्टू बाबू का शिष्य। मशहूर पहलवान, पल्टू बाबू का चेला। मशहूर मूर्ख अमीर, पल्टू बाबू का मित्र। कस्बे के हर व्यक्ति को यह मालूम था कि पल्टू बाबू की नाराजगी का क्या अर्थ हो सकता है। पल्टू बाबू का इतना डर, इतना आतंक था सभी लोगों में। और पल्टू बाबू को भी अपने कस्बे की पूरी जानकारी थी।

अत्यन्त धूर्त, कावेबाज, राजनीति के सभी पैंतरे जानने वाला, तथा पूरे कस्बे के लिए शेर के समान व्यक्तित्व है पल्टू बाबू का। वास्तव में राजनीति में उनको कोई दिलचस्पी नहीं, लेकिन लोगों को आपस में लड़ाने और स्वार्थ-साधन के एक माध्यम के नाते वे उसको अपनाते हैं। राय-परिवार का पूरा घर पल्टू बाबू ने राजनीतिक अखाड़ा बना दिया है। पूरा इलाका उनका आदर करता है, उनके व्यक्तित्व से डरता है, लेकिन उन्होंने कभी दुनिया को शतरंज की गोटियों से भिन्न नहीं समझा।

ऐसे साहसी, स्वार्थी, मतलबी, दूसरों को अपने इशारों पर नचाने वाले पल्टू बाबू की एक कमजोरी थी और वह थी स्त्री। वे प्रेम को केवल सेक्स और

नारी को केवल भोग्या मानते थे। स्त्री-पुरुष का प्रेम उनके लिए कोई रोमांटिक अर्थ नहीं रखता।

जीवनभर आराम करने वाले, शौकीन पल्टू बाबू का अन्त भी एक सुन्दर युवती की गोद में ही होता है। पल्टू बाबू बीमार हैं, ऐसे बीमार जिसकी कोई दवा नहीं। राय-परिवार के लोग पल्टू बाबू को इस बीमारी से बचाने के लिए काफी प्रयत्न करते हैं, लेकिन असफल होते हैं। अतः अन्त में यह अत्यन्त साहसी स्वाभिमानी, धूर्त, कपटी मनुष्य अपने ही जाल में फँस जाता है। जीवन के आनन्द के चरम क्षणों की खुशियों को वह सह नहीं सकता और उसी में उसका अन्त हो जाता है। ऐसा होता है धूर्त, धोखेबाज व्यक्ति का अन्त।

संदर्भ

1. रणवीर रांग्रा, 'हिन्दी उपन्यास में चरित्र-चित्रण का विकास', पृ० 11
2. Era Wolfert : "What is novel and what is it good for the writer's book," Harper & Brothers, New York, 1950, p. 8
3. प्रेमचन्द, 'कुछ विचार', पृ० सं० 38
4. Stephen Spender, 'The Novel & Narrative Poetry, P. 125
5. डॉ० मदन पं० कुलकर्णी, 'मराठी, प्रादेशिक कादम्बरी : तन्त्र आणि स्वरूप', पृ० 165
6. 'आलोचना' (उपन्यास विशेषांक), पृ० 158
7. श्रीपतराय, 'उपन्यास का रूपविधान' (साहित्यकार सम्मेलन इलाहाबाद में पठित निबन्ध), 1957
8. डॉ० गुलाबराय, 'काव्य के रूप', पृ० 182
9. प्रेमचन्द, 'कुछ विचार', पृ० 56
10. नेमिचन्द्र जैन, 'अधूरे साक्षात्कार', पृ० 3
11. डॉ० चन्द्रकान्त बांदिवडेकर, 'उपन्यास : स्थिति और गति', पृ० 21
12. डॉ० सुभाषिनी शर्मा, 'स्वातंत्र्योत्तर आंचलिक उपन्यास', पृ० 118
13. डॉ० सुषमा प्रियदर्शिनी, 'हिन्दी उपन्यास', पृ० 79-80
14. डॉ० नगीना जैन, 'आंचलिकता और हिन्दी उपन्यास', पृ० 1
15-16 डॉ० म० पा० कुलकर्णी, 'मराठी प्रादेशिक कादम्बरी : तंत्र आणि स्वरूप', पृ० 165; 169

17. डॉ० लक्ष्मीसागर वार्ष्णेय, 'हिन्दी उपन्यास' (सं० सुषमा प्रियदर्शिनी), पृ० 281
18. रणवीर रांग्रा, पूर्वोक्त, पृ 85
19. आदर्श सक्सेना, 'हिन्दी के आंचलिक उपन्यास और उनकी शिल्पविधि', पृ० 185
20. डॉ० सिन्धु भिगारकर, 'रेणु के कथा-साहित्य में नारी-चित्रण' में संकलित 'रेणु व्यक्तित्व एवं कृतित्व' पृ० 53-54
21 से 63. रेणु, 'मैला आँचल', पृ० 47; 191; 125; 158-159 189-190; 158; 130-131; 218; 132; 157; 87; 113; 124-125; 132; 125-127; 276-280; 131; 63-65; 97; 159; 216; 231; 216; 218; 230; 277; 231
64. आदर्श सक्सेना, 'हिन्दी के आंचलिक उपन्यासों की शिल्पविधि', पृ० 179
65 से 75. रेणु, 'मैला आँचल', पृ० 108; 118; 118; 207; 117-119; 261
76. श्री उपेन्द्रनाथ अश्क, 'मैला आँचल-संकलन रेणु—कर्तृत्व और कृतियाँ'—संपा० सियाराम तिवारी पृ० 173
77. डा० ज्ञान अस्थाना. 'हिन्दी उपन्यासों में ग्राम समस्याएँ', पृ० 283-284
78. डा० सोनावणे, 'कथाकार फणीश्वरनाथ रेणु', पृ० 44
79. डा० सत्यनारायण उपाध्याय, 'आंचलिक उपन्यास और 'रेणु', पृ० 138
80 से 118. रेणु, 'मैला आँचल', पृ० 18; 20; 80; 32; 33; 36; 26; 33; 44; 106; 136; 185; 135; 186; 21-23; 166; 105; 56; 105; 83; 86; 160; 338; 275; 96; 187; 134; 203; 85; 91; 141
119-135. रेणु 'परती परिकथा', पृ० 57-58; 87; 223; 68; 82; 89; 91; 165; 130; 57; 175; 48; 131; 72; 101; 32
136. रेणु, 'दीर्घतपा', पृ० 39
137. रेणु, 'कितने चौराहे', पृ० 99; 119
139 से 146. रेणु 'पल्टू बाबू रोड', पृ० 29; 102; 14; 17; 42; 46; 45; 48

रेणु की भाषा-शैली

आंचलिक उपन्यासों में भाषा का महत्व

आंचलिक उपन्यासकार किसी अंचल-विशेष के जीवन और उसके परिवेश को जिस माध्यम से प्रस्तुत करता है, वह उस अंचल में बोली जाने वाली का, लोक-भाषा का, होता है। अंचल की धड़कनों को पाठक तक जीवन्त रूप में पहुँचाने का काम उपन्यासकार वहाँ की बोली को अपनी भाषा में रचा-बसाकर ही सफलतापूर्वक कर पाता है। अतः रेणु के आंचलिक उपन्यासों में चित्रित परि-वेश, पात्र आदि पर विचार कर लेने के पश्चात् उनकी भाषा-शैली का अध्ययन करना आवश्यक हो जाता है।

भावों और विचारों की सफलतम और सूक्ष्मतम अभिव्यंजना का सशक्त तथा व्यावहारिक माध्यम है भाषा। भाषा के द्वारा ही साहित्यकार अपने भावों और विचारों को पाठकों तक पहुँचाता है, मानव जीवन के विविध रूपों का दर्शन कराता है। मनुष्य का जीवन जितना विशिष्ट होता है, उपन्यास में भाषा का प्रयोग भी उसी अनुपात में विशिष्ट रूप से किया जाता है। सामान्य उपन्यास, सामान्य जीवन को अभिव्यक्त करता है अतः जन-सामान्य की भाषा से उसका काम चल जाता है। परन्तु आंचलिक उपन्यास विशिष्ट और अपेक्षाकृत अल्प ज्ञात जीवन की अभिव्यक्ति करता है अतः यह स्वाभाविक ही है कि उसकी भाषा भी विशिष्ट हो।[1]

आंचलिक उपन्यास की भाषा जन-सामान्य की होते हुए भी आंचलिक रंग में रँगी होती है अर्थात आंचलिक उपन्यासकार आंचलिक रूपों का समावेश कर कथा ही नहीं कहता, घटनाओं और चरित्रों का विश्लेषण भी करता है। परिणाम यह होता है कि जहाँ सामान्य उपन्यास में उपन्यासकार पाठकों में से एक के रूप में कथा कहता है वहीं आंचलिक उपन्यास में वह पात्रों में से एक बन जाता है। संक्षेप में आंचलिक उपन्यास में उपन्यासकार की भाषा तथा वार्तालाप की भाषा का अन्तर मिट जाता है। अर्थात् आंचलिक उपन्यासों में अपने उद्देश्य या जीवन-दर्शन के अनुकूल भाषा का प्रयोग किया जाता है। यही

उसकी विशेषता है।

आंचलिक उपन्यासकार एक सीमित क्षेत्र को अपना कथा-केंद्र बनाकर उसकी समग्रता को सजीव रूप में साकार करने का प्रयास करता है। अतः अंचल-विशेष को अपने चित्रण कौशल से स्थानीय रंग में रूपायित करने के लिए तथा समूचे कथांचल को मूर्त करने के लिए उपन्यासकार के लिए उपन्यास में स्थानीय भाषा का प्रयोग अनिवार्य हो जाता है। उपन्यासों में उस क्षेत्र-विशेष की बोली-उपबोली के मात्र शब्द प्रयोगों से बात नहीं बनती। बात बनती है वहाँ की सामान्य बोली और लय के लहजों को पकड़ने से, ध्वनि और वक्तृता को पकड़ने से, तथा वहाँ की लोकोक्तियों, कहावतों, मुहावरों, ध्वनियों तथा शब्दों में सन्निहित अनेक प्रकार की विविध अर्थध्वनियों को पहचानने से। तभी लेखक उस अंचल-विशेष में प्रचलित लोकगीतों, लोककथाओं तथा पशु-पक्षियों के महत्व को जान सकता है तथा उस अचल-विशेष के स्थानीय जीवन की गहराई तक पहुँचता है। इस प्रकार उस अंचल-विशेष की भाषा-शैलियों के प्रयोगों से पात्रों की एवं कहीं-कहीं अपनी ही भाषा के लोकोच्चारित स्वरूप से तथा आंचलिक शब्दों के प्रयोग से लेखक यथार्थता को कलात्मक पुट देकर विभिन्न प्रसंगों, चित्रणीय अंचल तथा पात्रों का जीवन-चित्र चित्रित करता है।[2] भाषा स्थान-विशेष के लोगों की अन्तश्चेतना उनके संस्कार एवं उनकी अनुभूति से गहरे स्तर पर जुड़ी होती है, अतः उस स्थान-विशेष की आन्तरिकता की पूरी पकड़ उसी के सहारे सम्भव होती है।

अतः आंचलिक उपन्यासों में स्थानीय भाषा का अपना अलग ही सौन्दर्य है जो पात्रों को स्थान-विशेष के परिवेश में जीवन्तता ही प्रदान नहीं करता अपितु वह सर्जना की अनिवार्य माँग भी बन जाता है।

भाषा ऊपर से ओढ़ी हुई चीज नहीं है। वह स्थान-विशेष के लोगों से संस्कारों व अनुभूति के साथ अनिवार्य भाव से संयुक्त होती।[3] इस प्रकार आंचलिक उपन्यास की भाषा रंग और भाव दोनों दृष्टि से गहरी होती है, लेकिन यह गहराई कभी-कभी आंचलिक उपन्यासों की भाषा में क्लिष्टता का रूप धारण कर लेती है। इसीलिए आंचलिक परिवेश को मूर्त करने के लिए अंचल-विशेष की बोली उसके शब्दों, मुहावरों और ध्वनियों को व्यक्त करने वाले माध्यम के रूपों का प्रयोग करने में भाषा-संरचना के लेखकों को विशेष रूप से सतर्क रहना पड़ता है। यह सावधानी न वरतने पर इस प्रकार के शब्दों के प्रयोग से उपन्यास में गुणात्मक विशेषता के स्थान पर आंचलिक फूहड़पन उभर कर उपन्यास को नष्ट कर देती है। इसी संदर्भ में अमेरिकी उपन्यासकार थेम्स विलियम्स का कहना है कि आंचलिक उपन्यास में आंचलिक बोली की तुलना लहसुन से कर सकते हैं। थोड़ी मात्रा में इसका उपयोग कभी-कभी बहुत अच्छा

होता है किन्तु अधिक मात्रा में इसका प्रयोग असह्य हो जाता है।[4] रेणु ने स्वयं कहा है :

"यों जब साधारण जनता की बात कहनी हो, जब वे लोग बोलते हैं तब तो जाहिर है कि अपनी गाँव की बोली में बोलते हैं—मुझे लिखना पड़ रहा है उसे हिन्दी में। तो अगर मैं उसको शुद्ध व्याकरण-सम्मत और पण्डिताऊ भाषा में लिखता हूँ, तो खुद कान में कैसा लगेगा कि यह एक गाँव का आदमी किस तरह से बोलता है—इतना शुद्ध बोलता है और बिल्कुल वैसा या अशुद्ध लिखने से यह उपन्यास चल नहीं सकता है। तो बीच का कहीं एक रास्ता तैयार करना होगा। जो वे लोग बोलते हैं कचहरी-वचहरी में—'कचहरी बोली' कहते हैं उसे। कचहरी की खिचड़ी भाषा में बोले जाने से 'कचराही बोली'—मैंने इस्तेमाल किया है कई जगह इसी कचराही बोली का।···तो मैंने व्याकरण की दृष्टि से उसको सही रखा या सही कर दिया।···फिर उसकी जो भाव की गति है, लय है बोलने की, उसको मैंने नहीं तोड़ा। है वह खड़ी बोली, लेकिन लय उसकी अपनी है।"[5] इस प्रकार कथाकार रेणु भी कथा की कलातमकता तक पहुँचने के लिए भाषा के स्थानीय रूप की आवश्यकता को ही रूपायित करते हैं।

अतः आंचलिक उपन्यासों में जिस भाषा का प्रयोग किया जाता है उसका बोधगम्य होना जैसे आवश्यक है वैसे ही उसे पात्रों के अनुकूल भी होना चाहिए। सम्पूर्ण रूप में या केवल कुछ शब्दों, कहावतों, मुहावरों आदि के प्रयोग से स्थानीय भाषा को आंचलिक उपन्यासकार अपने उपन्यास में अपनाता है। रेणु ने यह काम बड़ी कुशलता से किया है।

रेणु की भाषा

रेणु के उपन्यासों की भाषा में अंचल-विशेष की शब्दावली या उनके द्वारा किये गए आंचलिक प्रयोग ने हिन्दी उपन्यास विधा को एक नयी भाषा, नयी तकनीक, नवीन शब्द-शिल्प, नयी व्यंजना शक्ति प्रदान की है, जिससे उपन्यास विधा को एक नया अन्दाज, नया आयाम व नई दिशा मिली है। उन्होंने अपनी इस भाषा को अनूठी अभिव्यंजना की अदा तथा कलातमकता से सँवारा है। अतः उनकी भाषा अभिव्यक्ति की सम्पूर्णता और सामर्थ्य को तथा ध्वनि, बिम्ब, प्रतीक व मिथक आदि के माध्यम से संप्रेषणीयता की सूक्ष्मता व सफलता को उजागर करती है। इसी का परिणाम है कि 'मैला आँचल' में मेरीगंज, 'परती परिकथा' में परानपुर, 'जुलूस' में नबीनगर, 'पल्टू बाबू रोड' में बैरगाछी कस्बा आदि परिवेश का तथा वहाँ के प्राकृतिक वातावरण का कोना-कोना हमारे सामने एक रोशनदान की तरह खुल जाता है।

रेणु ने इस भाषा-संरचना में केवल नये शब्दों को ही नहीं गढ़ा, नया वाक्य-विन्यास नहीं किया और न शब्द-योजना या शब्द-समूह तक ही भाषा के बोध को सीमित रखा, बल्कि प्रतीकों की प्रस्तुति में प्रवीणता एवं मिथक की निपुणता से सिद्धहस्त कुशल चितेरे की तरह सहज व स्वाभाविक कलात्मकता से निराली छटा प्रदान की है। रेणु की भाषा जीवन्त है, जो नाना शब्द-समूहों को स्वीकार कर अपनी प्रकृति के अनुरूप ढालकर, परिमार्जित कर, अपना स्वरूप बनाती है।

रेणु की भाषा समृद्ध है और सहज व स्वाभाविक भी। उसमें नयापन है, ताज़गी है और सचाई भी। इसका कारण यह है कि उनकी भाषा में वास्तविकता का विषद, व्यापक व विरल वर्णन है, अनुभूत्यात्मक स्पन्दनों या संवेदनाओं का सूक्ष्मतम रेखांकन है और वस्तुस्थिति का सांगोपांग व यथार्थ चित्रण भी।

रेणु की भाषा पर अरोचकता, दुरूहता आदि के आरोपों की भरमार रही हैं। जैसे, "इसकी (परती करिकथा की) भाषा में दुरूहता और स्खलन में बड़ा योगदान दिया है।"····"गद्य की दृष्टि से यह बड़ी निम्न स्तर की भाषा है।"····"पूरा का पूरा उपन्यास विकृत प्रादेशिक बोली में लिखा गया हैं—विकृत इसलिए कि संभवतः यह अधिक अच्छा होता कि वह कुल का कुल उस प्रदेश की बोली में लिखा जाता, जहाँ का वह चित्र है। तब वह 'आधे बटेर आधे तीतर' वाली विडम्बना से बच जाता। उस पर से ध्वनियों के प्रति लेखक के अत्यधिक मोह ने तो 'ऊँट की पीठ पर अन्तिम तिनका' का काम किया है। वह यह विस्मृत कर देता है कि साहित्य का वाहन भाषा है, संगीत का वाहन ध्वनियाँ। इन दोनों के मिला देने से एक ऊबने वाले झोल का ही जन्म हो सकता है। ध्वनि का थोड़ा-सा समावेश कृति को एक वांछनीय वास्तविकता प्रदान करने में सहायक होता है, पर उसका बाहुबल्य कर्णकटु आनन्दमारक ही सिद्ध हो सकता है। किसी उपन्यास की हत्या का इससे आसान नुस्खा और क्या हो सकता हैं कि पाठक के कानों पर समय-असमय कुत्ते भौंकने की 'वाँख-वाँख' की ध्वनि से आक्रमण किया जाए।"[6]

इस प्रकार रेणु की भाषा को लेकर दिये गये आरोप-प्रत्यारोप, आक्षेप-प्रत्याक्षेप एवं विरोध व संस्तुति वस्तुतः उनकी भाषागत विशिष्टता को ही प्रमाणित करते हैं। उनकी भाषा में शायद नवीनता, नयी विधा, या नये आंचलिक प्रयोग आदि के कारण कुछ एक को, 'असंप्रेषणीयता-दुरूहता व ऊब'[7] या 'ओज की कमी व आवृत्ति की अधिकता'[8] एवं भाषागत अनगढ़पन या अटपटापन नजर आता है[9], पर क्सा यह सच नहीं कि उनके उपन्यास मात्र अंचल-विशेष में ही नहीं बल्कि उसके बाहर भी काफी लोकप्रियता अर्जित कर चुके हैं? उनकी

यह लोकप्रियता ही इस बात का सबूत है कि वे सर्वसाधारण को, समस्त देश के जनमानस को ग्राह्य हुए हैं; सर्वत्र इनकी सराहना व स्वागत हुआ है।[10] वास्तव में उनका भाषा वैशिष्ट्य, क्षणै: क्षणै: आंचलिकता के आनन्द की अनुभूति जब कराने लगता है, तब तल्लीनता व तादात्म्य अपने आप उभरने लगता है और ऊब आदि की स्थिति काफूर होती नजर आती है। एतदर्थ रेणु की भाषा पर दुरूहता, अरोचकता, असंप्रेषणीयता या ऊब आदि का आरोप उचित नहीं लगता।

रेणु की भाषा अंचल की समग्रता की द्योतक है। तभी तो उसमें अंचल के पशु, पक्षी व प्रकृति की हर आहट, गति, स्थिति, स्वरूप व ध्वनि आदि की ध्वन्यात्मक, स्वरात्मक, संगीतात्मक, रसात्मक व कलात्मक अभिव्यंजना संभव हो पाती है। उनकी भाषा में, शब्दों के उच्चारण मात्र में आंचलिकता के पुट का अद्भुत घोल है, अंचल की प्रकृति का निराला निखार है।

इन्हीं सब कारणों से कहा गया कि रेणु की भाषा 'आंचलिक यथार्थ की अभिनव अभिव्यक्ति हैं।'[11] एक नयी आकृति, एक नया डिजाइन, एक नया साहस है।[12] तथा बहुत मधुर, अनोखी, आधुनिक व जानदार है।[13]

स्थानीय भाषा

रेणु के उपन्यासों की भाषा खड़ी बोली हिन्दी का वह रूप है, जो मैथिल अंचल के व्यक्तियों द्वारा कचराही बोली के रूप में पहचानी जाती है। इस भाषा में मैथिली तथा भोजपुरी भाषा के अनेक शब्द हैं। रेणु ने मैथिली तथा भोजपुरी भाषा का अत्यन्त सूक्ष्मता एवं स्वाभाविकता से अपने उपन्यासों में प्रयोग किया है।

मैथिली एवं भोजपुरी शब्द

भोजपुरी में तद्भवीकरण की प्रवृत्ति हिन्दी से अधिक रही है। साहित्यिक भाषा होने के कारण हिन्दी तत्समोन्मुख प्रवृत्ति अधिक है, जबकि भोजपुरी लोक-भाषा होने के कारण उसमें तद्भवोन्मुख प्रवृत्ति अधिक है।-

भोजपुरी और मैथिली में प्राय: ऊष्मीकरण की प्रवृत्ति भी देखी जा सकती है। जैसे : ष का ख तथा श का स, बेहोश का बेहोस,[14] शान्ति का सान्ती,[15] करिश्मा का करसामा,[16] श्री गणेश का सिरगणेश, [17] श्रद्धा का सरधा,[18] शहर का सहर,[19] शायद का सायद,[20] भाषण का भाखन,[21] दोष का दोख,[22] ज्योतिषि जी का जोतिखिजी [23] संघर्ष का संघर्ख,[24] उषादेवी का उखादेवी[25]।

इसके अतिरिक्त लोक-भाषा होने के कारण 'वर्ण-विपर्यय' के उदाहरण

उपन्यास में मिलना स्वाभाविक ही है। जैसे—लखनऊ का नखलौ[26] । 'ऊ' का 'ओ' हो जाना स्वाभाविक ही है। इसी प्रकार 'ल' का 'र', 'न' का 'ल' और 'र' का 'ड' हो जाना भोजपुरी की अपनी विशेषता है। जैसे—नोटिस-लोटिस,[27] रामनारायण-रामलरेन,[28] नौजवानों-लौजवानों,[29] मारवाड़ी-माड़वाड़ी, [30] रामपियारी-डमपियाडी,[31] इस प्रकार 'तद्भवीकरण, की प्रवृत्ति भोजपुरी में स्वाभाविक ही है। इसी के साथ भोजपुरी में 'स्वर भक्ति' के रूप भी बहुतायत में मिलते हैं, जैसे सत्य-सत्,[32] ज्ञान-गियान,[33] न्याय-नियान,[34] राजेद्र बाबू-रजिन्नर बाबू[35] ।

भोजपुरी में प्रायः विदेशी शब्दों में भी 'तद्भवीकरण' के लिए स्वरभक्ति की क्रिया अपनायी जाती है। जैसे रिर्ज़व-रिजरव,[36] सिर्फ-सिरिफ।[37]

कहीं-कहीं इसी तद्भवीकरण की प्रवृत्ति के कारण आदि स्वरागत भी होता है। जैसे स्तुति-अस्तुति,[38] स्त्री-इसतिरी[39] ।

प्रायः भोजपुरी में 'ध्वनिलोप' के लिए काफी उदाहरण रेणु के उपन्यास में मिल जाते हैं - जैसे वेवकूफ-वेकूफ,[40] वेइज्जत-बेज्जट।[41]

भोजपुरी में हिन्दी की 'ना' अन्तवाली क्रियाएँ जैसे 'करना', 'चलना', 'रखना' आदि को 'ब' लगाकर सामान्य क्रिया बनायी जाती है। जैसे— करब, चरब, रखब आदि। 'मूस न पूछे मूस से कहाँ रखब धान।'[42]

भोजपुरी में प्रायः उपसर्ग लगाकर बोलने की रीति रही है। शब्दों के आद्यक्षर के साथ समाज ध्वनि का उपसर्ग जोड़कर उसे शब्द के आदि भाग में जोड़ने की यह प्रवृत्ति मैथिली भाषा की अपनी विशेषता है। जैसे : कर-कचहरी[43], दर-दरागा,[44] हर-हवलदार,[45] मर-मुकादम,[46] फर-फौजदार,[47] पर-पंचायत।[48] इस प्रकार के शब्द-युग्म रेणु के उपन्यास में बड़े स्वाभाविक बने हैं।

रेणु के उपन्यासों में भोजपुरी के ऐसे शब्दों का प्रयोग भी दिखायी देता है, जिनमें हिन्दी की क्रिया के वर्तमान रूप 'है' के लिए 'ब:' का रूप प्रचलित है तथा सभी संख्यावाची विशेषणौं के आगे 'ठो' लगाया जाता है। जैसे— 'ई तो दस आदमी क काम बा।'[49] 'लागल बा'।[50] 'बात का बा।'[51] 'रहल बा।'[52] 'एक ठो विड़ी'[53] ।

भोजपुरी में ध्वनि-परिवर्तन के भी कई उदाहरण मिलते हैं. जिनका प्रयोग रेणु ने अपने उपन्यास में अत्यन्त सहजता एवं स्वाभाविकता से किया है। जैसे 'इ' से 'ई' : मूर्ति-मूरती,[54] उ से ओ : मूछ-मोंछ,[55] नूखस-नोख्स,[56] हुजूर-हुजौर,[57] क से ग : डॉक्टर-डागडर[58] य से ज : कार्यकर्ता,[59] त से द : गिरिफ्तार-गिरिफदार,[60] द से ड : आन्दोलन-आन्डोलन,[61] दिल्ली : डिल्ली[62] ।

कहीं-कहीं अक्षरों के महाप्राणीकरण, अल्प प्राणीकरण तथा घोषीकरण के के भी उदाहरण प्राप्त हो जाते हैं। जैसे : महाप्राणीकरण ब से प : खूबसूरत-

खूपसूरत,[63] कावरा-कापरा,[64] व से भ : बाटा-भाटा,[65] द से थ : खद्दड़-खथ्थड़,[66] त से थ : महन्त-महन्थ,[67] भारत माता-भारथ माता,[68] क से ख : पाकिस्तान-पाखिस्तान,[69] धक् धक् : दक दक[70]।

अल्प प्राण दोष करना—अघोष का संघोष, जैसे : ड से ट : गार्ड बाबू—गाट बाबू[71]।

इस प्रकार भोजपुरी तथा मैथिली भाषा के अनेक शब्द रेणु के उपन्यासों में जहाँ-तहाँ बिखरे हुए दिखायी देते हैं। जैसे—पंचलेट[72] (पेट्रोमैक्स), कनिया (दुलहन),[73] हाँजे (भैंसों का झुण्ड), हसेरी (बलवा)[74]। कहीं-कहीं पर विवरण देकर भी शब्दों के अर्थ स्पष्ट किए गए हैं। जैसे 'इस इलाके में सबसे छोटी वहन को बड़े प्यार से 'दाय' कहकर संबोधित करते हैं।[75] कुछ-एक मैथिली शब्द ऐसे हैं जिनका अर्थ प्रायः प्रसंग से ही स्पष्ट हो जाता है, जैसे—कोंची, इंजोत, चेंगड़ा आदि। "वह चाहती है कि मलारी की चहँकबाजी छुड़ा दे कोई।"[76] यहाँ 'छहँकबाजी' का अर्थ प्रसंगतः स्पष्ट हो जाता है।

कहीं-कहीं सामान्य अनपढ़ पात्रों की भाषा में मैथिली भाषा के वाक्यों के प्रयोग देखे जा सकते हैं। जैसे—'मैला आँचल' में विश्वनाथ प्रसाद की नौकरानी कमला को बेटा होने का समाचार सुनाती हुए कहती है—"नानी मैल हो···गुजुर गुजुर हेरे छै।"[77] या बावनदास का 'गाडी ना लौटी' पर यह कहना 'लौटी नात ठाढ़ रहीं।'[78] या फिर परती परिकथा में लौंडी विश्वेंद्र मिश्र के जेल से छूट जाने का समाचार देते हुए कहती है—"मालकिन! दूल्हा बाबू आविगेल। लाउ हमार इलाम वकासिस। हमर बात ठीक भैस।"[79] अथवा "दलिद्दर लड़का वह से उठा के ले एलन।"[80] आदि।

इसी प्रकार बंगला भाषा के 'भीषण सुन्दर' की तरह मैथिली बोल में सुख संवाद सुनकर 'जुलुम बात' कहने की रीति है, जिसे रेणु ये अत्यंत सरलता से अपने उपन्यासों में लिया है। जैसे : "जुलुम बात! जनाना को क्या तंग करेगी कोई।"[81] शब्द व वाक्य का प्रयोग तो रेणु ने अपने उपन्यासों में किया ही है लेकिन मैथिलों की खास पहचान के रूप में उनके ठहाके तक का परिचय भी दिया है। जैसे— 'ई-पी-ही-ही-ही। ई-पी-ही-ही-ही।' इसको मैथिलाम ठहाका कहते हैं। मैथिलों की खास पहचान : "कण्ठ से कठाई हुई हँसी के साथ निकलता है यह ठहाका।"[82]

रेणु ने अपने उपन्यासों में भोजपुरी का बिल्कुल सहज, सुन्दर, स्वाभाविक प्रयोग करने पर भी उपन्यास में कहीं-कहीं इन शब्दों के कारण थोड़ी सी दुर्बोधता भी आई है। इसके कारण कहीं-कहीं निश्चित ही पाठक के आनंद में बाधा आ जाती है। एक भी आदमी सभा में नहीं गया। अब लोग शर्मा का अर्थ समझ रहे हैं ··कोई बात हो तो पुच्च से रामा···।[83]

स्थानीय शब्द : मैथिली, भोजपुरी के अलावा रेणु के उपन्यासों में स्थानीय शब्दों के प्रयोग भी काफी मात्रा में दिखायी देते हैं। स्थानीय भाषा के प्रयोग के कारण उस जनपद-विशेष की संस्कृति को समझने में सुविधा होती है।[84] इसीलिए रेणु ने अपने अंचल की संस्कृति को स्थानीय शब्दों द्वारा अपने उपन्यासों में उजागर किया है। रेणु के उपन्दासों में कुछ स्थानीय शब्द ऐसे हैं जिनके शुद्ध रूप तुरन्त समझ में आ जाते हैं। जैसे : गनी महात्मा,[85] जमाहिरलाल[86], जैहिल,[87] सुस्लिग[88] (सोशॅलिस्ट), गिआन,[89] अनसन,[90] इनक्लिास जिंदाबाद,[91] छिमा,[92] कंगरेसी,[93] नीमक कानून,[94] किरांती दल,[95] बंदे मातरम्,[96] तेहरी,[97] दीहित,[98] अबूझ,[99] अली-गली,[100] दुरबिन,[101] जोही सोही,[102] छगले,[103] जिनिस,[104] एकी बैर,[105] कोनो भय ढोई,[106] देहाती भुच्च,[107] सदाबरत[108]।

कुछ स्थानीय शब्द ऐसे हैं जिनके शुद्ध रूप समझने में कठिनाई होती है। जैसे : डूलमाल-आंदोलन,[109] अन्नसर्जी-अलर्जी,[110] पंचलैट-पेट्रोमैक्स,[111] बैस-कोप-सिनेमा,[112] ललमुनिया-अलमुनियम, ननकिलाट-न्यूक्लॉथ, सिकन्नरशगहा-सिकंदरशाह, नामलरैन-रामनारायण, उपपिचाड़ी-रामपियारी, पालवेत-मित्र, परेट-भाग गए, हनुआ-नपुंसक, भुच्च-मूर्ख।

रेणु के उपन्यासों में ऐसे भी कुछ स्थानीव शब्दों का प्रयोग हुआ है जिनका अर्थ नहीं दिया गया है किन्तु प्रसंगानुकूल उन्हें समझा जा सकता है। जैसे : आंगनवाली (घरवाली),[113] अंकवार (बाँहों में भरकर),[114] गमकौआ (साबुन),[115] गोर (समाधी),[116] चुमौना (सगाई),[117] जड़ैया (मलेरिया),[118] डोलहाल (नित्य-क्रिया),[119] टुरवा (अनाथ),[120] रेडी (रेडिओ),[121] जंतर (थर्मामीटर),[122] किरिचाखाना (कसम खाना),[123] झोला कंवा (छोटा, मोटा सामान),[124] धुन फीता बंद (टेप रिकार्डर)[125] आदि।

रेणु के उपन्यासों में केवल स्थानीय शब्दों का प्रयोग ही नहीं मिलता, बल्कि उनमें इन स्थानीय शब्दों के उच्चारण का वैशिष्ट्य भी है। जैसे : 'है मालूम !' इसमें वर्तनी सम्बन्धी व उच्चारण-सम्बन्धी लौकिक प्रयोग मिलते हैं।

अन्य भाषाएं

अंग्रेजी शब्दों के माध्यम से भी रेणु ने लोकभाषा के स्थानीय तत्व की काफी उजागर किया है। उसमें वर्तनी व उच्चारण-सम्बन्धी प्रयोग अटपटे व अजीबो-गरीब ही नज़र आते हैं। फिर भी उसमें स्थानीयता का पुट भाषा की आंच-लिकता को ही उजागर करता है। तथा जन-जीवन में व्याप्त शब्द-ज्ञान व उसके व्यवहार को अपने संदर्भ या प्रसंग में अर्थबोध की वास्तविकता को स्पष्ट करता है। इन शब्दों में कुछ-एक शब्द क्लिष्ट हैं, तो कुछ-एक सरल व स्वाभाविक भी। जैसे—कनकसक[126] (कनेक्शन), भोलंटियर (वालेंटियर),[127]

पंचलेट (पेट्रोमॅक्स),[128] मिनिट (मिटिंग),[129] मूलगैन (म्यूजिक डाइरेक्टर)[130] बिलकोट (ब्लैक कोट),[131] इसपारबिन (एक्सपेरिमेंट),[132] लाऊड पीसर (लाऊड स्पीकर),[133] टीसन (स्टेशन),[134] पिकेटिन (पिकेटिंग)[135] रिजरव, (रिजर्व)[136] मेनिस्टर साहब (मिनिस्टर साहब),[137] चेअरमेन,[138] सिविल सर्जन,[139] प्रेगनेण्ट,[140] रिलीफ वर्क,[141] हांगर स्ट्राईक,[142] मोटार बाईक,[143] टेलीग्राफ़,[144] प्रमोशन,[145] ब्लडप्रेसर,[146] स्कौलरशिप होल्डर,[147] आरगनाइजर,[148] इन्नोसंट,[149] इफेक्ट,[150] वल्गर,[151] हैवी रिस्पांसिबिलिटि,[152] टेलिपेथी कॉल,[153] चियर्स,[154] ड्रेसिंग[155] ।

अंग्रेजी शब्दों के अतिरिक्त रेणु ने अंग्रेजी के कहीं-कहीं पूरे के पूरे वाक्यों का प्रयोग भी अपने उपन्यास में किया है । अंग्रेजी वाक्यों का प्रयोग पात्रों के वार्तालाप तथा प्रसंग के अनुसार होने के कारण वे अत्यंत स्वाभाविक लगते हैं । जैसे—पं० जमाहिरलाल नेहरू गांगूली जी से अंग्रेजी में बोले, 'आई काण्ट रिमेंबर द नेम ऑफ दैट बुक (मुझे उस किताब का नाम याद नहीं आ रहा है) 'किंग ऑफ द गोल्डन रिव्हर '[156] गांगूली जी ने छूटते ही जवाब दिया ।

रेणु के उपन्यासों के अधिकांश पात्र अनपढ़ हैं, लेकिन समाज के बदलते रूप के साथ वे भी अपनी भाषा में अंग्रेजी शब्दों का प्रयोग करना चाहते हैं, फिर उन शब्दों के अर्थ से वे परिचित हों अथवा न हों । जैसे—'जुलूस' उपन्यास में तालेवर गोढ़ी को 'बिलडिंग' शब्द का अर्थ मालूम नहीं है इसीलिए मोहन दफादार उसे स्पष्ट करते हुए कहते हैं, "बिलडिंग माने आलीशान पोख्ता मकान ।"[157] अथवा 'आंगर स्टराइल' याने अनशन अर्थात बिना खाए-पिए मर जाना, 'अनशन' है ।[158]

इस प्रकार रेणु ने अंग्रेजी भाषा का प्रयोग भी उसके सही रूप में तथा बिगड़े हुए रूप में भी बहुत ही सुन्दरता से, कुशलता से किया है और यह बता दिया है कि अपने देश से अंग्रेजी राज चला गया तो क्या हुआ, अंग्रेजी भाषा का प्रभाव अभी भी जन-सामान्य पर बना हुआ है ।

नेपाली शब्द

नेपाल रेणु की 'सानोआमा' (छोटी माँ) रही है। अतः स्वाभाविक ही है कि उनके उपन्यासों में नेपाली शब्दों का प्रयोग हो, पर रेणु की यह विशेषता रही है कि उन्होंने अपने उपन्यासों में नेपाली भाषा को तो स्थान दिया ही है तथा ऐसे भी कुछ पात्र लिए हैं जो नेपाली भाषा जानते हैं, बोलते हैं । 'परती परिकथा' का दिलबहादुर पहाड़ी पात्र है, उसकी भाषा नेपाली है, अतः उसके द्वारा प्रयुक्त वाक्यों को कहीं-कहीं हिन्दी अनुवाद के साथ दिया गया है। जैसे 'छवक पनें !' अचरज की बात।'[159] *या 'कस्तो राम्री ?' किसनी प्यारी है*

यह ताजमनी। अथवा 'दाज्यू ! अस्नो नगर न मेरो दाज्यू।···मने को कुश सुन।' ऐसा मत करो। मेरी बात सुनो, दाज्यू भाई।[160] तथा 'लड़ाई मा मर्नालि सोझे स्वर्ग पुत्रिच्छ।'[161] लड़ाई में मरने से सीधा स्वर्ग पहुँच जाता है आदमी।

कहीं-कहीं पर इस प्रकार से हिन्दी अनुवाद न देते हुए अपनी भाषा में ही दिलबहादुर के विचार व्यक्त किए गए हैं। जैसे—"पानी मा भ्यागुते हे देर। काँऊ काऊ कटाऊँ छमीत। मकलड छलक चर्ने।[162] अथवा 'काट—छूँ?··· काटनी दिच्छूँ। जय पशुपति नाथ, जय दंत फाली।"[163]

इसके अलावा रेणु के उपन्यासों में कुछ ऐसे पात्र हैं जो नेपाली जानते नहीं, लेकिन दिलबहादुर को खुश करने के लिए प्रत्येक वाक्य के अंत में 'छः' जोड़कर बात करते हैं। जैसे—'परती परिकथा' में गेंदा बाई दिलबहादुर से कहती है, 'ऐ दाज्यू ! मोर बात सुन्छः पहिले, तब ताजू दीदी के घट जान्छः।'[164] अथवा पर्वतीय भाषा में जितेंद्र ने दिलबहादुर से कहा, 'दिलबहादुर ! चिचा दियेर दियेर अलि रामपरखाशन सिधलाय वुलाउ त। च्यं दे।'[165]

नेपाली भाषा के अतिरिक्त 'जुलूस' उपन्यास में एक जगह पर धंगड़ बस्ती का उल्लेख आया है जहाँ पर रेणु ने 'संथाली' शब्दों का प्रयोग किया है। जैसे दिक्कू (गैर धंगड़), पंचाय (भात की शराब),[166] 'कांदो ना' (रोओ मत)[167] आदि।

बंगाल

पहाड़ी और बंगला-भाषी अंचल, मैथिली भाषा के अंचल के संलग्न होने के कारण रेणु नेपाली भाषा के साथ-साथ बंगाली भाषा के भी अच्छे जानकार थे। बंगला भाषा में रेणु ने थोड़ा बहुत लेखन भी किया है। अतः रेणु ने अपने उपन्यासों में बंगला शब्दों तथा वाक्यों का काफी प्रयोग किया है। रेणु के लिए बंगला सहज स्वाभाविक है किन्तु उनके हर पाठक के लिए वह सहज-सरल नहीं है, इसीलिए रेणु ने कहीं-कहीं बंगला शब्दों के अर्थ दे दिए हैं, तो कहीं उसका वैसे ही प्रयोग किया है। कहीं-कहीं हिन्दी भाषा के वाक्यों के साथ-साथ बंगला के शब्द आए हैं तो कहीं-कहीं पूरे के पूरे बंगला वाक्य तथा गीत प्रयुक्त हुए हैं। उदाहरण के लिए शाद (स्वाद), टीपा (तोता),[168] नोक पति),[169] टँकेर (खट्‌ट-मिट्‌ठी चटनी),[170] जतसव (सारा कुछ),[171] की पाला (कैसी मुसीबत है),[172] आमार (मेरा),[173] असब्बो (असभ्य),[174] जोंगली (जंगली),[175] मानुष (मनुष्य),[176] मूढी (मछली का सिर),[177] कोर्बे (करेगा)[178]।

कहीं-कहीं संवादों में बंगला और हिन्दी के समानार्थी प्रयोग साथ-साथ, दिखाई देते हैं। जैसे—'कोनो भय नेई। डरने की कोई नात नहीं।'[179] अथवा,

"बेलादेवी ! गुजरी हुई जिन्दगी, फटी पुरानी कथरी नहीं कि उतारकर फेंक दिया। फिल्म का रील नहीं कि कैंची चलाकर एडिट कर दिया···कलापूर्ण ढंग से। निस्तार नेई, निस्तार नेई।"[180] कहीं-कहीं पूरे के पूरे बंगाली वाक्य आए हैं लेकिन प्रसंगानुकूल उसका अर्थ समझा जा सकता है, जैसे "आमार भगवान के मारोना।"[181] "भगवानेर व्रतभंग हड्वा असंभव। कारण गुरुतर। तबे आपनार भाग्य भालो जे बेचारा के सुरदासेर कथा मने पड़े नि नई ने एतखन आर भगवानेर चोख थाकतो ना।"[182]

रेणु ने कुछ ऐसे बंगाली शब्दों का प्रयोग अपने उपन्यासों में किया है जिसका अर्थ नहीं दिया गया है। फिर ये प्रयुक्त शब्द बंगला भाषा के मानक शब्द भी नहीं हैं, जिसका अर्थ कोश की सहायता से जाना जा सके। ये शब्द स्थानीय बोली के हैं। जैसे—'चिंगड़ी',[183] 'खूब भालो',[184] 'की इच्छे'[185]। इन शब्दों के सदृश ही बंगाली के कुछ ऐसे पद हैं, जिनका उपयोग तो किया गया है लेकिन उनको अर्थ नहीं दिये गये। वास्तव में रवीन्द्रनाथ का निम्नलिखित पद बहुत सुन्दर है लेकिन उसके अर्थ न देने के कारण जो पाठक बंगला नहीं जानते वे उसका आनन्द नहीं उठा सकते। जैसे—

"आमि बिकाव ना किछु ते आर, आपनारे।
आमि दांड़ाते चाई संभार तलें—सबार साथ एक सारे।"[186]

उर्दू-फारसी के शब्द

उर्दू भाषा तो वस्तुतः खड़ी बोली का ही एक रूप है अतः स्वाभाविक है कि अंचल-विशेष के जन-सामान्य लोग उर्दू शब्दों का प्रयोग अपनी भाषा में करें। सामान्य जनमानस की भाषा में उर्दू-फारसी शब्द ऐसे घुल-मिल गए हैं कि उसे स्थानीय भाषा से अलग करना असंभव-सा हो जाता है। रेणु ने भी अपने आंचलिक उपन्यासों में उर्दू-फारसी के शुद्ध रूपों को तथा विकृत रूपों को भी अत्यंत कुशलता एवं सहजता से प्रयुक्त किया है। क्योंकि रेणु के उपन्यासों की भाषा विशेष रूप से 'कचराही बोली' ही है। कचराही बोली याने उर्दू के बहुत ही निकट भाषा। अतः उर्दू के शब्द शुद्ध रूप में उपन्यासों में मिलते हैं, जैसे—आफताब,[187] इंतकाल,[188] फहरिस्त,[189] मजलूनों,[190] शामियाना,[191] खिदमत,[192] गुजारिश,[193] बिसमिल्लाह,[194] फर्ज,[195] ताज़िया,[196] इस्तीफा,[197] कसमिस,[198] कानून,[199] वाजिब,[200] लौंडो,[201] हलक,[202] दप्यीन,[203] तामील,[204] मुढई,[205] माफिक,[206] मुहर्रिर,[207] दर्खास्त[208]।

मुहावरे, कहावतें, सूक्तियाँ

इस प्रकार पात्रों की बोलचाल के अंग्रेजी, उर्दू, फारसी, नेपाली, बंगाली आदि

शब्दों के साथ ही रेणु के आंचलिक उपन्यासों में अंचल-विशेष में प्रचलित मुहावरों-कहावतों तथा सूक्तियों का प्रयोग भी काफी मात्रा में हुआ है। भाषा के स्तर को जनभाषा के अथवा ग्रामीण भाषा के स्तर पर लाने के लिए आंचलिक उपन्यासों में मुहावरों तथा कहावतों का प्रयोग आवश्यक ही है। रेणु के उपन्यासों में प्रयुक्त मुहावरे, कहावतें, सूक्तियाँ कुछ इस प्रकार हैं : मुहावरे—अन्धों में काना राजा व घोड़ा न दुम',[209] विना महन्थ के मठ और बिना प्राण के काज,[210] करेला चढ़ा नीम पर,[211] हाथी के आगे पिद्दी होना,[212] वे नागनाथ तो ये सापनाथ,[213] कूप का वेंग होना[214] मिट्टी का महादेव होना,[215] आँखों में धूल झोंकना आदि, इन मुहावरों के अलावा कुछ स्थानीय मुहावरों का प्रयोग भी रेणु ने अपने उपन्यासों में किया है। जैसे—'चूड़ा की गवाही दही से देना,[216] गंगास्नान और सुंगठी का व्यापार एक साथ करना,[217] डगरे का बैंगन होना[218] आदि।

कहावतें—मुहावरों के साथ-साथ अंचल-विशेष में प्रचलित कहावतों का प्रयोग भी प्रचुर मात्रा में होना स्वाभाविक ही है। इन कहावतों में से कुछ इस प्रकार हैं—'चालनी कहे सुई से तेरी पेंदी में साख',[219] 'सब धान बाईस पसेरी',[220] 'बाप काटे घोड़ा का घास और बेटा का नाम दुरगादास',[221] 'कहला से वरेठा गधा नहीं चढ़ता',[222] छटी का दूध याद आना',[223] 'डगडिन से पेट नहीं छिपता',[224] 'साप भी मर जाये और लाठी न टूटे।'[225] 'सत्तर चूहे खाकर बिल्ली हज को चली',[226] 'चट मंगनी और पट ब्याह',[227] मुहावरों, कहावतों के अलावा रेणु ने अंचल-विशेष के जनसामान्य में प्रचलित सिद्ध उक्तियों तथा प्रसिद्ध कवियों की सुन्दर उक्तियों का प्रयोग भी अपने उपन्यासों में किया किया है।

जैसे : 'छुद्र नदी भरि चलि उतराई, जस थोरे घन खल बौराई।'[228] 'विरह अगिन तन वैसे बूझे, गहवन अन्धकार नहीं सूझे।'[229] 'दुरस परस सत्संग ते छूटे मन का मैल।'[230] 'पोथी पढ़पढ़ जग हुआ, पंडित भया न कोय'[231]

तुकबन्दियाँ—रेणु के अंचल-विशेष के लोग प्रसिद्ध कवियों की उक्तियों के आधार पर तुकबन्दियाँ गढ़ने में भी अतयन्त निपुण हैं, अतः इन तुकबन्दियों का प्रयोग भी रेणु ने अपने उपन्यासों में अपने अंचल-विशेष की समग्रता को उजागर करने के लिए अत्यन्त स्वाभाविकता से किया है। जैसे—

चरखा हमार भतारपूत, चरखा हमार नाती
चरखा के बदौलत मोरा दुआर झूले हाथी।[232]
आम कटाये बबूल लगाये, फल पे फलय महँकार।
उचित कहत सो चित नहीं भावे, चुगलन के दरबार॥[233]
ढाई आखर प्रेम का शब्द मैं हूँ बेचलर ब्वाय
चिह्न वाले कहते हैं मजनूँ का भाय।[234]

सूक्तियाँ— इन उक्तियों तथा तुकबन्दियों के अलावा रेणु के उपन्यासों में कई सुन्दर-सुन्दर सूक्तियाँ भी इधर-उधर बिखरी पड़ी हुई मिल जाती हैं। जैसे :

दस मिलकर करो काज, हारो जीतो क्या है लाज।[235]

जवानी की सुन्दरता आग लगाती है और बुढ़ाये की सुन्दरता स्नेह बरसाती है।[236]

दस और देश का काम करने वाला खूद भूत होता-- उसको भूत क्या कर सकता है ?[237]

गालियों का प्रयोग— रेणु के आंचलिक उपन्यासों में बोलचाल की भाषा का प्रयोग होने के कारण उस अंचल-विशेष में प्रचलित गालियों का आना भी स्वाभाविक ही है। ग्रामीण लोगों के बोलचाल के प्रसंगों में ग्रामीण पात्रों के मुख से गालियाँ अनजाने निकलती ही रहती हैं। इसलिए सामान्य बोलचाल में या संवादों में गालियाँ अत्यन्त सहजता से आ जाती हैं। जैसे :

कुत्ते का बच्चा,[238] खेकसियारी,[239] छिनाल,[240] रंडी[241], साला,[242] सुअर,[243] हरामजादी,[244] नमकहराम,[245] कसविन,[246] नटिन,[247] कोखजली,[248] खवास,[249] चंडालिन[250] आदि।

पात्रानुकूल भाषा— भाषा के सन्दर्भ में रेणु जैसे मुहावरों, कहावतों, सूक्तियों एवं गालियों का उपयोग करते हैं, वैसे ही अंचल-विशेष के हँसने, रोने, तुतलाने, नाक बजाने और छींकने तक की क्रियाओं से भाषा-संकेतों का काम लेते हैं। जैसे—नाक बजना। "सुचितलाल मडर जापानी पोंपी की तरह बोलता है— आंपने तांजमनी कां नंथियां उंतारां थां-आं-आं ?"[251] वह और रोते-रोते अपने बाप को गुहार कर कह रही थी—"मनकेर ममोला मनहिं में रहल—सेमरिक फलवा सूखि के फुटाइल सेमरिक कई उडत।"[252] तुतलाने का नमूना : "अ-अ अरे ! कामरेड उससे साफ ल-प-लफजों में कह दीजिए कि फो-फो-फो-फोट्टी-टी टू के मुवमेंट में अहिंसा के भरोसे रहते तो आ-आ-आज-ग-गड़ी नसीब नहीं होती। उससे साफ लफ्जों में कह दीजिए कि तुम रि-रि-रि-एक्शानीरी हो।"[253]

रेणु के उपन्यासों में पात्रों के व्यक्तित्व के अनुसार भाषा के पृथक्-पृथक् रूप भी दिखायी देते हैं। मैनेजर डफ़ की भाषा जो अंग्रेजी है, वह इस प्रकार है, "आमारा स्टेट में एक भी बडमाश अम नहीं देखने मंगटा[254] 'मैला आँचल' के गणेश तथा 'कितने चौराहे' के नायक मनमोहन की बहनें छोटी हैं, इसलिए उनकी भाषा तोतली है। अतः वे भी उसी भाषा में बोलते हैं; जैसे—"पूलब छे छाहेब आया।"[255] अपनी बहन से मनमोहन तुतली भाषा में कहता है—"नीते दौले लेल, ऊपल उले जहाज, लेल बोले जै जै काली···।"[256] स्त्रियों की भाषा

विशेषतः अलग ही होती है, उनकी भाषा की कुछ खास विशेषता होती है और जबवे झगड़ने लगती हैं तो उसका रूप निखर आता है। रेणु ने ऐसे ही गाँव की दो स्त्रियों की पारस्परिक लड़ाई का चित्र प्रस्तुत किया है।

"तेरे देह में तो लगी हुई है। अपने खास भतीजा तेतरा के साथ भागी तू और गाली देती हो हमको ? सरम नहीं आती है तुझको। बेसरमी, बेलज्जी। भरी पंचायत में जो पीठ पर झाड़ू की मार खायी थी सो भूल गयी ! गुअर टोली में क्लरु के साथ रात भर भैंस पर रसलोल्ला करती थी सो कौन नहीं जानता है ? तू बात करेगी हमसे ?

" रे सिंघवा की रखेली ! सिंघवा के बगान का बम्बे आम का स्वाद भूल गयी ? तरवन्नए में रात-रात भर लूकाचोरी में ही खेलती थी रे ! कुरअंखा बच्चा जब हुआ था तो कुरअंखा सिंघवा से मुँह देखोनी में बाछी मिली थी, सो कौन नहीं जानता ?"[257]

इस प्रकार रेणु ने अपने उपन्यासों में पात्रों के अनुकूल भाषा का प्रयोग किया है जिससे कथानक को सजीवता प्राप्त हुई है।

हास्य-व्यंग्य

रेणु के आंचलिक उपन्यासों के विविध प्रसंगों में हास्य, व्यंग्य तथा विनोद के भी काफ़ी प्रसंग हैं। इन प्रसंगों में रेणु ने भाषा का बहुत ही सरल रूप अपनाया है। जैसे रामकिरपाल सिंघ विनोद में खेलावन के सम्बन्ध में कहते हैं— "कहना कि आठवाँ महीना है।"[258] या विदापत नाच के प्रसंग में निकटा कहता है— "सबसे बढ़िके तोहरे बन्दो मालिक बाबुक जूलबा।"[259] बालदेव की अहिंसा-वादिता के सम्बन्ध में विनोद करते हुए कालीचरण कहता है—"दारोगा साहब, बालदेवजी नाम में भी लाठी-तलवार नहीं लगाते हैं। हिंसाबाद···।"[260] श्रीमती आनन्द के गुस्से में चिल्लाने के साथ-साथ गणपत सिंह लेन के कुत्ते भौंक उठते हैं। सुवंश की भाभी सुवंश के खर्च पर टीका-टिप्पणी करते हुए कहती है— "उतने खर्चे में एफे-एमे-एले सब पास कर जाता।" इस प्रकार के हास्य-विनोद के साथ-साथ रेणु ने अपने अंचल के कुछ लोगों के विशिष्ट तकियाकलामों का प्रयोग कर बोलने की आदत को भी बहुत ही सहजता से उपन्यास में चित्रित किया है। सामक्ती पीसी का तकियाकलाम 'आदि देखो'[261] है तथा प्रेमकुमार दीवाना हर बात के अन्त में 'प्रेम से'[262] कहना नहीं भूलता, मनमोहन आश्चर्य-चकित होने पर 'बाप रे'[263] कहता है, "सनी मनी बनी टू···"[264] का फिकरा दोहराने की आदत है तो बाबूजी छोटी बातों में अगड़म-बगड़म जोड़ते हैं।[265] अथवा काका व्यंग्य करते हैं, "ब्राह्मी रस पीने से बुद्धि तेज होती है।"[266] "कट्टू बेचारा सबसे सीधा-सादा होता है। इसलिए इस इलाके के लोग सीधे-

सादे लोगों को 'कट्टुदास कहते हैं।'[267]

उपरोक्त उदाहरणों से स्पष्ट हो जाता है कि रेणु ने अपने उपन्यासों में हास्य-व्यंग्य का विपुल मात्रा में और सार्थक प्रयोग किया है।

आंचलिक उपन्यासों में शैलो का महत्व

आंचलिक उपन्यासों की भाषा पर विचार कर लेने के पश्चात् यह स्पष्ट हो जाता है कि लोक-मानस और लोक-चेतना की सफल और ईमानदार अभिव्यक्ति लोकभाषा के माध्यम से ही सम्भव हो सकती है, क्योंकि लोकभाषा ही जीवित भाषा होती है। इसीलिए रेणु ने अपने अंचल की लोक-चेतना को अभिव्यक्ति देने के लिए वहाँ की जन-भाषा को अपनाया है। जन-भाषा के द्वारा अंचल-विशेष की अभिव्यक्ति जिस रूप में की जाती है वही शैली है।

आत्माभिव्यक्ति मनुष्य का नैसर्गिक गुण है। स्वयं के देखे हुए या अनुभव किए सुख-दुःखों को अपने पास रखना मनुष्य के लिए कठिन होता है, वह अपनी झुंझलाहट को, किसी न किसी प्रकार से जब तक व्यक्त नहीं कर लेता तब तक उसके मन का बोझ हलका नहीं होता।[268] अतः विचारों का यह जो आपसी लेन-देन अथवा विनिमय है वही संसार के साहित्य तथा कलाओं का मूल है। मनुष्य अपने विचारों का विनिमय भाषा द्वारा ही कर सकता है। भाषा की इसी व्यंजना-शक्ति तथा भाषिक संरचना की विशिष्ट प्रविधि का नाम ही शैली है।

शैली, मनुष्य के लिखने की पद्धति, रचनाओं से अथवा वक्तृत्व से अपने आपको अभिव्यक्ति की पद्धति तथा अभिव्यक्ति की विशेष पद्धति, अर्थात किसी रचना या कृति के सन्दर्भ में शैली का अर्थ है अभिव्यक्ति की विशिष्ट पद्धति। साहित्य की हर विधा की अपनी अलग-अलग शैली होती है। उपन्यास विधा मनुष्य जीवन का पुनर्निर्माण है और पात्र तथा घटनाएँ उसका माध्यम हैं। अतः पात्रों तथा घटनाओं को स्पष्ट करने के लिए लेखक जिस पद्धति को स्वीकार करता है, वही उसकी शैली है। शैली भाषा की उस विशेषता का नाम है जो किसी के भाव अथवा विचार को ठीक-ठीक व्यक्त करती है।[269] दूसरे शब्दों में कहा जा सकता है कि शैली अनुभूत विषय-वस्तु को सजाने के उन तरीकों का नाम है जो उस विषयवस्तु की अभिव्यक्ति को सुन्दर एवं प्रभावपूर्ण बनाते हैं।[270]

उपन्यासों में लेखक की अभिव्यक्ति के विशेषतः दो रूप दिखायी देते हैं, बाह्य और आंतरिक। बाह्य रूप का सम्बन्ध जहाँ उपन्यास में वस्तु-संगठन से होता है वहाँ उसका आन्तरिक रूप रचनाकार के व्यक्तित्व से गहराई के साथ जुड़ा होता है। यह आन्तरिक रूप ही लेखक के व्यक्तित्व की वास्तविक पहचान कराता है। इसीलिए शैली को मनुष्य का बाह्य पोशाक नहीं कहा गया,

जो समारोह के अनुसार चढ़ाया तथा उतारा या बदला जा सके। शैली तो लेखक का जीवन्त शरीर होता है, उसका अपना व्यक्तित्व होता है। इसीलिए शैली को व्यक्तित्व का नाम दिया जाता है जो शिल्प की समस्त आवश्यकताओं को आकार देती है।[271]

आंचलिक उपन्यास में इसी व्यक्तित्व का, अपनी आंचलिकता का अधिक महत्व दिखायी देता है, क्योंकि लेखक अपने अंचल-विशेष से अत्यन्त गहराई तक जुड़ा होता है। वह अपने अंचल-विशेष की छोटी से छोटी वस्तु का महत्व अच्छी तरह से जानता है, क्योंकि उसका लक्ष्य ही अपने अंचल-विशेष को उजागर करना होता है।

सामान्यतः आंचलिक उपन्यासकार का अभीष्ट अपने अंचल के जीवन-यथार्थ को चित्रित करना होता है, इसलिए उसकी शैली में विवरणात्मकता, यथातथ्यता एवं इतिवृत्तात्मकता के गुण अनिवार्य रूप से आ जाते हैं। सम्पूर्ण अंचल को उजागर करने के कारण एक तरफ जहाँ उसकी कथावस्तु में बिखराव तथा चित्रात्मकता आ जाती है, वहीं दूसरी तरफ पात्रों का विशाल समूह भी आ जाता है और इसके साथ ही साथ प्राकृतिक तथा मानवीय वातावरण के अनेक छोटे-बड़े, गहरे-हल्के रंगों के चित्र और बिम्ब भी उपस्थित हो जाते हैं। अतः कथा एवं पात्रों के ऐसे विविध रूपों के चित्रण के लिए लेखक कहीं स्थानों और पात्रों का परिचय देता है, कहीं रिपोर्ताज और फोटोग्राफिक शैली में घटनाओं की गतिशीलता और क्रियाशीलता का वर्णन करता है, कहीं व्यंग्य का सहारा लेकर पात्रों के प्रति अपनी प्रतिक्रिया व्यक्त करता है और कभी भावातिरेक में आकर प्राकृतिक और मानवीय चित्रण के लिए काव्यात्मक तथा भावात्मक शैली को अपनाता है।

आंचलिक उपन्यासकारों ने अपनी शैली के अन्तर्गत अंचल-विशेष में प्रचलित लोक कथाओं, लोक परम्पराओं, लोकगीत, रीति-रिवाज, आचार-विचार, भाषा, बोली आदि का समावेश किया है। अतः आंचलिक उपन्यासों की शैली 'सामूहिक शैली' के रूप में जानी-पहचानी जाती है।

आंचलिक उपन्यासों की इस शैली में हिन्दी भाषा में रेणु का नाम विशेष रूप से लिया जाता है, क्योंकि रेणु के उपन्यासों ने उपन्यास विधा को एक नई भाषा, एक नई शैली प्रदान की है। रेणु ने अपनी वस्तु, उद्देश्य तथा मूल संवेदना के अनुरूप ही एक विशिष्ट और निजी भाषा-शैली का आविष्कार किया है।

रेणु की शैली

रेणु ने अपने उपन्यासों में निजी शैली की रचना की है। वास्तव में उनके सभी

उपन्यास इतिहास शैली में या वर्णनात्मक शैली में ही लिखे गए हैं, लेकिन उन्होंने किस्सागोई या वर्णनात्मक शैली का प्रयोग वैसा नहीं किया है, जैसा कि अन्य सामाजिक उपन्यासकार करते हैं। रेणु के उपन्यासों का अध्ययन करने के पश्चात् यह स्पष्ट हो जाता है कि रेणु अपने उपन्यासों में बहुत दूर तक सीधे-सपाट ढंग से न तो किसी पात्र का परिचय देते हैं; न किसी घटना का वर्णन करते हैं और न एक क्रम से घटनाओं का जाल बुनते हैं। वे तो केवल कुछ घटनाओं, कुछ पात्रों, कुछ सन्दर्भों को परस्पर आमने-सामने कर देते हैं और वे सन्दर्भ ही पारस्परिकता से सब कुछ बयान करते चले जाते हैं। रेणु की शैली की यह विशेषता है कि वे स्वयं सबके बारे में टिप्पणी जरूर करते हैं, लेकिन अप्रत्यक्ष रूप में। लेखक का रूप वहाँ होता भी है और नहीं भी। कई पात्रों, घटनाओं, सन्दर्भों या परिवेश का हल्का-सा विधान कर रेणु उन्हें परस्पर टकराने देते हैं और फिर ये उपकरण अपने आप ही बहुत कुछ कहते चलते हैं. अपने यथार्थ की जटिल परतें खोलते चलते हैं। अत: रेणु के उपन्यासों की शैलीगत विशिष्टता की सबसे बड़ी उपलब्धि है तटस्थता की रक्षा। शैली मूल रूप में एक वैयक्तिक गुण है। हर व्यक्ति के व्यक्तित्व की छाया उसकी शैली पर अवश्य रहती है, क्योंकि अपनी रचना में कलाकार की स्थिति या उपस्थिति वैसी ही होनी चाहिए जैसी ईश्वर की उपस्थिति सृष्टि में होती है, सब जगह वर्तमान, पर दृश्यमान कहीं भी नहीं।[272] रेणु की शैली भी उनकी निजी शैली है, उस पर उनके व्यक्तित्व की मोहर-सी लगी है।

रेणु के उपन्यासों में एक ही साथ इतनी सारी शैलियों का समावेश हुआ है कि यह कहना कठिन है, ये उपन्यास किस विशिष्ट शैली में लिखे गए हैं या इनमें अमुक शैली की प्रधानता है। कहीं-कहीं तो एक ही पृष्ठ में कई शैलियों का प्रयोग दिखायी देता है। रेणु के उपन्यासों में यथार्थवादी व भावात्मक शैलियों को अत्यन्त कुशलता से अपनाया गया है। इस विशेषता के कारण ही विविध प्रसंगों एवं स्थितियों के विस्तृत विवरणों के होते हुए भी रेणु के उपन्यास अत्यन्त रोचक तथा प्रभावोत्पादक बन पड़े हैं। उपन्यासों का इतना विस्तृत फलक होते हुए भी कहीं पर दुर्बोधता नहीं दिखायी देती। लोक-कथाओं, पर्व-त्यौहारों, ग्रामीण झगड़ों तथा राजनीतिक दलबन्दियों आदि के विस्तृत वर्णन होते हुए भी पाठक बड़े चाव से, रस ले-लेकर उसे पढ़ता ही जाता है, इसका सारा श्रेय रेणु की यथार्थवादी शैली को जाता है। अपने उद्देश्य को स्पष्ट करने के लिए उन्होंने स्थान-स्थान पर भावात्मक, मनोविश्लेषणात्मक, व्यंग्यात्मक तथा स्मृत्यात्मक शैलियों को भी अपनाया है।

रेणु के उपन्यासों की विशेषता यह है कि रेणु ने बहुप्रचलित यथार्थवादी शैली में ही छाया-चित्रात्मक शैली का (फोटोग्राफिक) समावेश किया है। 'फोटोग्राफिक'

शैली में लेखक एक कैमरामैन की तरह एक विशेष अंचल की भिन्न-भिन्न कोणों से तस्वीरें उतारता चलता है। रेणु ने अपने उपन्यासों में व्यक्तियों, स्थानों, काल की प्रवृत्तियों, मनोभाव आदि के स्नैप्स उतारकर अंचल-विशेष की सूक्ष्म से सूक्ष्म बातों को अत्यन्त प्रभावशाली ढंग से प्रस्तुत किया है। रेणु ने जो शब्द-चित्र खींचे हैं, वे बोलती तस्वीरें हैं, ऐसी तस्वीरें जिनमें व्यक्ति या अंचल का हर रंग अंकित और सजीव हो उठा है। रूप, गन्ध, संगीत आदि के माध्यम से वे व्यक्तियों और अंचलों की मूर्ति खड़ी कर देते हैं। इसीलिए कहा गया है कि वह जैसा सोचते थे वैसा बोलते थे और जैसा बोलते थे वैसा लिखते थे और फिर जब उनको पढ़ो तो लगता था कि रेणु बोल रहे हैं।[273]

अतः शैली कोई भी हो, रेणु का कथा कहने का अन्दाज अपना है। रेणु के उपन्यासों की शैली को मोटे तौर पर भिन्न-भिन्न शैलियों के खाने में डाला जा सकता है, किन्तु वास्तव में ऐसा करना समीचीन नहीं जान पड़ता, क्योंकि सारी शैलियाँ अपनी-अपनी शक्ति के साथ एक दूसरे में से गुजरती हुई जान पड़ती हैं। 'परती परिकथा' के एक छोटे से अंश से ही यह बात पुष्ट हो जाएगी : "पूर्णिमा का चाँद हवेली के बागों के ऊपर उठ आया और धरती को ठिठक कर देखता ही रह गया।

"कर्ज की मीनार पर जलता हुआ पेट्रोमेक्स भुकभुकाकर बुझ गया, अचानक।

"नींद में विभोर सोये हैं गाँव में मर्द, थके-मारे, हारे-जीते, भरे-रीते।

"गीतों के पंखों पर उड़ता हुआ गाँव। गीत गंगा में नहाती औरतें।

"गाँव में सब मिलकर मात्र आठ-दस प्राणी जगे हुए हैं। सुवंशलाल की आँखों में नींद अँगड़ाई लेती है। मलारी की सुरीली आवाज उसे एक घूँट-सा पिला जाती है। वह ऊँघते-ऊँघते जग पड़ता है।··· अजीब हाल है। न सो सकता है और न जगने में ही कल। बेकल है सुवंशलाल। यह कैसी बेकली है? मलारी के बिना वह कुछ नहीं।

'गाँव के लोगों के सिरहाने सपने मँडराते हैं··· दुलारी दाय की धारा में बाढ़ आयी है। चाँदी के रुपयों जैसी पोठी मछलियाँ परती पर झिर-झिर पानी में छटपटा रही हैं— चित-पट, चित-पट, छट-पट।···धान के खेतों में दौड़ने से धान के फूल झरते हैं, दूधिया गंध फैल रही है।··· खेत का धान काटकर ले जा रहे हैं जमींदार के लठैत। घेरो-घेरो।···मुखिया का चुनाव हो रहा है। गाँव वाले मुखिया बना रहे हैं, उसी को···पोंपी? कौन साला हमको पोंपी कहता?··· मकबूल की दाढ़ी।" [274]

उपरोक्त एक ही उदाहरण में यथार्थवादी और भावात्मक शैली की सारी विशिष्टताएँ समायी हुई दिखाई देतीं हैं। पूर्णिमा के चाँद का हवेली के बागों में उतरकर, ठिठककर धरती को देखना जहाँ प्राकृतिक वातावरण का निर्माण

करता है वहीं 'थके-मारे', 'हारे-जीते', 'भरे-रीते' जैसे विशिष्ट अर्थबोधक शब्द-युग्मों से नींद में विभोर सोये लोग गाँव की आंतरिक अभिव्यक्ति को स्पष्ट करते हैं : "गीतों के पंखों पर उड़ता हुआ गाँव, गीतगंगा में नहाई औरतें, नींद का आँखों में अँगड़ाई लेना तथा लोगों के सिरहाने सपनों का मँडराना आदि काव्य-बिम्बात्मक उक्तियों द्वारा लेखक की भावात्मक शैली का परिचय मिलता है। जमींदार द्वारा धान कटवाया जाना और फिर उसी जमींदार को गाँव का मुखिया बनाया जाना व्यंग्यात्मक शैली का सुन्दर उदाहरण है। परती पर झिर-झिर पानी में चाँदी के रुपयों-सी छटपटाती मछलियों का चित-पट, चित-पट करना एक ही साथ गन्ध, ध्वनि और गतिबोधक संश्लिष्ट बिम्बों का निर्माण करते हैं। प्रणयाकुल सुवंशलाल और मलारी की मार्मिक व्यथा के साथ पों पी के सानुनासिक ध्वनिचित्र द्वारा हास्य का विरोधात्मक चित्र प्रस्तुत करना रेणु के 'फोटोग्राफिक शैली' का ही कमाल है। अतः एक छोटे-से उद्धरण में ही रेणु ने अपने पूरे परिवेश को अपने कैमरे के लैंस में एक ही बार भरकर चित्रित कर दिया है।

वास्तव में वातावरण-चित्रण के क्रम में, ध्वनि, गति और गन्ध के बिम्ब तथा अमूर्त भावों और स्थितियों के बिम्बों के साथ ही ध्वन्यात्मकता, आलंकारिकता, गीतात्मकता, प्रतीकात्मकता तथा सांकेतिकता से भरा हुआ यह छोटा-सा उद्धरण रेणु की भाषा-शैली की श्रेष्ठता प्रमाणित करने के लिए काफी है।

वर्णनात्मक शैली : इस शैली में उपन्यासों की कथावस्तु, पात्र तथा स्थितियों का वर्णन उपन्यासकार तृतीय पुरुष के रूप में करता है। इस शैली को कुछ आलोचक ऐतिहासिक शैली भी कहते हैं। लेखक अपने चरित्रों और उनसे जुड़ी घटनाओं का इतिवृत्तात्मक वर्णन करता है, जिसमें लेखक की कल्पना व अनुभूति भी रहती है।

रेणु ने भी अपने अंचल-विशेष को स्पष्ट रूप देने के लिए उपन्यास के प्रारम्भ में इसी शैली को अपनाया है। 'मैला आँचल', 'परती परिकथा', 'कितने चौराहे' आदि उपन्यासों का प्रारंभ और अंत दोनों भी इसी प्रकार का है। 'परती परि-कथा' उपन्यास का प्रारम्भ ही कोसी के वर्णनात्मक परिचय से होता है :

"पतिता भूमि, परती जमीन, वन्ध्या धरती...। धरती नहीं, धरती की लाश जिस पर कफन की तरह फैली हुई है बालुचरों की पंक्तियाँ।...लाखो एकड़ भूमि, जिस पर सिर्फ बरसात में क्षणिक आशा की तरह दूब हरी हो जाती है।"...275

वर्णनात्मक शैली भी अन्य कथाकारों से रेणु की शैली अलग है। अन्य कथाकार एक तो शुरू में ही अपने पात्रों और परिस्थितियों का लम्बा-चौड़ा विवरण प्रस्तुत कर देते हैं, दूसरे एक सीधी रेखा में उनका विकास करते हैं

किन्तु रेणु एक तो इन्हें टुकड़ों में पेश करते हैं, दूसरे उन्हें बहुत देर तक सामने उपस्थित नहीं रखते। तीसरे उन्हें आपस में गूँथ कर एक संभ्रान्त रूप दे देते हैं। और फिर कुछ कहने के बाद स्वयं हट जाते हैं और पात्रों को अपनी पारस्परिकता में बोलने देते हैं। रेणु के सभी उपन्यासों में यह शैली पायी जाती है।

काव्यात्मक शैली : वर्णनात्मक शैली के साथ-साथ काव्यात्मक या भावात्मक शैली का प्रयोग आंचलिक उपन्यासों में विपुलता से प्राप्त होता है, क्योंकि आंचलिक उपन्यासकार कभी-कभी भावुकता में बहकर या भावावेश की विशिष्ट स्थितियों में आंचलिकता के प्रति अपना सारा आग्रह और प्रतिबद्धता भूलकर विशुद्ध कलाकार, चिन्तक एवं कवि बन जाता है। ऐसे स्थलों पर उसकी भाषा-संरचना से आंचलिकता समाप्त हो जाती है और उसमें काव्यत्व की प्रबलता आ जाती है।[276] रेणु ने अपने आंचलिक उपन्यासों में इस शैली का प्रयोग बहुलता से किया है। कहा जाता है कि इस शैली के कारण भाषा में क्लिष्टता, भावुकता अधिक आ जाती है, लेकिन रेणु के उपन्यासों में इस शैली के प्रयोग से अत्यन्त सजीवता एवं स्वाभाविकता आयी है। इसका कारण रेणु ने अंचल-विशेष का जो जन-जीवन लिया है वह उनका भोगा हुआ है। रेणु स्वयं कवि थे, अतः स्वाभाविक ही है, उनके उपन्यासों में इस शैली का प्रयोग हो। रेणु के सभी उपन्यासों में इस शैली का प्रयोग हुआ है, लेकिन उनके 'परती परिकथा' उपन्यास का तो सम्पूर्ण कलेवर ही काव्यमय है। उपन्यास की घटनाएँ, पात्र तथा विवरण सभी भावात्मकता से परिपूर्ण हैं।

"दूध भरे पोखर में चाँद। अवश्य अंचल-अंचल से दूध झरते देखा। माँ की मृदु गन्ध से उसका आँगन महक उठा। मांगलिक अनुष्ठान-भरा वातावरण। पंछियों की पंक्तियाँ उड़ रही हैं दूधिया आकाश में।" पंछियों के बीच हठात् राजहंसिनी पर दृष्टि पड़ी उसकी। स्निग्ध धवल पंख पसार कर पोखर में उतरी·· उसका जोड़ा कहाँ है?"[277]

पुरानी तथा निर्जीव पड़ती भाषा को नयी सृजनात्मकता तथा प्रभावोत्पादकता देने के लिए आंचलिक उपन्यासकारों ने परम्परागत भाषा को तोड़कर छायावाद से प्रभावित शैली को अपनाया, जिसमें भावों के सम्प्रेषण के लिए संश्लिष्ट बिम्बों, प्रतीकों एवं संकेतों, ध्वनि-चित्र आदि का प्रयोग किया है।

ध्वन्यात्मकता : जीवन की यथार्थता का एक अन्य रूप हमें ध्वनियों को यथार्थ रूप में अंकित करने वाली टेपशैली में दिखायी देता है। रेणु के सभी उपन्यासों में शब्दचित्रों और ध्वनिचित्रों के द्वारा अंचल-विशेष को प्रकट करने का प्रयास इस शैली द्वारा किया गया है। स्वर-समूहों और नाद-समूहों का प्रयोग रेणु की शैली की अपनी विशेषता है। श्रुतिसंवेदनों को ग्रहण करने और उन्हें यथार्थ रूप में अभिव्यक्त करने की रेणु की अपनी खास महत्ता है। वे ध्वनियों को केवल

सुनते ही नहीं, इन ध्वनियों के माध्यम से व्यक्त होने वाले अर्थों को भी पहचानते हैं। जैसे : खो-लो-ओ-ओ। ढन-ढन-ढन-ढन। कें-कें-कें, भों-भों। के हैं······ ए···ए ? कई मिनटों तक इसी ताल पर ड्राइवर की पुकार पीटे जाते हुए फाटक की आवाज, पिल्लों और कुत्तों का शोर और बूढ़ी मुनिया का प्रश्न वातावरण में गूँजते हुए सुनायी पड़ता है।[278] वासुदेव डाकुओं की संगति में फँसा है और पैसे उड़ाता है, यह बात उसके नये बूटों की चमचम आवाज़ से प्रथम सूचित की जाती है।[279]

रेणु के उपन्यासों में प्रयुक्त एक ध्वनि जहाँ एक जगह बिम्ब की तरह मूर्तीकरण करती है, वहाँ सन्दर्भ बदलने पर अपने में किंचित परिवर्तन कर नया अर्थबोध भी प्रदान करती है। जैसे 'परती परिकथा' में भिम्मल मामा सर्वदलीय सभा में इस विश्वास से जाते हैं कि गाँव की उन्नति के सम्बन्ध में सोच-विचार होगा। उनके मन में जोश है तथा आशा पूरी होगी इसका पूरा विश्वास। अतः ऐसे समय पर उनके खड़ाऊँ की आवाज—'खटम-खडम-खडम' लेकिन जब वे सभा से निराश होकर लौटते हैं, उनकी खड़ाऊँ खटखटाती है—सीलपट्ट चौपट सफाचट्ट। खड़म-खड़म-खटक ! अर्थात पहली ध्वनि भिम्मल मामा के जोश का प्रतीक है तो दूसरी उनकी निराशा का।

रेणु ने अपने अंचल-विशेष में बजनेवाले बाजों का केवल वर्णन ही उपन्यासों में नहीं किया है, बल्कि उसमें निकलनेवाले अर्थों की भी पहचान व्यक्त की है। जैसे एक ही ढोल अखाड़े में 'चटधा, गिड़धा, चटधा, गिड़धा' के द्वारा मल्लों से कहता है, 'आ जा, भिड़ जा, आ जा भिड़ जा।' तो कालीथान में यही ढोल पूजा के अवसर पर कहता हे, 'धागिड़धिन्ना, धागिड़धिन्ना, अर्थात् 'जै जगदम्बा, जै जगदम्वा।'[280]

संथालिनों को तैयार होने के लिए कहनेवाली डिग्गा की आवाज आती है, 'डा, डा, डा, डा,' सामने संथालिनें जवाब देती हैं, 'रिं, रिं, रिं, रिं' अर्थात् हम तैयार हैं, माथे में फूल खोस लें इतनी देर हैं।

इसी प्रकार कही नीलबरन घोड़ा 'खड़क-खड़क-खड़-ड' करते हुए दौड़ता दिखाई पड़ता है, तो कहीं टिटहीं, ''टिं-टिहि-टि, टिं-टिहि-टि करती हुई पुकारती दिखाई देती हैं।[281]

रेणु की श्रुतिसंवेदना अत्यन्त सूक्ष्म है, इसीलिए इस संवेदना के अनुकूल प्रयोग उनकी शैली की अपनी विशेषता है और शैली की इसी विशेषता के कारण उनकी भाषा चित्रात्मक और ध्वन्यात्मक बनी है। श्रव्य भाषा दृक्-भाषा का प्रत्यय देने में सफल तथा सक्षम है।

आंचलिक उपन्यासकारों में रेणु ने परम्परागत भाषा को तोड़कर छायावाद से प्रभावित शैली को अपनाया, जिसमें भावों के सम्प्रेषण के लिए संश्लिष्ट

बिम्बों, प्रतीकों एवं संकेतों, ध्वनि चित्रों आदि का प्रयोग किया है।

बिम्ब : बिम्ब साहित्यिक भाषा के प्राण हैं। गद्य और काव्य-बिम्ब दोनों ही रूप-सर्जना करते हुए अर्थ की व्यंजना करते हैं। दोनों में केवल मात्रा का अन्तर होता है। रेणु के उपन्यासों में इन दोनों प्रकार की बिम्बात्मक ध्वनियों का प्रयोग बहुत ही सूक्ष्मता एवं कुशलता से हुआ है। 'परती परिकथा' में गाँव वालों के विरोध के समय जितेन्द्र के चेहरे को सुरपति देखता है--"जित्तन का चेहरा सिन्दुरिया आम की तरह लाल हो गया है। आरक्त मुखमण्डल। ललाट पर कई नई रेखाएँ खिंच आई हैं। वक्र होंठों से मानो घृणा टप-टप चू रही है। 'जुलूस' में हरीप्रसाद एक गीत की धुन पर नाचता है और सुक्की बेलाही के उस गोप को यह गीत सुनकर ऐसी तिलमिली लगी कि कमर से चादर बाँधकर उठ खड़ा हो गया और नागिन का 'डानस' करने लगा। जो कुछ भी हो, डानस करना जानता है गुरखा। जयरामसिंघ रह-रहकर हार्मोनियम पर चलती देता और हर चलती पर जादव ऐसा नाचता कि हू-ब-हू 'सनीमा का डानस।' तथा "पागलो ! आदमी है गिनीपिग नहीं।[282] अथवा मनुष्य के आँखों के रूप में—"गंगा जमुनवाँ से नीर बहीं। फूटल भारथिया के भार भारथमाता रोई रही।"[283]

उपरोक्त उद्धरणों से रेणु ने बिम्बों द्वारा अंचल-विशेष की विशेषता को स्पष्ट किया है।

प्रतीक : वस्तुतः रेणु के सभी उपन्यासों में प्रतीकों का बहुत ही सुन्दर प्रदर्शन किया गया है। उनके उपन्यासों के शीर्षक को ही लीजिए। 'मैला आँचल', 'परती परिकथा', 'जुलूस', 'कितने चौराहे', 'दीर्घतपा', 'पल्टू बाबू रोड' सभी किसी न किसी चीज के प्रतीक हैं। सभी अपने आप किसी विशेषता का प्रतिनिधित्व करते हैं। उदाहरणस्वरूप :

'कितने चौराहे' का शीर्षक मार्ग पर कहीं भी न बहकते हुए सीधे चलने को सूचित करता है। 'दि ग्रेट संन्यासी' भी प्रतीकत्व सम्पन्न है। यह ब्रह्मचर्य एवं वानप्रस्थ जीवन के सूचक रंग को लिए हुए है। उपन्यास में इसका सम्बन्ध ब्रह्मचर्य व्रत के साथ है। ब्रह्मचर्य व्रत धारण करके सेवारत व्यक्ति का यह सूचक है। 'मैला आँचल' धरती के धूल भरे मैले आँचल का प्रतीक है, 'परती-परिकथा' परती धरती की अनेक परिकथाओं का, 'जुलूस' आजादी प्राप्ति के बाद निकले हुए एक जुलूस का जिसमें आजादी तो मिली है लेकिन व्यक्तिगत स्वातंत्र्य किसी को नहीं तथा जाति-भेद, ऊँच-नीच की भावनाएँ अधिक बढ़ती ही दिखायी देती हैं और 'दीर्घतपा' ऐसे नारी जीवन का प्रतीक है जिसे जीवन में त्याग ही त्याग करना पड़ता है, जो समाज द्वारा पीड़ित और शोषित है।

उपन्यासों के केवल शीर्षक ही नहीं बल्कि उसमें प्रयुक्त पात्रों के नाम भी

प्रतीकात्मक पाये जाते हैं। जैसे 'ताजमनी' को अद्वितीय सुन्दरी, सामवती को गरघुमनी, गरुड़ध्वज को आधुनिक नारद, मलारी को 'दि हरिजन ग्लोरी', गौरी बड़ी चंचल है इसलिए उसे 'हरपटाही', मिसेज आनन्द को बूढ़ी मौगी, मनमोहन को ग्रामवासी होने के कारण मुनिजी के नाम से सम्बोधित किया जाता है पर शहर में जाने पर उन्हें 'मुरलीवाले' के नाम से पुकारा जाता है, पूरन विश्बास को 'पूर्ण विश्वास' तथा मनमोहन के मामा को स्वार्थी स्वभाव के कारण धोखालाल कहा जाता है। लट्टू बाबू लट्टू के सदृश घूमते रहते हैं।

उपरोक्त पात्रों के अलावा रेणु ने वाक्यों द्वारा भी प्रतीकों का सहारा लेकर बहुत ही सुन्दरता से अंचल-विशेष को स्पष्ट किया है। डॉ० प्रशांत ऐसे युवकों का प्रतीक है, जिनका इस दुनिया में कोई नहीं, अनाथ हैं, "एक माँ ने जन्म लेते ही कोशी मैया की गोद में सौंप दिया और दूसरी ने जनसमुद्र की लहरों को सर्मपित कर दिया।" इसी प्रकार 'मैला आँचल' का एक पात्र बावनदास आजादी के पहले की गांधीवादी विचारधारा का मूर्तिमान रूप है। उसने अपने जीवन में सेवा, अहिंसा एवं देशप्रेम का ही मार्ग चुना था। उसकी खँजड़ी की 'डिमिकडिम' सदैव लोगों के टूटे तारों को जोड़ती रही।

उपरोक्त उद्धरणों से यह स्पष्ट होता है कि रेणु की भाषा-शैली में प्रयुक्त प्रतीकों का सर्जनात्मक भाषा की अर्थवत्ता बढ़ाने में काफी सहयोग रहा है। अत: ये बहुत ही सुन्दर, सजीव तथा उद्देश्य को स्पष्ट करने वाले बन पड़े हैं।

पूर्वदीप्ति : पूर्वदीप्ति पद्धति अथवा पुरोदीप्ति उपन्यास की एक महत्वपूर्ण शैली है। इसके अन्तर्गत घटनाओं तथा प्रसंगों को तत्काल न दिखाकर उपन्यास के किसी विशिष्ट पात्र की स्मृतियों में लौटाकर दिखाया जाता है। यही एक ऐसी शैली है जिसके माध्यम से किसी एक घटना या प्रसंग पर पात्र के दोहरे और द्विधा मनोभावों का प्रभाव सरलता से दिखाया जाता है। इस पद्धति में अतीत की घटनाओं को पात्रों की स्मृति के प्रकाश में दीप्त करके प्रस्तुत किया जाता है। पात्र विगत की स्मृति द्वारा वर्तमान कथा को अतीत से सम्बद्ध कर लेता है।[284]

रेणु ने अपने उपन्यासों में पूर्वदीप्ति शैली द्वारा अपने पात्रों के पूर्व जीवन पर प्रकाश डाला है। सभी उपन्यासों में रेणु ने इस शैली का प्रयोग किया है, जो बहुत ही सुन्दर तथा स्वाभाविक बन पड़ा है।

'मैला आँचल' में बालदेव को नींद नहीं आती है, अत: उसकी आँखों के सामने गत जीवन के कुछ स्मृति-चित्र उभरकर आ जाते हैं,[285] जिससे बालदेव के गत जीवन की जानकारी पाठक को हो जाती है। 'परती परिकथा' में रेणु ने इरावती और जित्तन के चरित्र-चित्रण के लिए कई स्थलों पर पूर्वदीप्ति का प्रयोग किया है। परानपुर में कोशी प्रोजेक्ट पार्टी नं० 10 के कैम्प में लेटी हुई

इरावती अपने जीवन की पूर्व स्मृतियों में डूब जाती है···"छोटा नागपुर के पहाड़ी अंचल की पथरीली धरती पर गड़गड़ाती हुई भागी जा रही है कालका मेल।···कहाँ हो परती पुत्तर।"[286]

जितेन्द्र के बचपन और यौवन की भी अनेक घटनाओं को उपन्यासकार ने इसी शैली में व्यक्त किया है। परानपुर में बुर्ज पर बैठा हुआ जितेन्द्र अपने बचपन की स्मृति में मग्न हो जाता है।[287] "जितेन्द्र के राजनीतिक जीवन की घटनाओं तथा उसके कुबेरसिंह से सम्बन्धों का वर्णन भी पूर्वदीप्ति पद्धति से ही किया गया है। पार्टी की एक नवागता को कुबेर सिंह ने लाल पान का एक्का दिखाकर कहा था, "इसका नाम अंग्रेजी में हार्ट है।"[288] इन स्मृतियों में जितेन्द्र के घर छोड़कर कुबेरसिंह के साथ जाने प्रगतिशील समाजवादी पार्टी की स्थापना में उसका सहयोग, सुभाष चन्द्र बोस से भेंट आदि घटनाएँ आती हैं, जिससे जितेन्द्र के राजनीतिक जीवन का ज्ञान होता है। इसी प्रकार एक स्थल पर इरावती से बात करते हुए जितेन्द्र अपनी अतीत की स्मृतियों में खो जाता है। इन स्मृति-चित्रों से जितेन्द्र का वर्तमान अन्तर्मुखी व्यक्तित्व को समझने के लिए काफी सहायता मिली है।

'दीर्घतपा' उपन्यास में बेला गुप्त को रात के अँधेरे में अपने गत जीवन की स्मृतियाँ याद आती हैं। कैसे वह बाँके के साथ घर से भागी, उस पर अत्याचार कैसे हुआ आदि घटनाओं का चित्रण रेणु ने पूर्वदीप्ति शैली में कराकर बेला गुप्त के जीवन पर प्रकाश डाला है तथा कथानक को अनावश्यक विस्तार से बचाया है।

'जुलूस' उपन्यास में कई स्थलों पर कथासूत्र का विकास पूर्वदीप्ति पद्धति से हुआ है। पाकिस्तानी टोला में कीर्तन हो रहा है और पवित्र का मन जमापुर की स्मृतियों में डूब जाता है—पिता का स्नेह, माँ का तिरस्कार, देश-विभाजन के समय के दृश्य।

इसी प्रकार तालेवर गोढ़ी की आँखों को देखकर पवित्रा को अपने पिता की याद आती है और प्रकारान्तर से उसके स्मृतिपटल पर देश-विभाजन के पश्चात् के कासिम जैसे कामुक बर्बर लोगों के चेहरे घूम जाते हैं।[289]

'पल्टू बाबू रोड' उपन्यास में बिजली लेटे-लेटे बचपन के एक दोस्त को याद कर रही है···।

"वह मुरली? बिजली को एक बार नजर देखने के लिए रोज मोड़ पर खड़ा रहता था। झूठी बातें बनाकर गाँव से लाई हुई सौगात पहुँचाता था। अरवा चावल, दही, घी, खजूर का गुड़, कच्चा नारियल, ऊख।

उन दिनों बिजली फ्राक पहनती थी। सातवें दर्जे में पढ़ती थी।"[290]

उपरोक्त सभी उद्धरणों से यह स्पष्ट होता है कि रेणु ने वर्तमान से सम्बद्ध

या उसे सार्थकता प्रदान करनेवाली घटनाओं को पात्रों के स्मृतिखण्डों के रूप में बिखेरकर पात्रों के अन्तर्मन की भावनाओं को अत्यन्त कुशलता से चित्रित किया है।

स्वप्न शैली : कहा जाता है कि मनुष्य जागृतावस्था में जो कुछ सोचता है, जानता है, देखता है उसी की प्रतिक्रिया रात में नींद में सपने में होती है। अपने मन की सुप्त इच्छाओं की पूर्ति मनुष्य यदि जागृतावस्था में नहीं कर पाया तो वह उसे स्वप्नावस्था में पूर्ण रूप से पा लेता है। इसीलिए कभी-कभी मनुष्य के ये सपने पात्रों के चरित्र-चित्रण के लिए उपन्यासों में अत्यन्त महत्वपूर्ण माने गए हैं।

रेणु ने भी अपने उपन्यासों में पात्रों के मनोभावों को व्यक्त करने के लिए सपनों का सहारा लिया है। 'मैला आँचल' उपन्यास में महन्त सेवादास एक सपना देखते हैं और दूसरे दिन उसे गाँव के लोगों को सुनाते हैं। पिछले दिनों महन्त जी एक दासिन को ले आए हैं तब से उनके बारे में गाँव के लोगों की राय बदल गई है। लोगों को समझाने के लिए सपने की मदद ली गई है :

"आज मध्य रात्रि में, सतगुरु साहब सपने में मेरे आसन के पास आये। हम जल्दी से उठके साहब-बन्दगी किया। हमको दयाभाव देवे साहब कहिन—सेवादास तुम नेत्रहीन हो, लेकिन तुम्हारे अन्तर नैनों की जोत बड़ी विलच्छन है। हम भेस बदल करके आये और तू पहचान लिया। तुम्हारे जान में दिव्य ज्योत है। सो तुम्हारे गाँव में परमारथ का कारण हो रहा है और तुमको मालूम नहीं। गांधी तो मेरा ही भगत है। गांधी इस गाँव में इसपिताल खोलकर परमारथ का कारज कर रहा है। तुम सारे गाँव को भण्डारा दे दो। कहके साहेब अन्तधियान हो गये।"[291]

इस प्रकार पात्रों की वास्तविकता को छिपाने के लिए कभी-कभी सपनों का सहारा लिया जाता है। कभी-कभी पात्र जागृतावस्था में देखा है, या जागृतावस्था में किसी चीज की पूर्तता नहीं कर सकता, उसे सपने में पूरी कर लेता है। जैसे 'कितने चौराहे' उपन्यास में मनमोहन स्कूल में भरती होता है। अध्यापक उससे पूछते हैं— तुम्हें फुटबाल खेलने आता है? उसे वह खेल आता नहीं सारे तो बच्चे उसे परेशान करते हैं। अतः मनमोहन जब घर लौटता है तो बड़ा उदास होता है। रात में उसे बहुत देर तक नींद नहीं आती और नींद आने पर वह स्वप्न देखता है :

"वह अपने धान के खेत में खड़ा है। धान की कटाई हो रही है। फिर उसने देखा, वह अपने बगीचे में है जहाँ बहुत-से आम हैं। वह एक आम तोड़ता है, ढेला मारकर। आम गिरा जमीन पर। लेकिन गेंद की तरह जमीन पर उछलने लगा। बहुत बड़ी गेंद। मनमोहन ने गेंद को पैर से तनिक छू दिया और गेंद

बहुत दूर आसमान में उड़ गई। श्श्श्श्लाल गेंद।'''मनमोहन की माँ हँसती है। काका हँसते हैं मुनीजी, अरे मुनीजी तू तो लूक्स-कप का पिलियर हो गया एक ही दिन में।"[292]

इसी उपन्यास में दूसरा स्वप्न मनमोहन ने उस समय देखा है जब प्रियोदा को जेल हुई है तथा मनमोहन अदालत, सिपाही और डरावने वातावरण पर विचार कर रहा है। प्रातःकाल में देखा हुआ मनमोहन का यह सपना सच हो जाता है, जब वह सुनता है कि, "बाधा-यतीन मर गए? अनशन करके मर गए।"

उक्त दोनों सपनों द्वारा लेखक ने चरित्रों के अन्तर्मन के मनोभावों को उजागर किया है। अतः कथा को संक्षिप्त बनाने के लिए एवं शिल्प को चुस्ती देने के लिए उपन्यासों में स्वप्न शैली का प्रयोग किया जाता है।

दैनन्दिनी शैली : इस शैली में जीवन की कुछ घटनाएँ अंकित रहती हैं जो जीवन को विशेष प्रभावित करती हैं। इसमें पात्र प्रायः उपन्यासकार का प्रतिनिधि होता है। इस प्रकार की शैली में विशेषतः मनोवैज्ञानिक उपन्यास ही लिखे जाते हैं, लेकिन अन्य उपन्यासों में भी कही-कहीं इसका प्रयोग होता है, आंचलिक उपन्यासों में भी।

रेणु ने भी 'परती परिकथा' उपन्यास में जितेन्द्र की माँ गीता मिश्र का चरित्र चित्रित करने के लिए इस शैली को बहुत ही कुशलता से अपनाया है। उपन्यास के दूसरे भाग का पर्याप्त अंश इसी डायरी शैली में है। यह डायरी भी लगातार नहीं दी गई। यदि एक परिच्छेद डायरी का है तो आगे एक, दो या तीन परिच्छेद अंचल की कथा के हैं। मुख्य कथा के प्रवाह में बाधा और शिथिलता न आए, इसलिए रेणु ने इस प्रकार के परिच्छेद रखे हैं।

वस्तुतः यह परानपुर अंचल के कुछ पक्षों की पूर्वकथा है, जो उपन्यास के आरम्भ में न कहकर काल-विपर्यय पद्धति से लेखक ने डायरी के रूप में कह दी है। डायरी के इन पृष्ठों से परानपुर का पूर्व इतिहास तथा शिवेन्द्र मिश्र की कथा आदि का चित्र साकार हो उठता है, जिससे जितेन्द्र के चरित्र पर प्रकाश पड़ता है।

रेणु की यह विशेषता है कि उन्होंने इस डायरी में जिनके द्वारा यह लिखी गई है उस पात्र की भाषा को अपनाया है। गीता मिश्र एक अंग्रेज स्त्री है, भारतीय संस्कृति के उसके प्रत्यक्ष अनुभव के उद्देश्य से वह भारत आयी है अतः वह जो अपने विचार व्यक्त करती है, वह टूटी-फूटी अंग्रेजी-मिश्रित हिन्दी में।

पत्रात्मक शैली : उपन्यास के कथानक में पत्र-शैली का प्रयोग कर उपन्यास को अधिक विश्वसनीय बनाया जाता है। पात्रों के मन के विचार, जो खुले आम व्यक्त नहीं कर सकते उनको पत्रों द्वारा उजागर किया जा सकता है।

रेणु ने अपने उपन्यासों में कहीं-कहीं पत्रात्मक शैली का भी सहारा लिया

है। 'मैला आँचल' उपन्यास में लेखक ने सुविधानुसार दो स्थलों पर तथा 'कितने चौराहे' में एक स्थान पर पत्र शैली का उपयोग किया है। प्रशान्त द्वारा ममता को पत्र लिखने से नागरिक दुरवस्था का पता चलता है।

"यहाँ के लोग सुबह को बासी भात खाकर, पाट धोने के लिए गंदे गड्ढों में घुसते हैं और करीब सात घण्टे तक पानी में रहते हैं। गन्दे गड्ढों को देखने से ऐसा लगता है कि पानी के आधा इंच धरातल की जाँच करने पर एक लाख से ज्यादा मच्छड़ के अण्डे जरूर पाये जायेंगे। किन्तु यहाँ के मच्छड़ गन्दे गड्ढों में बहुत कम अण्डे देते पाये गए हैं।"[293]

प्रशान्त द्वारा ममता की जो दूसरा पत्र लिखा गया है उसमें प्रशान्त ने ग्राम के प्रति अपनी प्रतिक्रिया को व्यक्त किया है।

"गाँव के लोग बहुत सीधे दिखते हैं, सीधे का अर्थ यदि अनपढ़, अज्ञानी और अन्धविश्वासी हो तो वास्तव में सीधे हैं वे। जहाँ तक सांसारिक बुद्धि का सवाल है. वे हमारे और तुम्हारे जैसे लोगों को दिन में पाँच बार ठग लेंगे और तारीफ यह है कि तुम ठगी जाकर भी उनकी सरलता पर मुग्ध होने के लिए मजबूर हो जाओगी। यह मेरा सिर्फ सात दिन का अनुभव है। सम्भव है पीछे चलकर मेरी धारणा गलत साबित हो। मिथिला और बंगाल के बीच का यह हिस्सा वास्तव में मनोहर है।"[294]

'कितने चौराहे' उपन्यास में मनमोहन जेल से रिहा होकर घर लौटना चाहता है। लेकिन उसका मन घर लौटने के लिए तैयार नहीं है क्योंकि उसने अपने दोस्तों की आज्ञा का पालन नहीं किया। अपनी पार्टी का अनुशासन भंग किया। अतः उसके मन की जो द्विधा है, उसका चित्रण मनमोहन के द्वारा अपने बापूजी को लिखी चिट्ठी में हो जाता है।

"अब लौटकर नहीं आना है। मुझे क्षमा करें। मैं गृहस्थ होने योग्य नहीं। इसलिए राजनीति भी मुझसे नहीं हो सकेगी···मैं अपना नाम, गोत्र, जाति, संस्कार—सब कुछ परित्याग कर दूसरी बार जन्म लेने जा रहा हूँ।···आग में झुलस रहा हूँ।"[295]

इस प्रकार पत्रों के द्वारा मनुष्य के मन की प्रतिक्रिया को, उनकी मनःस्थिति को समझा जा सकता है, जाना जा सकता है। अतः रेणु ने इस शैली को अपने उपन्यासों में सहजता से अपना लिया है।

रिपोर्ताज शैली : किसी आन्दोलन, जुलूस या घटना-बहुल प्रसंग को उसकी यथार्थ स्थिति में पाठकों के सामने प्रस्तुत कर सब कुछ प्रत्यक्ष देखने की सी अनुभूति उसमें उत्पन्न करने के लिए यह रिपोर्ताज शैली सर्वाधिक उपयुक्त प्रमाणित हुई है। रेणु ने अपने उपन्यासों में, विशेषतः 'मैला आँचल', 'परती परिकथा', 'कितने चौराहे', 'जुलूस' आदि में इस शैली का प्रयोग किया है। उदाहरणस्वरूप 'मैला

आंचल' का पच्चीसवां परिच्छेद देखा जा सकता है, जिसमें स्वतन्त्रता आन्दोलन का चित्र रिपोर्ताज शैली में दिया गया है।

"अगस्त, 1942। कचहरी पर चढ़ाई। धायँ धायँ! पुलिस हवाई फायर करती है। लोग भाग रहे हैं। बावनदास ललकारता है, जनता उलटकर देखती है। डेढ़ हाथ का इन्सान सीना ताने खड़ा है,...बम्बई से आई आवाज़।...जनता लौटती है। बावनदास पुलिसवालों के पाँवों के बीच में घेरे के उस पार चला जाता है और विजयी तिरंगा शान से लहरा उठता है।...महात्मा गांधी की जय।[296] अथवा सोलहवें अध्याय में ग्रामीणों की पूर्णिया जाने की व्यंग्यपूर्ण रिपोर्ट है।[297] "चलो! चलो! पुरेनियाँ चलो। मेनिस्टर साहब आ रहे हैं। औरत-मर्द, बाल-बच्चा, झण्डा-पत्तखी और इनकिलास जिन्दाबाद करते हुए पुरेनियाँ चलो। रेलगाड़ी का टिकस? कैसा बेकूफ है। मेनिस्टर साहब आ रहा है और गाड़ी में टिकस लगेगा? बालदेव जी बोले हैं, मेनिस्टर साहब से कहना होगा, कोटा में बहुत कम कपड़ा मिलता है।...चलो,...चलो, पुरेनियाँ चलो। भुरुकवा उगते ही कालीथान के पास जगा होकर जुलूस बनाकर चलो।"[298]

'जुलूस' उपन्यास में आँधी, तूफान तथा वर्षा का वर्णन देखने लायक है। "दस मिनट तक ताण्डव नृत्य चलता रहा। इसके बाद ओले—एक-एक सेर, डेढ़-दो सेर वजन के ओले। और हरएक मिनिट के बाद बिजली गिरती।...कड़कड़... चर्र-र्र-र्रा गुड़ाम गुड़म...सुई सि ई ई!! रात भर वर्षा हुई।

सुबह को लोगों ने देखा...चारों और सिर्फ पानी।...गोढ़ि पर गाँव सैकड़े पचहत्तर झोंपड़े उड़ गये हैं।...कालोनी के नये स्कूल घर के सभी टीन उड़ गये...दस आदमी की मृत्यु हुई है। दस नहीं, पन्द्रह।...एक चुटकी धान भी इस साल नहीं होगा और न पाट का कोई पौधा साबुत हैं। लगता है, किसी ने धान और पाट के पौधों को पत्थर से पीस दिया है—हल्दी-मिर्च की तरह। सड़क पर कमर भर पानी बह रहा है।

"...शस्य शामला धरती की लाश।"[299] किसी घटना को सजीव रूप में साकार करना रेणु की रिपोर्ताज शैली की खास विशेषता है।

'पल्टू बाबू रोड' उपन्यास में निर्वाचन के समय पर जो आपसी झगड़े होते हैं उसका वर्णन आया है, जो उस अंचल-विशेष के लोगों के स्वभाव को स्पष्ट करता है। 'कोआखोम' गाँव में किसान संघर्ष छिड़ा हुआ है। बकारत जमींदार और किसानों के बीच में है कांग्रेस और सोशलिस्ट पार्टी वाले। पुलिसवाले अभी तक किसानों के पक्ष में हैं। जमींदार मुरलीमनोहर बाबू का सम्बन्धी है। उनका कहना है, इसलिए सोशलिस्टों ने यह बखेड़ा खड़ा किया है।

"कोर्ट में दोनों ओर से मुकदमे दायर किये जा रहे हैं, रोज। घटना स्थल पर दफा 144 लगा हुआ है। पुलीस तैनात है। इसके बावजूद रोज कोई न

कोई घटना घट ही जाती है। कल किसानों की ओर से मुकदमा किया गया है...जमींदार ने खलिहान में आग लगवा दी है। कलक्टर साहब को तार दिया गया है।

आज जमींदार का कारिन्दा आया है...जमींदार साहब का सरेसा घोड़ा चुरा ले गया है।

उत्तर सीमा पर, काले बाजारियों ने मिलकर मार्केटिंग इन्स्पेक्टर को पीटा है। मार्टिनगंज अस्पताल में पड़ा हुआ है बेचारा इन्स्पेक्टर। भंगड़ा के महाजन के घर में डकैती हो गयी है। बन्दूक वाले डकैत थे।"[300]

रिपोर्ताज शैली के ये सारे उद्धरण रेणु की सशक्त, सूक्ष्म चित्रात्मक भाषा-शैली का परिचय दिलाती है।

वार्तालाप शैली : हिन्दी के आंचलिक उपन्यासों में संवादों का स्वरूप एवं स्तर अन्य उपन्यासों के संवादों से भिन्न होता है। अतः उनका विशेष महत्व होता है। आंचलिक उपन्यासों में पात्रों की संख्या अधिक होती है, उनका उद्देश्य अपने अंचल-विशेष को अपनी विविधता के साथ चित्रित करना होता है। इन उपन्यासों में उपस्थित पात्रों का विशाल समूह भी अंचल-विशेष के सदृश विविधतापूर्ण होता है। इनके संवाद भी विविध, वैयक्तिक विशिष्टताओं के साथ होते हैं, क्योंकि शैली का सम्बन्ध गहरे स्तर पर व्यक्ति से ही जुड़ा है।

आंचलिक उपन्यासों में 'अंचल' स्वयं नायक होता है, एक महत्वपूर्ण पात्र होता है, लेकिन आंचलिक उपन्यासों की यह विशेषता है कि अंचल स्वयं महत्व-पूर्ण पात्र होते हुए भी उसका व्यक्त रूप 'समूह-पात्र' होता है। यह समूह-पात्र अंचल के भिन्न-भिन्न पात्रों या विविध व्यक्तित्व सम्पन्न व्यक्तियों का समूह होते हुए भी एक स्वतन्त्र और विशिष्ट व्यक्तित्व—'सामूहिक व्यक्तित्व' वाला हो जाता है।[301] अतः जब यह सामूहिक पात्र बोलने लगते हैं तो ऐसा लगता है जैसे अंचल-विशेष का प्रतिरूप ही बोल रहा है। अर्थात अंचल-विशेष के लोग नहीं स्वयं अंचल ही संभाषण कर रहा हो। इस प्रकार अन्य उपन्यासों के संवादों से आंचलिक उपन्यासों के संवादों के प्रस्तुतीकरण में भिन्नता, विशेषता होती है। पात्रों के नाम दिए बगैर वार्तालाप शैली में संभाषण चलता रहता है यह निश्चित ही हिन्दी तथा मराठी भाषा को आंचलिक उपन्यासों की एक नयी देन है।

उपरोक्त विवेचन से यह स्पष्ट होता है कि आंचलिक उपन्यासों के संवादों में जनपदीय भाषा या लोकभाषा का बाहुल्य भी स्थानीय यथार्थ को गाढ़ा करने तथा पात्रों की शिक्षा, सभ्यता के स्तर को व्यंजित करने के लिए है। अपनी बोली में ये पात्र भिन्न या विशिष्ट स्थानीय होने का प्रतिभास सहज ही दे सकते हैं। दूसरे, इस भाषा में उनकी आदिम लालसा, प्रेरणाएँ तथा दैनन्दिनी

अनिवार्य आवश्यकताएँ—खाना-पीना, प्रेमाभिव्यक्ति तक अधिक सहजता एवं पूर्णता से व्यक्त हो सकती हैं। उनके लोकोच्चारण, उनके शिक्षास्तर की अभिव्यंजना के साथ हास्य की सामग्री भी जुटा सकते हैं। सामूहिक संवाद भी आंचलिक उपन्यासों की पृथक विशेषता है। ऐसे संवादों के प्रयोग से लेखक व्यक्ति-विशेष का शील प्रकाशित नहीं सम्पूर्ण स्थानीय समाज की व्यंजना करता है।[302]

अपने अंचल-विशेष को साकार करने के लिए, रेणु ने अपने उपन्यासों के संवादों में पात्रों और परिस्थितियों के अनुसार कई तरह की भाषा और कथन-कौशल का प्रयोग किया है—पात्रों की मानसिकता और परिस्थितियों के अनुसार कथन को सरल, वक्र, लघु, दीर्घ, व्यंग्यात्मक बनाया है। उदाहरणतः, 'मैला आँचल' में ज्योतिषी काका के कुछ भी कहने का ढंग टेढ़ा होता है। वे बात को कभी सीधे नहीं कहते और जो कहते हैं उसमें सदा व्यंग्य छिपा रहता है। ज्योतिषी ने मुस्कुराते हुए कहा, 'आज सोशॅलिस्ट' लोग शोक-सभा करने गए। एक भी आदमी सभा में नहीं गया। अब लोग सभा का अर्थ समझ रहे हैं। ···हूँ, कोई बात हो तो फुच्च से सभा। हम कहते थे न, गाँव में एक दिन चील-काग उड़ेगा।"[303] इस प्रकार लक्ष्मी, डाक्टर, पवित्रा, बेला, कमली, जितेन्द्र, ताजमनी आदि के संवादों में प्रेम की या मानवता की एक सरल तरलता है।

"लक्ष्मी सोयी है। उसके कपड़े अस्त व्यस्त हैं, बाल बिखरे हुए हैं। लालटेन की मद्धिम रोशनी में भी उसकी सूरत चमक रही है।"

"कौन ?"

"........."

"रामदास ?"

"....... ."

"रामदास ! हाथ छोड़ो। बैठो। आखिर तुम चित्त को नहीं सँभाल सके। माया ने तुम्हें भी अन्धा बना दिया।"

"माया से कोई परे नहीं। माया को कोई जीत नहीं सकता, महन्त साहब आज लक्ष्मी को हर बात का जवाब देंगे।"

"तुम नरक की ओर पैर बढ़ा रहे हो। अब भी चेतो। अब चेतने से फायदा नहीं। मुझे सरग नहीं चाहिए। इस नरक में पहली बार नहीं आया हूँ।"

"बोलो न।"[304]

यों रेणु के उपन्यासों में संवादों की विशिष्टता विशेष रूप से उनके सामूहिक संवादों में है। इनमें प्रायः सम्पूर्ण अंचल-विशेष वार्तालाप करते हुए दिखायी देता है लेकिन कहीं पर भी किसी का नाम नहीं रहता। ऐसा लगता है कि अंचल-विशेष में स्थित सभी लोग एक के बाद एक बोल रहे हैं। अंचल स्वयं इन लोगों

के माध्यम से अपने भाव व्यक्त कर रहा है।

रेणु के संवादों की और एक विशेषता यह है कि वे आत्म-संवादात्मक होते हैं। अर्थात् इन संवादों में पात्र जैसे अपने को ही सम्बोधित करते हुए अपने से बात करते हैं। स्वगत-चिन्तन और इन संवादों में अन्तर होता है। स्वगत-चिन्तन में बात सोची जाती है, इन संवादों में बात बोली गयी होती है। प्रशान्त का अपने ही 'स्व' से वार्तालाप देखिए—

"वेदान्त, भौतिकवाद सापेक्षवाद···मानवतावाद हिंसा से जर्जर प्रकृति रो रही है। व्याध के तीर से जख्मी हिरणशावक-सी मानवता को पनाह कहाँ मिले ? हा हा ! अट्टहास। व्याधों के अट्टहास से आकाश हिल रहा है। छोटा-सा, नन्हा-सा हिरण हाँफ रहा है। छोटे फेफड़े की तेज धुकधुकी।··· नीलोत्पल। नहीं, नहीं। यह अन्धेरा नहीं रहेगा। मानवता के पुजारियों की वाणी गूँजती है – पवित्र वाणी। उन्हें प्रकाश मिल गया है—तेजोमय।"[305]

आंचलिक उपन्यासों में लिखे गए सभी संवाद विशेष रूप से स्थानीय भाषा में ही लिखे हुए होते हैं। विशेषतः निम्न वर्ग की तेज औरतों के कथन में गाली-गलौज के साथ-साथ व्यंग्य भी होता है।

इस प्रकार रेणु ने अपने उपन्यासों में वार्तालाप-शैली का बहुत ही सुन्दर प्रयोग कर अंचल-विशेष को उजागर किया है। रेणु के उपन्यासों में प्रयुक्त संवादों की भाषा लेखनीय वर्णनों की भाषा से अलग है। वे जिस प्रकार के जन-समाज के हैं उसी तरह की भाषा बोलते हैं। उनकी भाषा तथा बोलने की शैली उनके अनुसार तो है ही, साथ ही उन सन्दर्भों के अनुसार भी है जिन सन्दर्भों में वे बोलते हैं।

संदर्भ

1. मं० पा० कुलकर्णी, 'मराठी प्रादेशिक कादंबरी', पृ० 246
2. डा० चुघ, 'प्रेमचंदोत्तर उपन्यासों की शिल्पविधि', पृ० 602
3. डा० रामदरश मिश्र, 'हिन्दी उपन्यास : एक अंतर्यात्रा', पृ० 192
4. डा० रामदेव शुक्ल, 'आंचलिक उपन्यास में परिवेश की अवधारणा', 'हिन्दी के आंचलिक उपन्यास' में संकलित डा० रामदरश मिश्र, पृ० 96
5. रेणु, 'नया प्रतीक', जून, 1977, पृ० 10
6. श्रीपत राय, 'कल्पना', फरवरी, 1958, पृ० 65

7. नेमिचंद्र जैन, 'आधुनिक हिन्दी उपन्यास' (संपा० : साहनी मिश्र) पृ० 502-510
8. डा० लक्ष्मीकांत सिन्हा, 'हिन्दी उपन्यास—उद्भव और विकास,' पृ० 313; 14; 15
9-10. पूर्णदेव, 'रेणु का आंचलिक कथा साहित्य', पृ० 23; 24; 25; 26
11. डा० नगीना जैन, 'आंचलिकता और हिन्दी उपन्यास', पृ० 138
12. 'कल्पना', जुलाई, 1966, पृ० 64
13. 'कल्पना', मई, जून, 1961, पृ० 8 से 10
14 से 41. रेणु, 'मैला आँचल', पृ० 28; 59; 221; 55; 66; 79; 72; 144; 101; 89; 145; 59; 213; 104; 70; 20; 218; 218; 20; 17; 102; 80; 77; 246; 10; 32; 70; 50
42. रेणु, 'परती परिकथा', पृ० 16
43. रेणु, 'मैला आँचल', पृ० 79
44-45. रेणु 'कितने चौराहे' पृ० 15; 45
46 से 50. रेणु, 'मैला आंचल', पृ० 79; 79; 79; 17; 205;
5 -52. रेणु, 'परती परिकथा', पृ० 254; 125
53 से 71. रेणु, 'मैला आँचल', पृ० 50; 22; 80; 22; 39; 106; 1; 19; 200; 116; 209; 20; 103; 79; 61; 12
72. रेणु, 'परती परिकथा', पृ० 275
73. रेणु, 'मैला आँचल', पृ० 19
74-75. रेणु 'परती परिकथा', पृ० 195
76. रेणु, 'मैला आँचल', पृ० 265
77. रेणु, 'परती परिकथा', पृ० 317
78. रेणु, 'कितने चौराहे', पृ० 19
79 रेणु, 'दीर्घतपा', पृ० 54
80. रेणु, 'परती परिकथा', पृ० 158
81. रेणु, 'मैला आँचल', पृ० 425
82. माखनलाल शर्मा, 'हिन्दी उपन्यास, सिद्धांत और विवेचन', पृ० 219
83 से 93. रेणु, 'मैला आँचल', पृ० 151; 195; 11; 211; 20; 34; 42; 135; 78; 118
94 से 97. रेणु, 'परती परिकथा', पृ० 102; 97; 201; 145
98 से 101. रेणु, 'जुलूस', पृ० 106; 161; 56; 141
102-103. रेणु, 'दीर्घतपा', पृ० 1; 78
104-105. रेणु, 'कितने चौराहे', पृ० 22; 20

106 से 114. रेणु, 'मैला आँचल' पृ० 52; 37; 61; 64; 36; 66; 85; 101; 214
115 से 118. रेणु, 'जुलूस', पृ० 20; 25; 57; 32
119 से 135. रेणु, 'मैला आँचल', पृ० 31; 265; 36; 40; 55; 14; 18; 205; 167; 69; 170; 246; 13; 116; 77
136 से 142. रेणु, 'जुलूस', पृ० 99; 128; 143; 119; 28; 29; 153
143 से 146. रेणु, 'कितने चौराहे', पृ० 11; 103; 83; 11
147 से 154. रेणु, 'दीर्घतपा', पृ० 147; 64; 122; 94; 100; 9; 125
155. रेणु, 'पल्टू बाबू रोड', पृ० 9
156 से 165. रेणु, 'परती परिकथा', पृ० 114; 63; 19; 137; 60-61; 39; 44; 37
166 से 172. रेणु, 'जुलूस', पृ० 142; 186; 10; 72; 106; 8
173. रेणु, 'पल्टू बाबू रोड', पृ० 8
174 से 179. रेणु, 'जुलूस', पृ० 29-31; 35, 80, 141; 81; 83
180. रेणु, 'मैला आँचल', पृ० 118
181-182. रेणु, 'दीर्घतपा', पृ० 74
183. रेणु, 'पल्टू बाबू रोड', पृ० 10
184. रेणु, 'जुलूस', पृ० 142
185-186. रेणु, 'पल्टू बाबू रोड', पृ० 25; 22
187. रेणु, 'जुलूस', पृ० 155
188 से 195. रेणु 'मैला आँचल', पृ० 133; 60; 177; 133; 41; 355; 419; 428
196-197. रेणु, 'परती परिकथा', पृ० 355; 428
198 से 202. रेणु, 'जुलूस', पृ० 159; 99; 91; 110; 99
203-204. रेणु, 'दीर्घतपा', पृ० 111
105 से 208. रेणु, 'कितने चौराहे', पृ० 134; 87; 13; 68
209 से 213. रेणृ, 'जुलूस', पृ० 159; 99; 31; 110; 99
214-215. रेणु, 'दीर्घतपा', पृ० 111
216 से 218. रेणु, 'परती परिकथा', पृ० 65; 475; 32
219 से 223. रेणु, 'जुलूस', पृ० 97; 102; 158; 25-26
224 से 227. रेणु, 'दीर्घतपा', पृ० 9; 135; 14; 18
228-229. रेणु, 'परती परिकथा', पृ० 154; 375
230-233. रेणु, 'जुलूस', पृ० 176; 115; 102; 161
234. रेणु, 'मैला आँचल', पृ० 218

235 से 237. रेणु, 'जुलूस', पृ० 103; 102; 166
238 से 240. रेणु, 'कितने चौराहे', पृ० 126-127; 78
241. रेणु, 'मैला आँचल', पृ० 154
242 से 244. रेणु, 'परती परिकथा', पृ० 470; 240; 244
245. रेणु, 'जुलूस', पृ० 28
246 से 248. रेणु, 'कितने चौराहे', पृ० 14; 9; 82
249. रेणु, 'मैला आँचल', पृ० 157
250. रेणु, 'कितने चौराहे', पृ० 57
251 से 257. रेणु, 'परती परिकथा', पृ० 13; 42; 337; 13; 13; 382; 110
258-259. रेणु, 'दीर्घतपा', 126; 85
260. रेणु, 'दीर्घतपा' पृ०, 60
261-262. रेणु, 'परती परिकथा', पृ० 160; 22
263. रेणु, 'मैला आँचल', पृ० 81
264. रेणु, 'परती परिकथा', पृ० 270
265. रेणु, 'मैला आँचल', पृ० 131
266. रेणु, 'कितने चौराहे', पृ० 120
267-268 रेणु, 'मैला आँचल', पृ० 83; 62
269. रेणु, 'परती परिकथा', पृ० 221
270. रेणु, 'मैला आँचल', पृ० 39
271. धीरेंद्र वर्मा, 'हिन्दी साहित्य कोश', भाग-1, पृ० 873
272. नगीना जैन, 'आंचलिकता और हिन्दी उपन्यास', पृ० 46
273. उद्धृत : जवाहर सिंह, 'हिन्दी के आंचलिक उपन्यासों की शिल्पविधि', पृ० 244
274. उद्धृत : रघुवीर सहाय, राबिन शॉ पुष्प, 'सोने की कलमवाला हीरामन : फणीश्वरनाथ रेणु', पृ० 73
275. रेणु 'परती परिकथा', पृ० 260-61
276. रेणु,, 'मैला आँचल', पृ० 9-15
277. जवाहर सिंह, 'हिन्दी के आंचलिक उपन्यासों की शिल्पविधि', पृ० 223
278. रेणु, 'परती परिकथा', पृ० 110
279. रेणु, 'जुलूस', पृ० 168
280. रेणु, परती परिकथा, पृ० 91
281-282. रेणु, 'मैला आँचल', पृ० 198; 55
283. रेणु, 'जुलूस', पृ० 65

284-285. रेणु, 'मैला आंचल', पृ० 46; 268
286. डा० राधेश्याम कौशिक, 'स्वातंत्र्योत्तर हिन्दी उपन्यास का शिल्प-विधान', पृ० 71
287. रेणु, 'मैला आँचल', पृ० 32
288. रेणु, 'परती परिकथा', पृ० 306-314
289 से 291. रेणु, 'जुलूस', पृ० 69; 77-83; 119-120
292. रेणु, 'पल्टू बाबू रोड', पृ० 29
293-294. रेणु, 'मैला आँचल', पृ० 136; 49
295. रेणु, 'कितने चौराहे', पृ० 125
296 से 298. रेणु 'मैला आँचल', पृ० 119; 78; 78
299. रेणु, 'जुलूस', पृ० 166
300. रेणु, 'पल्टू बाबू रोड', पृ० 58-59
301. जवाहर सिंह, 'हिन्दी के आंचलिक उपन्यासों की शिल्पविधि', पृ० 250
302. डा० सत्यपाल चुघ, 'प्रेमचंदोत्तर उपन्यासों की शिल्पविधि', पृ० 92
303 से 305. रेणू, 'मैला आँचल', पृ० 184; 131; 338

परिशिष्ट

रेणु : एक संक्षिप्त परिचय

जन्म : 4 मार्च 1921, औराही हिंगना गाँव, जिला पूर्णिया, बिहार
नाम : फणीश्वरनाथ मंडल (रेणु)
पिता : शीलानाथ मंडल
जाति : कुर्मी (भूमिहार)
मातृभाषा : भोजपुरी
व्यवसाय : कृषि, मध्यवित्त किसान परिवार
शिक्षण : प्राथमिक शिक्षा, विराटनगर (नेपाल)
हाईस्कूल : अररिया कोर्ट
उच्च शिक्षा : काशी विश्वविद्यालय
विवाह : तीन विवाह, रेखादेवी (दिवंगत) 1945
पद्मा 1950, व लतिका 1952
सन्तान : तीन पुत्र व तीन पुत्रियाँ
व्यवसाय : स्वतंत्र लेखन

स्वतंत्रता आंदोलन में योगदान : स्कूल में पिकेटिंग व हड़ताल में शरीक, जुरमाना व सजा।

क्रांतिकारियों से संपर्क, भूमिगत आंदोलन में सम्मिलित (1942)।

'भारत छोड़ो' आंदोलन में जेल-यात्रा, आजादी के लिए गांधी व असहयोग आंदोलन से प्रभावित भागलपुर की जेलयात्रा (1950)

आजादी के पश्चात जयप्रकाशनारायण द्वारा सोशलिस्ट पार्टी में सम्मिलित (1942)

सक्रिय राजनीति से संन्यास 1951 से 1971

1972 में निर्दलीय उम्मीदवार के रूप में चुनाव लड़ना। बुलेट व बुलेट का कटु अनुभव और फिर पराभव।

1974 में संपूर्ण क्रांति के सेनानियों में सांस्कृतिक चेतना जगाना, नुक्कड़ मंच, काव्य पाठ।

1976 आपातकाल के समय नेपाल जाना तथा देशप्रेमवश पुनः अपने अंचल-विशेष में लौट आना।

1977 बिहार छात्र आंदोलन में 'पद्मश्री' का लौटाना।

1977 पुनः अस्वस्थ।

आयु : 56 वर्ष, मृत्यु : 11 अप्रैल, 1977

व्यक्तित्व : महान लेखक, सांस्कृतिक क्रांति के अग्रदूत, स्वाधीनता संग्रामा के सेनानी, नेपाल के मुक्तिसंग्राम के सच्चे सिपाही, सशक्त क्रांति के पुरोध, विद्रोही व्यक्तित्व, मानवता के प्रहरी व प्रेरक, प्रकृति उपासक, पशु-पक्षियों के चहेते, 'घुमक्कड़', रोमांटिक मिजाज, मस्तमौला, विलक्षण व विरल व्यक्तित्व, व्यक्तित्व से सामंती स्वरूप, स्वाध्यायी, सहज, विनम्र व दृढ़ स्वभाव, सत्ता से अनासक्त, छल से कोसों दूर, अकाल व बाढ़ में निःस्वार्थी सेवाभावी, शक्ति के उपासक, आस्तिक, आस्थावादी।

यात्राएँ : बंगाल, बंबई, नेपाल।

उपाधि : 'पद्मश्री'

प्रभाव : गांधी, नरेंद्रदेव, जयप्रकाशनारायण, स्वामी रामकृष्ण परमहंस, सतीनाथ भादुड़ी, रवीन्द्रनाथ, शरच्चंद्र।

विचारधारा : मानवतावादी तथा समाजवादी।

भाषाबोध : भोजपुरी, हिन्दी, बंगला, नेपाली, अंग्रेजी।

उपन्यासों में चित्रित अंचल : पूर्णिया (उत्तरी पूर्वी बिहार) के पिछड़े वर्ग का चित्रण

कृतित्व :

1. प्रथम रचना 'वटबाबा' (कहानी) 'विश्वमित्र' में प्रकाशित (1945)

2. मैला आँचल	1954	उपन्यास
3. परती परिकथा	1957	उपन्यास
4. ठुमरी	1959	कहानी-संग्रह
5. दीर्घतपा	1963	उपन्यास
6. जुलूस	1965	उपन्यास
7. कितने चौराहे	1966	उपन्यास
8. आदिम रात्रि की महक	1967	कहानी-संग्रह
9. ऋणजल-धनजल	1977	संस्मरण
10. नेपाली क्रान्तिकथा	1977	संस्मरण

11. अगिनखोर	1977	कहानी-संग्रह
12. पल्टू बाबू रोड	1979	उपन्यास
13. वनतुलसी की गंध	1984	रेखाचित्र
14. एक श्रावणी दोपहरी धूप	1984	कहानी-संग्रह
15. श्रुत अश्रुत पूर्णा	1984	निबंध, संस्मरण, रिपोर्ताज
16. अच्छे आदमी	1986	कहानी-संग्रह

अनेक संस्मरण, रिपोर्ताज, टिप्पणियाँ, अग्रलेख, निबंध एवं कहानियाँ मासिक पत्रिकाओं में छप चुकी हैं। कुछ अभी अप्रकाशित हैं, जो छप रही हैं।

□□